Gerhard Besier/Erwin K. Scheuch

Die neuen Inquisitoren – Teil II

Gerhard Besier / Erwin K. Scheuch (Hrsg.)

Die neuen Inquisitoren

Religionsfreiheit und Glaubensneid

Teil II

EDITION INTERFROM

TEXTE+THESEN Sachbuch
Originalausgabe

Vertrieb für
Deutschland und Österreich:
VERLAG A. FROMM, Osnabrück
Umschlaggestaltung:
Sylve Ehrnsberger
Gesamtherstellung:
Druck- und Verlagshaus FROMM
GmbH & Co. KG, Osnabrück

ISBN 3-7201-5278-2

Die Deutsche Bibliothek –
CIP-Einheitsaufnahme

Gerhard Besier:
Die neuen Inquisitoren:
Religionsfreiheit und Glaubensneid/
Gerhard Besier;
Erwin K. Scheuch. –
Zürich: Edition Interfrom;
Osnabrück: Fromm, 1999
(Texte + Thesen; 278)
ISBN 3-7201-5278-2

Inhalt
Teil II: Dokumentation

Einführung

Am 1. September 1997 wurde dem Generalsekretär der Vereinten Nationen, Kofi Annan, eine „Allgemeine Erklärung über die Verantwortungen der Menschen“ zugestellt. Verfasser und Unterzeichner dieser Erklärung sind vierundzwanzig frühere Staats- und Ministerpräsidenten aus aller Welt. Den Vorsitz führte Altbundeskanzler Helmut Schmidt. Die Erklärung „wendet sich an Politiker und Regierungen, an religiöse Führer, an Medienleute und Manager“.[1] In Artikel 15 heißt es: „Die Repräsentanten der Religionen (haben) eine besondere Pflicht, Äußerungen von Vorurteilen und diskriminierenden Handlungen gegenüber Andersgläubigen zu vermeiden. Sie sollen Haß, Fanatismus oder Glaubenskriege weder anstiften noch legitimieren, vielmehr sollen sie Toleranz und gegenseitige Achtung unter allen Menschen fördern.“ Und Artikel 9 sagt: „Alle Menschen ... haben die Pflicht ... überall auf der Welt eine nachhaltige Entwicklung [zu] fördern, um ... Würde, Freiheit, Sicherheit und Gerechtigkeit zu gewährleisten.“[2]

Von der Verwirklichung dieser Grundsätze ist Deutschland noch weit entfernt. Das merkt der Bürger freilich erst, wenn er selbst betroffen ist oder nicht wegsieht, wenn die Rechte und Freiheiten von Mitbürgern bedroht sind. Seit den 70er Jahren ergießt sich eine wahre Flut von Antisekten-Büchern und sog. Aufklärungsschriften über das Land. Sie ließen Emotionen aufkommen, schufen Feindbilder und festigten schon bestehende Vorurteile gegen religiöse Minderheiten. Laut TED-Umfrage (3SAT) vom Dezember 1997 sprachen sich 80 Prozent der Befragten dafür aus, „die Sekten zu verbieten".[3] Obwohl parallele Vorgänge aus den Nachbarstaaten zeigten, daß staatliche Maßnahmen nicht erforderlich waren, setzte der Deutsche Bundestag 1996 – gegen den Rat namhafter Bundestagsabgeordneter, etwa der früheren Bundesjustizministerin Leutheusser-Schnarrenberger (FDP) – eine Enquete-Kommission zu „Sog. Sekten und Psychogruppen" ein. Im Juni 1998 legte die mindestens drei Millionen DM teure Kommission ihren Endbericht vor.

Eine große Koalition von CDU/CSU, SPD und FDP hat diesem zugestimmt; Bündnis 90/Die Grünen haben ein Sondervotum verabschiedet. Als „Stellungnahme zu den gesamtgesellschaftlichen Phänomenen der neuen religiösen und ideologischen Gemeinschaften und Psychogruppen" hat auch die Arbeitsgruppe der SPD-Fraktion ein zusätzliches Sondervotum eingebracht.

Die von der Enquete-Kommission in Auftrag gegebenen Forschungen und Gutachten zeigen übereinstimmend, daß die neuen religiösen und weltanschaulichen Bewegungen keine größeren Gefahren bergen als das, was von vergleichbaren sozialen Kontexten auch ausgeht. Eine offene Gesellschaft muß die in ihr auftretenden Konflikte aushalten können. Wird die Freiheit mißbraucht, so ist dies mit den gegebenen gesetzlichen Mitteln zu ahnden. Demzufolge wäre also nach der jahrelangen Sektenhysterie in Deutschland eine breite Entwarnung durch die Enquete-Kommission zu erwarten gewesen.

Die von der Kommissionsmehrheit beschlossenen gesetzgeberischen Handlungsempfehlungen stehen jedoch im Widerspruch zu den tatsächlichen Erkenntnissen der Kommission: Sie schlägt eine Änderung des Vereins- und Steuerrechts, die Verschärfung des Wucherparagraphen, die staatliche Förderung privater Beratungsstellen sowie die Sammlung und Verbreitung einschlägiger Daten durch das Kölner Bundesverwaltungsamt vor. Eine neu zu gründende Bundesstiftung soll das Geld für vielerlei Untersuchungen zur Verfügung stellen. Mit der Schaffung einer Bundes- und Länderstiftung, in deren Aufsichts- und Wissenschaftsgremien voraussichtlich die ehemaligen Sachverständigen der Enquete-Kommission Platz fänden, würde unterderhand die Arbeit der Kommission fortgesetzt. Es stünde zu befürchten, daß mit Steuergeldern die Verächtlichmachung von religiösen Gruppen und die Geschäftsschädigung freier gewerblicher Anbieter auf dem Lebensbewältigungs-Markt durch private Vereine weiterbetrieben würden. Neben kirchlichen und staatlichen Weltanschauungsbeauftragten haben sich sog. „Selbsthilfeorganisationen" etabliert, die ihre „Aufklärungsarbeit" kommerziell betreiben. Sie alle hoffen auf staatliche Gelder.

Die evangelische Kirche leistet sich 27 offizielle landeskirchliche Sektenbeauftragte; ihr Dachverband EKD unterhält eine Evangelische Zentralstelle für Weltanschauungsfragen (EZW) in Berlin mit fünf Bediensteten.[4] In der römisch-katholischen Kirche arbeiten auf regionaler Ebene 28 Sektenbeauftragte; außerdem gibt es zwei Zentraleinrichtungen, die Katholische Sozialethische Arbeitsstelle in Hamm und die Zentralstelle Pastoral in Bonn.[5] Neben den über 60 kirchlichen gibt es 14 staatliche Sektenbeauftragte in den einzelnen Bundesländern und im Bonner Familienministerium zusätzlich einen Referenten. Unter den schätzungsweise 20 „Initiativbüros" bzw. „Selbsthilfegruppen" fallen aufgrund ihrer Größe fünf auf: SINUS (Frankfurt/M.), Sekten-Info Essen, AGPF (Bonn), EBIS (Stuttgart), ABI (Großdettingen bei Stuttgart) und ARW (München). Diese Aktivitäten kosten Geld; ihre Mitarbeiter wie die Nutznießer müssen sich und der Außenwelt ständig beweisen, wie notwendig ihre Arbeit und der Aufwand sind. Das geschieht am besten durch die Verbreitung immer neuer Schreckensmeldungen vom „Sekten"- und Lebenshilfe-Markt. Je gefährlicher die „Sektierer" erscheinen, um so besser stehen die Aktien des Verfolgermarktes.

Im Abschlußbericht erscheinen, in plakativer Nennung, jene wenigen Gruppen – etwa 16 von über 600 –, mit denen sich die Enquete-Kommission in nichtöffentlichen Anhörungen befaßt hat. Allein die Erwähnung in einer Bundestagsdrucksache bzw. in einem Bundestagsbuch wird sich stigmatisierend auswirken – auch weil die untersuchten Gruppen immer wieder in einem Atemzug mit Scientology genannt werden (einer Organisation, die von den Verfassungsschutzämtern beobachtet wird, obwohl nach Auffassung des Europaparlamentes die erhobenen Vorwürfe als bisher nicht „wirklich substantiiert“[6] eingeschätzt wurden). Über die Kriterien zur Auswahl der untersuchten Gruppen erfährt der Leser nichts. In ihrem Sondervotum schreiben Bündnis 90/Die Grünen über die Vertreter zweier Gruppen, sie seien zwar zu den Anhörungen erschienen, hätten jedoch keine Bereitschaft zur Beantwortung der Fragen gezeigt. Das kann nicht erstaunen, denn sie mußten unter den Sachverständigen jenen evangelischen Sektenbeauftragten entdecken, der sie seit Jahren unnachsichtig verfolgt. Wie konnte man derart streitbefangene Sachverständige überhaupt berufen? Es gibt Einrichtungen, die nicht angehört wurden, obwohl man deren wirkliche oder vermeintliche „Opfer“ sehr wohl eingeladen hatte. Über diesen Sachverhalt sowie inhaltliche Aussagen der „Opfer“ wurden Journalisten informiert, die ihr Herrschaftswissen u. a. vor Gericht verwendeten. Mindestens eine private Helferorganisation erhielt den von einer religiösen Gruppierung ausgefüllten vertraulichen Fragebogen der Enquete-Kommission per Fax zugesandt. Die so unterstützten privaten Beratungsstellen sind selbst in juristische Konflikte mit den Gruppen involviert. Auch die Indiskretionen mit diskriminierender Wirkung widersprechen dem Gesamtergebnis der Enquete-Kommission, ohne daß sich der eingetretene Schaden im nachhinein wiedergutmachen ließe. Elementare Rechtsgrundsätze wie etwa der, beide Seiten anzuhören, wurden verletzt.

Mit Recht kritisiert das Sondervotum von Bündnis 90/Die Grünen, daß die Beschäftigung mit dem „'Psychomarkt' ... deutlich über die im Einsetzungsbeschluß [der Enquete-Kommission] genannten ‚neueren weltanschaulichen Bewegungen'" hinausgeht.[7] Die „gewerbliche Lebensbewältigungshilfe" soll gesetzlich geregelt werden, dieses Gesetz aber für die Amtskirchen und andere etablierte Organisationen nicht gelten – selbst dann nicht, wenn diese „die gleichen Verfahren wie die erwähnten privaten Dienstleister anwenden".[8] Dabei haben sich laut in Auftrag gegebener Untersuchung mehr als 80 Prozent der Nutzer unkonventioneller Lebenshilfeberatung zufrieden über die Anbieter geäußert.[9] Ob dieser hohe Prozentsatz auch von den Etablierten erreicht wird, steht dahin.

Warum es zu den Ungereimtheiten kommen konnte, wird aus ihrer diskreten Forderung deutlich: „Wir appellieren an den Deutschen Bundestag, zeitgleich mit der Veröffentlichung des Endberichts der Enquete-Kommission ... auch die von der Kommission in Auftrag gegebenen Gutachten und Forschungsergebnisse zu veröffentlichen."[10] Einige widersprechen nämlich zentralen Behauptungen des Mehrheitsberichts und sollten darum der Öffentlichkeit vorenthalten werden.

Das Sondervotum der SPD arbeitet mit der dunklen Drohung, die „konfliktträchtigsten Gruppen" wollten ihre Wertvorstellungen zur politischen Grundlage in Deutschland machen und gefährdeten die Demokratie.[11] Diese Behauptungen sind durch die Expertisen nicht gedeckt. Es werden vielmehr Ängste geschürt, die dem bunten Sektenjäger-Markt Legitimation geben und staatliche Gelder zu seiner Finanzierung lockermachen sollen.

Der Mehrheitsbericht bedient durch unklare Formulierungen und unbewiesene Behauptungen latent in der Gesellschaft vorhandene Vorurteile und Feindbilder in bezug auf Minderheiten. Nur 0,7 Prozent der Bevölkerung sind Mitglieder einer der „Sog. Sekten und Psychogruppen" oder stehen einer der Gruppen nahe – ein gesellschaftliches Randphänomen also.

Die Empfehlungen auf Bundesebene werden durch Maßnahmen auf Landesebene komplettiert. So legte die Senatsverwaltung für Schule, Jugend und Sport des Landes Berlin im Dezember 1997 dem Berliner Abgeordnetenhaus eine Drucksache „zur Besprechung" vor.[12] Titel: „??? ‚Sekten' ??? Risiken und Nebenwirkungen. Informationen zu ausgewählten neuen religiösen und weltanschaulichen Bewegungen und Psychoangeboten." Die hessische Landesregierung hatte schon am 19. 3. 1996 eine „interministerielle Arbeitsgruppe ‚Scientology'-Organisation, Jugendsekten und ähnliche Organisationen" eingerichtet. Diese legte am 7. Juli 1998 ihren Bericht vor.[13] Dieser Bericht wird als verwaltungsinternes Schriftstück behandelt und ist der Öffentlichkeit nicht zugänglich. Im Landtag von Baden-Württemberg beantwortete das Ministerium für Kultus, Jugend und Sport eine kleine Anfrage zu den „Konsequenzen der Handlungsempfehlungen der Sekten-Enquete-Kommission des Deutschen Bundestages für Baden-Württemberg" so, daß eine Berücksichtigung des Berichts und der Handlungsempfehlungen auch durch die Landesregierung bejaht wird.[14] Die drei Beispiele mögen genügen, um zu zeigen, daß die Tätigkeit und der Endbericht der Enquete-Kommission Fakten geschaffen haben, die weiterwirken.

Die Bundesregierung der Schweiz stellte am 13. Juni 1998 fest, daß es im Bereich der Sekten und Psychogruppen keinen gesetzgeberischen Handlungsbedarf gibt. Das Europaparlament zeigte sich Mitte Juli 1998 in Sachen „Sekten“ gespalten. Eine gemeinsame europäische „Sekten“-Politik ist damit vorerst gescheitert. In den USA wächst das Unbehagen an der deutschen, österreichischen und französischen Religionspolitik. Der US-Senat hat Ende Oktober 1998 einen Gesetzentwurf zur weltweiten Förderung der Religionsfreiheit verabschiedet.[15]

Die Angegriffenen und Geschmähten befinden sich in einer schwierigen Situation. Schweigen sie zu den gegen sie erhobenen Vorwürfen, so gelten diese in der Öffentlichkeit als zutreffend. Wehren sie sich auf dem Klageweg, nehmen also ihr Recht im Verfassungsstaat wahr, werden sie als „prozeßwütig“ diffamiert, ihre Anwälte als „Sektenanwälte“ stigmatisiert und wissenschaftliche Gutachter der persönlichen Nähe zu den Begutachteten verdächtigt. Auf diese Weise soll verhindert werden, daß überhaupt renommierte Anwälte und Gutachter für die Geächteten tätig werden. Meist haben die Prozesse der Verleumdeten nur geringe Chancen auf Erfolg, da nach geltender Rechtspraxis der Meinungsfreiheit weiter Raum gegeben wird.[16] Überdies wissen sich die Sekten- und Weltanschauungsbeauftragten durch ihre Arbeitgeber abgesichert: Ende Mai 1996 hat die

Evangelische Kirche in Deutschland (EKD) ein internes Papier über „Die haftungsrechtliche Situation der Weltanschauungs- und Sektenbeauftragten der Gliedkirchen der EKD"[17] herausgebracht. Darin wird den Sektenbeauftragten ein besonderer Schutz zugesichert. „Ein solcher Schutz kann erforderlich werden, wenn die besondere dienstliche Situation der Weltanschauungs- und Sektenbeauftragten diese im Rahmen ihrer ‚gefahrgeneigten Arbeit' in die Situation verstärkter Prozeßrisiken führt und damit der Dienstherr zu entsprechenden Hilfestellungen verpflichtet sein kann".[18] „Zeichnen sich brenzlige Situationen ab", so das Papier, möge der Betreffende sich „frühzeitig" an seine Kirchenleitung wenden. So ließe sich die „für den Weltanschauungs- und Sektenbeauftragten ... wichtige Rückendeckung innerhalb seiner eigenen Organisation" sichern.[19] Im Blick auf das strategische Vorgehen heißt es: „Möglicherweise ist es erforderlich, bestimmte Ziele schwerpunktmäßig zu verfolgen, andere hingegen zunächst unbearbeitet zu lassen. Konkret könnte dies so aussehen, daß eine Konzentration auf bestimmte Gruppierungen erfolgt, andere hingegen nur am Rande bearbeitet werden."[20]

Obwohl die evangelischen Kirchen milliardenschwere Rückendeckung geben können und sich durch „Vermögensschaden-Haftpflichtversicherung" sowie durch „Vertrauensschaden- und Computermißbrauchsversicherung" gegen Ansprüche der Geschädigten abgesichert haben, stellen sie Überlegungen an, wie ein Teil ihrer apologetischen Beratungsarbeit aus dem Staatssäckel finanziert und dadurch am Ende auch noch weiter ausgedehnt werden kann. Michael Nüchtern, bis September 1998 Leiter der Evangelischen Zentralstelle für Weltanschauungsfragen, schrieb Anfang Dezember 1997 einen Brief an die Beauftragten für Weltanschauungsfragen, in dem es heißt:

„Auch die politische Aufmerksamkeit gegenüber konfliktträchtigen Gruppen ist in den letzten Jahren deutlich gestiegen, was als wichtiger Nebeneffekt unserer kirchlichen Informations- und Beratungsarbeit betrachtet werden muß. In diesem Zusammenhang nehmen die zuständigen Verantwortungsträger insbesondere einen gesellschaftlichen Bedarf an verbesserten Beratungsangeboten für Betroffene wahr. Um diese Nahtstelle der Weltanschauungsarbeit zwischen Information und Beratung dreht sich ein Modellprojekt, das im Augenblick in Zusammenarbeit mit der KSA in Hamm erarbeitet wird. Die katholischen Kollegen haben dazu alle Erziehungs- und Lebensberatungsstellen in katholischer Trägerschaft darüber befragt, inwiefern sie sich für eine ‚Qualifizierung zur Sektenberatung' interessieren, und sind dabei auf große Resonanz gestoßen. Auf evangelischer Seite wird Michael Utsch im Januar bei der Hauptstellenleiter-Jahrestagung der Evangelischen Konferenz für Familien- und Lebensfragen Möglichkeiten der Zusammenarbeit erörtern. Infotagungen für die diakonischen Beratungsstellen sind denkbar, aber auch Fallbesprechungsseminare für uns. *Das katholische Modell ist zugeschnitten auf staatliche Förderungsfähigkeit. Wir müssen hier auch auf evangelischer Seite im Spiel bleiben.*"[21]

Mitunter mangelt es freilich an der Koordination zwischen den kirchlichen Stellen untereinander wie auch zwischen kirchlichen und staatlichen Einrichtungen. So kam es zu folgenden Verwicklungen: Ohne die Sektenbeauftragten darüber in Kenntnis zu setzen, formulierten der Bevollmächtigte des Rates der EKD bei der Bundesrepublik Deutschland und der Europäischen Gemeinschaft und das Kommissariat der deutschen Bischöfe 1997 eine „Gemeinsame vorläufige Stellungnahme“ zum Entwurf eines Gesetzes zur Regelung der Rechtsbeziehungen zwischen Anbietern bzw. Anbieterinnen und Hilfesuchenden auf dem Gebiet der gewerblichen Lebensbewältigungshilfe.[22] In der „Schlußbemerkung“ der Erklärung heißt es: „Der vorliegende Gesetzentwurf wird erhebliche nachteilige Auswirkungen auf das gesamte Lebensbewältigungshilfeangebot zu Lasten der Hilfesuchenden haben. Dies wiegt gerade im Hinblick auf die vergleichsweise geringe Anzahl von Mißbrauchsfällen schwer. Er verkürzt die Rechte des Anbieters von Lebensbewältigungshilfe in unzulässiger Weise. Gemeinnützige Organisationen und die ‚Amtskirchen‘ werden entgegen der erklärten Absicht des Gesetzes mitbetroffen.“[23]

Mit Bedenken aus dem eigenen Lager hatten die Sektenbeauftragten und die der Kirche nahestehenden Sachverständigen der Enquete-Kommission zu „Sog. Sekten und Psychogruppen“ nicht gerechnet. Der Berliner Religionswissenschaftler und Enquete-Sachverständige Hartmut Zinser, dem Berliner Sektenbeauftragten Thomas Gandow zufolge „Glied unserer Kirche (Reformiertes Moderamen)“,[24] mußte

Anfang 1998 in der Enquete-Kommission erfahren, daß allein die Existenz der den meisten Anwesenden unbekannten Kirchen-Erklärung schon genügte, die Akzeptanz des Gesetzentwurfes in dem vom Bundestag eingesetzten Gremium zu verhindern. Der völlig überraschte Zinser bat Gandow um den Wortlaut der ihm unbekannten Erklärung. „Nun erscheint es mir wenig sinnvoll, über [kirchliche] Bedenken zu diskutieren und diese in einer Stellungnahme zu berücksichtigen, wenn diese nicht bekannt sind. Ich halte das vom Bundesrat beschlossene Gesetz aber für außerordentlich wichtig zur Regelung der auf dem ‚religiösen Psychomarkt' auftretenden Erscheinungen, die zu den bekannten Mißständen und Klagen geführt haben. Ich wäre Ihnen dankbar, wenn Sie mich über das Zustandekommen dieser ‚Stellungnahme...' und ihren Wortlaut informieren könnten, damit eine sachgerechte Erörterung möglich wird."[25] Auch Gandow wußte von nichts und wandte sich an seinen Bischof Wolfgang Huber. Dieser kannte den Vorgang ebenfalls nicht und bat Oberkonsistorialrat Ulrich Schröter, der Sache nachzugehen. Am 26. Februar erhielt Schröter von Oberkirchenrat Joachim Gaertner, Stellvertreter des EKD-Bevollmächtigten bei der Bundesregierung in Bonn, die gewünschten Auskünfte. Gaertner teilte nicht nur den Wortlaut der Erklärung mit, sondern auch, welche kirchlichen Stellen daran mitgewirkt hatten. Zu einer offiziellen kirchlichen Stellungnahme werde es jedoch erst kommen, „wenn sich der Rechtsausschuß des Deutschen Bundestages nach der ersten Lesung des Gesetzentwurfs des Bundesrates im Bundestag mit der Materie befassen und voraussichtlich zu einer Anhörung eingeladen wird".[26]

Vermutlich, um Irritationen seitens der kirchentreuen Kämpfer für ein Gesetz zur Regelung der „Lebensbewältigungshilfe" abzuschwächen und um die angestrebte Zielrichtung zu markieren, fügte Gaertner hinzu:

„Abschließend möchte ich darauf hinweisen, daß in den Gesprächen, an denen der Unterzeichner beteiligt war, nicht die Notwendigkeit des Gesetzgebungsvorhabens als solche in Zweifel gezogen wurde. Es wurde vielmehr in erster Linie über die Schwierigkeit gesprochen, wie im Gesetzestext tatsächlich gewährleistet werden kann, daß die in der Begründung des ursprünglichen Gesetzesantrags von Hamburg und dem späteren Gesetzentwurf des Bundesrates ausdrücklich hervorgehobene Absicht, nicht die Lebensbewältigungshilfe zu erfassen, die von den Kirchen geleistet wird, auch wirklich erreicht wird. Daß der Gesetzentwurf des Bundesrates die Abgrenzungsproblematik nicht hinreichend gelöst hat, ist übrigens auch der Hauptkritikpunkt der Stellungnahme, die die Bundesregierung zu dem Gesetzesvorschlag des Bundesrates abgegeben hat."[27]

Mit anderen Worten: Beide Kirchen sind durchaus für ein Gesetz zur Regelung der „Lebensbewältigungshilfe". Es muß nur gewährleistet sein, daß die Lebensbewältigungshilfe der Kirchen nicht im Geltungsbereich dieses Gesetzes liegt.

Der Vorgang illustriert auf seine Weise die Problematik der Staat-Kirche-Beziehungen in der Bundesrepublik.

Ein tonangebender Teil der Mitglieder der Enquete-Kommission zu „Sog. Sekten und Psychogruppen“ nahm keine neutrale Haltung gegenüber dem Gegenstand der Untersuchung ein, sondern urteilte selbst von einer weltanschaulichen Grundlage aus. Der Schweizer Pfarrer Felix Flückiger bemerkt: „In Wirklichkeit will man mit dem Sekten-Fetisch Organisationen und einzelne treffen, die den eigenen politisch-weltanschaulichen Positionen, der Selbstverwirklichungskultur, im Wege stehen.“[28] In welchem Ausmaß die Sachverständigen der Enquete-Kommission tatsächlich ihre Position zu nutzen gedachten, um Kernpunkte ihrer ganz persönlichen Überzeugungen und Vorverständnisse in die gesellschaftliche Wirklichkeit hineinzutragen, wird deutlich, wenn man ihre Aussagen außerhalb der Enquete-Kommission zur Kenntnis nimmt.[29] Ein solches Vorverständnis kam auch in der öffentlich geäußerten Absichtserklärung der SPD-Abgeordneten Renate Rennebach zum Ausdruck, evangelikale Gruppen am Rande der evangelischen Kirche und die konservative katholische Gemeinschaft Opus Dei ebenfalls von der Enquete-Kommission untersuchen zu lassen.[30] Natürlich wußten die etablierten Kirchen solche Übergriffe auf ihr Territorium zu verhindern. Gleichwohl verriet Rennebach die aufklärerische Stoßrichtung ihres Anliegens. Für sie und eine stattliche Anzahl weiterer Kommissionsmitglieder darf es nur religiöse Gruppen geben, die „den traditionellen Lehren der großen christlichen Kirchen, ... dem säkularen Weltbild der gesellschaftlichen Umwelt ... und dem Wirklichkeitsverständnis der anerkannten Wissenschaften"[31] entsprechen.

Der Enquete-Kommission ging es „um ‚die Moderne' ... Sie meint, an die Stelle der mittelalterlichen sei die moderne Weltanschauung getreten, an die Stelle von Folter und Feuer der Rufmord. Auch die moderne Weltanschauung habe Anspruch auf ein öffentliches Geltungsmonopol, das unerbittlich durchzusetzen sei. Man könnte diese Anschauung den ‚modernistischen Fundamentalismus' nennen. Dieser hat drei wesentliche Charakteristiken der Moderne nicht wahrgenommen: die Freiheit, die Achtung vor der Würde der Person, die weltanschauliche Neutralität des Staates."[32]

Das, was der Staatsrechtler Martin Kriele als „Rufmord" bezeichnet, ist gut organisiert. Sobald ein Kritiker gegen die Sektenjagden seine Stimme erhebt, muß er mit einem Vernichtungsfeldzug gegen seine Person rechnen.[33] Nachdem Heiner Barz in „Psychologie Heute" die Frage gestellt hatte, ob „die Sektengefahr ein Popanz"[34] sei, hagelte es nicht nur Leserbriefe von seiten der Sektenbeauftragten.[35] In Antifa-Manier wurde von einschlägigen Kampfblättern auch mitgeteilt, warum der Betreffende nicht glaubwürdig sei. „Dem aufgrund seiner nicht nur methodisch umstrittenen Umfrage zu ‚Jugend und Religion' bekannt gewordenen ..."[36] Jeder weiß, „umstritten" ist in Deutschland ein Vernichtungswort. Wer mit diesem Etikett versehen wird, hat keine Chance mehr, gehört zu werden. Nur wenige haben die innere Freiheit, so zu reagieren wie Ernst Jünger: „Der Titel steht mir zu."[37] Es ist Zeit zur Zivilcourage.

Im ersten Teilband sind wissenschaftliche Aufsätze, Essays und Polemiken zusammengestellt, die sich aus unterschiedlicher Perspektive und in unterschiedlicher Form mit dem Grundrecht der Religionsfreiheit und dem Problem der Weltanschauungskontrolle befassen. Die Verfasser – Philosophen, Juristen, Historiker, Sozialwissenschaftler und Theologen aus Europa, dem Nahen Osten und Nordamerika – opponieren gegen die „neuen Inquisitoren"; sie wollen dem unsinnigen Kesseltreiben gegen religiöse und weltanschauliche Minderheiten ein Ende setzen.

Der zweite Teilband ist als Dokumentation angelegt und faßt gutachtliche Stellungnahmen und ausgewählte Petitionen der betroffenen Religionsgemeinschaften zusammen. Andere Möglichkeiten – etwa im Kontext der Enquete-Kommissions-Veröffentlichungen mit ihren Einwänden und Beschwerden öffentlich zu Wort zu kommen – blieben den Petenten versagt.

In einigen Fällen verlassen die Beiträge den Boden des geordneten Diskurses, einige stehen sogar in der Gefahr, durch ihre Äußerungen in einer Art „self-fulfilling prophecy" ihren Widersachern geradezu in die Hände zu spielen. Vorurteile treffen auf Vorurteile, mobilisieren zum Teil ungerechtfertigte assoziative Vergleiche mit der Vergangenheit, verführen auch Fachleute zu haarsträubenden historischen Rekonstruktionen. In die Enge getrieben oder aber aus der Distanz neigen Menschen zu solchen Reaktionen – als Ausdruck langjähriger Demütigung, subtiler Verfolgung, faktischer Ausgrenzung oder latenter Vorbehalte gegen eine Gruppe bzw. ein ganzes Volk – in diesem Fall das deutsche. Insofern illustrieren sie auf ihre Weise die durch die „Sekten"-Diskussion erst geschaffene Atmosphäre – einen Raum der „Konfliktträchtigkeit".

Die Redaktion der Herausgeber hat manche groben Unrichtigkeiten stillschweigend verbessert und die Beiträge von Derek R. Davis, Kenneth B. Fradkin, Massimo Introvigne, H. Newton Malony und James E. Wood, Jr. ins Deutsche übertragen.

Die Texte belegen, wie kleine Religions- und Weltanschauungsgemeinschaften ausgegrenzt, ihre Mitglieder beruflich benachteiligt und persönlich diffamiert werden. Dies alles funktioniert über kommunikationspsychologische Mechanismen. Religiöse und sonstige Überzeugungen erhalten durch Meinungsführer von Interessengruppen stark negativ besetzte Etikettierungen („fundamentalistisch", „totalitär", „konfliktträchtig" etc.). Diese beseitigen Hemmschwellen, rechtfertigen Kontrollmaßnahmen und befördern die Konsolidierung von Mehrheiten gegen Minderheiten.

Heidelberg und Köln, im Herbst 1998

Gerhard Besier, Erwin K. Scheuch

Presseerklärung 28. Mai 1998: Beteiligt sich der deutsche Staat an der Diffamierung und Diskriminierung von religiösen und weltanschaulichen Minderheiten? Eine offene Gesellschaft braucht keine Weltanschauungskontrolle

HANS APEL, GERHARD BESIER,
NIELS BIRBAUMER, MARTIN KRIELE,
HERMANN LÜBBE, ERWIN K. SCHEUCH

Der Staat ist in einer offenen Gesellschaft kein Emanzipations-Nachhilfeinstitut. Er kann dem Bürger um seiner Freiheit willen nicht alle Lebensrisiken abnehmen wollen. Demgegenüber neigen Eiferer zu Regelungs-Exzessen und tendieren zu einer Welterklärung im Gut-Böse-Schema. Um nicht unterderhand Rufmordkampagnen, Gesinnungsschnüffelei und weltanschaulich-ethischer Repression Raum zu geben, sind im Blick auf die Beurteilung anderer ein hohes Maß an Toleranz, Sensibilität und Vorsicht sowie die strikte Einhaltung von Rechtsgrundsätzen nötig.

Berufliche oder soziale Anforderungen veranlassen immer mehr Menschen, Fortbildungsangebote zur Erlangung von „Streßstabilität“, „Konfliktbewältigungskompetenz“ und „Leistungsoptimierung“ in Anspruch zu nehmen. Nach alternativem Lebenssinn Suchende schließen sich einer der neuen Religionsgemeinschaften an, weil sie deren Heilslehren für ihr Leben als hilfreicher und sinnerfüllender begreifen als das, was ihnen traditionelle Religionen bieten. Es ist unvermeidlich, daß auf beiden Feldern auch Scharlatane Chancen suchen und finden. Darum mag es sein, daß für die Sicherung von Konsumenten-Schutzansprüchen ein neues Gesetz erforderlich ist. Es ist wahr: Der Mensch kann sich durch zu hohe Leistungsansprüche oder durch religiöses Heilsverlangen selbst zugrunde richten. Schaden können ihm freilich auch Tendenzen zur Unterforderung, traditionelle Erziehungsziele und etablierte Religionen. Insofern befinden sich alle Anbieter von Lebenshilfen wie auch die Repräsentanten von Religionen in einer grundsätzlich ähnlichen Situation.

Im Frühjahr 1996 hat der Deutsche Bundestag eine Enquete-Kommission zu „Sog. Sekten und Psychogruppen" eingesetzt. Die Zusammensetzung dieser Kommission, ihr Zwischenbericht vom Sommer 1997 und die Begleitumstände ihrer Arbeit lassen befürchten, daß der für Juni 1998 angekündigte Abschlußbericht der Bundesrepublik Deutschland schweren Schaden zufügen wird. Wir appellieren an die Verantwortlichen, nicht zuzulassen, daß der verschiedentlich geäußerte Eindruck unserer europäischen und amerikanischen Freunde sich bestätigt, der deutsche Staat beteilige sich wiederum an der Diffamierung und Diskriminierung von religiösen und weltanschaulichen Minderheiten.

1. Zu den sachverständigen Mitgliedern der Enquete-Kommission gehören Sekten- und Weltanschauungsbeauftragte der beiden Amtskirchen, nicht aber Sachverständige anderer Religions- und

Weltanschauungsgemeinschaften und keine Repräsentanten des heftig kritisierten freien Fortbildungsmarktes und Management-Trainings. Die Sektenbeauftragten der protestantischen Amtskirche haben jetzt die Möglichkeit, mit über jene zu befinden, die in weltanschaulicher Konkurrenz zu ihnen stehen und mit denen sie seit Jahren vor deutschen Gerichten prozessieren. Leider muß mit einer doppelten Befangenheitsvermutung eines Teils der Mitglieder der Enquete-Kommission gerechnet werden: Sie sind Agenten der konkurrierenden Religionsgesellschaften, und sie befinden sich seit Jahren in prozessualen Auseinandersetzungen mit jenen, über deren Tätigkeit sie nun mit urteilen sollen.

2. Die Sekten- und Weltanschauungsbeauftragten der beiden Amtskirchen haben eine kirchliche Schatten-Kommission gebildet, die je nach Bedarf vor oder nach den Sitzungen der offiziellen Enquete-Kommission des Deutschen Bundestages die dortigen Themen vor- bzw. nachbereitet. In diesem „Kirchlichen Arbeitskreis zur Begleitung der Enquete-Kommission" arbeiten auch Mitglieder der offiziellen Enquete-Kommission des Deutschen Bundestages mit. Diese Konstruktion tangiert die Unabhängigkeit der Parlaments-Kommission. Sie verstärkt noch einmal den Einfluß der Großkirchen und verfestigt die in einem weltanschaulich neutralen Staat unsachgemäße „Hierarchisierung" von Religionen. Es darf in den Augen des Staates nicht „bessere" und „schlechtere" Religionen geben.

3. Im Umfeld der Enquete-Kommission arbeiten Journalisten, die sich aus ideellen und/oder materiel-

len Gründen auf Sekten- und Psychogruppenjagden spezialisiert haben. Sie geben vor deutschen Gerichten an, durch Mitglieder der Enquete-Kommission Berichte über Zeugenaussagen aus nichtöffentlichen Sitzungen der Enquete-Kommission erhalten zu haben. Die Vorsitzende der Enquete-Kommission sieht keine Möglichkeit, Indiskretionen des Gremiums zu ahnden. Vermutlich wäre es auch lebensfremd, auf eine strikte Einhaltung der Vertraulichkeit dringen zu wollen. Umgekehrt gibt aber die Enquete-Kommission den Beklagten nicht die Möglichkeit, sich vor diesem Gremium zu äußern. Die Beschuldigten erfahren – im Gegensatz zu den Journalisten im Dunstkreis der Kommission – nicht einmal, daß, geschweige denn in welcher Weise über sie Klage geführt wurde.

4. Im Zwischenbericht der Enquete-Kommission wird zwar versichert, es gehe um die Klärung und Konkretisierung von Vorwürfen, aber an die Öffentlichkeit gedrungene, ungeprüfte Verdächtigungen sowie deren Verbreitung, Vergröberung und Verallgemeinerung wirken sich für soziale Dienstleister geschäftsschädigend aus und führen zur Verächtlichmachung von kleinen religiösen Gruppierungen. Solche Auswirkungen sind inakzeptabel.

5. Holen die betroffenen Organisationen juristische, psychologisch/psychiatrische, soziologische oder religionswissenschaftliche Gutachten unabhängiger Wissenschaftler ein, werden deren Ergebnisse zumeist ignoriert und die Gutachter als befangen marginalisiert. Damit laufen die Eigeninitiativen der

Betroffenen zur Rechenschaftsablage über ihre Arbeitsweisen und Methoden ins Leere.

6. Die Enquete-Kommissionen des Deutschen Bundestages haben eine große Tradition und vielfach beachtliche Ergebnisse vorlegen können. Das galt auch dann, wenn sie – entgegen geltendem Parlamentsrecht – nicht nur rechtlich relevante Informationen beschafften und Handlungsempfehlungen gaben, sondern darüber hinaus einen Auftrag zu Forschungen, Meinungen und Analysen erhielten. Die Geschichte der Enquete-Kommissionen und die Ausweitung ihres Kompetenzrahmens beinhalten eine hohe Verpflichtung. Auch der Einsetzungsbeschluß des Deutschen Bundestages für die Enquete-Kommission zu „Sog. Sekten und Psychogruppen" vom 9. 5. 1996 erteilte einen Auftrag, der weit über den rechtlichen Rahmen hinausgeht. Er richtet sich darauf, „Informationen über neuere religiöse und weltanschauliche Bewegungen einzuholen, zu bündeln und aufzuarbeiten sowie den gesellschaftlichen Hintergrund der Entstehung und Ausbreitung zu analysieren". Leider wird von vornherein unterstellt, daß von den „Sog. Psychogruppen und Sekten" Gefahren ausgehen, anstatt zu fragen, ob und welche Gefahren von welchen Gruppen ausgehen und aus welchen Tatsachen sich das ergibt.

7. Da sich der Auftrag der Enquete-Kommission nicht auf rechtswidriges Handeln, sondern mit hoher Unbestimmtheit auf „neue religiöse und weltanschauliche Bewegungen" bezieht, sieht sich das Gremium ermächtigt, ihn immer weiter auszudehnen. Im Zwischenbericht heißt es: „Das Spektrum der

Gruppierungen umfaßt heute sinnstiftende Angebote oder Heilslehren religiöser, weltanschaulicher, philosophischer, politischer, psychologischer und pädagogischer Art." Selbst randkirchliche Sondergruppen „pfingstlerischer, charismatischer und endzeitlicher Prägung" sind von der Kommissionsarbeit betroffen. Das Problematische an solchen Gruppen ist für die Enquete-Kommission, ihrem Zwischenbericht zufolge, nicht, daß sie etwa Rechtswidrigkeiten begingen, sondern daß sie oder ihre Mitglieder mit ihrer Umwelt „in Konflikt" geraten können. Die Kommission meint: „Die Konfliktlagen ... zu beurteilen ist eine zentrale Aufgabe der Enquete-Kommission." Außer Betracht bleibt, wie die „Konflikte" oft genug entstehen. Wenn die „uneinsichtigen" Angegriffenen sich gegen rufschädigende Medienkampagnen mit Ehrenschutzklagen gerichtlich zur Wehr setzen, gehen die Ankläger meist kein Risiko ein. Die Prozeßkosten der Sektenbeauftragten beispielsweise werden aus Kirchensteuermitteln bestritten. Spezielle Anwaltskanzleien überprüfen die Kampagnentexte, damit sie im Rahmen der Meinungs- und Pressefreiheit gerade noch bestehen können.

8. Der Zwischenbericht der Enquete-Kommission legt Zeugnis von der weltanschaulichen und gesellschaftspolitischen Voreingenommenheit mancher seiner Verfasser ab. Bei einem an der Religionssoziologie orientierten Sektenbegriff müßte sich ein Teil der Mitglieder der Enquete-Kommission selber für befangen erklären, weil sie nach diesen Kriterien selbst als Mitglieder von „Sekten" gelten. In diesem Gremium haben allerdings die Repräsentanten von

„Bündnis 90/Die Grünen“ einen klaren Kopf behalten und an ihre Bürgerrechtstradition angeknüpft. Ihr Sondervotum zum Zwischenbericht betont, „...daß nach bisherigen Ergebnissen der Kommissionsarbeit keine Tatsachen bekannt sind, die es rechtfertigen würden, in religiösen und weltanschaulichen Minderheiten generell eine Gefahr für Individuen, Gesellschaft und Staat zu sehen“. Die der Enquete-Kommission aus den Niederlanden zugegangene Expertise gelangt zu einem ganz ähnlichen Urteil.

9. Wir haben eine Auswahl der besonders inkriminierten Gruppen angehört, ihre Überzeugungen wie ihre Arbeitsweisen studiert und die von Kolleginnen und Kollegen angefertigten Gutachten gelesen. Hierzu gehörten insbesondere Vertreter des freien Fortbildungsmarktes und Management-Trainings, die allesamt von der Enquete-Kommission nicht angehört wurden, obwohl einzelne Mitglieder der Kommission einen erbitterten Kampf gegen sie führen. In keinem Fall konnten wir Hinweise auf Personen, Gruppen oder Organisationen schädigende Handlungen feststellen. Ebensowenig war freilich durchgängig die Wirksamkeit der Helfer-Interventionen nachweisbar, wenngleich wir auch viel Nützliches notieren konnten. Dieses Ergebnis schließt nicht aus, daß Personen durch Handlungen oder Ratschläge solcher Lebenssinn und Lebenshilfe anbietenden Gruppen zu Schaden kommen können. Aber auch der Rat eines Freundes, der Angehörigen, eines Lehrers oder Pfarrers im vorprofessionellen psychohygienischen Raum kann – in bester Absicht erteilt –

ebenfalls fehlindiziert sein. Es ist zu bedenken, daß Personen, die beratende Hilfen in Anspruch nehmen, unter erheblichen psychischen, sozialen oder medizinischen Störungen leiden können. Solche Störungen werden meist verschwiegen und sind für den Berater nicht immer sofort ersichtlich. Nur wenn offenkundig unterlassene Hilfeleistung vorliegt, kann man den jeweiligen Helfer zur Verantwortung ziehen. Es wäre lebensfremd, wenn man von jeder ratgebenden Person im religiösen oder psychosozialen Setting eine universitäre und Postgraduierten-Ausbildung in Medizin und Psychologie verlangen wollte – was bekanntlich im Einzelfall Schädigungen auch nicht ausschließt. Auf der anderen Seite kann es Lebenshilfen geben, die tatsächlich hilfreich sind, aber einer wissenschaftsdogmatischen Überprüfung kaum standhalten dürften.

Mit „Scientology" haben wir uns ausdrücklich *nicht* befaßt, weil die einseitige Thematisierung dieser Gruppe offensichtlich die Funktion erfüllt, als eine Art „Dosenöffner" für den Gesamtbereich der „Sog. Sekten und Psychogruppen" zu dienen.

10. Wir bitten die deutsche Bevölkerung, sich weder von neuen geistigen Monopol- und Kontrollansprüchen beeindrucken noch von der Ketzerhysterie der Sektenjäger anstecken zu lassen und sich nicht an der Verteufelung von Minderheiten zu beteiligen oder andere zu denunzieren, weil sie die Veranstaltungen dieser oder jener Gruppe besuchen. Die Sektenjagd lebt von der in der Öffentlichkeit erzeugten Vorstellung, sie schütze den Bürger vor unheimlichen Bedrohungen. In Wahrheit bedroht die

inquisitorische Arbeit der Sektenjäger die Religions- und Gewissensfreiheit in einer offenen Gesellschaft. Diese Bedrohung ist nicht durch sprachkosmetische Maßnahmen wie die Eliminierung des Sektenbegriffs zu beseitigen. Vielmehr muß die multikulturelle, -konfessionelle und -weltanschauliche Entwicklung in unserer Gesellschaft akzeptiert werden. Die in Mode stehenden Sektenjagden bieten mehr Anlaß zu staatsbürgerlicher Sorge als die große Mehrzahl der „Sog. Sekten und Psychogruppen".

Gutachtliche Stellungnahme im Verfahren Verein zur Förderung der psychologischen Menschenkenntnis ./. die Bundesrepublik Deutschland AZ: 8 L 1513/93, 3. 11. 1993

MARTIN KRIELE

Inhaltsübersicht

I. Einleitung

Die folgenden Ausführungen implizieren weder eine positive noch eine negative Stellungnahme zu den politischen, psychologischen, pädagogischen, theologischen oder sonstigen Kontroversen um den VPM. Dazu wäre der Verfasser mangels einschlägiger Fachkenntnisse nicht in der Lage. Auch steht er in keiner wie immer gearteten Beziehung zum VPM. Es geht nicht um den VPM, sondern ausschließlich um seine

Rechtsposition im Blick auf die Broschüre über „Sekten und Psychogruppen“, die das Bundesministerium für Frauen und Jugend herauszugeben beabsichtigt. Dem Verfasser liegt der Teil des Entwurfs vor, der den VPM betrifft und der in eine „Warnung“ mündet. Er wurde gebeten, zu der Frage Stellung zu nehmen, ob die betreffenden Passagen rechtlich zulässig sind.

Das Ergebnis vorweg: Auf der Grundlage der bisherigen Judikatur zu regierungsamtlichen Warnungen genügen die Ausführungen zum VPM – jedenfalls so, wie der Entwurf sie vorsieht – nicht den rechtlichen Anforderungen. Um dies darzulegen, bedarf es keiner eingehenden Erörterung der rechtlichen Kriterien; es geht eher um Fragen der Subsumption. Hierzu hofft der Verfasser einige entscheidungserhebliche Gesichtspunkte beitragen zu können.

Er hat zunächst aus eigener Anschauung eine Reihe höchst eigentümlicher Beobachtungen machen können.

1. An der Kölner Universität hat ein studentischer „Arbeitskreis qualifiziertes Studium“ (AQS) mit Schwerpunkt in der medizinischen Fakultät die „Matrikel“ beantragt, die Voraussetzung für die Inanspruchnahme universitärer Einrichtungen und Vergünstigungen ist. Über diesen Arbeitskreis sagt der Entwurf der „Sektenbroschüre“ S. 105 f., er unterstütze Anliegen des VPM. Tatsächlich gehören einige Studenten beiden Vereinigungen an.

Wie mir der Prorektor, Professor Kohlmann, mitteilte, wurde das Rektorat aufs heftigste bestürmt mit dem Ziel, die Matrikel zu verweigern, und zwar u. a.

mit Hinweis auf die Nähe des AQS zum VPM. Das Rektorat hat die erhobenen Einwände geprüft und zweierlei festgestellt:

a) Sie seien unsubstantiiert und ohne faktische Grundlagen. Es handele sich durchweg um „Schmäh", um ungeprüfte Weitergabe von übler Nachrede, Diffamierungen, Verdächtigungen, Unterstellungen.

b) Diese werden vorgetragen von denjenigen studentischen Gruppen, die man unter dem Begriff „Chaoten" zusammenzufassen pflegt: Linksextreme, Autonome, die Alternative Liste, die derzeit den AStA dominiert. Für diese Gruppen ist kennzeichnend, daß sie die Rechte anderer nicht achten. Sie sprengen z. B. mit SA-Methoden Podiumsdiskussionen über „nicht hinnehmbare" Themen (z. B. Südafrika oder § 218, den „Schandparagraphen, der ersatzlos zu streichen" sei). Angehörige dieser Gruppen begingen wiederholt schwere Körperverletzungen und andere Gewalttaten und schmähen ihre Kritiker als rechtsradikal. Sie verschleudern die von den Studenten für den AStA erhobenen Zwangsbeiträge für Druckerzeugnisse, die ein allgemein-politisches Mandat in Anspruch nehmen und vor allem gegen CDU und den „faschistischen Flügel der SPD" agitieren. In der medizinischen Fakultät gewannen diese Gruppen eine Mehrheit unter den studentischen Vertretern im Fakultätsrat; diese delegierten ihre Kompetenzen auf die studentische Vollversammlung des Fachbereichs, die ihrerseits die Fachbereichsvertreter neu und einseitig bestimmte, u. a. mit dem Argument, daß auf diese Weise VPM-Mitglieder aus der

Fachschaft ferngehalten werden können. Die so bestimmten Fachbereichsvertreter wurden vom Dekan akzeptiert, und zwar aus Angst vor Gewaltausbrüchen und Agitation.

Aus demselben Motiv vermied das Rektorat bisher, im Rahmen der ihm nach § 71 Abs. V WissHG zustehenden Rechtsaufsicht effiziente Maßnahmen zu ergreifen: Es vermutet, solche sollten provoziert werden, um als Initialzündung für Aufruhr zu dienen. Um der Ruhe an der Universität willen sei es opportun, alle Rechtsbrüche hinzunehmen. Das Rektorat beschränkte sich auf „Abmahnungen", die aber weder angefochten noch überhaupt beantwortet, noch beachtet wurden.

Es gibt keinen Hinweis darauf, daß das Bundesministerium für Frauen und Jugend beabsichtigt, eine Warnung vor Vereinigungen solcher Art auszusprechen.

Inzwischen hatte ich Gelegenheit, mit studentischen Vertretern sowohl des AQS als auch des VPM zu sprechen. Ich konnte keinerlei Anzeichen von psychischer Deformation oder Rechtsmißachtung erkennen; ich hatte vielmehr den Eindruck netter und vernünftiger junger Leute mit seriösen Anliegen z. B. in Fragen der Studienreform oder der Drogenpolitik. Vor allem aber wenden sie sich gegen die eklatanten Rechtsbrüche linksextremer Studentengruppen und gegen den Zynismus ihrer Agitation.

Das Rektorat hat inzwischen beschlossen, mangels entgegenstehender Gründe dem Senat der Universität vorzuschlagen, die beantragte Matrikel zu erteilen. Ein Ablehnungsgrund läge allerdings vor, wenn sich die Bundesregierung dafür verbürgt, daß die Antragsteller in verfassungsrechtlich relevanter Weise die Jugend in ihren verfassungsrechtlich geschützten Rechten verletzen oder eine Gefahr für verfassungsrechtlich hervorgehobene Gemeinschaftsgüter – wie Ehe und Familie – darstellen. Warnt die Bundesregierung regierungsamtlich vor einer Vereinigung, so würde das Rektorat dies nicht überprüfen. Nur solange sich die Angriffe bloß im freien gesellschaftlichen Meinungskampf bewegen, gilt für Rektor und Senat eine Rechtsvermutung zugunsten der Antragsteller bis zum Beweis entgegenstehender Umstände.

2. Dies veranlaßte mich, aus eigener Initiative nach den gegen den VPM vorliegenden Fakten zu forschen. Solche Fakten könnte es ja geben, auch wenn der erste persönliche Eindruck der Angegriffenen positiv und der der Angreifer in erheblichem Maß negativ ist. Den unmittelbaren Anlaß gab mir eine Meldung des „Spiegel“ Nr. 35/93 S. 16: „Horst Eylmann, Vorsitzender des Rechtsausschusses im Bundestag, hat [Familienministerin] Merkel aufgefordert, ‚Schaden von Staat und Partei abzuwenden und den VPM unbedingt in die Broschüre aufzunehmen‘. Die CDU, so Eylmann, habe es ‚nicht nötig, Organisationen mit einem zweifelhaften Menschenbild und Demokratieverständnis in irgendeiner Weise zu schützen‘.“

Daraufhin fragte ich Eylmann brieflich, welche Fakten gegen den VPM vorlägen. In seiner Antwort nannte er keinerlei Fakten, sondern sprach von einem „Gesamteindruck“, einem „dahinterstehenden Menschenbild" beim VPM und ergänzte auf eine nochmalige Frage: „Was ich seitdem erfahren habe, ... bestätigt mir ..., daß ich wohl schon den richtigen Riecher gehabt habe." Was er erfahren hat, teilte er wiederum nicht mit. Der Riecher war die Grundlage seiner Intervention.

Er hielt mir vor, daß ich dem VPM eine Kopie meines Briefes geschickt hatte, und fragte, ob ich mich als „Interessenwahrer und Sympathisanten des VPM" betrachte. Anscheinend beschwören bei einer Medienkampagne die pure Frage nach Fakten und die faire Behandlung des Opfers die Gefahr herauf, daß die Ächtung auf den Fragenden erstreckt wird. Das hat eine einschüchternde Wirkung: Klugerweise geht man zu den Opfern einer Medienkampagne in Distanz, einfach deshalb, weil sie nun einmal Opfer einer Medienkampagne sind. Kann man diese Distanzierung nicht mit seiner Selbstachtung vereinbaren, steuert das ideologiebildende Interesse die Meinungsbildung: Man schließt dann allen Ernstes aus der Breite und Intensität der Kampagne auf ihre inhaltliche Berechtigung.

3. Noch bedeutsamer war folgendes: Herr Eylmann teilte mir mit: „Von mir ist der entsprechende Brief der Presse nicht zugänglich gemacht worden." Dann drängt sich die Schlußfolgerung auf, der persönliche Brief des Abgeordneten an die Frau Minister müsse „aus dem Ministerium" dem „Spiegel" zugespielt worden sein, vermutlich, um Eylmann im Prestige zu verstricken und auf eine Kampfposition innerhalb der Fraktion festzulegen. Daraus ergibt sich die weitere Schlußfolgerung: Im Ministerium

scheinen Personen mit der Sache betraut zu sein, die mit dem „Spiegel“ – dem wichtigsten Repräsentanten der Kampagne – zusammenspielen und die Ministerien zu steuern versuchen. Unter diesen Umständen drängt sich die Frage auf, ob vom Ministerium eine neutrale und sachliche Faktenprüfung zu erwarten sei.

4. Weitere Nachforschungen ergaben, kurz zusammengefaßt, folgendes: In früheren Verfahren zur Einleitung regierungsamtlicher Warnung standen am Anfang Informationen über harte Fakten, so z. B. bei der Osho-Bewegung über Aufforderungen zu Abtreibungen und zum Verlassen von Eltern, Ehepartner und Familie. Daran schlossen sich Faktenprüfungen und rechtliche Erwägungen an. Beim VPM stand am Anfang eine Kampagne linksorientierter Medien, die von einigen interessierten Landesregierungen aufgegriffen wurde. Erst nachträglich forderte die Ministerin ihre Mitarbeiter auf, nach brauchbaren Fakten zu forschen – ergebnislos. Von verschiedenen Seiten mit der Frage nach Fakten konfrontiert, erklärte sie des öfteren: „Wir haben noch (!) keine.“ In einem Fall reagierte sie auf diese lästige Frage so heftig, daß sie die Contenance verlor. Schließlich entschied sie, die Indizierung ohne faktische Grundlage zu riskieren und die Sachprüfungen dem Verwaltungsgericht zu überlassen.

II. Der Eingriff

1. Die gesellschaftliche Wirkung

Eine regierungsamtliche Warnung vor einem privaten Verein bedeutet für diesen zwar kein Betätigungsverbot, gleichwohl aber einen Grundrechtseingriff von erheblicher Tragweite. Seine Wirkungen liegen auf der Hand und sind auch beabsichtigt.

Die Warnung bedeutet: Die Bundesregierung verbürgt sich dafür, daß von dem Verein Gefahren für verfassungsrechtlich hervorgehobene Gemeinschaftsgüter ausgehen. Dies läuft auf eine gesellschaftliche Ächtung hinaus. Die Warnung impliziert die Aufforderung an die Mitglieder zum Austritt, an die Beitrittswilligen, davon Abstand zu nehmen, an Dritte, die Berührung mit dem Verein und seinen Mitgliedern zu meiden. Ärzte und Psychologen verlieren das Vertrauen ihrer Patienten. Für den Verein wird es erhebliche Schwierigkeiten geben, Versammlungsräume für Aktivitäten zu mieten oder für Studenten z. B. einen Platz im Studentenwohnheim zugeteilt zu bekommen. Freunde und Bekannte wenden sich ab, Verlöbnisse zerbrechen, die Menschen werden isoliert, ihre soziale Geltung im Umfeld wird zerstört. Junglehrer werden wegen ihrer Vereinszugehörigkeit nicht eingestellt, angestellte Lehrer entlassen, beamtete versetzt.

Schon bisher wurden bewährte, beliebte und allseits geachtete Lehrer versetzt, wenn sie wegen ihrer VPM-Zugehörigkeit angegriffen wurden: Es hieß dann, ihre Anwesenheit „störe den Schulfrieden". Die Strafe lautet auf 100 km täglichen Schulweg und soll wohl von der Vereinsmitgliedschaft abschrecken. Derartige Schikanen würden durch die Indizierung ermutigt und legitimiert.

Eine der Wirkungen wird sein, daß den studentischen Gliederungen des Vereins die Matrikel der Hochschulen verweigert werden wird. Sie verlieren damit die Möglichkeit, an den Hochschulen zu wirken, zu werben, Stellung zu nehmen, zu kandidieren. Sie werden damit einer gesteigerten Agitation ihrer Gegner und – nach Lage der Dinge – auch Tätlichkeiten ausgeliefert. Die Rektorate würden das in Kauf nehmen. Sie würden die regierungsamtliche Warnung kaum überprüfen, sondern von ihrer Verläßlichkeit ausgehen.

Denn Bürger lesen regierungsamtliche Äußerungen mit der Erwartung, daß sie seriös sind und der Staat seine Darlegungen voll verantwortet, daß sie also im rechtsstaatlichen Verfahren erarbeitet sind, daß die behaupteten Tatsachen wahr sind, daß die Wertungen Schlußfolgerungen aus festgestellten Tatsachen sind und an diese anknüpfen. Diese Erwartung beruht auf dem Vertrauen in die Beachtung formellen und materiellen Verfassungsrechts und in das intakte Amtsethos der Repräsentanten des Staates. Die Vorstellung, daß der Staat dieses Vertrauen gewissermaßen „ausbeuten" könne, um eine meinungsprägende Wirkung zu erzielen, während er in Wirklichkeit den Anforderungen gar nicht gerecht wurde, muß dem Bürger abwegig erscheinen. Denn eine solche Verfahrensweise wäre etwa das, was man mit dem

Begriff „perfide“ zu bezeichnen pflegt, und etwas Derartiges unterstellt man der Bundesregierung nicht.

2. Die betroffenen Grundrechte

Es läge zwar kein Eingriff in Art. 4 I GG vor, weil sich der Verein weder als Religions- noch als Weltanschauungsgemeinschaft versteht. Es wäre aber ein Eingriff in die Vereinigungsfreiheit Art. 9 I GG, in die Meinungsfreiheit Art. 5 I GG und, soweit der Verein theoretische Darlegungen in wissenschaftlicher Form vorlegt, in die Freiheit der Wissenschaft Art. 5 III GG. Im gesellschaftlichen Wettbewerb der Vereine, Meinungen und wissenschaftlichen Ansichten steht der Staat unter dem Gebot der Neutralität. Er darf sich zwar seine eigene Meinung bilden und sein Handeln daran orientieren, nicht jedoch die Vertreter anderer Meinungen diskriminieren (zum Neutralitätsgebot VGH Mannheim NJW 42 [1989], 878). – Angesichts der Bedeutung des freien Vereinslebens für die Demokratie wäre in der Diskriminierung auch eine Verletzung des demokratischen Prinzips zu sehen.

Da die Indizierung in erheblichem Maße ehrenrührig wäre, handelte es sich auch um einen Eingriff in das Persönlichkeitsrecht, das nach ständiger Rechtsprechung in Art. 2 I i. V. m. Art. 1 I grundrechtlich gewährleistet ist.

3. Ausländischer Verein?

Nach den Ausführungen der Antragsgegnerin im anwaltlichen Schriftsatz vom 6. 10. 1993 soll allerdings ein Grundrechtseingriff deshalb nicht vorliegen, weil der VPM ein ausländischer Verein sei. Es heißt dort:

„Soweit in dem Manuskript für die geplante Broschüre und in den nachfolgenden Ausführungen vom VPM die Rede ist, ist damit der Antragsteller zu 1) gemeint, nämlich der Verein zur Förderung psychologischer Menschenkenntnis mit dem Sitz in Zürich."

Das bedeutet: Die deutschen Untergliederungen oder Schwestervereinigungen seien nicht gemeint.

Der Grund für diese Beschränkung liegt auf der Hand: Ein ausländischer Verein kann sich gemäß Art. 19 III i. d. R. nicht auf die Grundrechte des Grundgesetzes berufen. So heißt es auf S. 6 desselben Schriftsatzes, „daß es sich bei der Antragstellerin zu 1) um eine ausländische juristische Person handelt, die den verfassungsrechtlichen Ehrenschutz nicht in Anspruch nehmen kann".

Die Antragsgegnerin will das Verwaltungsgericht offenbar glauben machen, mit den Passagen über den VPM wolle sie Schweizer Bürger vor einem Schweizer Verein warnen. Das fiele jedoch nicht in ihren Aufgabenbereich und ihre Kompetenz.

Der Sinn der Darlegungen in der Sektenbroschüre kann aber auch nicht sein, deutsche Bürger vor den Einflüssen eines Schweizer Vereins zu warnen. Von dessen Einflüssen kann der deutsche Bürger allenfalls durch Lektüre seiner Schriften oder bei gelegentlichen Reisen nach Zürich betroffen sein. Die Warnung besteht aber darin, daß eine enge Bindung an den Verein mit einem „Gemeinschaftsgefühl" entstehen könnte, das noch durch Wohngemeinschaften gefördert werde; so werde man einer „autoritären bis totalitären Struktur" ausgeliefert. Vorgänge solcher Art setzen mindestens ein lokalgebundenes Miteinanderleben voraus.

Daß mit dem „VPM" die deutschen Untergliederungen oder Schwestervereine gemeint sind, ergibt sich auch aus dem Text der Broschüre selbst. Hier heißt es lediglich: „Der VPM wurde 1986 in Zürich gegründet." Daraus läßt sich nicht auf eine Beschränkung auf den Züricher Verein schließen. Demgemäß ist auch auf Seite 105 von den deutschen Anhängern des VPM die Rede, die „in verschiedenen Städten mehrere Vereine zur Förderung der psychologischen Menschenkenntnis gegründet haben", sowie auf Seite 106: „Der VPM und die ihm nahestehenden Vereine ..."

Die Wirkung der Broschüre kann für den VPM nur sein, die deutschen Gliederungen oder Schwestervereine und ihre Mitglieder zu treffen, und diese Wirkung ist auch beabsichtigt: Sie ist schließlich der Sinn und Zweck der Indizierung. Der Versuch, den Anträgen mit Berufung auf Art. 19 III GG die Rechtsgrundlage zu entziehen, muß den Eindruck erwekken: An die Stelle des Amtsethos der Neutralität, Wahrheitsliebe, Sorgfalt und des Willens, niemandem Unrecht zu tun, tritt der Versuch, mit Hilfe anwaltlicher Schläue die gerichtliche Kontrolle auszumanövrieren.

III. Die Rechtsbedingungen des Eingriffs

Ein solcher Eingriff bedarf der verfassungsrechtlichen Rechtfertigung. Die damit gestellten Rechtsfragen sind allerdings in den anwaltlichen Schriftsätzen mit Hinweis auf Rechtsprechung und Literatur gründlich aufbereitet und überdies ohnehin gerichtsbekannt, so daß sich der Verfasser auf eine Skizzierung der wichtigsten rechtlichen Gesichtspunkte beschränken kann. Er sieht auch keinen Anlaß, die bisherige Judikatur unter einem hier entscheidungserheblichen Gesichtspunkt kritisch in Frage zu stellen. Er geht vielmehr mit dem Bundesverwaltungsgericht und – soweit es zu dessen Entscheidungen Stellung genommen hat – mit dem Bundesverfassungsgericht von folgenden Grundsätzen aus:

1. Das Recht zu warnen

Die Bundesregierung ist zu öffentlichen Warnungen vor privaten Vereinigungen befugt, wenn tatsächliche Anhaltspunkte dafür vorliegen, daß sie verfassungsrechtlich geschützte Rechtsgüter gefährden, insbesondere Menschenwürde, Leben, Gesundheit, oder auch verfassungsrechtlich hervorgehobene Gemeinschaftsgüter wie Ehe und Familie (BVerwG vom 13.3.1991 – 7 B 99.90 = NJW 44 [1991], 1770). Ein Grund zur Warnung lag bei der Osho-Bewegung z. B. in der Aufforderung, Eltern, Ehepartner, Familie zu verlassen oder bedenkenlos abzutreiben.

Die Regierung darf vor Vereinigungen warnen, die bei ihren Mitgliedern typische Schäden verursachen, oder vor Vereinigungen, die sich als religiöse Sekten tarnen, während sie in Wirklichkeit auf wirtschaftliche Ausbeutung ausgehen. Sie ist dazu um so mehr befugt, wenn sich die Vereinigungen krimineller Methoden bedienen (Betrug, Nötigung, Freiheitsberaubung, Kinderprostitution und dergleichen). In schwerwiegenden Fällen kann dieser Befugnis sogar eine Verpflichtung entsprechen.

2. Gesetzliche Grundlage erforderlich?

Ob es einer besonderen gesetzlichen Grundlage für negative Äußerungen des Staates über Private bedarf, hängt nach ständiger Rechtsprechung davon ab, ob der Grundrechtseingriff als „wesentlich" anzusehen ist. So wurden z. B. Äußerungen Gaucks über Stolpe nur deshalb als gerechtfertigt angesehen, weil es an einer gesetzlichen Grundlage nicht fehlte (VG Berlin v. 3.6.93, AfP 93, 692 ff).

Bei bisherigen regierungsamtlichen Warnungen vor Jugendsekten wurde ein wesentlicher Grundrechtseingriff nicht angenommen. Der Grund dafür war aber nicht, daß die indizierten Vereinigungen ja nicht verboten oder sonst in ihrer Wirksamkeit beschränkt werden. Der Grund lag vielmehr erstens darin, daß sich die Regeln des Verfahrens (z. B. Anhörung) unmittelbar aus der Verfassung ergeben und sich auch ohne Gesetz von selbst verstehen (BVerwG aaO. S. 9), zweitens darin, daß die Warnung an objektiv festgestellte Tatsachen anknüpfte, z. B. an Aufrufe des Vereinigungsleiters (Osho) oder an psychische Schäden (TM). Insofern ging es in erster Linie um Information und Aufklärung, die ohnehin gewinnen konnte, wer sich mit der Vereinigung beschäftigt. Die warnende Wertung knüpfte lediglich an die mitgeteilten Fakten an.

Eine gesellschaftliche Ächtung ohne hinreichende Tatsachenbasis wäre allerdings ein „wesentlicher" Grundrechtseingriff. Aber er überschritte bei Vorhandensein einer gesetzlichen Grundlage zugleich die darin enthaltene Ermächtigung. Ein Gesetz, das zu einer solchen Indizierung ermächtigen würde, wäre selbst verfassungswidrig.

Da die Passagen über den VPM keinerlei faktische Information enthalten (s. u. IV.), sind sie mit oder ohne gesetzliche Grundlage nicht zu rechtfertigen.

3. Die Mindestbedingungen

Der mit der Warnung verbundene Eingriff in Grundrechte ist gerechtfertigt, wenn

a) die Warnung aus einem „hinreichend gewichtigen, dem Inhalt und der Bedeutung der berührten Grundrechte entsprechenden Anlaß" abgegeben wird,
b) „die mitgeteilten Tatsachen zutreffen",
c) sich die Regierung „unsachlicher Abwertungen" enthält.

Diese drei Bedingungen hat das Bundesverwaltungsgericht in dem zitierten Beschluß vom 13. März

1991 festgelegt (S. 7 = NJW 44 [1991], 1771 rechte Spalte).

4. „Tatsachen"

Soweit die Warnung meinungsmäßige Wertungen enthält, müssen sich diese aus Tatsachenbehauptungen ergeben, deren Wahrheit feststeht. So heißt es im Kammerbeschluß des BVerfG zur „Transzendentalen Meditation" vom 15. 8. 1989 (NJW 42 [1989], 3269): Es liege keine Ehrverletzung vor, wenn ein Bild des Betroffenen gezeichnet wird, das „sein tatsächliches Auftreten objektiv zutreffend wiedergibt". Werturteile müßten auf einem „im wesentlichen zutreffenden Tatsachenkern beruhen". Die Vorentscheidung des BVerwG sei nicht zu beanstanden, weil sie darlege, daß und warum „der in der Vorinstanz festgestellte Sachverhalt" die Indizierung rechtfertige, weil ein strittiger Hinweis der Bundesregierung „der gegebenen Tatsachenlage entspricht", ein weiterer „die bestehende Tatsachenlage zutreffend" wiedergibt. Die Mitteilung kritischer Wertungen Dritter ersetzt also nicht die Tatsachenfeststellung.

5. Zum „Verdacht einer Gefahr"

Der „Verdacht einer Gefahr" (hierzu Drews-Wacke-Vogel-Martens, Gefahrenabwehr, § 13, Ziff. 2 c) rechtfertigt einen Grundrechtseingriff,

a) wenn er durch Tatsachen begründet ist,

b) wenn Ungewißheiten in der Tatsachenaufklärung in der gebotenen Zeit nicht beseitigt werden können (z. B.: Gehen die Gesundheitsstörungen von diesem Lebensmittel, diesem Medikament aus? Ist die Bombendrohung ernst zu nehmen? etc.),

c) wenn der Eingriff dem Verhältnismäßigkeitsprinzip genügt. Das bedeutet z. B.: wenn möglich nur vorläufige Maßnahmen bis zur endgültigen Klärung; möglichste Schonung des Adressaten, etwa durch die öffentliche Erklärung, daß eine von ihm zu verantwortende Gefahr bisher noch nicht festgestellt ist.

Daß der Verdacht der Gefahr einen Eingriff erlaubt, dient der Erreichung des Schutzzwecks bei unaufgeklärten und in Kürze nicht aufklärbaren Sachverhalten und nicht dem Zweck, es der Behörde bequem zu machen und ihr die Tatsachenermittlung überhaupt und auf Dauer zu ersparen.

6. Zur Anhörungspflicht

Die Betroffenen haben Anspruch darauf, vor Veröffentlichung der Warnung Gelegenheit zur Stellungnahme zu den entscheidungserheblichen Tatsachen zu erhalten und angehört zu werden. Dieser Anspruch ergibt sich zwar nicht aus § 28 Verwaltungsverfahrensgesetz, weil die Warnung kein Verwaltungsakt ist, wohl aber „unmittelbar aus Verfassungsrecht, nämlich aus dem jeweils berührten Grundrecht in Verbindung mit dem Rechtsstaatsprinzip“ (BVerwG aaO. S. 9 = NJW 44 [1991], 1771). Das Bundesverwaltungsgericht hat zwar in den bisherigen

Entscheidungen noch keinen Anlaß gesehen, über das Anhörungsrecht verbindlich zu entscheiden, weil in den betreffenden Verfahren eine gerichtliche Tatsachenermittlung und in diesem Zusammenhang eine gerichtliche Anhörung stattgefunden und die von der Regierung angenommenen Tatsachen als richtig bestätigt hat. Als Folge dieses Vorbehalts scheint sich nunmehr die Regierungspraxis einzuschleichen, auf die Anhörung generell zu verzichten und den Betroffenen keinen anderen Weg als den des verwaltungsgerichtlichen Verfahrens zu lassen. Diese Verfahrensweise scheint sich der Regierung besonders dann zu empfehlen, wenn sie über keine Fakten verfügt, zu denen sie anhören könnte.

Deshalb möchte der Verfasser das Gericht anregen, die Anhörungspflicht ausdrücklich festzustellen und den Verfahrensmangel zu rügen. Denn der Rechtsgedanke des § 45 II VwVfG ist auch hier entsprechend anwendbar: Die nachträgliche Anhörung heilt den Verfahrensmangel nur, wenn sie vor Erhebung der verwaltungsgerichtlichen Klage nachgeholt wird.

Im folgenden ist auf zwei weitere Gesichtspunkte hinzuweisen, die in der bisherigen Rechtsprechung nur beiläufig anklangen und noch nicht zum Gegenstand von Entscheidungen geworden sind.

7. Zum Gleichheitssatz

Eine Verletzung des Gleichheitssatzes ist zwar nicht gegeben, wenn die Regierung ihre Warnungen auf spezifische „Jugendsekten“ beschränkt und nicht auch Gefahren einbezieht, die „von anderen Religions- und Weltanschauungsgemeinschaften ausgehen“ sollen. Denn bei Jugendsekten bestehe „ein besonders großes Interesse an Information und Aufklärung“ (BVerwG aaO. S. 15 = NJW 44 [1991], 1773 a.9.).

Anders liegt es jedoch, wenn die Auswahl der Vereinigungen, vor denen gewarnt wird, willkürlich, d. h. durch keinen sachlichen Grund gerechtfertigt ist.

Willkürlich sind z. B. die folgenden Auswahlgesichtspunkte, die anscheinend für die Indizierung des VPM bestimmend waren:

a) Von diesem Verein ist keine Randale zu erwarten. Er ist gesetzestreu, hat Vertrauen in den Rechtsstaat und wehrt sich durch gerichtliche Klagen. – Nicht indiziert hingegen werden Vereinigungen, die Verfassung, Gesetz und die Rechte anderer grob und prinzipiell mißachten und eine aggressive Bereitschaft zu Körperverletzung, Sachbeschädigung, Hausfriedensbruch, Versammlungsstörung, Widerstand gegen die Staatsgewalt und anderen Gewalttaten ständig unter Beweis gestellt haben, wie verschiedene „autonome“ und „alternative“ Gruppierungen. Solche „lieber nicht zu provozieren“ ist blanker Opportunismus und kein sachlich rechtfertigender Auswahlgesichtspunkt.

b) Der Verein hat nur eine kleine Mitgliederzahl und sehr geringen Einfluß. Er ist der breiteren Öffentlichkeit überhaupt erst durch die Kampagne seiner Gegner bekannt geworden. Ihn auszuwählen, nicht hingegen Vereinigungen, die durch Aktivitäten in den Straßen, in den Schulen und Hochschulen seit längerer Zeit und überall im Lande bekannt und gegenwärtig sind, ist offensichtlich willkürlich.

c) Der Verein ist „konservativ“ orientiert. Daß es Willkür ist, ihn auszuwählen, während „links“ orientierte Vereinigungen verschont bleiben, liegt zutage. Das gilt um so mehr, als dem Verein gerade zum Vorwurf gemacht wird, daß er die Jugendlichen über „linke“, anarchistische, rechtsmißachtende, den Drogengebrauch fördernde Tendenzen aufklären und sie gegen linke Agitation widerstandsfähig machen will (s. u. VI.).

d) Angenommen, die vom Verein und seinen Mitgliedern auf Jugendliche ausgehenden Einflüsse wären tatsächlich bedenklich, so könnte das doch nur in geringfügigem Maße der Fall sein. Hiervor warnen, nicht jedoch vor den schwerwiegenden Einflüssen zur Mißachtung der Rechte anderer und der Gemeinschaft, kann nicht sachgerecht sein.

e) Der einzige im Entwurf der Sektenbroschüre geltend gemachte Auswahlgesichtspunkt ist der Umstand, daß der Verein „seit Jahren Gegenstand heftiger Kritik ist“ (S. 100). In der Tat ist er das Objekt einer breiten und intensiven Medienkampagne. Sollte dies als sachgerechtes Auswahlkriterium gelten, so hätten es die über die Medien verfügenden Kampagnen-Betreiber in der Hand, jederzeit jede ihnen mißliebige Vereinigung dem Staat zur Ächtung zu überliefern: Ihr jeweiliges Opfer würde zur Indizierung ausgewählt, nicht jedoch Vereinigungen, die sie schonen und über die sie schweigen. Die Entscheidung liegt bei den Redaktionen: Wen machen wir zum Gegenstand der Kritik, wem sehen wir seine Eigenarten nach? Wen erachten wir für hassenswert, wen mögen wir?

Der Staat kann seine Auswahl willkürfrei nur treffen, wenn er sich von all diesen Gesichtspunkten frei macht und sich statt dessen von der Frage leiten läßt: Von welchen Vereinigungen gehen tatsächlich schwerwiegende Jugendgefährdungen aus – unabhängig davon, ob von der Indizierung Gewalttaten zu befürchten sind, ob die Vereinigung groß oder klein ist, ob sie links oder rechts steht, Opfer einer Kampagne ist oder nicht?

Kann der Staat nicht über alle in Frage kommenden Vereinigungen gleichzeitig Aussagen machen und muß er zeitliche Prioritäten festlegen, so wären folgende Fragen sachgerecht: Von welcher Vereinigung gehen besonders schwerwiegende Gefahren aus? Haben wir hinreichende Tatsachenkenntnisse, die eine sofortige Indizierung erlauben, oder bedarf es weiterer Nachforschungen, die die Zurückstellung bis zu einer künftigen Ausgabe erforderlich machen?

Die Rechtsprechung, die den Gleichheitssatz durch die bisherigen Warnungen noch nicht verletzt sah, ist kein Freibrief für Beliebigkeit, Willkür und Opportunismus.

8. Zum Umfang der ministeriellen Kompetenz – die zwei Typen der Gefahr

Auch wenn man aus dem Aufgabenbereich eines Ministers auf das Recht schließt, sich zur „wirksamen

Aufgabenwahrnehmung“ an die Öffentlichkeit zu wenden (BVerwG aaO. S. 7 = NJW 44 [1991], 1771 rechte Spalte), so bleibt diese Kompetenz doch auf den Aufgabenbereich beschränkt, in dem er sachkundig ist und Verantwortung trägt. Der Bundesminister für Frauen und Jugend kann also nur vor Gefahren warnen, die – bei weitgesteckten Grenzen – irgendwie noch als frauen- oder hier: als jugendrelevant gelten können.

Mit Blick auf den VPM entsteht zunächst die Frage, wer von den Gefahren bedroht sein soll: die Vereinsmitglieder oder die von ihnen beeinflußten Jugendlichen?

Die Vereinsmitglieder sind ausschließlich Erwachsene, zumeist solche, die beruflich mit Jugendlichen zu tun haben (Ärzte, Psychologen, Lehrer), aber auch einige Studenten. Die Gefahren, die aus der Vereinsstruktur entstehen sollen, bedrohen allein die Mitglieder. Sie können für sich allein nicht jugendrelevant sein, selbst wenn man den Begriff „Jugendlicher“ auf junge Erwachsene ausdehnt.

Zwar hat das BVwG aaO. S. 19 keinen Anstoß daran genommen, daß die Osho-Bewegung als „Jugendsekte“ bezeichnet wurde, obwohl sie alle Altersgruppen umfaßt. Denn jedenfalls wendet sie sich auch – und sogar schwerpunktmäßig (Baghwan-Discos, Baghwan-Wohngemeinschaften) – an Jugendliche und junge Erwachsene, wiegelt sie gegen Eltern und Lehrer auf, verleitet sie zur Verachtung von Ehe und Familie und zur Bedenkenlosigkeit bei Sexualität und Abtreibungen. Dieses Treiben war als solches jugendgefährdend. Überdies war jene Warnung damals durch die Kompetenzen des Ministers für Jugend „und Familie“ legitimiert.

Der VPM hingegen übt auf Jugendliche – auch im erweiterten Wortsinn – nur mittelbaren Einfluß aus, indem seine Mitglieder sein Gedankengut aufnehmen und dann bei Jugendlichen z. B. darauf hinwirken können, daß sie fähig werden, zu Drogen „nein“ sagen zu können. Die beeinflußten Jugendlichen sind nicht Mitglieder. Die jugendgefährdende Tendenz kann also nur in diesen Einflüssen gesehen werden. Die angeblichen Gefahren für Mitglieder als solche sind nicht jugendrelevant. Folglich kann sich die Warnungskompetenz des Ministers für Frauen und Jugend nur auf solche Fakten beziehen, die den Einfluß der Vereinsmitglieder auf außerhalb stehende Jugendliche betreffen.

IV. Die fehlende Faktenbasis

Die den VPM betreffenden Passagen des Entwurfs zeigen eine Eigentümlichkeit. Sie enthalten keinerlei faktische Angaben über den VPM, sondern nur die Mitteilung, was für kritische Äußerungen Dritte getan hätten.

So heißt es auf Seite 101: „Die Kritik an der Gruppe um Frau Buchholz-Kaiser war [...]“; Seite 103: „Ehemalige Mitglieder berichten [...]“; Seite 104: „Die theoretischen Grundlagen und die in Anspruch genommene Wissenschaftlichkeit des VPM sind [...] immer wieder Gegenstand kritischer Äußerungen“ usw.

Erst in der Zusammenfassung auf Seite 106 zeigt sich, daß sich die Broschüre nicht auf die distanzierte Wiedergabe dieser Äußerungen beschränkt. Sie macht sie sich vielmehr ungeprüft zu eigen und zieht aus ihnen Schlußfolgerungen so, als hätte der Staat ihre Richtigkeit festgestellt.

Nicht nur enthält der Text keine Fakten über den VPM. Er eröffnet dem Leser auch keinerlei Möglichkeit zu prüfen, ob die wertenden Äußerungen Dritter auf einer faktischen Grundlage beruhen. So wären z. B. die kritischen Äußerungen „ehemaliger Mitglieder" (S. 103) nur überprüfbar, wenn der Text auf die Fragen Antwort gäbe: Wer hat sie abgegeben, wo sind sie zu finden, auf welche tatsächlichen Angaben stützen sie sich, sind diese wahr, erheblich und typisch? Was sagt die Gegenseite dazu? Der Staat kann keineswegs im dunkeln lassen, ob jene kritischen Wertungen sich auf Fakten stützen oder nicht und ob die ihnen zugrundeliegenden Tatsachenbehauptungen wahr sind oder nicht.

Er kann diese Information nicht etwa mit dem Argument verweigern, die Offenlegung der Quelle setze diese der Gefahr einer Ehrenschutzklage aus. Es ist ein allgemeines Bürgerrisiko, daß derjenige, der über einen anderen eine ehrenrührige Tatsache verbreitet, für ihre Wahrheit einzustehen und sie gegebenenfalls zu beweisen hat. Wer glaubt, sich einem solchen Prozeß nicht stellen zu können, soll sich ehrenrühriger Behauptungen enthalten: Das ist schließlich Sinn und Zweck der Vorschriften über Beleidigung, üble Nachrede und Verleumdung. Dieses Bürgerrisiko wird jedermann zugemutet.

Wollte man es durch einen generellen Quellenschutz aushebeln, so wäre damit der letzte Rest des Ehrenschutzes beseitigt: Jedermann wäre berechtigt, sich auf Hörensagen zu stützen und dann – indirekt – beliebig zu verleumden. Die Quelle wäre nicht angreifbar, weil sie im dunkeln bleibt, und der das Gehörte Weitergebende wäre von jeder Rechtfertigungspflicht befreit. Er braucht notfalls nur zu beweisen, daß er dies und jenes gehört hat: Das wäre dann eine wahre und deshalb unangreifbare Tatsachenbehauptung.

Zwar mag im Rahmen der überaus pressefreundlichen Rechtsprechung zur Pressefreiheit ein gewisser Quellenschutz anerkannt sein. Das Magazin verbreitet z. B. Behauptungen, die ihm von einem Beamten zugespielt worden sind, nennt jedoch den Informanten nicht, um ihn vor beamtenrechtlichen Konsequenzen zu schützen, kann also die Wahrheit der verbreiteten Behauptung nicht beweisen und braucht das dann auch nicht zu tun. Dieser keineswegs unbedenklichen Rechtsprechung liegt der Gedanke zugrunde: Zu den Aufgaben der Presse gehören die kritische Begleitung der Regierungstätigkeit und die kritische Information der Öffentlichkeit. Angesichts der demokratischen Bedeutung dieser Aufgabe müsse man in der Abwägung hinnehmen, daß die Regierung und die sie repräsentierenden Persönlichkeiten – als Figuren der Zeitgeschichte – die Möglichkeit verlören, sich zur Wehr zu setzen. Werde im Einzelfall die Öffentlichkeit möglicherweise nicht informiert, sondern irregeführt, so sei auch dies in Kauf zu nehmen (so nach Presseberichten das OLG Hamburg im Rechtsstreit Scharping./.„Focus").

Dieser nicht gerade überzeugende Rechtsgedanke wird aus der demokratischen Funktion der Pressefreiheit abgeleitet. Er stellt in unserem Ehrenschutzsystem eine Ausnahmeregelung dar. Diese kann man nicht ohne weiteres auf jedermann übertragen. Am wenigsten aber kann der Staat selbst sie für sich in Anspruch nehmen. Erstens gelten für ihn nicht die besonderen Privilegien der Presse, sondern ganz im Gegenteil die besonderen verfassungsrechtlichen Pflichten zur Neutralität, Unparteilichkeit, Sachlichkeit, Wahrhaftigkeit, Sorgfalt, Gerechtigkeit und zur Beachtung des Verhältnismäßigkeitsprinzips. Zweitens kann er von diesen Pflichten nicht aus dem Gesichtspunkt der demokratischen Kontrolle der Regierung und des verminderten Ehrenschutzes von Personen der Zeitgeschichte befreit sein, wenn er diskriminierende Äußerungen über private einzelne oder Vereinigungen im gesellschaftlichen Raum tut.

Selbst wenn die Aussage, der und der habe das und das gesagt, eine erweislich wahre Tatsachenbehauptung ist, so ersetzt sie dennoch nicht die Tatsachenfeststellungen inhaltlicher Art. Das gilt erst recht, wenn die Aussagen Dritter selbst gar keine Tatsachenbehauptungen, sondern bloß meinungsmäßige Wertungen enthalten.

Und es gilt erst recht, wenn diese Wertungen Dritter in sich unstimmig, offensichtlich haltlos oder gar unsinnig und darüber hinaus die aus ihnen gezogenen Schlußfolgerungen nicht zu tragen geeignet sind. Eine Durchsicht der den VPM betreffenden Passagen im Entwurf der „Sektenbroschüre“ fördert Erstaunliches zutage.

V. Erster Hauptvorwurf: Autoritäre Struktur

Es heißt auf Seite 103, ehemalige Mitglieder berichteten über eine „autoritäre bis totalitäre Struktur“ des VPM. Der Verein ist jedoch gemäß den zivilrechtlichen Vorschriften demokratisch strukturiert. Er hätte sonst auch gar nicht eingetragen werden dürfen. Die Abwegigkeit des Vorwurfs ergibt sich auch aus dem Umstand, daß jeder jederzeit ein- und austreten kann. Daran werden die Mitglieder auch nicht etwa durch Ausnutzung von Unmündigkeit oder Unerfahrenheit gehindert. Die antragstellenden Vereine bestehen ausschließlich aus Erwachsenen.

Eine autoritäre bis totalitäre Struktur wäre ein eindeutiges Indiz für eine gegen die verfassungsmäßige Ordnung des Grundgesetzes gerichtete Tendenz und könnte zu einem Verbotsverfahren gemäß § 3 des Vereinsgesetzes führen. Die Bundesregierung kann sich also nicht regierungsamtlich diesen Vorwurf zu eigen machen, wenn er nicht substantiiert ist. Insbesondere kann sie nicht ohne faktische Grundlage eine jugendrelevante Gefahr für die öffentliche Sicherheit und Ordnung behaupten. Denn:

„Gegen Vereine, die die Vereinsfreiheit mißbrauchen, kann zur Wahrung der öffentlichen Sicherheit oder Ordnung nur nach Maßgabe dieses Gesetzes eingeschritten werden“ (§ 1 II Vereinsgesetz).

Ferner: „Abweichungen von der ‚richtigen Haltung'" würden „nicht zugelassen". Das Machtmittel eines Vereins besteht darin, Abweichlern den Austritt nahezulegen oder sie auszuschließen. Das Gebrauchmachen von diesem Recht kann einem Verein ebensowenig vorgeworfen werden wie einer politischen Partei oder einer religiösen Gemeinschaft. Es ist selbstverständlich, daß z. B. ein Tierschutzverein nicht hinnehmen muß, wenn ein Mitglied – womöglich im Namen des Vereins – für Tierquälereien eintritt. Verlangt er den Austritt oder betreibt er den Ausschluß, so macht er von seinem in Art. 9 I GG verankerten Vereinsrecht Gebrauch. Die Meinungsfreiheit des einzelnen wird dadurch nicht berührt.

Ferner: Die Anhänger würden durch VPM-Wohngemeinschaften „eng an den Verein gebunden". Der Verein bestreitet, überhaupt Wohngemeinschaften zu unterhalten. Täte er es aber, wäre daran nichts zu beanstanden. Sonst wäre eine Jugendgefährdung auch in Klöstern, Wohngemeinschaften christlicher Laienorganisationen oder in Studentenwohnheimen privater Vereinigungen zu sehen.

Ferner: das „Freund-Feind-Denken". Ein solches wäre zwar unerfreulich, im Rahmen der Meinungsfreiheit aber nicht unzulässig. Es herrschte auch z. B. in den christlichen Urgemeinden, es zeigt sich mitunter im politischen Parteienkampf, es prägt die Redaktionslinie zahlreicher Presseorgane. Es findet sich besonders ausgeprägt bei den Gegnern des VPM. Wäre eine darauf gestützte Indizierung zulässig, so müßte sie sich aus Gründen der Gleichbehandlung und Unparteilichkeit auch – und erst recht – auf diese Gegner erstrecken.

„Kritik am VPM wird von diesem als Teil einer Medienkampagne und als politisch motiviert (Linksextremisten, Drogenbefürworter) interpretiert" (S. 104). Es mag an dieser Stelle dahinstehen, ob diese Interpretation abwegig oder nicht vielmehr realistisch ist. Selbst wenn sie falsch wäre, wäre sie im Rahmen der Meinungsfreiheit zulässig und vom Staat zu respektieren. Ihm steht nicht zu, diese Interpretation als „Diffamierung" und „Psychoterror" zu diffamieren, die das Ziel hätten, „Kritik zu unterdrücken bzw. den Kritiker zu diskreditieren" (S. 104) und daraus die Berechtigung einer regierungsamtlichen Warnung abzuleiten.

Sich gegen eine Medienkampagne zu wehren gilt aber nun offenbar als Beweis für mangelnde Angepaßtheit und damit für eine jugendgefährdende Tendenz. Eine solche staatliche Strategie macht einen Verein, der sich als Opfer einer politisch motivierten Kampagne sieht, wehrlos: Schweigt er dazu, wird dies als Bestätigung der Vorwürfe gedeutet, setzt er sich zur Wehr, bestätigt er diese damit erst recht. Daß sich der Staat allen Ernstes eine derart perfide Diffamierungsstrategie zu eigen machen will, ist mit den Geboten zu Neutralität, Unparteilichkeit und Gerechtigkeit unvereinbar.

Der Vorwurf des „Autoritären" oder „Totalitären" sagt sehr häufig mehr über den, der ihn erhebt, als über den Angegriffenen aus. Gegen den bekannten Kongreß „Mut zur Erziehung" 1978 wurde in der „Zeit" von Anhängern der antiautoritären Erziehung unter der Überschrift „Totalitäre Tendenz“ mit Hilfe dieser Begriffe regelrecht gehetzt; inhaltlich waren diese Ausführungen offenbarer Unsinn. – Auch die Kirchen, besonders die katholische, werden gelegentlich als „autoritär“ oder „totalitär“ gebrandmarkt (Hans Küng, Norbert Greinacher, Peter Eicher), obwohl jeder jederzeit austreten und sich übrigens auch ohne Austritt ihren Einflüssen entziehen kann. Reduziert man die Aussage auf ihren sachlichen Kern, so bleibt der Vorwurf übrig, daß die Kirche arbeitsrechtlich als Tendenzbetrieb anerkannt ist, insbesondere, daß Theologieprofessoren abweichende Lehren nur privat, nicht aber im Namen und Auftrag der Kirche und im Rahmen der Priesterausbildung verkünden dürfen. In ihren Freiheiten der Meinung, der Wissenschaft, der Lehre und der Veröffentlichung sind sie dadurch nicht beschränkt (vgl. Hans Küng, Uta Ranke-Heinemann, Eugen Drewermann). Kurz: Mit dem Vorwurf „autoritär“ und „totalitär“ sind die Anhänger eines prinzipiellen institutionenüberwindenden Individualismus schnell zur Hand. Im Blick auf den VPM ist nichts dargetan, was ihm Substanz verleihen könnte.

Selbst einmal angenommen, die Vereinsstruktur wäre autoritär, so würde die Unterscheidung zwischen den beiden Typen von Gefahren relevant: Gefahren für die erwachsenen Vereinsmitglieder und Gefahren für die von ihnen beeinflußten Jugendlichen (s. o. III. 8.). Die autoritäre Vereinsstruktur könnte allenfalls die erwachsenen Vereinsmitglieder bedrohen, um die es im Kompetenzbereich des Bundesministers für Frauen und Jugend aber gar nicht gehen kann. Trotz einer schon drei Jahre laufenden Medienkampagne kann das Bundesministerium für Frauen und Jugend offensichtlich keinerlei Fälle von negativen Auswirkungen der Vereinsstruktur auf Jugendliche – schon gar nicht gravierender und relevanter Art – vorweisen. Sie müßte die Kausalität und die Wirkungen in irgendeiner Weise plausibel machen. Sonst wäre die autoritäre Vereinsstruktur – ihr Bestehen einmal hypothetisch vorausgesetzt – vom jugendpolitischen Aspekt aus irrelevant.

VI. Zweiter Hauptvorwurf: Abgrenzung gegen links

Was die Gefahren betrifft, die den beeinflußten Jugendlichen drohen, so lautet der Vorwurf: Der Verein mache „das Wohl der Gemeinschaft" zu einem Kriterium (S. 105). Offensichtlich soll damit suggeriert werden, er sei zu konservativ, er stemme sich gegen die individualistische Ideologie: Selbstverwirklichung dürfe auch zu Lasten der Rechte anderer und der Gemeinschaft gehen. Würden Jugendliche durch den Verein oder seine Mitglieder beeinflußt, bestehe die Gefahr, daß sie der herrschenden Zeitströmung unangepaßt gegenüberstünden.

Nach eigenen Angaben tritt der Verein für folgende Erziehungsziele ein: „Achtung vor dem anderen und Respekt vor seiner Weltanschauung, gewaltfreie Konfliktlösung, Schutz des Schwächeren, Gemeinsinn, Übernahme sozialer Verantwortung und Bereitschaft, durch eigene Leistung zum Wohl des

Ganzen beizutragen." Das ist ungefähr das, was Konservative mit dem Begriff der „geistig-moralischen Wende" verbinden: offenbar eine jugendgefährdende Tendenz.

Man mag mit dem Verein darüber streiten, ob das Wohl der Gemeinschaft wirklich ein Auswahlkriterium sein sollte, nach dem man auch „kulturelle Schöpfungen vergessen" sollte. Das wäre banausisch. Sollte er das ernstlich meinen, so riefe er doch jedenfalls nur zu „Vergessen" und nicht zur Bilderstürmerei auf. Das stünde ihm im Rahmen der Meinungsfreiheit zu. Eine Quellenprüfung ergab aber, daß es sich bei der betreffenden Stelle um eine indirekte Wiedergabe von Ansichten Alfred Adlers handelt, nicht um eine originäre Aussage des Vereins. Sie findet sich in der Dissertation eines der drei Vizepräsidenten des VPM, Frau Dr. Buchholz-Kaiser, unter der Kapitelüberschrift „Das Gemeinschaftsgefühl bei Alfred Adler" und referiert dessen ethische Vorstellungen.

Man mag mit dem Verein auch darüber streiten, ob er anarchistische und andere linksextreme Tendenzen in hölzerner Weise ablehnt, ohne das in ihrem Utopismus liegende unterschwellig religiöse Element zu verstehen. Der Verein ist nicht zu hochdifferenzierter Sensibilität und Intellektualität verpflichtet. Fühlen sich die „Linken" durch lieblose Ablehnung verletzt, so mögen sie dies im freien gesellschaftlichen Meinungskampf zur Geltung bringen. Der Staat jedoch kann in dieser entschiedenen Zurückweisung des Linksextremismus nicht eine jugendgefährdende Tendenz erblicken, von der eine Bedrohung verfassungsrechtlich geschützter Rechtsgüter ausgeht. Die Bundesregierung würde den ihr gezogenen verfassungsrechtlichen Rahmen ganz erheblich überschreiten, wenn sie allen Ernstes deshalb vor einem Verein warnen wollte, weil dieser das „Wohl der Gemeinschaft“ für ein berücksichtigenswertes Erziehungsziel hält.

Nur nebenbei sei darauf hingewiesen, daß der Verein so undifferenziert auch gar nicht zu denken scheint. Er beruft sich auf „bewährte Lehren“ des Psychologen Friedrich Liebling. Er meint damit dessen psychologische Lehren und unterscheidet diese von dessen politischer Orientierung. Diese scheint auch linke bis anarchistische Elemente gehabt zu haben, jedenfalls nach Darstellung des Entwurfs der Broschüre.

Das hält den Verein trotz seiner entschieden hiergegen gerichteten politischen Grundtendenz nicht davon ab, seine psychologisch-fachlichen Erkenntnisse für „bewährt“ zu halten und zu schätzen.

Wegen dieser Wertschätzung wurde der Verein gelegentlich verdächtigt, „also auch“ die politischen Tendenzen Lieblings zu schätzen – eine offensichtlich unhaltbare Unterstellung. Diese Unterstellung ist besonders abwegig, wenn sie von Personen ausgeht, die ihrerseits eine extrem linke Orientierung haben und die eben deshalb mit dem Verein in eine Kontroverse geraten sind.

Sie werfen dem Verein nicht nur vor, von der politischen Ausrichtung F. Lieblings abzuweichen. Z. T. werfen sie auch F. Liebling selbst vor, daß er nicht revolutionär dachte und nicht zum Widerstand „gegen das System“ aufrief, sondern vielmehr – wie Adler –

jungen Menschen zur sinnvollen und konstruktiven Mitarbeit in der bestehenden Gesellschaft verhelfen wollte. Über diese Frage kam es im Anschluß an die 68er Bewegung zu einer Spaltung der Schüler F. Lieblings.

Wo von den Gegnern des Vereins so offenkundig Fairneß und Sachlichkeit mißachtet werden, wäre der Staat zu besonderer Zurückhaltung verpflichtet. Insbesondere aber hat er sich gegenüber Links-Rechts-Auseinandersetzungen, die im gesellschaftlichen Raum ausgetragen werden, neutral zu verhalten und nicht Partei zu ergreifen.

Eine Durchsicht der Quellen zeigt, daß der Verein zunächst in die Schußlinie linksextremer, revolutionärer Autoren geraten ist, und zwar in erster Linie deshalb, weil er sich entschieden gegen deren politische Tendenzen gestellt hat. Alle anderen Argumente haben offenkundig nur sekundären Charakter. Diese Kritik wurde alsdann in einer Kampfschrift von K.-E. Merki zusammengefaßt, die ihre politische Stoßrichtung schon in dem bezeichnenden Titel verrät: „Der VPM – entschieden auf dem rechten Weg." Der ironische Gebrauch des Wortes „rechter Weg" spielt mit dem Doppelsinn „rechts". Schon dieser Titel macht die Entschiedenheit der Abgrenzung gegen links zum Hauptvorwurf. Die Verfasser des Entwurfs der Sektenbroschüre genieren sich bemerkenswerterweise nicht, diese Kampfschrift als ihre Quelle anzugeben (S. 102).

So wie man sich verlieben kann, kann man sich auch „verhassen". Der VPM hatte das Pech, daß sich ein mächtiger Mann in ihn regelrecht verhaßt hat:

Hans-Jörg Hemmiger, Mitarbeiter der Evangelischen Zentralstelle für Weltanschauungsfragen (EZW). Mit der Autorität dieser Institution im Hintergrund bekämpft er den Verein mit unermüdlicher Intensität und erweckt den Eindruck, als gehe es um einen Abwehrkampf der christlichen Kirche gegen eine antichristliche Weltanschauung. Der Verein ist aber religiös und weltanschaulich neutral und verfolgt weltliche Ziele. Die mir bekannt gewordenen Mitglieder erklärten auf Rückfrage, sie seien praktizierende Katholiken; das sei auch die Vereinsvorsitzende Frau Buchholz-Kaiser. Sie habe allerdings eine konservative Orientierung nicht nur in politischen, sondern auch in theologischen Fragen.

Im September 1993 erschien eine Dokumentation einer in Hannover ansässigen „Konservativen Sammlung", die nach eigenen Angaben „entschieden gegen links- und rechtsextreme Handlungen" vorgeht: „Der marxistische Betrug mit dem Sektenbegriff." Sie behauptet über Hemminger, er sei in der extrem linken, allerdings auch der ökologischen Bewegung verankert (beides geht ja öfters zusammen), und belegt dies durch Dokumente.

Was immer davon zu halten ist, offenkundig speist sich der Kampf gegen den VPM nicht aus (vielleicht auch vorhandenen) religiösen Differenzen, sondern aus der Links-Rechts-Polarität. Nur deshalb sah sich ja schließlich die gesamte „linke" Medienwelt zur Parteinahme und Agitation veranlaßt. Es entstand eine lawinenartige Kampagne – ein von Zeit zu Zeit auftretendes menschliches Phänomen, das Gottfried Keller in seinem Gedicht „Die öffentlichen Verleumder" anschaulich macht: „[...] sie teilen aus sein Wort / wie einst die Gottesboten / getan mit den fünf Broten, / das klecket fort und fort! / Erst log allein der Hund, / nun lügen ihre Tausend; / und wie ein Sturm erbrausend, / so wuchert jetzt sein Pfund [...]"

Begreiflicherweise erscheint es unter solchen Umständen erst den Parteien und schließlich auch dem Staat opportun, zu dem Opfer in Distanz zu gehen, sich von der Kampagne mitreißen zu lassen und auf das Bemühen um wahrheitsgemäße Sachaufklärung und eine gerechte Urteilsbildung zu verzichten.

VII. Dritter Hauptvorwurf: Wissenschaftliche Irrtümer

Im Entwurf der Broschüre heißt es: „Die theoretischen Grundlagen und die in Anspruch genommene Wissenschaftlichkeit... sind immer wieder Gegenstand kritischer Äußerungen" (S. 104). Das mag sein. In der Wissenschaft ist vieles strittig, in der Psychologie fast alles. Soweit der Verein einen wissenschaftlichen Anspruch erhebt, stellt ihn Art. 5 III GG unter einen besonderen und vorbehaltlosen verfassungsrechtlichen Schutz. Wissenschaftliche Auseinandersetzungen sind nicht durch den Staat verbindlich zu entscheiden, sondern in freier Kritik und Gegenkritik auszutragen.

Der Staat muß sich zwar in seinem eigenen Handlungsbereich eine Meinung bilden, kann wissenschaftliche Stellungnahmen einholen, sich die ihn überzeugenden zu eigen machen und andere für nicht überzeugend erklären. Das begründet aber nicht das Recht, die für falsch gehaltene wissenschaftliche Ansicht zu diskriminieren und in die Grundrechtssphäre der Träger „falscher Ansichten“ einzugreifen. Das aber tut er, wenn er mit dem Argument vor einem Verein warnt, seine wissenschaftlichen Ansichten seien nicht überzeugend. Zieht er sich auf das Argument zurück, diese Ansichten seien Gegenstand kritischer Äußerungen, ohne sich zu diesen direkt zu äußern, knüpft daran aber gleichwohl die Folgerung einer Warnung, so hat er sich damit dem Neutralitätsgebot nicht entzogen. Im Gegenteil: Der Eingriff in die Grundrechtssphäre gewinnt den Charakter der Willkür und Beliebigkeit und wird dadurch um so schwerwiegender.

Der auf S. 104 des Entwurfs der Sektenbroschüre wiedergegebene „Text der Berliner Senatsverwaltung“ stellt eine geradezu unglaubliche Mißachtung des Neutralitätsgebots in wissenschaftlichen Streitfragen dar. Gleiches gilt für die – kritisch gemeinte – Zitation einer positiven Würdigung der wissenschaftlichen Leistungen Friedrich Lieblings aus dem Jahre 1982, Selbstverlag des VPM (S. 100 f. des Entwurfs). – Nur ergänzend sei auf die mangelnde Sorgfalt verwiesen, mit der der Entwurf erstellt wurde: Der Verein gibt an, daß der Text gar nicht von ihm, sondern von einem seiner politischen Gegner ediert wurde, daß er 1982 erschienen sei, während der VPM erst 1986 gegründet worden sei, und daß es folglich den dort angegebenen Selbstverlag gar nicht gegeben habe.

Es ist auf eine weitere Eigentümlichkeit im Entwurf der Sektenbroschüre hinzuweisen. Während er das wissenschaftliche Neutralitätsgebot grob mißachtet, fordert er gleichzeitig von dem Verein, daß er seinerseits ein Neutralitätsgebot zu beachten habe. Er wirft ihm vor, daß er andere Ansichten als „irrtümliche Meinungen", „verzerrte Wahrnehmungen", „fehlerhafte Anschauungen" bezeichne. Er unterscheide wahr und falsch, Irrtum und Wahrheit (S. 105). Dieses Recht steht dem privaten Verein in der freien wissenschaftlichen Auseinandersetzung aber zu, anders als dem Staat.

Diese doppelte Inanspruchnahme einerseits des Rechts zu wissen, was wissenschaftlich richtig ist, andererseits die Diskriminierung von Bürgern, die falsche wissenschaftliche Ansichten hätten, war charakteristisch für die Staatspraxis der ehemaligen DDR. Es besteht Grund, daran zu erinnern, daß die DDR dem Geltungsbereich des Grundgesetzes beigetreten ist, und nicht umgekehrt.

VIII. Vierter Hauptvorwurf: Gerichtliche Klagen

Der Verein hat sich zum Prinzip gemacht, gegen jede öffentliche Ehrverletzung gerichtlich vorzugehen. Soweit seine Klagen abgewiesen wurden, hatte er wertende Äußerungen angegriffen, die nach der Rechtsprechung des Bundesverfassungsgerichts im Rahmen der Meinungsfreiheit bis zur Grenze der Schmähkritik hinzunehmen sind. Soweit er Tatsachenbehauptungen als Verleumdung oder üble Nachrede angriff, hatten seine Klagen durchweg Erfolg.

Es scheint dieser Umstand zu sein, der die Entwurfverfasser veranlaßt hat, sich auf die Wiedergabe von kritischen Wertungen Dritter zu beschränken. Sollte diese Vermutung richtig sein, so legt sie die Annahme nahe: Faktenmitteilungen wären nach der eigenen Einschätzung der Entwurfverfasser nicht erweislich wahr. Ihre Mitteilung lasse erfolgreiche Klagen des VPM befürchten und sei deshalb zu vermeiden.

Von daher wird die unglaubliche Tatsache begreiflich, daß der Entwurf dem VPM seine Prozeßbereitschaft zum Vorwurf macht, ja seine Angriffe in diesem Vorwurf gipfeln läßt:

„Der VPM und die ihm nahestehenden Vereine haben durch die Führung von zahlreichen Prozessen versucht, die Kritik an der Praxis des VPM zu unterdrücken" (S. 106).

In der Tat hat der VPM die souveräne Medienmacht herausgefordert und sich nicht gescheut, selbst so mächtige Meinungsinstitutionen wie den „Spiegel", den Norddeutschen Rundfunk, selbst die „Tagesthemen", den WDR und andere zur Rechtfertigung vor Gericht zu zwingen. Je mehr er dies tut, desto mehr eskaliert die Auseinandersetzung zu einem Machtkampf mit dem Ziel, Bürger vom Führen von Ehrenschutzprozessen abzuschrecken. Auffallenderweise folgte gerade auf die vom Verein gewonnenen Klagen eine erhebliche Steigerung von öffentlichen Angriffen.

Für den Bürger ergibt sich daraus die Warnung: Wer sich gegen die mächtigsten Medien in diesem Lande gerichtlich zur Wehr setzt, mag zwar im Einzelfall den Prozeß gewinnen, wird aber in Zukunft nicht in Frieden gelassen, sondern sieht sich immer neuen öffentlichen Angriffen ausgesetzt. Damit werden die Bürger in eine aussichtslose Position gebracht: Wehren sie sich nicht, so gilt dies als stillschweigende Akzeptierung der Vorwürfe, wehren sie sich, so werden sie erst recht mit öffentlichen Angriffen überzogen, ja sie beschwören die Gefahr herauf, daß sich selbst regierungsamtliche Erklärungen der Bundesregierung die Angriffe ungeprüft zu eigen machen.

Daß dieser Eindruck nicht abwegig ist, ergibt sich aus dem Ergebnisprotokoll der Sitzung des Bund-Länder-Gesprächskreises am 27./28. April 1993 in Bonn. Das Gericht wird angeregt, die Antragsgegnerin zu fragen, welche Länder in diesem Gesprächskreis anwesend waren und welche nicht und gegebenenfalls warum nicht, und diese Frage auch auf die weiteren Sitzungen zu erstrecken, in denen über den VPM gesprochen wurde. Da sich nämlich in den Kontroversfragen eine deutliche Links-Rechts-Polarisierung zeigt, insbesondere um die zwischen den großen Parteien strittige Frage der Drogenfreigabe, könnte es relevant erscheinen, wenn sich herausstellen sollte, daß die linksorientierten Länder vertreten waren, die konservativen jedoch nicht (bzw. daß sie sich mangels einschlägiger Sachinformation der Stimme enthielten).

In diesem Ergebnisprotokoll Seite 2, 4. Absatz heißt es, der VPM solle in die Sektenbroschüre wegen seines „rigiden Umgangs mit seinen Kritikern“ aufgenommen werden. Dies ist der einzige an dieser Stelle erwähnte Gesichtspunkt. Es heißt sodann:

„Hierzu wird insbesondere auf den Beschluß des Verwaltungsgerichts Berlin vom 16. März 1993 verwiesen. Dort führt das VG Berlin u. a. aus: ‚Der Kammer erscheint der Schluß nicht abwegig, daß die VPM-Gruppen mit ihrer Bereitschaft, ihnen kritische Äußerungen einzuklagen, letztlich bestrebt sind, Kritiker oder Abweichler aus den eigenen Reihen mundtot zu machen.‘“ Der Entwurf der Sektenbroschüre schließt jetzt seine Vorwürfe gegen den VPM mit diesem Zitat ab (S. 106), als ob es sich um ein besonders schlagendes Argument handelt.

Der zitierte Satz findet sich tatsächlich in dem verwaltungsgerichtlichen Urteil. Er deutet darauf hin, daß die Kammer mit Richtern besetzt sein muß, die das richterliche Amtsethos nicht verstanden oder sich nicht zu eigen gemacht haben. Gerichte sind dazu da, demjenigen zum Recht zu verhelfen, dem Unrecht geschehen ist. Sie haben unparteiisch zu prüfen, ob ein Unrecht geschehen ist. Dem Kläger, der dies behauptet, daraus einen Vorwurf zu machen, daß er gerichtliche Hilfe in Anspruch genommen hat, kann nur als parteiisch und zynisch bezeichnet werden.

IX. Die „Warnung“

Der Entwurf schließt auf S. 106 mit einer „zusammenfassenden“ Warnung, die durch mehrere Eigentümlichkeiten auffällt.

1. Nach dem vorangegangenen Text könnte die angebliche Zusammenfassung nur in der Aussage bestehen: „Nach Meinung seiner Kritiker“ habe der VPM diese und jene Züge. Mehr ist ja nicht dargelegt worden. Wenn die Broschüre zunächst in das distanzierte Referieren von Meinungen ausgewichen ist, kann sie nicht in der Schlußfolgerung plötzlich in die indikative Rede wechseln, so als habe sie zuvor festgestellte Tatsachen mitgeteilt.

2. Selbst wenn sich der Staat die Meinung der Kritiker ungeprüft zu eigen macht – was offensichtlich beabsichtigt ist –, so wären diese doch zu unsubstantiiert, um die Schlußfolgerungen tragen zu können. So ist z. B. zu dem Vorwurf einer „autoritären bis totalitären Struktur“ nichts dargelegt, was ihn stützen könnte. Er wurde nackt und bloß erhoben und wird in der Schlußfolgerung einfach wiederholt. Keineswegs wird etwas „zusammengefaßt“, was zuvor dargelegt, bewiesen oder wenigstens anschaulich gemacht worden wäre.

Der Entwurf legt dar, daß der Verein nach Ansicht seiner Kritiker „wahr“ und „falsch“ unterscheide und seine Ansichten mit Überzeugung vertrete. Selbst wenn das zutreffen sollte, wäre es unbeachtlich. Schon gar nicht erlaubt es die „zusammenfassende“ Schlußfolgerung eines „Ausschließlichkeits- und Heilsanspruchs“ (S. 106). Ein solcher Vorwurf wäre sonst gegen jeden Wissenschaftler, jede Partei, jeden Verein zu erheben, die ihre Ansichten mit Engagement und Entschiedenheit vortragen, auch übrigens gegen die Gegner des VPM. Letzteres gilt auch für den Vorwurf eines „rigiden Freund-Feind-Denkens“.

3. Besonders eigentümlich sind die abschließend umrissenen „Gefahren“ (S. 106), die sich ebenfalls aus dem vorangehenden Text nicht ergeben. Zunächst ist wieder an die zwei Typen von Gefahren anzuknüpfen: Gefahren für die Vereinsmitglieder und Gefahren für die von ihnen beeinflußten Jugendlichen (o. III. 8., S. 56 ff., V. a. E., S. 65 f.).

Die Mitglieder sind ausschließlich Erwachsene, unter ihnen Ärzte, selbständig praktizierende Psychotherapeuten, Lehrer, vereinzelt Studenten. Sie treten dem Verein aus freiem Entschluß bei, weil sie seine Ziele unterstützen wollen, bleiben darin, solange sie dies aufgrund ihres freien Urteils wünschen, und können jederzeit austreten. Es ist nicht ersichtlich, inwiefern sie in diesen Entschlüssen der vormundschaftlichen Betreuung durch die Bundesregierung bedürftig wären. Es ist auch nicht zu sehen, woher das Bundesministerium für Frauen und Jugend eine Kompetenz dazu nehmen könnte.

Die beeinflußten Jugendlichen aber sind gar nicht Mitglieder. Es kann schon deshalb weder ein „Gemeinschaftsgefühl“ noch eine „tiefe Abhängigkeit zur Gruppe“, noch eine „Entfremdung zum bisherigen Umfeld“ entstehen, noch „wird der Lebenslauf den Normen und dem Gemeinschaftsgefühl angepaßt“ (alle Zitate S. 106). Dies alles kann es überdies beim VPM schon deshalb nicht geben, weil er gar nicht religiös fundiert, sondern weltanschaulich neutral ist und weltliche und pragmatische Ziele verfolgt, z. B. die Vermeidung von Drogen.

Angenommen aber, das wäre alles der Fall, so wäre es unbeachtlich und nicht zu beanstanden. Dasselbe geschieht, wenn sich jemand zum Christentum bekehrt und sich etwa einer freikirchlichen Gemeinde anschließt oder wenn er einer kirchlichen Ordensgemeinschaft beitritt oder zum Islam übertritt. Er macht damit von seinen Grundrechten aus Art. 4 I und 19 I GG Gebrauch. Der Staat hat sich neutral zu verhalten und nicht das Recht, den einzelnen deshalb zu disziplinieren und zu diskriminieren.

Vorgänge, wie sie die Broschüre beschreibt, können allerdings dann Anlaß zu Warnungen sein, wenn die Normen und Wertvorstellungen, denen sich das Mitglied anschmiegt, mit der Wertordnung des Grundgesetzes unvereinbar sind und zur Mißachtung verfassungsrechtlich geschützter Grundrechte und Gemeinschaftsgüter verleiten. Das ist häufig bei links- und rechtsextremen Gruppierungen der Fall, z. B. bei autonomen und alternativen Studentengruppen (ich habe das oft beobachten können). Es gibt jedoch keinen Hinweis, daß der Staat davor zu warnen beabsichtigt. Er projiziert die Gefahr statt dessen in einen harmlosen kleinen Verein, bei dem sie gar nicht vorliegt und in bezug auf Jugendliche nicht einmal vorliegen kann.

4. Die jugendrelevanten Gefahren können nur in dem Einfluß bestehen, der von den erwachsenen Vereinsmitgliedern auf Zöglinge oder Patienten ausgeübt wird.

Lehrer, die Mitglieder sind, werden persönlich nach ihren konservativen Wertvorstellungen leben und dadurch als Vorbild wirken, sie werden sich an den Lehrplan halten; sie werden vor Drogen warnen. Fachärzte für Psychotherapie, die junge Leute aus eigener Initiative oder der ihrer Eltern aufsuchen, werden ihnen psychologische Ratschläge und Hilfen anbieten. Ob diese gut und richtig sind, kann der Staat nicht beurteilen, ohne in die Freiheit der ärztlichen Berufsausübung, in die Freiheit wissenschaftlicher Meinungen und in den Grundsatz der freien Arztwahl der Patienten einzugreifen.

Kurz: Es könnte geschehen, daß sich die Jugendlichen infolge dieses Einflusses linksextremen und permissiven Einflüssen weniger schnell anpassen oder sogar ihnen bewußt und entschieden entgegentreten. Das alles mag für „Linke" mit Ausschließlichkeitsanspruch eine erschreckende Vorstellung sein, ist aber für den Staat keine rechtlich erhebliche Gefahr.

Die angeblichen Gefahren gibt es also gar nicht – sie ergeben sich jedenfalls nicht aus dem „zusammengefaßten" Text, aber auch nicht aus dem im verwaltungsgerichtlichen Verfahren nachgeschobenen Vorbringen. Sie bleiben eine durch nichts fundierte leere Behauptung.

Selbst einmal angenommen, die beschriebenen „Gefahren" bestünden tatsächlich: Dann wäre nach ständiger Rechtsprechung darzutun, inwiefern es sich um Gefahren für verfassungsrechtlich geschützte Rechtsgüter wie Menschenwürde, Leben, körperliche Unversehrtheit handelt oder wenigstens um Gefahren für verfassungsrechtlich hervorgehobene Gemeinschaftsgüter wie Ehe und Familie (s. o. III. 1.). Daß der Text des Entwurfs hierzu schweigt, erklärt sich zwanglos aus einem guten Grund: aus dem Umstand, daß dazu nichts zu sagen war.

Daß überhaupt keine rechtlich relevante Gefahr für irgend jemanden vorliegt, ergibt sich aus dem Entwurf der Sektenbroschüre selbst. Gäbe es tatsächliche Anhaltspunkte für eine Gefahr, so hätten die Verfasser sie gewiß genannt. Der Umstand, daß sie keine nennen, erlaubt den Schluß, daß sie keine kennen.

5. So ergibt sich der Eindruck: Die Gefahren bestehen in Wirklichkeit darin, daß Jugendliche mit Personen konservativer Richtung in Berührung kommen und Vertrauen gewinnen könnten: Dem soll durch staatliche Ächtung vorgebeugt werden, weil jene Richtung den Broschüreverfassern nicht gefällt.

Eine Gefahr besteht vor allem für Gegner des VPM, nämlich: Dieser könnte Jugendliche vor ihren Einflüssen warnen und dazu beitragen, daß sie sich diesen nicht vorbehaltlos anpassen. Die Unangepaßtheit an Zeitströmungen bedeutet aber keine Gefahr, die den Staat angeht: Dieser hat vielmehr die Pluralität der Meinungen, Richtungen und Vereinigungen zu respektieren.

Ferner entsteht eine Gefahr für die Gegner des VPM, wenn sich die Aufnahme in die Sektenbroschüre nicht durchsetzen läßt: Dann würde sich zeigen, daß selbst die aggressivsten Kampagnen für sich noch nicht ausreichen, um unliebsame Gegner mundtot zu machen und den Staat dafür einzuspannen.

X. Eigentümlichkeiten des Verfahrens

Alle verfahrensrechtlichen Grundsätze, die den Staat bei Eingriffen in die Grundrechtssphäre binden, lassen sich in der einen Forderung zusammenfassen: niemandem Unrecht tun. Der Wille, niemandem Unrecht zu tun, macht auch den Kern des Amtsethos der Repräsentanten des Staates aus. Einige Eigentümlichkeiten des Verfahrens deuten auf eine bewußte Bereitschaft zum Unrechttun hin. Vor allem vier Vorgänge sind bemerkenswert.

1. Der Bund-Länder-Gesprächskreis setzte in seiner Sitzung vom 27./28. April 1993 in Bonn ein dreiköpfiges Redaktionsgremium ein und beauftragte es, den Entwurf der Sektenbroschüre fertigzustellen (Ergebnisprotokoll S. 3). Zu diesem Redaktionsgremium gehörte Frau Schipmann, Berlin, die in dem oben unter VIII. zitierten verwaltungsgerichtlichen Verfahren die Gegnerin des VPM gewesen ist. Dieses Verfahren wurde von Frau Schipmann mit äußerster Schärfe geführt und hat auf beiden Seiten tiefgreifende Erbitterungen zurückgelassen. Es war der Kommission bekannt, denn das Ergebnisprotokoll zitiert ja das verwaltungsgerichtliche Urteil.

Anscheinend ist niemand auf den Gedanken gekommen, die Ausarbeitung zumindest der den VPM betreffenden Passagen einem unbeteiligten, unparteiischen Dritten zu übertragen. Von daher erklären sich zwanglos die Substanzlosigkeit, Gehässigkeit und Raffinesse der Passagen über den VPM.

2. Eine Anhörung hat nicht stattgefunden. Das Ministerium begründete dies im Bundestag damit, daß ja kein Verwaltungsakt vorbereitet werde. Doch die regierungsamtliche Warnung ist ein Grundrechtseingriff von erheblicher Tragweite, dessen Wirkun-

gen auf der Hand liegen und auch beabsichtigt sind (s. o. II.).

Selbst wenn die Anhörung kein über § 28 VwVfG hinausgehendes, im Rechtsstaatsprinzip verankertes Recht bei so schwerwiegenden Grundrechtseingriffen wäre (dazu o. III. 6.), so würde doch das Amtsethos den Minister verpflichten, alles zu tun, damit kein Unrecht geschieht, und den Antragstellern Gelegenheit zur Darlegung ihrer Gesichtspunkte zu gewähren. Audiatur et altera pars.

3. Am Anfang stand nicht die Bestürzung über Tatsachen, die Sachverhaltsprüfungen und Rechtserwägungen ausgelöst hätte. Am Anfang standen das Drängen nach Indizierung von interessierter Seite und die Bereitschaft zur Nachgiebigkeit. Dem folgte nachträglich die ergebnislose Suche nach Fakten, die die Indizierung irgendwie rechtfertigen könnten, und schließlich der Entschluß zur Indizierung ohne faktische Grundlagen (s. o. I. 4.).

Dieses Verfahren ist um so bemerkenswerter, als die Kritik am VPM in einer gewaltigen Medienkampagne verbreitet worden ist, der der Verein nichts Vergleichbares entgegenzustellen hat. Für das Opfer einer solchen Kampagne gibt es keine Fairneß, kein Mitleid mit dem „underdog". Es erscheint hingegen opportun, sich den Angriffen einfach anzuschließen.

4. Der Versuch, die Indizierung nachträglich auf den Schweizer Verein zu beschränken, weil sich dieser nicht auf Grundrechte berufen könne (dazu o. II. 3.), ist ein allerdings untauglicher, aber um so üblerer Trick mit dem Ziel, die verwaltungsgerichtliche Kontrolle auszumanövrieren. Er offenbart einen un-

glaublichen Mangel an Amtsethos und an Scheu vor dem Unrechttun.

XI. Zur präjudiziellen Wirkung

Die vom Verwaltungsgericht zu treffende Entscheidung wird eine präjudizielle Wirkung von erheblicher Tragweite und Fernwirkung in die Zukunft hinein haben. Es geht zwar im konkreten Fall um den VPM, doch werden Kriterien festgelegt, anhand derer künftig generell alle Vereinigungen zu beurteilen sein werden. In diesem Zusammenhang ist in erster Linie der folgende Gesichtspunkt bedeutsam.

Der Entwurf der strittigen Broschüre faßt die Kritik am VPM in drei Punkten zusammen (Seite 101 f.):

1. Führerfigur,
2. Dogmatismus,
3. Heilsversprechen.

Die katholische Kirche wird zwar nicht genannt und zeigt sich eher erfreut, daß der Staat ihr überraschend in der Abwehr der Sekten zu Hilfe kommt, doch wird hier die präjudizielle Basis für einen künftigen Kulturkampf gelegt: gleiches Recht für alle.

Der Angriff ist prinzipieller Art. Er richtet sich nicht bloß gegen die Sekten, sondern gegen Institutionen überhaupt. Dies wird anschaulich durch einen skizzenhaften Überblick über die Entwicklung des „Sekten"-Begriffs und seine strategische Bedeutung.

Ursprünglich richteten sich regierungsamtliche Warnungen gegen kriminelle Vereinigungen, die sich selbst als Sekte tarnen, um sich den Status der Religionsfreiheit zu erschleichen. Sie sind also gar keine Sekten. Werden sie gleichwohl auch von Dritten – z. B. von den Kirchen oder vom Staat – so genannt, so wird durch diesen irreführenden Sprachgebrauch „Sekte" zu einem Begriff, der Assoziationen an kriminelle Vereinigungen auslöst – ein rhetorischer Trick, der alle freikirchlichen Gemeinden in ein übles Zwielicht rückt.

Alsdann wurde dieser diskriminierende Sektenbegriff auf allerlei unliebsame Vereinigungen ausgeweitet, die irgendeinen, auch nichtchristlichen religiösen Einschlag haben. Die prinzipiell gegen traditionelle Institutionen kämpfenden linksextremen Gruppen nutzten diesen Sektenbegriff für ihre Agitation. Eine in Hannover ansässige konservative Sammlung, die nach eigenen Angaben „gegen rechts- und linksradikale Handlungen" vorgeht, verbreitete jüngst eine Dokumentation: „Der marxistische Betrug mit dem Sektenbegriff", die diesen Hintergrund zwar mit groben Strichen, aber doch recht schlüssig belegt.

Als die Aggression auf Vereinigungen ausgeweitet werden sollte, die rein weltlich orientiert und religiös völlig neutral sind, erschien die Verwendung des Begriffs „Sekte" allzu absurd. Man erfand den Begriff „Psychogruppen". Die „Psychogruppen" werden den als jugendgefährdend verdächtigten Sekten einfach gleichgestellt. Sie werden mit ihnen in einem Atemzug genannt. Sie werden gemeinsam mit ihnen in der „Sektenbroschüre" aufgeführt – Broschüre über „Sekten und Psychogruppen" – und sollen von dem „Sektenbeauftragten“ des Bundes, dessen Einrichtung gegenwärtig vom Bundesministerium für Frauen und Jugend vorbereitet wird, mitbekämpft werden. Kennzeichen der jugendgefährdenden Sekte oder Psychogruppe soll sein, daß sie eine charismatische Führerpersönlichkeit und eine „Heilsbotschaft“ aufweist und ihre Meinung mit Überzeugung vertritt („Dogmatismus“).

Sollte die Stigmatisierung eines Vereins durch regierungsamtliche Verlautbarung anhand dieser drei Kriterien zulässig sein, so wäre die präjudizielle Basis dafür geschaffen, in Zukunft auch vor anderen Vereinigungen zu warnen, auf die diese Kriterien mutatis mutandis anwendbar sind. Der Gleichheitssatz geböte hier Konsequenz. So müßte der Staat z. B. künftig regierungsamtlich vor „Opus Dei“ warnen, alsdann müßten kirchliche Mönchsorden oder Laienorganisationen regierungsamtlich als gefährlich abgestempelt werden. Auf dieser Grundlage müßte dann auch vor der Mitgliedschaft in der katholischen Kirche überhaupt gewarnt werden.

Auch die evangelische Kirche wird zumindest in ihren pietistischen, charismatischen, evangelikalen Flügeln betroffen sein. Erst recht muß der Staat vor freikirchlichen Gemeinden (z. B. Baptisten, Methodisten, der Christengemeinschaft usw.) offiziell warnen. Schließlich werden auch andere Religionsgemeinschaften betroffen sein, insbesondere der Islam, was auf eine erhebliche Diskriminierung zahlreicher in Deutschland ansässiger Ausländer hinauslaufen wird, zu Verwicklungen mit ausländischen Mächten führen kann und mittelbar die Christen in den islamischen Ländern Rachemaßnahmen ausliefern könnte.

Diese Befürchtung läßt sich nicht mit dem Argument beschwichtigen, der deutsche Staat werde aus pragmatischen Gründen gewiß auf solche Provokationen verzichten, und ebensowenig mit dem Argument, von einer der CDU angehörenden Ministerin, die vom Vertrauen Bundeskanzler Kohls abhängig ist und längere Zeit Vorsitzende des evangelischen Arbeitskreises der Union war, sei eine solche Herausforderung nicht zu befürchten. Die Frage der präjudiziellen Wirkung ist langfristig zu beurteilen. Schon die im kommenden Jahr neu zu wählende Bundesregierung kann nach Lage der Dinge durchaus eine andere politische Grundeinstellung haben. Überdies verbietet der Gleichheitssatz eine Ungleichbehandlung von Vereinigungen mit wesentlich gleichen Eigenschaften – bloß aus Gründen politischer Opportunität.

Die Indizierung des VPM ist in ihrer Wirkung (und möglicherweise auch in der bewußten Absicht) ein Pilotvorhaben, darauf gerichtet, die drei Kriterien „durchzusetzen".

Der VPM selbst weist die drei Kennzeichen gar nicht auf, jedenfalls ist dafür nichts dargetan. Er dürfte für die Sektenverfolger auch uninteressant sein: kleine Mitgliederzahl, minimaler Einfluß, durch eine Medienkampagne in die Ecke gedrängt und schon deshalb isoliert und ohne Freunde. So eignet er sich gut, die drei Kriterien präjudiziell festzulegen, ohne daß die Öffentlichkeit die Tragweite dieser Entscheidung bemerkt und alarmiert reagiert.

Hier schlägt sich eine weitverbreitete Tendenz nieder, die dahin geht, in der Religionsfreiheit des Art. 4 GG nur ein Individualrecht des einzelnen und nicht auch ein Grundrecht der religiösen Institution zu sehen – und dies ungeachtet der Tatsache, daß jeder jederzeit ein- und austreten kann. Damit werden die Institutionen ausgehöhlt und schließlich zerstört. Damit wird dem Recht des einzelnen, in und mit einer solchen Institution zu leben, der Boden entzogen.

In der Sicht dieser individualistischen Bewegung gilt es tatsächlich als Skandal, daß die katholische Kirche im Papst eine charismatische Führerfigur sowie daß sie eine Heilsbotschaft und eine dogmatische Lehre besitzt. Die ganz ins Prinzipielle gehende Kritik am neuen Katechismus macht diesen Kulturkampf ebenso anschaulich wie die Infragestellung des arbeitsrechtlichen Tendenzschutzes der Kirche, der als „totalitär" bezeichnet wird (vgl. o. V.).

Es geht aber keineswegs nur um die Kirchen, sondern um die Institutionen überhaupt. Auch z. B. die Parteien sollen jede Abweichung von der Parteilinie hinnehmen müssen, womit sie alle abgrenzenden Konturen verlören. Als ein Ortsverein der SPD 1985 ein Parteiausschlußverfahren gegen mich wegen meiner Kritik an ihrer Nicaragua-Politik einleitete, sah ich mich plötzlich in der Gunst auch von Medien, die meine Meinung nicht teilten. Ich hatte Mühe, meinen Gesprächspartnern (z. B. Franz Alt) klarzumachen, daß ich der Partei, wenn sie ihre Politik nicht ändern will, dieses Recht zubillige.

Nach den drei Kriterien wären auch die CDU unter Adenauer und die SPD unter Brandt jugendgefährdende Sekten gewesen. – Als ich diesen Satz niederschrieb, mahnten mich meine Mitarbeiter, ihn wegen seines übertreibenden Sarkasmus zu streichen: „Humor gehört nicht vor Gericht." Doch am 21. 10. 1993 hieß es in der TV-Sendung „Monitor" vor mehreren Millionen Zuschauern:

„Heute haben wir eine Situation, wo die CDU immer mehr sich abgrenzt zur Gesellschaft, die Gesellschaft als Feind wahrnimmt. Zurück in die Wagenburg, Brücken hoch, abgrenzen gegenüber dem Rest der Gesellschaft: das ist glaubensstark und fundamentalistisch, das ist im Grunde ein soziales Verhalten, das man von Sekten kennt. Volksparteien werden zu Mammutsekten, das ist ein Ergebnis, das man – mit nur geringer Übertreibung – für die CDU festhalten kann."

Der unmittelbare Anlaß hierfür war, daß der Parteivorsitzende von den Mitgliedern Solidarität und Loyalität erbeten hatte, als ob das andere Parteivorsitzende nicht auch schon immer – und mit Recht – getan hätten. Die CDU ist das erste Angriffsziel, weil sie sich in besonderer Weise den traditionellen Institutionen Kirche, Familie, Ehe usw. verbunden fühlt. Auf Dauer werden sicherlich auch andere Parteien betroffen sein. Der Moderator Klaus Bednarz schloß die Sendung mit der generalisierenden Ankündigung:

„Volksparteien auf dem Weg zur Mammutsekte – eine Formulierung, die man sich merken sollte."

Es geht offensichtlich um etwas Grundsätzliches: um einen aggressiven Individualismus, der Institutionen prinzipiell zu überwinden bestrebt ist, selbst wenn freier Ein- und Austritt gewährleistet ist.

Der institutionenüberwindende Individualismus hat seinen geistesgeschichtlichen Ursprung wohl in einem Flügel der protestantischen Theologie, der sich eher an Thomas Müntzer als an den Reformatoren orientiert und inzwischen auch in die katholische Theologie eingedrungen ist. Das traditionelle Selbstverständnis der Kirchen wird von hier aus als „autoritär“, „totalitär“, „fundamentalistisch“ gebrandmarkt. In dem Maße, in dem sich diese Sichtweise durchsetzt und sich die Kirchen leeren, wandern viele an den Rand gedrängte Christen in die Sekten aus und werden nun dort geschmäht. Dasselbe Schicksal erleiden alle, auch weltliche Vereinigungen, auf die jene drei Kriterien irgendwie anwendbar erscheinen.

Der institutionenüberwindende Individualismus hat sich längst von seinen theologischen Ursprüngen gelöst und ist zu einer äußerst aggressiven gesellschaftlichen Unterströmung geworden, die durch Querverbindungen zu den großen Medien überproportionalen Einfluß ausübt. Er erhebt einen Ausschließlichkeitsanspruch und trägt, so paradox das klingt, durchaus totalitäre Züge. Dies zeigt sich in dem Bestreben, den Staat für seine Ziele einzusetzen. Sein Verständnis von Liberalismus schließt z. B. ein, den Staat im Kampf gegen die Kirchen zu Hilfe zu rufen. Dafür einige Beispiele:

Es ist sicherlich gerichtsbekannt, daß es gelungen ist, im Streit um die Kölner Erzbischofswahl Kardinal Meisners den Ministerpräsidenten von Nordrhein-Westfalen zu der Drohung zu bestimmen:

Wenn der Papst nicht neue, dem Domkapitel genehme Kandidaten vorschlage, so sehe er darin einen Konkordatsbruch, der sämtliche Verpflichtungen des Staates gegenüber der Kirche in Frage stelle (vgl. hierzu: Kriele, Recht – Vernunft – Wirklichkeit, Berlin 1990, 655). Der Tübinger Professor Hans Küng hatte schon in einem Brief an Ministerpräsident Rau vom 29. Mai 1987 die staatliche Einmischung in innerkirchliche Verfahren gefordert: „Es darf nicht angehen, daß der Staat nur Zuschauer [...] innerkirchlicher Säuberungsprozesse ist", denen die fortschrittlichen Theologen „zum Opfer fallen" (vgl. hierzu Kriele, Recht – Vernunft – Wirklichkeit, 645 ff.). Er meinte Uta Ranke-Heinemann, die sich im Fernsehen mit dem Finger an die Stirn tippt, wenn von den zentralen Inhalten des jüdischen und christlichen Glaubens die Rede ist. – Wenn Presseberichte zutreffen, forderte der Paderborner Theologieprofessor Peter Eicher den Staat auf, den neuen Katechismus der katholischen Kirche an allen deutschen Schulen zu verbieten, weil er die traditionelle Lehre der Kirche von der Hölle beibehalte und deshalb „menschenverachtend" sei.

In seiner theologischen Anfangszeit verstand sich der institutionenüberwindende Individualismus noch als liberal. Er ging einher mit dem Ruf nach Freiheit des Gewissens und der individuellen religiösen Überzeugung. Das galt, solange die Kirchen einflußreiche Institutionen waren. Nun, da sie allmählich an den Rand gedrängt und die ihnen treuen Christen ständig Objekt öffentlicher Verhöhnung sind, zeigt sich, daß der Liberalismus nicht ernst gemeint war:

Er war eine vorübergehende taktische Anpassung an die Machtverhältnisse. Nunmehr erhebt er Anspruch auf Verbindlichkeit für alle und auf staatliche Unterdrückung der noch immer „unaufgeklärten", in Institutionen lebenden Menschen.

Es gehört aber zu den elementaren und durch die Art. 4, 5 und 9 GG geschützten Freiheitsrechten, in und mit Institutionen zu leben, auch wenn diese von einer charismatischen Führerfigur geleitet werden, eine Heilsbotschaft verkünden und dogmatisch sind, und nicht deswegen diskriminiert zu werden (Art. 3 III GG). Der Staat hat lediglich das Recht auf jederzeitigen freien Austritt zu gewährleisten.

Die regierungsamtliche Warnung vor dem VPM kann angesichts der Verpflichtung zur Gleichbehandlung nur ein erster Schritt sein. Diese Perspektive gilt es in der anstehenden Entscheidung im Auge zu behalten und im Blick auf ihre präjudizielle Wirkung zu berücksichtigen. Mit dem vom Verwaltungsgericht zu erwartenden Präjudiz werden Weichen gestellt: Entweder erhalten jene Bestrebungen weiteren Auftrieb, oder der freie Zusammenschluß von Menschen in Vereinigungen, die niemandes Rechte verletzen, wird prinzipiell gegen Eingriffe abgesichert.

XII. Zum menschenrechtlichen Aspekt

Die genannten Freiheitsrechte sind nicht nur verfassungsrechtlich geschützt, sie sind auch universal geltende Menschenrechte. Z. B. heißt es in der „Erklärung über die Beseitigung aller Formen von Intoleranz und Diskriminierung aufgrund von Religionen und Überzeugungen" der Generalversammlung der Vereinten Nationen vom 25. 11. 1981 in Art. 2 I: „Niemand darf [...] wegen seiner [...] Überzeugung diskriminiert werden."

Die Rechte auf Überzeugung, Meinung und Vereinigung sind auch in der Allgemeinen Erklärung der Menschenrechte der Vereinten Nationen vom 10. Dezember 1948 niedergelegt (Art. 18–20) und verbunden mit einem auf diese Rechte bezogenen Diskriminierungsverbot (Art. 2). Sie finden sich – mit unmittelbarer völkerrechtlicher Verbindlichkeit – ebenso im Bürgerrechtspakt der Vereinten Nationen vom 19. 12. 1966 (BGBl. 1973 II, 1533) in den Art. 18, 19, 22 und 2 I. Sie finden sich ebenfalls in der Europäischen Konvention der Menschenrechte Art. 9–11 und 14.

Die KSZE-Kommission des Kongresses der USA hat in ihrem Bericht über Menschenrechte im vereinten Deutschland Anstoß an staatlicher Diskriminierung der „Scientology"-Vereinigung genommen. Ob in diesem Fall sachlich rechtfertigende Gründe für eine Ungleichbehandlung vorliegen und der Bundesrepublik Unrecht geschieht, vermag der Verfasser nicht zu beurteilen. Gewiß ist aber, daß eine Indizierung des VPM in der Sektenbroschüre ohne faktische Grundlagen – im wesentlichen aus opportunistischer Nachgiebigkeit gegenüber einer von interessierter Seite gesteuerten Medienkampagne – die menschenrechtliche Vereinigungs-, Meinungs- und Überzeugungsfreiheit und das auf diese Rechte bezogene Diskriminierungsverbot verletzen würde. In diesem Fall würde die Bundesrepublik Deutschland in den Menschenrechtsberichten internationaler Organisationen zu Recht angeprangert und der Verachtung der zivilisierten Weltgemeinschaft ausgeliefert.

Köln, 4. 11. 1993

Zeugen Jehovas/Wachtturm-Gesellschaft: Eine „vormoderne“ religiöse Gemeinschaft in der „modernen“ Gesellschaft? Gutachtliche Stellungnahme

Gerhard Besier, Renate-Marie Besier

Inhaltsübersicht

Endzeit-Gemeinden gibt es seit mehr als 5000 Jahren
Religionsgeschichtliche Einsichten

Die Vorstellung, daß es in naher Zeit zur wunderbaren Vollendung der Welt kommen werde, in der das Böse besiegt und bestraft, das Gute aber belohnt wird, ist über 5000 Jahre alt. Ebenso wie die Weltgestaltung durch einen ordnenden Gott findet sie sich schon in der altägyptischen Religion. Aber nicht nur dort. Der Religionswissenschaftler Norman Cohn zeigt, daß zwischen den großen Zivilisationszentren Ägypten und Persien solche Weltdeutungen zu Hause waren und sich gegenseitig befruchteten.[1] Vor etwa 3500 Jahren erklärte der iranische Prophet Zarathustra (Zoroaster) „das ganze Sein als die allmähliche Umsetzung eines göttlichen Plans".[2] Seine in einem „Grundlagentext" zusammengefaßten Lehren – nur ein Viertel ist erhalten geblieben – übten einen starken Einfluß auf die Juden und frühen Christen aus. Im sechsten Jahrhundert v. Chr. wurde der Zoroastrismus zur offiziellen Staatsreligion des ersten iranischen Reiches. Um die irdische Macht dauerhaft zu begründen, mußte die „Verklärung", mit der Zarathustra und seine Anhänger noch zu ihren Lebzeiten gerechnet hatten, in eine ferne Zukunft verlegt werden.

Beeinflußt von den Kulturen im Süden und Norden, entwickelte sich im syrisch-palästinischen Raum der kanaanäische Stadtstaat Ugarit, dessen Blütezeit von 1400 bis 1200 v. Chr. dauerte. Seine religiöse Kultur wiederum beeinflußte nachhaltig die Weltsicht der Israeliten. In Ugarit wurde El, der Schöpfergott, als Erzeuger („Stier El") eines vielgestaltigen Pantheons verehrt. Später trat der göttliche Krieger Baal hinzu. „Er konnte ... schrecklich sein: Seine Wurfgeschosse, die Blitze, und seine Stimme, der Donner, ließen die Berge wanken und beben und erschütterten die Erde."[3]

Um 1200 v. Chr. kamen die Israeliten nach Kanaan. Zwei Jahrhunderte danach verschmolz David – für nur zwei Generationen – die ursprünglich getrennten zwei „Häuser“ Israels zu einem zentralisierten israelitischen Staat mit der Hauptstadt Jerusalem. Die politische Ordnung des Reiches war der Ägyptens nachgebildet, die weltanschaulich-religiösen Fundamente stützten sich auf kanaanäische und mesopotamische Vorbilder. Ausgehend von diesen Quellen, war ihr Gott Jahwe ursprünglich El untergeordnet und trug ähnliche Züge wie Baal. „Im ‚Deboralied‘ (Richter 5) … erscheint Jahwe als Gewittergott, bei dessen Herannahen die Erde bebt“.[4] Jahwe wuchs dann in die Rolle des Vatergottes El hinein, der König über alle Götter ist (Psalm 82).[5] Erst seit 750 v. Chr. entwickelt sich aus dem Polytheismus die „Jahwe-allein-Bewegung“.[6] Das Buch Hosea ist das älteste Zeugnis für diese Entwicklung. Die neuartige Gesetzesreligion deutete den politischen Niedergang als Strafe des Schutzgottes Jahwe, der als „Herr der Geschichte“ fremde Völker benutzt, um Israel wegen mangelnden Gehorsams zu züchtigen. Dabei entsprach das Bild des geschichtlich handelnden Gottes durchaus dem der religiösen Kulturen der Umwelt. Durch die Vorstellung, alle kolossalen Umwälzungen seien das Werk seines Gottes Jahwe, gewann ein kleines, machtloses Volk Deutungsvollmacht über die Weltgeschichte.

Als Glaubensgrundlage für die Geschichte Jahwes mit seinem Volk dient die Thora bzw. der Pentateuch. Nach traditioneller jüdischer und christlicher Auffassung gilt Mose als der Verfasser dieses vielschichtigen Gesetz-und-Erzähl-Werkes (vgl. Deut. 31, 9).[7] Literarkritische Untersuchungen, ergänzt durch überlieferungs- und redaktionsgeschichtliche Erklärungsmodelle, gehen davon aus, daß die älteren ersten vier Bücher Mose (Tetrateuch) das Ergebnis redaktioneller Arbeiten aus vorwiegend drei Quellen darstellen (Jahwist [J], Elohist [E] und Priesterschrift [P]). Die ältesten Elemente aus J und E reichen möglicherweise bis ins 10. vorchristliche Jahrhundert zurück.[8] Hinzu tritt als fünftes Buch Mose das Deuteronomium, das zum gottgegebenen Maßstab für die Beurteilung der nachfolgenden Darstellung der Geschichte Israels von der Einwanderung in Kanaan bis zum Ende der Königszeit bzw. der staatlichen Unabhängigkeit Israels und Judas wurde.[9] Im so gewonnenen deuteronomistischen Geschichtswerk[10] manifestiert sich – im Unterschied zu den eher polytheistischen Religionen des Nahen Ostens – die ungewöhnlich strenge monotheistische „Jahwe-allein"-Forderung (Deut. 6, 4). Jahwe erscheint als der eifernde Gott und Richter über alle Völker.[11] Er duldet weder andere Götter neben sich noch geschnitzte Bilder zu seiner Verehrung.[12]

Die ältesten jüdischen Apokalypsen wurden als Antwort auf politisch-religiöse Krisen im dritten und zweiten vorchristlichen Jahrhundert verfaßt (Schreckensregiment des Antiochos). Im 4. Jahrhundert v. Chr. hatten Alexanders Armeen die Geschichte des Alten Orients beendet. Doch seine Mythen von den sich ablösenden Weltreichen lebten in den Endzeitvorstellungen weiter. In der Zeit von 200 v. Chr. bis 100 n. Chr. entwickelten sich – neben anderen jüdischen Sekten – auch zwei apokalyptische: die Qumran- (Essener) und die Jesus-Sekte. Mit hohem Selbstbewußtsein beanspruchte die kleine Qumrangemeinde, durch göttliche Eingebung exklusiv die Lehren der Propheten, insbesondere im Blick auf die „Vollendung der Zeit“,[13] verstanden zu haben. Diese letzte Zeit bricht nach einer eschatologischen Schlacht zwischen dem Fürsten des Lichts und dem Fürsten der Finsternis als das messianische Zeitalter an.

Auch die jüdische Jesus-Sekte glaubte an eine dualistische Eschatologie. „Die weitverbreitete Auffassung, er [scil. Jesus] habe anstelle des Gesetzes eine neue Gnadenbotschaft gebracht, basiert auf den Äußerungen des Diaspora-Hellenisten Paulus.“[14] Jesus rechnete damit, daß durch ein direktes Eingreifen Gottes die Römerherrschaft in Palästina zu Fall käme und das Reich Gottes anbreche. Doch „das Reich kam nicht, und Jesus wurde hingerichtet ... Der Glaube an die Auferstehung Jesu war das Herzstück der Frömmigkeit der frühen Kirche; ohne ihn wäre diese Kirche wahrscheinlich niemals entstanden.“[15]

Wie das Judentum insgesamt zehrte auch die Jesus-Sekte vom religiösen Schmelztiegel des syrisch-palästinischen Raums, insbesondere – das ist eine der Hauptthesen Cohns – von zoroastrischen Anschauungen. Er spricht von einer gewissen „Affinität zwischen der jüdischen und der iranischen Religion“.[16] Die zoroastrische Vorstellung vom Teufel als einer Gegenmacht Gottes wurde freilich „vom breiten Mittelweg des Judentums“[17] nicht rezipiert, wohl aber von der Qumran- und der Jesus-Sekte.

Die Urchristen glaubten, mit dem Erscheinen von Jesus, dem Erlöser, sei die Endzeit angebrochen. Sie lebten in dieser Endzeithoffnung und sahen die Verfolgungen als apokalyptische Vorzeichen des Jüngsten Tages an. Doch je länger sie warten mußten, um so größer wurden die Zweifel an der baldigen Wiederkunft Christi. Es bedurfte verschiedener Begründungen für die Endzeitverzögerung, um die Enttäuschten zu besänftigen. Andererseits etablierte sich die Kirche in der „Zwischenzeit" immer fester in dieser Welt. Die kirchlichen Würdenträger „bauten die weltliche Macht aus und häuften einen beträchtlichen Reichtum an ..."[18] Trotz inzwischen zweitausendjähriger Endzeitverzögerung blieb in verschiedenen christlichen Gruppen am Rande oder außerhalb der Großkirchen die Hoffnung auf die unmittelbar bevorstehende Endzeit lebendig. Immer wieder gab es in diesem Zeitraum Splittergruppen, welche die Endzeit verkündigten. Zu Beginn des 2. Jahrhunderts nahm Montanus, der Führer der Montanisten, diese Tradition auf.[19] Im Mittelalter „errechnete" Joachim von Fiore den Beginn des Tausendjährigen Reiches auf das Jahr 1260.[20] Einen Höhepunkt erlebte die apokalyptische Naherwartung in der Reformationszeit, insbesondere durch die chiliastische Täuferbewegung.[21] Es handelte sich freilich stets um Minderheiten. Erst recht nach dem Zeitalter der Aufklärung sind es, verglichen mit der Gesamtbevölkerung, winzige Splittergruppen.

Diese religionsgeschichtlichen Sachverhalte sind in letzter Zeit Gegenstand verschiedener Betrachtungen gewesen. Auch der unter evangelischen Neutestamentlern allerdings heftig umstrittene[22] Gerald Messadié widmet dem religiösen Schmelztiegel des Mittelmeerraumes und dem Entstehen des Christentums besondere Aufmerksamkeit.[23] Unübersehbar ist sein Interesse, Legenden abzubauen. „Die grundlegenden sozialen Werte des heutigen Christentums ..., der Respekt vor dem Mitmenschen, die Demokratie und der Sinn für soziale Gerechtigkeit wurden in Griechenland festgelegt und sind von der christlichen Kirche keineswegs respektiert worden, wenigstens nicht bis Ende des 19. Jahrhunderts ... Tatsächlich wird die These, daß die triumphierenden Religionen einen sozialen und kulturellen, ‚humanitären' Fortschritt bewirkt haben sollen, durch die historische Analyse ganz und gar widerlegt."[24] „Nur dank Waffengewalt",[25] nicht aufgrund der Qualität ihrer Lehre, waren Christentum und Islam so erfolgreich.

Das Abendmahl und die Erlösungslehre der Jesus-Religion zeigen „erstaunlichste Ähnlichkeit" mit den entsprechenden Ritualen des älteren Mithraskults; die Taufe ist kein jüdisches, sondern ein essenisches Ritual.[26] Einflüsse des Zoroastrismus und anderer Religionen auf das Christentum werden erwähnt. Der Messianismus, die Menschensohn-Vorstellung, der „Neue Bund", das „apokalyptische Fieber" – all das ist aus älteren Religionen gut bekannt. Es wimmelt in der Religionsgeschichte nur so von Wunderheilern, Mystikern und Bettelmönchen. Es gab sie vor Jesus, als konkurrierende Zeitgenossen und nach ihm. Das messianische Mahdi-Reich des Sudanesen Mohammed Ahmed endete nicht mit dessen Tod 1885, sondern erst 1898 durch die Waffengewalt britischer Truppen.[27] Viele unterdrückte Völker hofften auf das Kommen eines messianischen Erlösers, das Nahen des Weltendes und die Aufrichtung einer göttlichen Gerechtigkeit.

„Die Geburt Jesu entsprach … Zug für Zug der Geburt der Halbgötter, die man in vielen alten Religionen findet, mit der Ausnahme, daß sie um alles Sexuelle gestutzt worden ist … Die gesamte christliche Tradition zielte … darauf ab, die Sexualität Jesu zu negieren."[28]

Messadié verweist auf den hochmütigen Umgang der „großen organisierten Kirchen" mit den „Sekten" einerseits und auf ihren Mangel an Charisma und Spiritualität andererseits. „Wenn wir die Optik des 1. Jahrhunderts verwenden …, waren die ersten Christen mit ihrem abendlichen Liebesmahl, dem Brechen des Brotes, dem kursierenden Weinbecher und der unaufhörlichen Streiterei um die Vorhaut Sektierer. Heute sind sie eine Kirche und bezichtigen ihrerseits andere des Sektierertums."[29]

Für den Religionsgeschichtler Messadié, der sich selbst und seine Zeit nur als Moment im aufhörlichen Strom der Geschichte sieht, drängt sich eine Frage auf, die den Vertretern von Offenbarungsreligionen nicht erspart bleiben darf: „Muß man Gefangener der Geschichte bleiben und sich an die bestehenden Kirchen halten?"[30] Messadié hat seine Antwort gegeben: Den meisten Menschen ist der Nihilismus unerträglich, und darum produziert ihr Gehirn religiöse Überzeugungen, die – wie alles andere auch – an ihre Zeitumstände gebunden sind.

Hans Gasper und Friederike Valentin haben eine Sammelarbeit mit Überblicksbeiträgen zu apokalyptischen Vorstellungen bis in die Gegenwart herausgebracht und auch fernöstliche Traditionsstränge berücksichtigt.[31] Die Autoren des Bandes zeigen, wie Sekten und religiöse Sondergruppen sich aus dem apokalyptischen Reservoir des syrisch-palästinischen Kulturraums bedienen, eigentümliche religiöse Umprägungen vornehmen und von den Etablierten gelegentlich als „Ketzer" verurteilt werden. Sie legen nahe, daß Endzeiterwartungen immer dann Konjunktur haben, wenn Menschen sich von bedrohlichen Umbrüchen bedrängt sehen, weil sie in solchen Situationen nur noch Hilfe von jenseitigen Mächten meinen erwarten zu können. Sosehr sich die meisten dieser Vorstellungen auf einen gemeinsamen Kern zurückführen lassen, so bunt, skurril und unterschiedlich im Blick auf ihre gesellschaftlichen Auswirkungen sind sie andererseits. Sie können Impulse für hoffnungsvolle Reformen geben und Modernisierungsschübe bewirken oder aber noch tiefer in das Gefühl menschlicher Ohnmacht und Unmündigkeit führen.

Auch die Welterneuerungs- und Reichvorstellungen der faschistischen wie der kommunistischen Diktaturen dieses Jahrhunderts speisen sich aus den chiliastischen Quellen der Religionen des Orients. Cohn erinnert an seine These von den quasi-chiliastischen Elementen in der marxistisch-leninistischen Ideologie, die er bereits 1957 aufgestellt hat.[32] Das Buch von Gasper/Valentin enthält einen Aufsatz von Rüdiger Sünner über die „Mythologie der Rechten".

In beiden Fällen wanderte die „Verklärung“ von der jenseitigen Zukunft in die diesseitige Gegenwart.[33] Diesen Weg hatten ihnen freilich die christlichen Denominationen vorgezeichnet. Daß auch politische Diktaturen sich aus chiliastischen Reservoirs bedienten, mag ein Grund für die weitverbreitete Skepsis gegenüber Endzeitvorstellungen sein. So hält Stamm die isoliert betrachtete Apokalypse für „ein von Menschen gemachtes Phänomen“,[34] „Gott“ oder das „göttliche Prinzip“ dagegen nicht. „Wenn es ... um fundamentale religiöse Fragen geht, sollten auch der Verstand und die Vernunft eine gewichtige Stimme erhalten“,[35] meint Stamm. Doch Religion läßt sich nicht nach rationalen Gesichtspunkten reinigen, um schließlich Gläubigen wie ihren Betrachtern sozial verträglich zu erscheinen. Im Abschnitt über „aufgeklärte Religiosität“ soll diesem Problem weiter nachgegangen werden. Festzuhalten bleibt freilich, daß innerweltliche Erlösungsvorstellungen regelmäßig dann zu „sozialen Katastrophen“ führten, wenn sie sich auf die Politik richteten.[36]

Die Zeugen Jehovas als Endzeit-Gemeinde in der Neuzeit

Im 19. Jahrhundert nahm die Zahl von Gemeindegründungen mit Erwartungen eines nahen Endes der Welt und einer Wiederkunft Christi stark zu.[37] In ihrer Mehrzahl begannen die Bewegungen – vor dem Hintergrund großer Erweckungs-Aufbrüche – in den Vereinigten Staaten. In diese Tradition gehören

– neben den Adventisten und anderen – auch die Zeugen Jehovas (ZJ).

Gründer der Gemeinschaft war der Textilkaufmann Charles Taze Russell (1852–1916) aus Allegheny bei Pittsburgh/Pennsylvania. Er stammte aus einem presbyterianischen Elternhaus und wechselte als 14jähriger zur Congregational Church. Nach einem Besuch eines Gottesdienstes von „Second Adventists", die glaubten, daß Jesus Christus 1874 sichtbar wiederkäme, gründete Russell 1870 mit anderen in Pittsburgh eine Bibelforscher-Gruppe, die das Alte und Neue Testament auf Fragen der Wiederkunft Christi hin studierte. 1876 begegnete Russell dem Leiter einer kleinen Gemeinde ehemaliger „Second Adventists" in Rochester (N.Y.), Nelson H. Barbour. Dieser hatte in seiner Zeitschrift „Herald of The Morning" erklärt, daß Jesus seit 1874 nicht sichtbar, sondern unsichtbar auf Erden gegenwärtig sei. In einer 1877 gemeinsam verfaßten Schrift vertraten beide die Auffassung, daß mit der unsichtbaren Präsenz Christi auf Erden eine 40jährige Ernte- und Gerichtszeit beginne, die 1914 mit der Errichtung des „Königreiches Gottes" ihren Abschluß fände. Die Verkünder dieser Botschaft würden verherrlicht, das heißt ins Himmelreich aufgenommen.

Seit 1879 brachte Russell ein eigenes Monatsblatt mit dem Titel „Zion's Watch Tower and Herald of Christ's Presence" heraus, 1881 gründete er in Pittsburgh die „Zion's Watch Tower Tract Society", die 1884 im Staat Pennsylvanien als gemeinnützige Körperschaft registriert wurde und 1896 in „The Watch Tower Bible & Tract Society" und 1955 in „Watch

Tower Bible & Tract Society of Pennsylvania" umbenannt wurde. Von 1886 bis 1904 entstand Russells sechsbändiges Hauptwerk „Schriftstudien". Er unternahm zwölf Europareisen und wandelte 1903 die schon bestehende „Literatur-Versandstelle" in Wuppertal-Elberfeld in das deutsche Zweigbüro der Wachtturm-Gesellschaft (WTG) um. 1923 wurde die deutsche Zweigstelle nach Magdeburg verlegt; die Zentrale war schon 1909 von Pittsburgh nach Brooklyn/N.Y. umgesiedelt.

Nach Russells Tod 1916 trat – nach internen Auseinandersetzungen – sein ehemaliger Rechtsberater, Joseph Franklin Rutherford (1869–1942), die Nachfolge an. Während des Ersten Weltkriegs verhielten sich die „Bibelforscher" – so ihre Selbstbezeichnung – entsprechend ihrem persönlichen Verständnis von christlicher Neutralität und von christlicher Gehorsamspflicht gegenüber der Obrigkeit bei der Einberufung zum Wehrdienst uneinheitlich. Einige nahmen eine streng neutrale Stellung ein und verweigerten völlig jeden Militärdienst, andere entschieden sich, in Sanitätsabteilungen oder in Lazaretten zu dienen, und wieder andere folgten den Dienstbefehlen, richteten jedoch keine Waffen auf andere Menschen. Ihre Führer in den Vereinigten Staaten wurden 1918 zu Unrecht einer Verschwörung angeklagt und zu langjährigen Gefängnisstrafen verurteilt. Aber schon 1919 wurden die Urteile aufgehoben und die Gefangenen aus der Haftanstalt Atlanta entlassen. In den 1920er Jahren begriffen die Bibelforscher den Staat in seiner Rolle als Teil dieser Welt, deren unsichtbarer Herrscher (1. Joh. 5, 19; Joh. 12,31) Satan ist. Auf einem Bibelforscher-Kongreß in Columbus (Ohio) im Juli 1931 gaben sie sich unter Berufung auf Jes. 43, 10 den Namen „Zeugen Jehovas".

Unter der Leitung Rutherfords begann 1932 eine 1938 abgeschlossene Umstrukturierung im Sinne einer organisatorischen Straffung und Zentralisierung der WTG. Das lockere System der „Wahlältesten" wurde zugunsten von „Dienstkomitees" aufgegeben, die den von der Zentrale eingesetzten örtlichen Leiter unterstützten. Die „Leitende Körperschaft" in Brooklyn erhielt die Funktion eines „Kanals Jehovas". Ihrem eigenen Selbstverständnis zufolge handelt es sich bei der Gemeinschaft um eine „theokratische Organisation", die als „Gottes Mitteilungs- und Verbindungskanal" gleichsam die bevorstehende „Neue Welt" vorwegnimmt. Unter der Ära Rutherfords wurden auch die großen Kongresse und statistischen Arbeitsberichte eingeführt sowie die Einrichtung lokaler Versammlungsräume („Königreichssäle") gefördert.

Nach Rutherfords Tod 1942 folgte ihm Nathan Homer Knorr (1905–1977) im Präsidentenamt. Er führte 1943 die „Theokratische Predigtdienstschule" für alle Gläubigen ein; 1959 folgten die „Königreichsdienstschulen" als Ausbildungsstätte für den gehobenen Dienst in der Religionsgemeinschaft. 1962 ordneten die ZJ den zweiten Teil der Doppelrolle des Staates als die von Gott angeordnete obrigkeitliche Gewalt ein, der ein Christ untertan zu sein habe (Römer 13). Unter der Präsidentschaft Knorrs, der ein großer Organisator war, entwickelte sich die WTG zu einer weltweiten Glaubensgemeinschaft mit über zwei Millionen Mitgliedern (1977). Nach Knorrs Tod übernahm dessen Vizepräsident Frederick W. Franz (1893–1992) die Führung der WTG. Franz hatte 1966 das Buch „Ewiges Leben“ geschrieben, in dem 1975 als Datum für das Ende einer sechstausendjährigen Menschheitsgeschichte genannt worden war. Ihm folgte Milton Henschel (geb. 1920) als neuer Weltpräsident nach.

Mit dem Namen „Zeugen Jehovas“ wird angezeigt, daß sich die Anhänger der WTG in erster Linie – dem Beispiel Jesu folgend – als Zeugen des Gottes Jehova verstehen und damit eine Linie treuer Zeugenschaft fortsetzen wollen, die von Abel bis in die Gegenwart reicht. Doch bereits in der Frühgeschichte des Christentums beginnt der „große Abfall“ von Jehovas reiner Lehre. „Abtrünnige ... verlagerten ... das Königreich vom Himmel auf die Erde ... Heidnische Lehren dringen ein.“[38] Zu diesen gehört die Trinitätslehre; sie wird als unbiblisch abgelehnt. Jesus Christus als einzig gezeugter Sohn Gottes ist die zweitgrößte Persönlichkeit des Universums, wird also subordinatorisch gedacht. Weil er seinem Zeugnisauftrag treu war, mußte er am „Pfahl“ sterben und wurde von Jehova mit der Unsterblichkeit seines geistigen Leibes und mit der Königsherrschaft im Himmel ausgezeichnet. Seit 1914 übt Christus seine Herrschaft über die Erde aus. Der „heilige Geist“ ist Jehovas unpersönliche Kraft, durch die er Dinge bewirkt (Gen. 1, 2).

Grundlage für die Lehre der Zeugen Jehovas ist allein die Bibel als das an die Menschheit gerichtete schriftliche Wort Gottes. Von Mose angefangen, haben 40 menschliche Schreiber innerhalb von 1600 Jahren im Auftrag Gottes seine Nachricht an die Menschen aufgeschrieben. Darum ist die Bibel in sich widerspruchslos, völlig wahr und bis ins kleinste zutreffend. Sie lehrt, was die Zeugen Jehovas tun müssen, um Gott zu gefallen und von ihm entweder auf einer paradiesischen Erde oder im himmlischen Königreich ewiges Leben zu erlangen. Aus der Bibel läßt sich auch der Vorsatz Gottes mit den Menschen entschlüsseln, und es lassen sich Zeitangaben über das Eintreffen von Ereignissen errechnen.

Vor dem Tausendjährigen Friedensreich (Millennium) findet eine apokalyptische Endschlacht („Schlacht von Harmagedon“, vgl. Offb. 16, 16) statt, in der Jesus Christus, unterstützt von den himmlischen Heerscharen, gegen die gottfeindlichen Mächte kämpft und die Erde von allem Bösen reinigt.[39] Die ZJ sind in dieser Auseinandersetzung nur Zuschauer. Nach Harmagedon wird die große Mehrheit der ZJ in dem nun neuen paradiesischen Lebensraum verbleiben, während eine kleine Gruppe, die gesalbten 144 000 geistigen Brüder Christi, mit Christus als Könige und Priester im Himmel herrscht. Zu den 144 000 gehören auch solche, die bereits gestorben sind und schon zum Leben als Geistgeschöpfe im Himmel auferweckt wurden. Ein Überrest von ihnen lebt noch auf der Erde.

Über den Zeitpunkt, wann Harmagedon eintritt, gibt es keine genauen Angaben. Bestimmte Berechnungen, die 1914, 1925 oder 1975 nannten, sind nicht eingetroffen. Nach den „Parusieverzögerungen“ hat es – wie bei früheren chiliastischen Bewegungen auch

– stets Mitgliederverluste bzw. Abspaltungen gegeben.

Im Zusammenhang damit, daß die ZJ alle biblischen Anordnungen und Gesetze genau einhalten wollen, steht auch die Einhaltung des Noah erteilten Verbotes, Blut zu sich zu nehmen (1. Mose 9; 3. Mose 17; vgl. Apg. 15). Dies bezieht sich nicht nur auf Nahrungsmittel, sondern auch auf Bluttransfusionen. Organtransplantationen unterliegen der persönlichen Gewissensentscheidung.[40] Die ZJ achten zwar die Gesetze, zahlen Steuern, nehmen die Schulpflicht wahr und ähnliches, lehnen aber eine Teilnahme am politischen Leben ab (Verweigerung von Wehrdienst, Nichtbeteiligung an politischen Wahlen, Nichtmitgliedschaft in Parteien). In bezug auf die Besonderheit Nichtbeteiligung am Ersatzdienst gibt es neuerdings Lehrentwicklungen.[41] Die volkstümlichen Feierlichkeiten im Jahresrhythmus, christliche Feiern (Weihnachten, Ostern, Pfingsten) und persönliche Feste (Geburtstagsfeiern) werden als unbiblisch abgelehnt, doch Familienfeste wie Hochzeitstage unterliegen keiner solchen Mißbilligung. Das Gemeindeleben der ZJ wird neben den offiziell vorgegebenen Zusammenkünften an drei Tagen der Woche, wie „Wachtturmsstudium“, „Theokratische Predigtdienstschule“ und „Versammlungsbuchstudium“, durch die Missionierung Nichtgläubiger („Predigtdienst“) sowie durch vielfältige soziale Kontakte, gemeinsame Feiern, Sport und Ausflüge geprägt. Kommt es zu ernsten ethischen Verfehlungen oder lehrmäßigen Abweichungen von ZJ-Mitgliedern, die anderen gegenüber propagiert werden, begegnet man diesen zunächst mit Ermahnungen. In seltenen Fällen,[42] wenn Uneinsichtigkeit vorliegt, wird mit rechtlichem Gehör ein „Gemeinschaftsentzugsverfahren“ durchgeführt, das, wenn keine Reue eintritt, zum Ausschluß führt. Doch Ausgeschlossene können eine Wiederaufnahme beantragen, wenn sie einsichtig geworden sind. Etwa ein Drittel kehrt zurück.

Mit Aufnahme in die Gemeinschaft der ZJ wird die Taufe von Erwachsenen und Heranwachsenden durch Untertauchen vollzogen. Sie symbolisiert den Tod hinsichtlich des früheren Lebenswandels und die eigene Hingabe durch Unterordnung des eigenen freien Willens unter den Willen Jehovas. Die Taufe der christlichen Kirchen wird nicht anerkannt. Meist werden die Taufen während eines ZJ-Kongresses auf Kreis- oder Bezirksebene, gewöhnlich in Taufbekken, vollzogen. Einmal im Jahr, am 14. Nisan, findet ein „Gedächtnismahl“ statt, bei dem aktiv durch Teilnahme an den Symbolen Brot und Wein nur Glieder der „kleine Herde“ genießen, jener „Überrest“ von den 144 000, die im Himmel mit Christus als Könige und Priester herrschen werden.

Ähnlich wie in manchen lutherischen Kirchen die Zahl der Konfirmierten angegeben wird, so nennen auch die ZJ die Zahl der „Verkündiger“ – für das Dienstjahr 1997 gibt das Jahrbuch der Zeugen Jehovas 1998 5 599 931 „Verkündiger“ in 232 Ländern an (Deutschland: 169 988). Zum Einflußbereich der ZJ rechnet man etwa 14 Millionen Menschen (14 322 226 Besucher an dem einen bestimmten Abend des Gedächtnismahls 1997).

Die örtlichen Vereinigungen der ZJ in jedem Land nennen sich „Versammlung“; etwa 20 Versammlungen bilden einen „Kreis“, zehn bis zwölf Kreise einen „Bezirk“. Die weltweite oberste geistliche Leitung liegt in den Händen eines zehnköpfigen Vorstandes, der „leitenden Körperschaft“.

1927 wurde die ZJ-Organisation als „Internationale Bibelforscher-Vereinigung“ in das Vereinsregister des AG Magdeburg eingetragen. Nach dem Verbot der ZJ im „Dritten Reich“ wurde die Eintragung im Vereinsregister gelöscht. 1945 erfolgte – wieder in Magdeburg – die Neugründung und 1950 erneut das Verbot durch das Innenministerium der DDR. Für den Bereich der alten Bundesrepublik konstituierten sich die ZJ als e. V. in Wiesbaden im Jahr 1956. 1984 erfolgte die Sitzverlegung nach Selters/Taunus.[43]

Nach dem Zusammenbruch des SED-Regimes beantragten die ZJ in der DDR erneut ihre Zulassung als Religionsgemeinschaft. Mit Urkunde vom 14. 3. 1990 erkannte der Ministerrat der DDR, Amt für Kirchenfragen, auf der Grundlage des Artikels 39 (2) der DDR-Verfassung die ZJ als Religionsgemeinschaft an. Ob damit die ZJ in den neuen Ländern den Status einer öffentlich anerkannten Religionsgemeinschaft, dessen Bestand durch den Einigungsvertrag erhalten blieb, verliehen bekamen, war Gegenstand juristischer Auseinandersetzungen, die negativ entschieden wurden. Jetzige juristische Auseinandersetzungen drehen sich um die Erstverleihung der Rechte einer Körperschaft des öffentlichen Rechts in der Bundesrepublik Deutschland. Der Antrag auf Verleihung erfolgte im Land Berlin.

Kritik der ZJ an den Zentrallehren der Kirchen der Christenheit und Gegenkritik

Andere Kirchen und Konfessionen werden von den ZJ – unter Berufung auf die Bibel (Offenbarung 17) – in ihrer Gesamtheit u. a. als „Hure Babylon“ bezeichnet. In dieser Einschätzung folgen sie den Verurteilungstraditionen des Protestantismus. Seit dem 18. Jahrhundert lehnten viele Protestanten die aus der Reformation hervorgegangenen Formen institutionellen Christentums als unchristlich ab und flohen nach Amerika. Die düsteren Bilder aus der Apokalypse von der „großen Hure Babylon“, „trunken vom Blut der Heiligen und vom Blut der Zeugen Jesu“, die in der reformatorischen Auslegung ursprünglich die römische Papstkirche meinten, wurden von diesen Kreisen auf das protestantische Landeskirchentum des Kontinents und den Anglikanismus übertragen.[44] Insofern stehen die ZJ in protestantischer „Sekten“-Tradition. Auch andere Lehrabweichungen, wie die Ablehnung der Trinitätslehre, kann Originalität nicht für sich beanspruchen, sondern gehört in die Geschichte christlicher Minderheiten, die freilich von einer Mehrheit des „Ketzertums“ bezichtigt und ausgeschieden wurden.[45]

Von seiten der christlichen Großkirchen wird den ZJ vorgeworfen, sie hätten eine „geistig-geistliche Diktatur“[46] errichtet, verfälschten das biblische

Evangelium im Sinne ihrer Sonderlehren[47] und öffneten sich nicht dem ökumenischen Gespräch.

In der apologetischen Literatur der Großkirchen wird den ZJ vorgeworfen, sie manipulierten ihre Mitglieder, die sich „ihre ‚Überzeugung' nie in Freiheit zu eigen gemacht"[48] hätten. Umgekehrt wird auf seiten der Bekehrten eine bestimmte Disposition behauptet. „Viele, die Zeugen Jehovas werden, haben einen engen intellektuellen Horizont, und manche von ihnen leiden an neurotischen Defekten. Solche Menschen geraten aufgrund ihrer geistigen Struktur leicht in die Wirklichkeitsblindheit, die die Zeugen Jehovas kennzeichnet, hinein und tendieren von sich aus dazu, sich darin zu verfestigen."[49]

Gegenüber den Bemühungen, den Beginn von Harmagedon zu berechnen, wenden gerade bibelorientierte Fachgelehrte ein, Jesus selbst habe doch erklärt, der Zeitpunkt für das Ende bleibe ein Geheimnis (Matth. 24,36; Apg. 1, 7). Auf der anderen Seite gehört das Phänomen des Berechnenwollens ohne Frage zu den jüdisch-christlichen Traditionsbeständen. „Juden und Christen haben immer schon versucht, einem mehrfachen Schriftsinn auf die Spur zu kommen und in den Worten der Bibel Botschaften zu finden, die sich erst mit dem richtigen Schlüssel verstehen lassen."[50]

Erst wenn man sich vor Augen hält, daß auch die großen christlichen Kirchen in ihren dogmatischen Aussagen[51] wie in ihrem praktischen Handeln[52] auf nahezu allen Ebenen ständiger Kritik ausgesetzt sind und in immer neuen Selbstbehauptungsakten um ihre überkommene Stellung in der Gesellschaft kämpfen müssen,[53] wird deutlich, welche Analogien zwischen den Konfessionen bestehen. Von außen betrachtet, rücken für den Kritiker die christlichen Konfessionen enger zusammen, als diese es wahrhaben wollen und es ihnen lieb ist. Von seiten der Weltanschauungs- und Sektenbeauftragten der beiden Großkirchen wie von seiten anderer Interessenten gibt es daher erhebliche Anstrengungen, zwischen ihren Institutionen, den „Kirchen", und den „Sekten" grundsätzliche Grenzmauern zu ziehen.

Eine andere Kritikergruppe bilden die „Apostaten" unter den „Aussteigern"[54] – nach ihrem Ausscheiden arbeiten einige wenige mit den Sektenbeauftragten der Großkirchen zusammen. So schrieb Günther Pape – er veröffentlichte u. a. ein Buch mit dem Titel „Ich war Zeuge Jehovas"[55] – im katholischen Lexikon der Sekten und Sondergruppen (Herder Verlag) den Artikel über Zeugen Jehovas.[56] Sein Sohn Klaus-Dieter Pape publiziert im Materialdienst der Evangelischen Zentrale für Weltanschauungsfragen (EZW) der Evangelischen Kirche in Deutschland (EKD).[57] Großes Aufsehen erregte das Buch des Neffen des ZJ-Präsidenten Frederick W. Franz, Raymond Franz, der nach vielen Jahren die „Leitende Körperschaft" verließ und 1983 in einem Buch über die internen Verhältnisse in der WTG berichtete. Das Buch erschien 1988 im evangelischen Claudius Verlag München in deutscher Sprache.[58] Es kann nicht wundernehmen, daß diese Darstellungen außerordentlich kritisch gehalten sind.[59] Neben Büchern bedienen sich Apostaten mit beträchtlichem Eifer auch anderer Medien. So verbreitet Wolf über das Internet alle negativen Meldungen über die ZJ, deren er habhaft werden kann.[60] Die Broschüre „Brücke zum Menschen. Vierteljahresschrift vom Bruderdienst", hg. vom Bruderdienst Missionsverlag, will nach eigenen Aussagen „nicht Andersdenkende bekämpfen", sondern Menschen auf überkonfessioneller Ebene seelsorgerlich helfen. Allerdings irritiert, daß sich hier ebenfalls mehrheitlich „Apostaten" wie Twisselmann als „Aufklärer" hervortun. Auch Jerry Bergman und Mehmet Aslan, die über „Theokratische Kriegführung" der ZJ informieren, gehören der Subkultur der „Apostaten" an.[61]

Es dürfte schwierig, wenn nicht gar unmöglich sein aufzuklären, was sich an der Kritik von „Apostaten" wirklich substantiieren und damit operationalisieren läßt. Damit soll nicht in Abrede gestellt werden, daß die Darstellungen das subjektive Empfinden der Betroffenen angemessen wiedergeben. Das Problem besteht vor allem darin, daß es entscheidend darauf ankommt, von welchem religiösen Standpunkt aus die Berichte wahrgenommen werden. Für einen großkirchlich geprägten Protestanten mit nur sehr gelegentlichem Kontakt zu seiner Kirche erscheint der hohe Grad an Verbindlichkeit und gläubigem Engagement, den die ZJ von ihren Mitgliedern verlangen, als unvertretbarer Sklavendienst, geistige und physische Ausbeutung. Der elitäre Exklusivitätsanspruch der Glaubensgemeinschaft wird einem solchen Beobachter als Ausgeburt abscheulicher Intoleranz gegenüber anderen Religionen vorkommen. Aus der Perspektive eines Mitgliedes der altpietistischen Gemeinschaften, evangelikaler, charismatischer Gemeinschaften oder gar von sogenannten „Sekten“ wie der „Neuapostolischen Kirche“ nehmen sich das Selbstverständnis und die Struktur der WTG gewiß ganz anders aus. Da diese religiösen Gruppen aber ebenfalls ein hohes Selbst- und Erwählungsbewußtsein besitzen, werden sie sich weigern, auch nur strukturelle Analogien mit ihrer unmittelbaren „Konkurrenz“ anzuerkennen.

Auch die römisch-katholische Kirche kennt Sonderverpflichtungen. Wer beispielsweise in ein Kloster eintritt oder sich für den Beruf des Priesters entscheidet, unterwirft sich aus Glaubensgründen Selbstbeschränkungen, die einem „modernen“ Zeitgenossen als empfindliche Einschränkungen im Bereich garantierter Grundrechte und -freiheiten erscheinen mögen. Was „alten“ Religionsgemeinschaften dennoch erlaubt ist, muß auch „jüngeren“ gestattet sein. Würde man entlaufene Klosterschüler, Ordensleute oder Priester als Kronzeugen gegen ihre Kirche gelten lassen und als Wahrheitskriterium ihrer Vorwürfe lediglich die Übereinstimmung der Aussagen sowie die beigebrachten Belege nehmen, gelangte man vermutlich zu einem verheerenden Ergebnis.[62] Entfallen die mentalen Voraussetzungen für die zuvor ausdrücklich gewünschten Selbstbeschränkungen, erscheinen diese im nachhinein und in der Reue über die vergeudeten Jahre als Folterinstrumente und Folge einer unfreiwilligen geistigen Gängelung.

Eine dritte Front gegen die ZJ ist inzwischen Geschichte geworden. Die DDR sah in der WTG eine vom Großkapital gekaufte und vom State Department der Vereinigten Staaten gelenkte Organisation.

Die WTG habe – mit antisemitischen Tendenzen – um die Gunst der Nationalsozialisten gebuhlt und erst seit der zweiten Jahreshälfte 1938 ihren Kurs geändert.[63] In der früheren DDR und anderen Ostblockstaaten habe sie sich als Untergrundorganisation betätigt und „antikommunistische Hetze“ betrieben, um die „entwickelte sozialistische Menschengemeinschaft“ zu zerstören. Die ZJ waren in der DDR Gegenstand geheimdienstlicher Bearbeitung und hatten Entsprechendes zu erleiden.[64] Über ihre Haltung im „Dritten Reich“ gibt es nicht nur jüngste Veröffentlichungen,[65] welche die Zeugen Jehovas „zu den vergessenen Opfern“ zählen,[66] sondern auch historisch-kritische Darstellungen aus früheren Jahren.[67] Wie immer man diese Geschichte beurteilt – zu einer pejorativen Beurteilung durch die Großkirchen oder ihnen nahestehende Wissenschaftler besteht jedenfalls kein Anlaß. Der im Zusammenhang mit dem Berliner ZJ-Kongreß vom 25. Juni 1933 immer wieder erhobene Vorwurf der „Anbiederung“ an das NS-Regime kann nicht aufrechterhalten werden. Was hier, in der Petition und im Begleitschreiben an den Reichskanzler mehrfach zum Ausdruck kommt, ist der unpolitische Charakter der ZJ, ihre Bitte um ungestörte Religionsausübung und ihre Versicherung, „die öffentliche Ordnung und Sicherheit des Staates“ nicht gefährden oder gar bedrohen zu wollen. Schließlich steht immer wieder die mißverständliche Formulierung zur Debatte, wonach die „hohen Ideale, die sich die nationale Regierung zum Ziel gesetzt hat und die sie propagiert“, mit denen der ZJ übereinstimmten. Da gleichzeitig erklärt wurde, Jehova Gott werde dafür sorgen, „daß alle, die Gerechtigkeit lieben und dem Allerhöchsten gehorchen, zur bestimmten Zeit diese Ziele erreichen werden", erfuhren die nicht näher genannten Ideale und Ziele eine deutliche Eingrenzung. Wenn solche angepaßten Erklärungen[68] und Tributleistungen[69] einer religiösen Gemeinschaft schon als „Anbiederung" gelten sollen, dann gibt es zur Charakterisierung von Erklärungen deutsch-christlicher (DC) Bischöfe und Theologen in diesem Kategoriensystem keine sprachlich angemessenen Bezeichnungen mehr. Vor allem wird man die Schwäche-Erscheinungen der ZJ am Anfang des Dritten Reiches in Relation zu dem entschiedenen Widerstand setzen müssen, den sie in den folgenden Jahren leisteten. In dieser Zeit riefen DC-Kirchenleitungen ihre Pfarrer und Pastoren dazu auf, für die Gestapo Spitzeldienste zu leisten, „um den Zeugen Jehovas ‚das Handwerk zu legen'".[70] Zu Beginn des „Dritten Reiches" stellte die Apologetische Centrale, eine Abteilung des Central-Ausschusses der Inneren Mission, dem Reichsinnen- und -propagandaministerium sowie der Gestapo Hintergrundmaterial über die „Sekten" zur Verfügung.[71] Bei gemeinsamen Besprechungen im Berliner Geheimen Staatspolizeiamt bzw. im Kultusministerium Ende Mai/Anfang Juni 1933 erklärten Mitarbeiter der Apologetischen Centrale und des Evangelischen Oberkirchenrats, sie begrüßten ein Verbot der ZJ.[72] Die Zusammenarbeit zwischen Staat und Kirche auf dem Felde der „Sektenbekämpfung" hatte Tradition. Anfang 1924 äußerte sich der deutsche Reichsinnenminister gegenüber seinem preußischen Kollegen:

„Eine Ueberwachung der Tätigkeit der Wachtturm-Bibel und Traktat-Gesellschaft scheint auch mir angezeigt, sofern sie unauffällig geschehen kann. Vielleicht bedienen sich dabei die Regierungspräsidenten der Hilfe der evangelischen Konsistorien, die gegenüber solchen Gesellschaften meist gut unterrichtet sind und bei der Beteiligung kirchlicher Interessen sicherlich zu Auskünften gern bereit sein werden." Dieser antwortete: „Einem Verbot der Sekte auf Grund des Ausnahmezustandes kann auch ich nicht das Wort reden. Ebensowenig möchte ich zur Zeit raten, neue reichsrechtliche Bestimmungen zur Verhinderung ihrer Tätigkeit anzuregen. Wenn auch die Tätigkeit der Sekte für den Staat unerwünscht ist, wird doch ihre Bekämpfung solange als möglich besser den Kirchen zu überlassen sein, gegen die sich die Angriffe in erster Linie richten."[73]

Von hier aus führt ein direkter Weg zur vierten Front. Sie wird durch einige liberale westliche Verfassungsstaaten gebildet, die unterhalb der Schwelle der verfassungsrechtlich garantierten Religionsfreiheit die unbequeme Religionsgemeinschaft aus „kulturkämpferischen" Motiven schlechter behandeln als die etablierten Religionsgesellschaften.[74]

Die fünfte Front bilden Medien ganz unterschiedlicher Provenienz, die bewußt oder unbewußt falsche Informationen über die Religionsgemeinschaft und die Lebensgewohnheiten ihrer Mitglieder verbreiten.[75] Auf der ständigen Suche nach dem Bizarren und Ungewöhnlichen in einer an solchen Phänomenen relativ armen Gesellschaft erhalten religiöse Minderheiten einen gewissen Nachrichtenwert. Andererseits fällt auf, daß sich einige Journalisten derart dem Kampf gegen „Sekten“ verschrieben haben, daß ihre Recherchen hinsichtlich der eindeutig negativen Tendenzen in bezug auf diese Gruppen keine Überraschungen mehr bieten können.[76] Auf Intervention der ZJ kommt es dann zwar regelmäßig zu Unterlassungserklärungen, doch diese gehen, soweit sie überhaupt veröffentlicht werden, in der Nachrichtenflut unter. Den Verfassern liegt ein ganzer Leitz-Ordner mit solchen Unterlassungserklärungen vor. Das Bemerkenswerte an diesen Erklärungen ist ihre Redundanz. Die überwiegende Mehrzahl der falschen Tatsachenbehauptungen betrifft angebliche „Verbote“ und Einschränkungen für die Mitglieder der ZJ und dient damit als Beleg für den angeblich eklatanten Mangel an persönlicher Gewissens- und Entscheidungsfreiheit. Der kleine Kanon falscher Tatsachenbehauptungen vergrößert sich kaum, nimmt aber auch nicht ab. Einmal in die Welt gesetzte Falschaussagen scheinen mit den gegebenen Möglichkeiten nicht aus der Welt zu schaffen zu sein. Ein Organ schreibt von dem anderen ab, ohne sich selbst von der Richtigkeit des Behaupteten zu überzeugen oder auch nur darauf zu achten, wie die Verleumdeten reagiert haben. dpa [!] schrieb am 13. 8. 1997 in einem Entschuldigungsbrief an die ZJ: „Wir bedauern, daß sich in unserer Berichterstattung die von Ihnen gerügten Ungenauigkeiten eingeschlichen haben. Unseren Redakteuren ist es in der Hektik der tagesaktuellen Berichterstattung aber schlicht unmöglich, alle Themen in wissenschaftlicher Tiefe aufzuarbeiten und in diesem Zuge z. B. spezifische Gerichtsurteile auszuwerten."[77] Selbst zentrale Organe der Großkirchen wie der Evangelische Pressedienst (epd) mußten schon Verpflichtungserklärungen abgeben, bestimmte falsche Tatsachenbehauptungen über die ZJ künftig zu unterlassen.[78] Überhaupt fällt auf, wie häufig evangelische Kirchenzeitungen und Kirchengemeinden falsche Tatsachenbehauptungen über die ZJ verbreiten. Unter den geschilderten Umständen erhalten solche Fehlinformationen eine weite Verbreitung und gehen in das ständige Stammtisch-Repertoire an sich nicht übelwollender, aber auch kaum unabhängig urteilsfähiger Bürger ein.

„Aufgeklärte Religiosität" als Beurteilungsmaßstab für gesellschaftliche Akzeptanz?

Im Brief der Europäischen Evangelischen Versammlung an die Christinnen und Christen, Gemeinden und Kirchen in Europa vom März 1992 heißt es: „Wir sind in der Tradition der Reformation verwurzelt und durch die Tradition der Aufklärung geprägt. Wir werden aus der Spannung zwischen Glauben und Vernunft nicht entlassen. Der Christusglaube trägt und erleuchtet die Vernunft, wie umgekehrt die Vernunft den Glauben kritisch begleitet."[79] Dieses in immer neuen Variationen formulierte moderne Bekenntnis des Protestantismus zur Aufklärung bildet das ideologische Grundmuster für die Abqualifizierung vormoderner Glaubensformen.

Daß insbesondere die „Sekten"-Kritiker von religiös aufgeklärten Voraussetzungen ausgehen, läßt sich vielfach belegen. Bei Hugo Stamm etwa kann man an seinen Aussagen über die evangelische und katholische Kirche am unverfänglichsten erkennen, worauf seine Kritik basiert. Die beste Zensur erhält noch die reformierte Kirche, denn sie „konzentriert ihre Energie aufs Diesseits. Sie hat erkannt, daß es im Hier und Jetzt genug zu tun gibt, um eine hausgemachte Apokalypse abzuwenden."[80] Schlechtere Noten bekommt dagegen die katholische Kirche, akzeptiert sie doch Marienerscheinungen, mit denen sich die „aufgeschlossenen Gläubigen" so schwer tun. Das strenge Urteil des Autors lautet: „Die Marienverehrung läßt sich biblisch nicht rechtfertigen."[81] Die angebliche Apokalyptik-Affinität des „konservativen" Papstes Johannes Paul II. macht die Sache natürlich nicht besser. Doch verglichen mit Universellem Leben, Mormonen, Zeugen Jehovas und anderen Glaubensgemeinschaften, kommt die katholische Kirche noch glimpflich weg. Vom Respekt vor den religiösen Überzeugungen anderer fühlt sich Stamm suspendiert, denn die Gläubigen sind seiner Deutung zufolge nur verführte Opfer der gewinnsüchtigen Gurus – anders als im Medium der Scharlatanerie vermag er vormoderne Religiosität nicht zu denken. Wer – wie die Zeugen Jehovas – „in der breiten Öffentlichkeit" noch einen „vergleichsweise guten Ruf" genießt,[82] kann davon ausgehen, daß Stamm dem – im Namen aufgeklärter Toleranz – ein Ende setzen will. Er ist nicht der einzige. Hansjörg Hemminger, Referent an der Arbeitsstelle für Weltanschauungsfragen in Stuttgart, beklagt den „‚wahrheitsneutralen' Ansatz" der empirischen Wissenschaften ebenso wie die

Zurückhaltung der akademischen Theologie in Sektenfragen. „Der Pluralismus der Wahrheiten in unserer Gesellschaft führt zur Gleichgültigkeit gegenüber Irrtümern, selbst gegenüber offensichtlicher Unvernunft in organisierter Form ... Wir vermeiden Wahrheitsfragen im Umgang mit den Sekten, weil wir sie in unserer Kultur auch sonst vermeiden. Notwendigerweise konzentriert sich dadurch die Auseinandersetzung auf ethische und politische Fragen, zum Nachteil für alle Seiten.“[83] Ethische Fragen ließen sich aber nicht abgelöst von unserer religiösen oder areligiösen Weltsicht entscheiden. Doch die Schwierigkeit dieser Argumentation besteht darin, daß der ethische Menschenrechtskonsens – die individuellen bürgerlichen Freiheiten, die Menschenwürde, Achtung vor dem Leben und Toleranz gegenüber Andersdenkenden – zwar verfassungsrechtlich garantiert, doch nicht religiös fundamentiert ist. Entsprechend werden Menschenrechtsverletzungen geahndet, nicht aber religiöse Eskapaden unterhalb der Schwelle eindeutiger Verletzungen der persönlichen Freiheit. Einige dieser Freiheitsrechte mußten überdies in Auseinandersetzung mit den etablierten Kirchen erst mühsam errungen werden.[84]

Neben den „ethischen Konsens“ tritt unversehens ein rationaler. Was heißt im Universum der Religionen schon „abseitige weltanschauliche Ideen“?[85] Als „unrealistisch“ bezeichnet Hemminger beispielsweise den „Glauben an einen lebenden Messias“.[86] Nach kirchlicher Lehre glauben die Christen der Großkirchen daran auch, wenngleich das unerhört Irrationale durch 2000 Jahre historische Distanz in milderem Lichte erscheint. Ist nach Aufklärung und Moderne jeder, der als von Gott berufener Prophet, Apostel und Messias auftritt, von vornherein schon als Scharlatan abzutun? Und wenn nicht, wer soll die Echtheitslizenzen ausgeben? Täten es die großen Konfessionen, es könnte ihnen leicht zu einem Instrument der Selbstimmunisierung geraten.

Der ethische und rationale Konsens erfährt schließlich unausgesprochen eine Ergänzung durch den demokratischen. Ebensowenig wie radikale Parteien soll es radikale Religionen geben. Das unerklärte Ziel ist die kommode Kirche mit einer Tendenz zur maßvollen Mitte. All das läßt sich gewiß in einer gesellschaftlichen „Heilsanstalt" vereinigen, wie die evangelische Volkskirche in Deutschland demonstriert. Freilich darf man dann nicht darüber klagen, daß in einer derart ausgeglichenen psychohygienischen Institution größtmögliche Pluralität herrscht, die Wahrheitsfrage suspendiert und religiöse Gleich-Gültigkeit großgeschrieben werden muß.

Demgegenüber ist allerdings daran zu erinnern, daß jedenfalls der römische Katholizismus ohne das Mythische, Mystische und Mirakulöse nicht auskommen will. Wallfahrten, Heiligenverehrung und Reliquien gehören zum festen Bestandteil katholischer Volksfrömmigkeit. So trat auch am 19. September 1998, wie meist an diesem Tag seit dem Mittelalter, das Blutwunder des heiligen Januarius ein.[87] Die Kathedrale von Neapel war wie immer überfüllt, Rosenkränze glitten durch die Finger der inbrünstig Betenden. Pünktlich verflüssigte sich die in einem

Glasgefäß aufbewahrte Masse – nach Überzeugung der Gläubigen wie der kirchlichen Experten das Blut des Märtyrers Januarius, den Kaiser Diokletian am 19. September 305 enthaupten ließ.[88] Eine Verzögerung oder ein Ausbleiben des Blutwunders gilt als böses Omen.

Vor diesem Hintergrund trennt die beiden großen Kirchen in Deutschland ein tiefer Graben. Darüber hinaus zieht sich quer durch beide Kirchen eine Scheidelinie zwischen denen, die eine überkommene, evangelikale Frömmigkeit leben, und denen, die einem aufgeklärten Christentum das Wort reden. Darum führen Vorschläge nicht weiter, die nur einen Teil der großkirchlichen Mitglieder zum Maßstab moderner Gläubigkeit erheben wollen und deren gesellschaftspolitische Nützlichkeit propagieren.

„In Deutschland verfechten nur die Grünen eine strikte Trennung von Kirche und Staat. Es erstaunt, daß Politiker, die sich als fortschrittlich verstehen und der Aufklärung verpflichtet fühlen, den bestehenden Rechtszustand in Deutschland verändern wollen. Denn gerade der Körperschaftsstatus bindet Religionsgemeinschaften in die demokratischen Strukturen der Gesellschaft ein. Fundamentalistische Gruppierungen werden zurückgedrängt. Mitglieder, die eine aufgeklärte Religiosität vertreten, werden geschützt und gestärkt."[89]

Diese und andere Positionen gehen von dem grundsätzlichen Mißverständnis aus, an die Stelle der „vormodernen" sei die „moderne" Weltanschauung getreten und habe nun ihrerseits Anspruch auf ein öffentliches Geltungsmonopol. „Man könnte diese

Anschauung den ‚modernistischen Fundamentalismus' nennen", schreibt der Staatsrechtler Martin Kriele.[90] Eine „offene Gesellschaft" zeichnet sich demgegenüber dadurch aus, daß eine Vielfalt von Weltanschauungen und religiösen Überzeugungen nebeneinander bestehen kann. Das impliziert auch eine „Toleranz" gegenüber „intoleranten" Haltungen, solange die Träger solcher Attitüden den verfassungsrechtlichen Grundkonsens einer Gesellschaft nicht in Frage stellen. Auch diejenigen, die sich im Besitz exklusiver Wahrheit wissen, müssen freilich ertragen, daß neben ihnen andere Gruppen ebenfalls solche Ansprüche erheben oder – was meist für sie noch schmerzlicher ist – im Namen der „modernen" Weltanschauung religiöse „Gleich-Gültigkeit" postulieren und allein „wissenschaftliche" Maßstäbe für ihre Sicht von Welt und Mensch gelten lassen wollen.

Das Nadelöhr für die gesellschaftliche Akzeptanz einer Religionsgemeinschaft aus dem weiten Kreis der christlichen Gruppen ist hierzulande die „Arbeitsgemeinschaft Christlicher Kirchen in Deutschland" (ACK). In einer Pressemitteilung vom Juni 1998 erinnerte sie noch einmal an die ACK-Erklärung 1987. Darin heißt es: „In keinem Fall sollte der Begriff ‚Sekte' auf Kirchen, Freikirchen und kirchliche Gemeinschaften angewandt werden, die durch Lehre und Leben zu erkennen geben, daß sie sich den großen christlichen Grundwahrheiten verpflichtet wissen, wie sie in der Hl. Schrift und den altkirchlichen Bekenntnissen zum Ausdruck kommen."[91] Da die ZJ bekanntlich die altkirchlichen Bekenntnisse ablehnen, erfüllen sie die genannten Voraussetzungen schon aus diesem Grund nicht. Dabei bleibt seitens der ACK unberücksichtigt, welche grundstürzenden Anfragen seitens der protestantischen Theologie von Harnack bis in die Gegenwart an die altkirchlichen Bekenntnisse gerichtet wurden.[92]

Aber den ZJ fehlt noch ein anderes Kriterium: „Es wird betont, daß für den christlichen Bereich eine ökumenische Haltung und Zusammenarbeit, die ausdrücklich auf exklusive Ansprüche verzichtet, Kirchen von Sekten unterscheide. ‚Für die Gesellschaft stellt deshalb die Einbindung in ökumenische Verbände, Dachorganisationen und andere Zusammenschlüsse einen wichtigen praktischen Hinweis dar, daß man es mit einer partnerschaftlich eingestellten, seriösen Kirche oder Gemeinde zu tun habe.'"[93] In diesen Sätzen ist die ganze ideologische Haltung moderner kirchlicher Kreise mitsamt ihrer Methode des unabsehbaren Dialogs eingefangen. Was ist mit den orthodoxen Kirchen, die unter Protest die Ökumene verlassen haben oder auf immer größere Distanz gehen?[94] Soll auch die römisch-katholische Kirche nicht mehr als „Kirche" gelten, weil ihre „partnerschaftliche" Haltung nicht so weit geht, die protestantischen Kirchen als gleichberechtigte Kirchen anzuerkennen?[95]

In der ACK-Broschüre werden die ZJ zu den „‚christliche[n]' Sekten" gezählt. Über diese heißt es: „Überlegenheitsansprüche und elitäres Sendungsbewußtsein entstehen als Fehlentwicklung in allen Religionen, auch im christlichen Bereich. Es gibt eine Reihe von Gemeinschaften, die gegenüber allen anderen Christen beanspruchen, die einzig richtige Lehre und Praxis zu haben oder ganz allein von Gott beauftragt worden zu sein, den Glauben zu verkünden. Darunter sind ältere, zum Teil zahlenmäßig große Gruppen wie die Zeugen Jehovas oder die Neuapostolische Kirche. Man bezeichnet sie deshalb als ‚klassische Sekten'."[96] Ökumenizität soll zum Schibboleth dafür werden, ob eine Gemeinde sich zur christlichen Kirche rechnen darf. Bedroht sind von diesem Kriterium auch freie Gemeinden. „Allerdings fällt es den freien Gemeinden und denjenigen Werken, die sich keinem Dachverband anschließen wollen, selbst als Aufgabe zu, durch eine angemessene Außendarstellung falsche Eindrücke zu vermeiden und unberechtigte ‚Sektenkritik' abzuwehren ... Die Aufgabe wird immer dringlicher, da es gerade unter den vielen freien Werken und Gemeinden immer wieder auch Fehlentwicklungen gibt, die mit Recht als sektiererisch kritisiert werden."[97] Die ACK-Kirchen sollen nicht „um Übertritte werben" und ihre Mitglieder die Meinung vertreten und anerkennen, „daß der Glaube auch in anderen Kirchen beheimatet ist und daß Gott auch in und durch andere Kirchen wirkt".[98] Der Grund, warum der einzelne Gläubige dennoch Mitglied einer ganz bestimmten Kirche ist, erklärt die ACK sozialisationstheoretisch: „... jeder Christ [ist] in seiner eigenen Kirche verwurzelt ..."[99] Der Text erklärt mehr, warum Menschen, die nach absoluter Wahrheit suchen, einer der verpönten „Sekten" beitreten, als daß er vermitteln kann, was das Spezifische einer bestimmten christlichen Kirche ausmacht und worin die Unterschiede zwischen den christlichen Kirchen bestehen. Warum der eine in dieser evangelischen Kirche und der andere in jener ist, erscheint nur noch durch Lebenswelten, Milieus und Sozialisationsbedingungen erklärbar. Während die einzelnen Kirchen also ihr Glaubens-Proprium gegenüber den anderen kaum mehr deutlich machen können, wenden sie sich gemeinsam und um so heftiger gegen jene, die genau meinen, sagen zu können, was sie – in Heil und Unheil – von den anderen unterscheidet. Amerikanische Soziologen sehen genau hier die Ursachen für den Mißerfolg der alten Mainline Churches und den Erfolg der neuen religiösen Gemeinschaften.[100]

Zur historisch gewachsenen Situation der Großkirchen und deren Krise in der Gegenwart

Als der populäre Nachrichtensprecher Wilhelm Wieben Mitte August 1997 im Fragebogen des FAZ-Magazins gefragt wurde, was sein Traum vom Glück sei, antwortete er: „Eine Welt ohne Religionen und Waffen, das ist ein Traum." Dabei handelt es sich um keinen ungewöhnlichen Wunsch, wie eine im Herbst 1997 veröffentlichte Umfrage des Instituts für Demoskopie in Allensbach vom Frühjahr 1993 nahelegt.[101] Auf das Item „Das gäbe es in meiner idealen Welt" rangiert Freiheit mit 97 Prozent der Respondenten an erster Stelle. „Religiosität" nimmt bei den insgesamt 17 Positionen den vorletzten Platz ein. Nur 45 Prozent der Befragten sind also der Auffassung, daß „Religiosität" für ihre „ideale Welt" von Bedeutung sei. Einer Umfrage vom Frühjahr 1998 zufolge, die von den beiden großkirchlichen Männerwerken in Auftrag gegeben wurde, hält sich fast jeder zweite deutsche Mann für areligiös.[102] Nur noch 31 Prozent der befragten Protestanten „glauben den christlichen Gott im Sinne kirchlicher Lehre".[103] Kaum oder gar nicht mit ihrer Kirche verbunden sehen sich 51 Prozent der Protestanten.[104] Nicht nur die Kirchen,[105] auch der Himmel ist leer, und viele Leute scheinen das nicht einmal zu bedauern.

Stehen die Deutschen vor einer seelischen „Wende"? Sie verweigern sich zunehmend den gesellschaftlich sanktionierten „Heils- und Gnadenanstalten" (Ernst Troeltsch) in Gestalt der Großkirchen und fangen an zu glauben, was sie nicht sollen. Damit verabschieden sie sich – meist leise – aus der überkommenen Volkskirche und bringen diese zunehmend in Erklärungsnöte. Denn unser seit 1919 bestehendes Modell der „hinkenden Trennung" (U. Stutz) von Staat und Kirche geht stillschweigend davon aus, daß die Mehrheit der Bevölkerung einer der beiden Großkirchen angehört.[106]

Schon im 19. Jahrhundert war das Staatskirchentum durch den Ausbau der kirchlichen Verfassungen und kirchlichen Gesetzgebungsorgane merklich gelockert worden. Doch erst die Revolution von 1918 beseitigte auch das landesherrliche Kirchenregiment. Mit seiner Abdankung als Herrscher mußte der Landesfürst auch auf seine Funktionen als oberster Bischof verzichten. Die Feststellung der Weimarer Reichsverfassung, daß keine Staatskirche bestehe, verbot die Einführung staatlicher Rechtsformen. Allerdings schränkten andere staatskirchenrechtliche Bestimmungen den Grundsatz der Trennung von Staat und Kirche sofort wieder ein. Traditionelle Elemente der Verbindung von Staat und Kirche wurden in die neue republikanische Zeit mit hinübergenommen. Der Staat sicherte den Kirchen ihre öffentlich-rechtliche Stellung in dem bisherigen Umfang weiter zu. Nominell erhielten freilich alle Religions- und Weltanschauungsgemeinschaften die Möglichkeit, die gleiche öffentlich-rechtliche Stellung zu erwerben wie die Großkirchen; faktisch blieb es jedoch bei der alten Hierarchisierung der Religionsgemeinschaften. Umgekehrt wollten aber auch die Reichsregierung und einige Landesregierungen nicht völlig auf die staatliche Kirchenhoheit verzichten und suchten durch eine entsprechende Gesetzgebung Relikte der Staatsaufsicht zu retten. Konkordate und Kirchenverträge gestalteten im Lauf der Weimarer Zeit das Verhältnis so aus, daß die großen Religionsgemeinschaften als „gesellschaftliche Ordnungsmächte" erhalten blieben.[107]

Zu dieser für die Kirchen positiven Entwicklung hatte vor allem das parteipolitische Kräftespiel beigetragen, vor allem die Rolle der Zentrumspartei in den Weimarer Regierungskoalitionen.

Wiederum infolge parteipolitischer Kompromisse wurden in Artikel 140 Grundgesetz der Bundesrepublik Deutschland die kirchenpolitischen Bestimmungen der Weimarer Reichsverfassung übernommen. Diese bruchlose Kontinuität entsprach durchaus dem Wunsch der westlichen Besatzungsmächte, die den Großkirchen den Status von Widerstandsorganisationen während des Dritten Reiches zuerkannten und sie in der Rolle von Volkserziehern sahen. Re-education, Rechristianisierung und Demokratisierung des deutschen Volkes gehörten im Verständnis der Angloamerikaner eng zusammen.

Durch die Umstrukturierung und den Elitenwechsel in der SPD, die sich so von einer sozialistischen Arbeiterpartei zu einer christlich-sozialen Volkspartei wandelte – der Prozeß war mit dem Godesberger Parteiprogramm von 1959 im wesentlichen abgeschlossen –, ergab sich ein prinzipieller Konsens der beiden großen Parteien im Blick auf die gesellschaftspolitische Bedeutung beider Großkirchen. Ab Mitte der 60er Jahre verlor die CDU weithin die Unterstützung der evangelischen Kirche. Die SPD entwickelte sich aufgrund des oben erwähnten Elitenaustauschs – praktisch übernahm der harte Kern aus der Gesamtdeutschen Volkspartei (GVP) die ideologische Führung[108] – zur „evangelischen Partei" (Willy Brandt).[109] Bis Anfang der 90er Jahre ergab sich so das Bild, daß die katholische Kirche weiterhin eine gewisse Affinität zur CDU/CSU zeigte, während die evangelische Kirche bis Anfang der 80er Jahre zur SPD neigte. Im Gefolge der Friedens- und Ökologiedebatte kam es dann zu Annäherungen von Teilen der evangelischen Kirche an die Grünen, also zu einer gewissen Spaltung der Sympathien im Mitte-Links-Spektrum. Bei dieser Charakterisierung kirchlicher Nähen bzw. Distanzen zu politischen Parteien sind vor allem kirchliche Amtsträger gemeint, deren Haltung sich durch Parteizugehörigkeit und durch öffentliche Äußerungen operationalisieren läßt. Das Wahlverhalten der konfessionell gebundenen Bürger zeigt dagegen, daß sie den mentalen Motionen ihrer Bischöfe, Kirchenpräsidenten und Pastoren nicht durchgängig folgten. Diese Ausdifferenzierung der kirchlichen Milieus und die mentale Distanz zwischen Kirchenführung und Kirchenvolk blieb nicht ohne Auswirkungen. Grundsätzlich bleibt festzuhalten, daß alle diese gesellschaftspolitischen Transformationen den Status der Freikirchen,[110] christlichen „Sondergemeinschaften" und sog. „Sekten" kaum berührten. Sie verblieben an der gesellschaftlichen Peripherie und mußten aufgrund latenter Vorbehalte manche Nachteile in beruflicher Hinsicht auf sich nehmen.

Seit 1969 ließ sich die allmähliche Auswanderung der Christen aus den beiden Großkirchen nicht mehr übersehen.[111] Gleichzeitig begann die verstärkte apologetische Arbeit gegen sog. „Jugendreligionen" durch Sektenbeauftragte der Großkirchen.[112] Seit 1969 werden etwa alle zehn Jahre offizielle Umfragen seitens der evangelischen Amtskirche vorgenommen, die das Denken, Fühlen und Handeln der Kirchenmitglieder erfassen wollen.[113] Die Kirchen stehen also vor keiner politischen Bedrohung ihres öffentlich-rechtlichen Status, sondern müssen erleben, daß das Kirchenvolk ihnen wegläuft, während neue religiöse Gruppierungen und profane Lebensbewältigungshelfer an Boden gewinnen. Die innere Auszehrung insbesondere der evangelischen Großkirche könnte die politischen Kräfte nötigen, über die privilegierte Stellung der Kirchen neu nachzudenken. Eine Minderheitenkirche wird nicht mehr einzigartig privilegiert an der Gestaltung dieser Gesellschaft mitwirken können, sondern muß ihren Argumenten jeweils im pluralen Diskurs mit anderen gesellschaftlichen Gruppen Geltung verschaffen. Dabei wird es nicht zuletzt auf die Überzeugungskraft der Argumente ankommen. In den beiden kleineren, möglichen wie faktischen Koalitionsparteien – in der FDP wie bei den Bündnisgrünen – gibt es beachtliche politische Potentiale, die einer klaren Trennung von Staat und Kirche das Wort reden.[114] In dem Maße, in dem die Kirchen aufgrund ihres Mitgliederschwunds an äußerer Macht verlieren, werden die liberalen und grünen Volkskirchen-Skeptiker an Einfluß gewinnen. Die evangelische Kirche sucht dem durch persönliche Kontakte politisch zu begegnen. So ist es u. a. zu verstehen, daß 1997 der damals amtierende Bundesjustizminister Schmidt-Jortzig (FDP) und Bundestagsvizepräsidentin Antje Vollmer (Bündnisgrüne) in die neue EKD-Synode berufen wurden. Ob diese im Grunde archaische Diplomatietechnik – Politik durch persönliche Einbindung – Erfolg haben wird, bleibt abzuwarten.

Der Prozeß mangelnder Anmutungskraft auf seiten der etablierten Religionsgemeinschaften läßt sich im 19. und 20. Jahrhundert ziemlich genau verfolgen. Parallel dazu wuchs die emotionale Gewalt politischer Ersatzreligionen in Deutschland. Der übersteigerte Nationalismus, ein ungebrochener Personenkult (Bismarck, Hindenburg, Lenin, Hitler, Stalin), der Sozialismus und der Nationalsozialismus übernahmen als politische Bewegungen die Funktion religiöser Erweckungen und Heiligenverehrungen. Die Friedensbewegung der 80er Jahre, die Menschenrechtsbewegung und auch die Umweltbewegung trugen übrigens ebenfalls unverkennbar religiöse Züge. Die Tatsache, daß die großen Religionsgesellschaften sich diesen Bewegungen anschmiegten, ja mitunter behaupteten, sie seien die originären Schöpfer dieser Ideen, änderte nichts daran, daß sie in der geduldeten oder auch belächelten und sogar verachteten Trittbrettfahrer-Position verblieben.

Religion in Deutschland im Vergleich mit anderen europäischen Gesellschaften und den USA

Staatskirchliche Modelle gibt es in Großbritannien, Dänemark, Griechenland, Schweden und Finnland, Kooperationsmodelle wie in Deutschland gibt es in Belgien, Spanien, Italien, Österreich[115] und Portugal.[116] Trotz mancher historischer Parallelen sind erhebliche Differenzen zwischen den nationalen staatskirchenrechtlichen Ausgestaltungen zu beobachten. So kennt Großbritannien beispielsweise keine Kirchensteuer, einer der Hauptkritikpunkte in Deutschland.[117] Mit den Diktaturen in Portugal und Spanien ist auch das vom Faschismus gestützte Staatskirchentum gefallen, was auf die Entwicklung Italiens ebenfalls nicht ohne Folgen blieb. In allen drei Ländern gibt es keine staatskirchlichen Verhältnisse mehr. Die in Italien eingeführte „Quote“ –

0,8 Prozent der Einkommensteuer (imposta sulle persone fisiche, IRPEF) – wird unabhängig von der Kirchenmitgliedschaft erhoben und kommt nur teilweise den Kirchen zugute.[118] Die Privatisierung der Kirche in den Niederlanden entspricht formal dem Trennungsmodell, inhaltliche Besonderheiten des Staat-Kirche-Verhältnisses sind freilich erhalten geblieben. Die 1983 revidierte niederländische Verfassung hebt die Religionsfreiheit besonders hervor.[119]

Als Staaten mit einem radikalen Trennungsmodell gelten die USA und Frankreich, wenn die Motive für die Trennung auch völlig unterschiedlich waren. Die USA haben aus positivem christlichen Antrieb, um die Freiheit der Religionsausübung auch wirklich zu gewährleisten, eine Trennung in ihrer Verfassung festgelegt, Frankreich dagegen aus sich liberal verstehenden antiklerikalen Motiven.[120] Nach der Französischen Revolution von 1789 gab es etwa hundert Jahre später einen zweiten Entkonfessionalisierungsschub. Die Religion wurde aus allen öffentlichen Bereichen verdrängt, 1886 auch die Schule entchristlicht (École Laïque). Das sogenannte Trennungsgesetz von 1905 zwang den Kirchen faktisch das liberale Verständnis staatlicher Kirchenhoheit auf. Durch die Rechtsprechung des Conseil d'État wurde jedoch Schritt für Schritt ein Verständnis von Religionsfreiheit durchgesetzt, das auch kirchlichem Selbstverständnis Rechnung trug und den ideologischen Charakter des Laizismus zurücktreten ließ. Seit 1946 ist eine religionsfreundliche, akonfessionelle oder positive Laizität französischer Verfassungsgrundsatz.

Auf dem Gebiet der Erziehungs-, Sozial- und Fürsorgetätigkeit besteht inzwischen ein Kooperationsverhältnis zwischen Staat und Kirche, das dem anderer Staaten ohne Trennungsmodell ähnlich ist. Im Blick auf die staatliche Fürsorge und durch das Gemeinwesen gewährte Vergünstigungen besitzen die überkommenen staatskirchenrechtlichen Modelle kaum mehr Diskriminationskraft.

Das ursprüngliche Ziel französischer Religionspolitik, den religiösen Faktor zu privatisieren und damit aus dem öffentlichen Leben zu verbannen,[121] hat nicht verhindern können, daß christliche Religion als kultureller Faktor auch in dieser Gesellschaft präsent blieb. In Frankreich manifestieren die Nationalheiligen Jeanne d'Arc[122] und Clovis,[123] der Begründer des Königreiches der Franken, die unverbrüchliche Verbindung von Kultur, Nation und Religion.[124]

Auf mentaler und exekutiver Ebene nähert sich Frankreich im Blick auf die Behandlung von „Sekten" immer mehr dem deutschen Nachbarn. So weigerte sich beispielsweise das französische Parlament, die Zeugen Jehovas – seit fast 100 Jahren in Frankreich tätig und heute dort drittgrößte christliche Religionsgemeinschaft – als „kultische Vereinigung" anzuerkennen. Folge des französischen Beschlusses: Der Fiskus fordert nachträglich eine Steuerschuld für die gottesdienstlichen Spenden in Höhe von über 300 Millionen Franc – eine Summe, die von der kleinen Religionsgemeinschaft kaum aufgebracht werden kann. Le Monde[125] sieht einen engen Zusammenhang zu dem „Sekten"-Bericht der französischen Nationalversammlung vom 10. Januar 1996 („Guyard-Bericht“).[126] Darin werden die Zeugen Jehovas zu den „gefährlichen“ Sekten gezählt. Die parlamentarische Untersuchungskommission hatte 172 „Sekten“ mit rund 160 000 Anhängern und etwa 100 000 Sympathisanten registriert.

Im Herbst 1998 beschloß die französische Regierung einen verstärkten Kampf gegen die „Sekten“.[127] Das erst vor zwei Jahren eingesetzte Büro zur Beobachtung von „Sekten“ soll nunmehr durch eine entsprechende Regierungskommission ersetzt werden. Das neugeschaffene Amt soll nach den Worten des Ministers für die Beziehungen zum Parlament, Daniel Vaillant, gegen kriminelle Handlungen sektiererischer Bewegungen vorgehen. Am 4. Januar 1999 meldete die Organisation „Human Rights Without Frontiers“, sie „knows cases of Jehovah's Witnesses working as teachers who have lost their jobs although they had not commited any professional mistake and had not made any proselytism. They were just viewed as potentially dangerous for minors of age.“[128]

Im Oktober 1998 erschien in dem französischsprachigen, aber in Deutschland erscheinenden Monatsmagazin „écoute“ ein Artikel, der für einen Transfer der französischen Vorbehalte gegen die ZJ nach Deutschland sorgt.[129] Die von der Verlagsgruppe Handelsblatt (München) für die Zielgruppe Französischlehrer, -schüler und -studenten geschaffene Gazette (verkaufte Auflage: 44 737) brachte Artikel und Erlebnisberichte, in denen ausführlich über die „gefährlichen“ Sekten und die Gegenmaßnahmen der französischen Regierung informiert wurde. „Sekten-Opfer“ bzw. deren Angehörige erhielten Gelegenheit zur Darstellung ihres Falles.

Die Beispiele Deutschland und Frankreich sind nicht typisch für Europa. In Großbritannien etwa sieht man keine gravierenden Probleme.[130] Entsprechend gespalten zeigte sich das Europaparlament Mitte Juli 1998 in Sachen „Sekten“. Eine gemeinsame europäische „Sekten“-Politik ist damit vorerst gescheitert. Das bedauern vor allem die staatlich anerkannten Großkirchen. Sie wollen, daß der Staat zwischen „Sekten“, Religionsgemeinschaften und den mit ihm kooperierenden Kirchen klar unterscheidet. Ob er das verfassungsrechtlich kann, ist heftig umstritten. Mental sind die Weichen längst gestellt. Laut TED-Umfrage (3SAT) vom Dezember 1997 sprachen sich 80 Prozent der Befragten dafür aus, „die Sekten zu verbieten“.[131] Wer in Deutschland den ca. 600 „Sekten und Psychogruppen“, die alle zusammen nur gut ein halbes Prozent der Bevölkerung ausmachen, zu nahe kommt, droht sich beruflich und gesellschaftlich zu ruinieren.

In keinem anderen Land der Welt besitzt Religion bis heute einen derart gesellschaftsprägenden, insbesondere auch politischen Einfluß wie in den Vereinigten Staaten.[132] Nach seiner Amerikareise 1831/32 schrieb Alexis de Tocqueville, die Religiosität der Amerikaner sei ungewöhnlich stark. In keinem Land der Welt besitze der christliche Glaube einen größeren Einfluß auf die Seelen der Menschen. Diese Entwicklung ebenso spontaner wie zuweilen glühender Religiosität ohne alle dogmatischen Fesseln hat sich bis heute fortgesetzt, wie das jüngste Beispiel der evangelikalen Männerbewegung „Promise Keepers" zeigt.[133]

Die im 1. Amendment zur amerikanischen Verfassung von 1791 zusammen mit der Religionsfreiheit festgelegte Trennung von Staat und Kirche[134] besitzt – anders als in Frankreich – keinen kirchenfeindlichen Ursprung. Im Gegenteil. Die frühen Einwanderer – meist emigriert, weil sie in ihrem Heimatland aus Glaubensgründen verfolgt wurden – suchten Verhältnisse zu schaffen, die eine möglichst ungehinderte Entfaltung aller Religionen ermöglichten. Die rechtliche Festlegung des Staates auf eine Kirche und die damit in aller Regel verbundene Benachteiligung anderer Bekenntnisse sollten ausgeschlossen sein. Die prinzipielle Gleichbehandlung aller Religionsgemeinschaften in „Gottes eigenem Land", so das Selbstverständnis, war nach Überzeugung der Verfassungsväter aber nur durch eine Trennung von Staat und Kirche zu erreichen. In Europa wie in den USA selbst gibt es eine weitverbreitete Kritik an den staatskirchenrechtlichen Verhältnissen in den USA, da – wie man sagt – der Trennungsgrundsatz faktisch zur finanziellen Benachteiligung und Ungleichbehandlung der religiösen Denominationen untereinander, aber auch der Religionsgemeinschaften gegenüber anderen, nichtreligiösen Organisationen geführt habe.[135]

Unter dem Gesichtspunkt der Verbreitung des Christentums ist demgegenüber daran festzuhalten, daß in den USA eine Versäulung der alten Mainline Churches zuungunsten neuer religiöser Bewegungen unterblieben ist. Man kann im Gegenteil feststellen, daß sich immer neue religiöse Denominationen bildeten, die z. T. freilich den alten Kirchen auch Mitglieder nehmen. Aufgrund dieser konkurrierenden Kirchengründungsdynamik wächst – im Unterschied zu Europa – die Zahl der Christen in Amerika ständig. Das Christentum bestimmt die dortige Zivilreligion – also die minimale religiöse Konsensbildung einer Gesellschaft unter Absehung konfessioneller Unterschiede[136] – auf einem außerordentlich hohen Niveau. Insofern besteht die Selbstbeschreibung einer „Nation unter Gott" zu einem gewissen Recht. Man darf freilich keine dogmatischen Maßstäbe anlegen. Ein weiteres Kriterium für die Qualität der amerikanischen Verhältnisse jenseits theologischer und juristischer Quisquilien ist deren Funktionsfähigkeit. Das Bewußtsein für die Bedeutung religiöser Freiheit und das Engagement der Bürger zugunsten einer Religionsgemeinschaft ihrer Überzeugung sind erhalten geblieben. Beides läßt sich für die Staatskirchen und staatskirchenähnlichen Konstruktionen in Europa so nicht sagen. Die Entscheidung des Supreme Court vom 25. 6. 1997, den „Religious Freedom Restoration Act" von 1993 für nicht verfassungsgemäß zu erklären, hatte sofort zur Folge, daß Richtlinien erlassen wurden, die den Möglichkeiten der Religionsausübung weiten Raum geben.

Trotz der strikten Trennung von Staat und Kirche sind unter bestimmten Bedingungen staatliche Hilfen an Kirchen und kirchlich gebundene Institutionen zulässig. Das gilt besonders für den Privatschulbereich. In einer kontroversen Diskussion wurden die Finanzierung von Schulbustransporten und die Ausleihe von für weltliche Unterrichtsfächer bestimmten „Textbüchern“ als verfassungskonform anerkannt.[137] Auch die Durchführung von Gesundheitsuntersuchungen, Impfungen oder die Beteiligung an den Kosten für die Schulmahlzeiten gelten als verfassungsmäßig. Weiter hat der Supreme Court eine Förderung kircheneigener Colleges und Universitäten gebilligt.

Im Bereich der Krankenbetreuung, Jugend- und Alters-, Armen- und Waisenfürsorge besaßen die Kirchen bis Anfang des Jahrhunderts eine starke Stellung. Erst der Social Security Act von 1935 und andere Gesetze schufen die Voraussetzung für die Einrichtung eines öffentlichen Fürsorgesystems. Der Staat gibt Zuschüsse für den Bau und die Ausstattung von privaten Krankenhäusern. Auch kirchliche Einrichtungen zugunsten armer Bevölkerungsschichten und andere kirchliche Wohlfahrtsträger werden vom Staat unterstützt. Schließlich gibt es auch in den USA Steuerprivilegien für religiöse Gemeinschaften. Sie sind von der Entrichtung der Grundsteuer befreit, müssen keine Einkommensteuer für den Bund zahlen und genießen eine Reihe weiterer Steuerprivilegien.

ZJ in den USA

Auch in den Vereinigten Staaten kam es zu Konflikten der ZJ mit dem Staat, weil sich Mitglieder der Religionsgemeinschaft weigerten, die Flagge zu grüßen und Militärdienst zu leisten.[138] In Kanada wurde seit März 1918 der Besitz von ZJ-Literatur mit Geld- und Haftstrafen geahndet.[139] Anfang Mai 1918 wurden Rutherford selbst und sieben seiner Helfer in den USA verhaftet und zu hohen Gefängnisstrafen verurteilt. Als Folge dieser Strafen kam es vielfach zu Ausschreitungen gegen lokale Vereinigungen der ZJ. Obwohl man sich bereits ein Jahr später seitens der US-Regierung eines Besseren besann, steigerte die Episode das Ansehen Rutherfords und seiner religiösen Gemeinschaft aufgrund des erlittenen Martyriums.

1938 begannen die Verfolgungen erneut und fanden Ausdruck in zahlreichen Prozessen vor dem Supreme Court.[140] Wegen ihrer Weigerung, Militärdienst zu leisten, entstanden den ZJ während des Zweiten Weltkrieges ähnliche Probleme wie während des Ersten. Tausende verbrachten die Kriegszeit in Gefängnissen. Ein ähnliches Schicksal widerfuhr den ZJ nicht nur in Kanada und Australien, sondern auch im neutralen Schweden.

Heute leben von den weltweit etwa fünf Millionen ZJ eine Million in den USA. Wegen der sorgfältigen statistischen Aufzeichnungen der Entwicklung ihrer Religionsgemeinschaft boten die ZJ Religionssoziologen die Möglichkeit intensiver sozialwissenschaftlicher Untersuchungen. Rodney Stark und Laurence R. Iannaccone gingen insbesondere der Frage nach den Ursachen für das rapide Wachstum der Religionsgemeinschaft nach. Dabei gelangten sie u. a. zu Ergebnissen, die bestehenden Vorurteilen gegenüber dieser Religionsgemeinschaft den Boden entziehen. Darum ist diese Untersuchung für die gegenwärtige Diskussion in Europa von entscheidender Bedeutung.

Eine wesentliche Komponente des Erfolges der ZJ besteht nach Stark/Iannaccone in der „Strictness" ihrer moralischen Standards. Diese erzeugen zwar Spannungen zur üblichen säkularen Kultur – darum schließen sich ihnen Menschen an –, doch dürfen diese Spannungen ein bestimmtes Maß nicht überschreiten.[141] „Strictness must be sufficient to exclude potential free-riders and doubters, but it must also be sufficiently low so as not to drive away everyone except a few misfits and fanatics."[142] Würde der Unterschied zur Umgebung zu groß, fiele das Niveau der Attraktivität auch wieder. Dieses Ergebnis zieht die Behauptung einer besonderen „Konfliktträchtigkeit" der ZJ erheblich in Zweifel. ZJ ist es durchaus erlaubt, an allen möglichen gesellschaftlichen Ereignissen teilzunehmen, sie sind adrett gekleidet, weibliche Gläubige schminken sich, man besucht das Kino, sportliche Ereignisse etc. und sieht fern.[143]

Eine wichtige Bedingung für die „strictness" der WTG einerseits und ihr rapides Wachstum andererseits besteht in dem Sachverhalt, daß es für Unzufriedene leicht sein muß, die Religionsgemeinschaft auch zu verlassen. „...continuing growth not only depends upon bringing people in, but in letting go of those who do not fit in."[144] Eine Religionsgemeinschaft, die Gläubige zu halten versucht, läuft Gefahr, die „Kosten" zu reduzieren und damit „latent free-riders"[145] zu produzieren – ein Hauptproblem der protestantischen Großkirchen. Entgegen der vielfach geschilderten „Aussteiger"-Problematik halten die ZJ das Tor, ihre Gemeinschaft zu verlassen, „weit offen".[146] Ein mit erheblichen Anstrengungen verbundener Einstieg und ein eher „leichter" Ausstieg verhindern die lehrmäßige Aufweichung einer Religionsgemeinschaft. 33 Prozent der ZJ kamen nicht durch „Sozialisation" in die Religionsgemeinschaft, sondern durch Konversion relativ junger Menschen. Der ohne eigene Entscheidung vonstatten gehende Beitritt über Sozialisation führt eher zu einer Verflachung des Anforderungsprofils einer Religionsgemeinschaft, während Konvertierte sich gezielt für das spezifische „strictness"-Profil entschieden haben. Darum sorgt ein hoher Anteil an Konvertierten in einer Religionsgemeinschaft für die Aufrechterhaltung des „strictness"-Niveaus. Das ist bei den ZJ der Fall. Auf der anderen Seite betreiben die ZJ eine „very effective socialisation by giving young people important roles to perform".[147] Nach dem College-Abschluß und z. T. früher beginnen die Kinder der ZJ selbst mit der Missionstätigkeit. Ungefähr zwei Drittel der über Sechzehnjährigen bleiben aktive Mitglieder der WTG.

Bei den ZJ gibt es keine Trennung zwischen Klerus und Laien. Vielmehr „all members serve as clergy to the world".[148] Darum besuchen sie zahlreiche Seminare zu ihrer religiösen Fortbildung. „Things are discussed and everyone is expected to take part."[149] So bleibt die Differenz zwischen den Führungspersönlichkeiten und den anderen, die potentiell ebenfalls in eine Führungsposition einrücken können, gering. Entscheidungen der Führungspersönlichkeiten, einschließlich des Erreichens einer führenden Position, basieren auf einem breiten Konsens. „... even if leaders are not always very democratic, the path to leadership is. As a result, Witnesses tend to see themselves as part of the power structure, rather than subjected to it."[150] Das Vorurteil, es herrschten unter den ZJ totalitäre Strukturen, ist also kaum haltbar. Vielmehr dominieren ausgesprochen egalitäre Strukturen im Umgang miteinander; autoritativ sind lediglich die lehrmäßigen Entscheidungen, auf deren Einhaltung die Führungspersönlichkeiten im Konsens mit der Gruppe achten. Als weiteren Beleg für die „demokratischen Strukturen" in der ZJ-Subkultur nennen Stark und Iannaccone das hohe Maß rassischer und ethnischer Integration auf allen Ebenen.[151] Gegenüber Vorurteilen und Diskriminierung haben die ZJ stets mit scharfer Abwehr reagiert.

Als weiteren Grund für die Effektivität der ZJ betonen Stark und Iannaccone deren „Religious Labor Force". Während die protestantischen Kirchen der USA und Kanadas für 41 142 Auslandsmissionare mehr als zwei Milliarden Dollar im Jahr 1992 hatten aufbringen müssen, besorgten die ZJ ihre Mission mit 3 279 270 ZJ aus den betreffenden Ländern und mußten dafür nur einen Bruchteil des Geldes ausgeben. Da jeder ZJ auch ein Prediger und Missionar sei, entfalle das Prinzip der teuren Delegation auf eine spezialisierte Gruppe. Darüber hinaus ist die Missionsmethode enger persönlicher Beziehungsaufnahme hoch effektiv. „To a considerable extent, conversion occurs when people align their religious behavior with that of their friends.“[152] Die ZJ unterhalten ein „offenes soziales Netzwerk“[153] bei gleichzeitiger enger innerer Bindung im Rahmen ihrer Religionsgemeinschaft. Dieses Ergebnis der Untersuchung von Stark und Iannaccone widerspricht dem in Deutschland immer wieder zu hörenden Vorurteil, die ZJ kapselten sich nach außen ab und pflegten keine sozialen Kontakte mit Andersgläubigen. Tatsächlich entspricht es der Logik einer missionierenden Religionsgemeinschaft, möglichst zahlreiche Außenkontakte aufzubauen.

Im Unterschied zu dem verbreiteten Vorurteil, es handele sich bei den ZJ um eine „proletarische“ Bewegung, konnten Stark und Iannaccone zeigen, daß es sich essentiell um ein „middle-class movement“[154] handelt. Es trifft zwar zu, daß – im Vergleich zum amerikanischen Durchschnitt – ein geringerer Prozentsatz der ZJ einen College-Abschluß vorweisen kann, aber jener geringere Prozentsatz ist höher qualifiziert als der akademische Durchschnitt.[155] Es trifft auch zu, daß die amerikanischen ZJ ein etwas geringeres Einkommen haben als der Durchschnitt.[156] Vergleicht man aber ihre Arbeitszeit mit der des Durchschnitts, wird deutlich, daß sie signifikant mehr verdienen als der Durchschnitt. Sie gehen nämlich vielfach einer Teilzeitarbeit nach, um genug Zeit für ihre Verkündigung zu haben.

Schließlich fanden Stark und Iannaccone heraus, daß es sich bei der Religionsgemeinschaft der ZJ – im Blick auf die Altersstruktur ihrer Mitglieder – um eine außergewöhnlich junge Bewegung handelt.

Nach diesem empirischen Befund ist es töricht, die hohe Erfolgsquote der ZJ auf Pressionen zurückführen zu wollen und der Religionsgemeinschaft undemokratische Verhaltensweisen vorzuwerfen.

Vertikale und horizontale Strukturen von Religionen und Weltanschauungen im Vergleich

Der amerikanische Staat besitzt kein Definitionsrecht, welche Gemeinschaft als Religion zu gelten hat und welche nicht. Er, konkret der Internal Revenue Service, entscheidet allerdings über die Steuerbefreiung der selbsterklärten Religionsgemeinschaft. Wenn kommerzielle Gesichtspunkte die transzendenten überwiegen, wird die Steuerbefreiung und damit der etablierte Status verweigert. Ansonsten sind alle religiösen Bekenntnisse und Denominationen horizontal und pluralistisch gleichgestellt.

Der russische Weg dagegen, die überkommene Religionsgemeinschaft einseitig zu privilegieren,[157] um der wachsenden „Sekten"-Flut Einhalt zu gebieten, widerspricht dem westlichen Verfassungsgrundsatz der Religionsfreiheit und ist daher weder für die EU noch für die USA gangbar.[158] Deutschland, Frankreich, aber auch Italien bewegen sich zwischen den Polen USA und Rußland.

Ende August 1998 beschloß der Moskauer Golowinsky-Volksgerichtshof, eine Zivilklage gegen die Moskauer Gemeinden oder Versammlungen der ZJ anzustrengen, nachdem vier strafrechtliche Versuche, die ZJ krimineller Delikte zu überführen, gescheitert waren.[159] Dem Antrag der Staatsanwaltschaft zufolge sollen die Moskauer Versammlungen verboten werden. Ursprünglich sollte der Zivilprozeß schon am 29. September beginnen. Auf Antrag der ZJ wurde der Prozeßbeginn dann auf Mitte November 1998 verschoben, da die Rechtsabteilung der Stadt Moskau hinzugezogen werden sollte.[160] Diese hatte erst Ende 1993 der Religionsgemeinschaft das Recht der Religionsausübung in Moskau verliehen. Am 19. November 1998 wurde der Prozeß durch die Richterin Jelena Prochorytschewa ausgesetzt und die Verhandlung auf den 9. Februar 1999 vertagt, um dem Ankläger mehr Zeit für die Beibringung von Beweismitteln einzuräumen.[161] Die Anklage stützt sich vor allem auf zwei Punkte: Die ZJ störten durch aggressives Werben neuer Mitglieder den Religionsfrieden, und sie drängten ihre kranken Mitglieder, auf Bluttransfusionen zu verzichten.[162] Unter dem 16. November 1998 appellierte die Gesellschaft für bedrohte Völker (GfbV) an die Bundesregierung, sich für die Religionsfreiheit der ZJ in Rußland einzusetzen. Es sei zu befürchten, daß der Prozeß zum Präzedenzfall für kleinere christliche Denominationen wie Baptisten, Methodisten und Quäker werden könne.[163]

Bei den ZJ handelt es sich um eine jener Religionsgemeinschaften, die nach dem Willen der Duma-Mehrheit – ein entsprechendes Gesetz wurde 1997 verabschiedet – und der russisch-orthodoxen Kirche von der religiösen Landkarte Rußlands verschwinden sollen.[164] Es ist davon auszugehen, daß ein Verbot der Religionsgemeinschaft in Moskau entsprechende Folgen für die über 250 000 Mitglieder der ZJ in ganz Rußland hätte. Diese Zielsetzung hat darum eine besonders pikante Note, weil eine offenkundige Kontinuität zur Verfolgungspolitik der UdSSR gerade im Blick auf die Zeugen Jehovas besteht.[165] „Es ist bemerkenswert, daß sich [der Sektenbeauftragte der Berlin-Brandenburgischen ev. Kirche] Thomas Gandow in Rußland mit mehreren Artikeln gegen das westliche Verständnis von Religionsfreiheit ausgesprochen hat. Es wäre lebensfremd, anzunehmen, daß er in einer Expertenanhörung der Duma im Februar 1995 etwas anderes vertreten haben sollte."[166]

Mitte November 1998 verurteilte das russische Justizministerium die Religionsgesetze in 30 Regionen des Landes, die im Gefolge der russischen Religionsgesetzgebung von 1997 verabschiedet wurden, als verfassungswidrig, denn sie stellten eine Diskriminierung der Religions-, Gewissens- und Meinungsfreiheit dar und bevorzugten die traditionellen religiösen Gemeinschaften.[167] Der russisch-orthodoxe Metropolit Juvenalij verteidigte dagegen die Gesetze als „Selbstverteidigung" der jahrelang unterdrückten traditionellen Religionsgemeinschaften. Diese könne man nicht auf eine Stufe mit den ausländischen Missionen stellen.

Auf einen völlig anderen Weg als Rußland hat sich im Herbst 1998 das ehemalige Ostblockland Bulgarien begeben.[168] Zwar wurden hier am 17. Juli 1991 – kurz nach dem Zusammenbruch des Kommunismus – die Zeugen Jehovas als Religionsgemeinschaft gesetzlich anerkannt, doch Anfang 1993 begannen auch hier schon wieder Diffamierungen gegen die „nicht traditionellen" Kirchen. Durch ein einschränkendes

Religionsgesetz verloren 1994 39 Religionsgesellschaften ihren gerade erst erworbenen Rechtsstatus und waren erneut Verfolgungen ausgesetzt. Die europäische Kommission für Menschenrechte des Europarats intervenierte daraufhin und schlug im Juli 1997 eine gütliche Einigung zwischen der bulgarischen Regierung und den ZJ vor. Danach erlangten die ZJ wieder die gesetzliche Anerkennung; die bulgarische Regierung erließ ein Gesetz, das Wehrdienstverweigerern einen alternativen Zivildienst ermöglicht.

Während sich in Deutschland immer mehr Bürger von den überkommenen Großkirchen durch Austritt emanzipieren, suchen diese im Verein mit dem Staat die vertikale Struktur innerhalb der Religionen aus der Zeit des Staatskirchentums zu retten: Auf der obersten Stufe stehen die beiden Volkskirchen, deutlich darunter die Freikirchen, die noch in den 20er Jahren zu den „Sekten“ zählten. Hier werden Baptisten, Methodisten, Quäker und andere eingeordnet.[169] Unterhalb der Freikirchen rangieren die Sondergemeinschaften, weil sie – wie die Siebenten-Tags-Adventisten – Sonderlehren mit teilweise „sektiererischen Zügen“ vertreten. Eine weitere Stufe abwärts rangieren die „Sekten“. Dazu werden Neuapostolische Kirche, Zeugen Jehovas und Christian Science gerechnet. Noch weiter hinab geht es zu den esoterischen und neugnostischen Weltanschauungen und Bewegungen wie der Anthroposophie Rudolf Steiners. Auf der vorletzten Stufe der Religionsleiter befinden sich missionierende Religionen des Ostens, Neureligionen und sog. „Jugendreligionen“. Dazu zählen Transzendentale Meditation, Hare Krishna und andere. Ganz zum Schluß kommen die „Psycho-Organisationen" wie Scientology und andere.

Mit dieser faktischen Hierarchisierung wird die in der Bundesrepublik verfassungsrechtlich garantierte Religionsfreiheit beträchtlich relativiert. Denn es gibt eben „Kirchen und andere".[170] Die Kirchen stehen dem Staat nicht nur näher, weil sie den Rechtsstatus einer „Körperschaft des öffentlichen Rechtes" besitzen. Sie sind die Religionsexperten schlechthin, wie z. B. die Berufung kirchlicher Sektenbeauftragter in die Enquete-Kommission des Deutschen Bundestages zu „Sogenannten Sekten und Psychogruppen" des Parlaments gezeigt hat. Demgegenüber nehmen – anders als in den USA – Religionswissenschaftler in Deutschland eine ganz marginale Rolle ein.[171]

Maastricht II[172]

Die Frage der Neudefinition dessen, was die in den demokratischen Verfassungen des Westens garantierte Religionsfreiheit umfaßt und was sie ausschließt, steht auf der Tagesordnung. Das zeigte der Amsterdamer EU-Gipfel zu Maastricht II im Zusammenhang mit der Diskussion, ob im Vertragswerk ein „Kirchenartikel" Platz haben solle. Der damalige Bundeskanzler Kohl stand bei den leitenden Bischöfen der beiden Großkirchen im Wort: Er versprach ihnen, sich für die Aufnahme eines Kirchenartikels in den EU-Vertrag von Amsterdam (Maastricht II) einzusetzen, „wenn ich mich durchsetzen kann". Er konnte nicht. Für Frankreich, das den religiösen Bereich ganz der privaten Sphäre zurechnet, war es undenkbar, in einen Vertrag zwischen Staaten die Anliegen der Religionsgemeinschaften aufzunehmen. Der Amsterdamer Kompromiß Mitte Juni 1997: eine Erklärung zur Schlußakte, die nach EKD-Amtsmeinung freilich in „ihrer Bedeutung hinter dem ursprünglich angestrebten ‚Kirchenartikel' zurückbleibt". Die von den Deutschen immerhin durchgesetzte Formulierung der Schlußerklärung lautet: „Die Europäische Union achtet den Status, den Kirchen und religiöse Vereinigungen oder Gemeinschaften in den Mitgliedsstaaten nach deren Rechtsvorschriften genießen, und beeinträchtigt ihn nicht."[173] Erst durch eine Intervention der Belgier erhielt die Erklärung – buchstäblich in letzter Minute – folgende Ergänzung: „Die Europäische Union achtet den Status von weltanschaulichen Gemeinschaften in gleicher Weise."[174]

Daß den Belgiern die weltanschaulichen und nichtkonfessionellen Organisationen einfielen, war kein Zufall. In Belgien ist nicht nur verfassungsrechtlich abgesichert, daß der Staat die bescheidenen Gehälter und Pensionen der Geistlichen zu tragen hat.[175] Charakteristisch für das belgische Verständnis ist, daß der einschlägige Verfassungsartikel 181 im April 1993 eine Ergänzung erhalten hat: „Die Gehälter und Pensionen der Vertreter der durch Gesetz anerkannten Organisationen, die moralischen Beistand aufgrund einer nichtkonfessionellen Weltanschauung bieten, gehen zu Lasten des Staates; die dazu erforderlichen Beträge werden jährlich in den Haushalt eingesetzt." Die Belgier tragen also dem Sachverhalt Rechnung, daß in der säkularen offenen Gesellschaft die Kirchen kein Sinndeutungsmonopol mehr besitzen, und stellen daher nichtchristliche „Lebensbewältigungshelfer" finanziell mit Pfarrern gleich. Entsprechend urteilt Rik Torfs, Professor für Kirchenrecht an der Katholischen Universität Louvain: „Es ist ... nicht zu leugnen, daß die Änderung des Art. 181 zugunsten von weltlichen Beistandspersonen eine gewisse verfassungsrechtliche Anerkennung des Säkularismus enthält."[176]

Umgekehrt ist es auch kein Zufall, daß die Deutschen den Schutz weltanschaulicher und nichtkonfessioneller Organisationen einfach „vergessen" hatten. Denn gleichzeitig mit der europäischen Absicherung des Rechtsstatus der Groß- und etablierten Freikirchen soll innenpolitisch unter den vielfältigen Lebens- und Sinndeutern in Deutschland gründlich aufgeräumt werden.

Zeugen Jehovas in Belgien und den Niederlanden

Das Wirken der ZJ begann in dem überwiegend katholischen Belgien – 85 bis 90 Prozent der Bevölkerung sind in der römisch-katholischen Kirche Mitglied – erst im Jahre 1901.[177] 1990 gehörten etwa 20 000 Belgier den ZJ an, 1918 waren es nur fünf Personen. 1929 begründeten die ZJ in Brüssel eine Zweigstelle. In der Mehrzahl handelte es sich um Emigranten aus Italien und später aus Griechenland. Während der

NS-Herrschaft wurden die ZJ auch in Belgien verfolgt, nahmen aber dennoch – besonders während des Krieges – stark zu.

1976 gelang es Bryan R. Wilson, sieben ausgewählte ZJ-Gemeinden unterschiedlicher nationaler Herkunft, jedoch alle in Belgien ansässig, mittels eines Fragebogens und Interviews zu untersuchen, insgesamt 787 Personen. Die Rücklaufquote lag bei 47 Prozent. Gegenstand der Befragung in dem industrialisierten Land war u. a. die Überprüfung der Hypothese, daß Mitglieder einer „Sekte“ weniger gut ausgebildet seien als die übrige Bevölkerung. Entgegen der Vermutung, daß die apokalyptische Naherwartung die ZJ veranlassen könnte, ihre Schul- und Berufsausbildung zu vernachlässigen, gab es keinen signifikanten Unterschied zwischen der Ausbildung von ZJ und der von Belgiern anderer Konfessionen. Allerdings zeigte sich, daß unter den ZJ der Anteil an Arbeitern deutlich überrepräsentiert war. Verglichen mit den katholischen Arbeitern Belgiens, war deutlich, daß diese kaum am kirchlichen Leben teilnahmen, während die ZJ sich als aktive Gemeindeglieder hervortaten. „The groups most involved in the Catholic Church in Belgium are clerks, managers, and professionals.“[178] Während also die katholische Kirche in Belgien als Oberschichtsreligion erscheint, sprechen die ZJ signifikant stärker untere Schichten an. Ein anderer Fragenkomplex betraf den Grad der Integration in die Gesellschaft. Neben der Basisaussage, daß ZJ im allgemeinen nicht sehr stark „in the wider society“ integriert seien, ergab sich folgender Zusammenhang: „... greater involvement in the movement implies more isolation from the wider society.“[179] Allerdings spielten beim Grad der Isolation auch nichtreligiöse Faktoren eine wichtige Rolle: „The Italian-speaking congregations are more insulated than are the Dutch- and French-speaking Witnesses (85 per cent as against 57 per cent and 64 per cent).“[180] Überdies waren die Befragten oft schon relativ isoliert, bevor sie ZJ wurden. „Indeed, becoming a Witness is for some perhaps a way of overcoming isolation.“[181] Zwar gingen zwei von drei befragten ZJ einem Steckenpferd nach, doch die gepflegten Hobbys betrafen vor allem individuelle Aktivitäten wie Lesen, Musikhören oder Photographieren. 54 Prozent der Respondenten gaben an, keine Freunde außerhalb der Religionsgemeinschaft zu besitzen. Allerdings muß dieses Ergebnis im Zusammenhang mit der Aussage von 31 Prozent der Befragten interpretiert werden, sie hätten aufgrund von Erlebnissen Anlaß zu sagen, daß sie von der Gesellschaft diskriminiert würden. 48 Prozent gaben freilich an, noch keine Diskriminierung erlebt zu haben. Als Hauptort der Diskriminierung wurde der Arbeitsplatz genannt (34 Prozent); immerhin 12 Prozent gaben an, in der Schule diskriminiert zu werden. Damit in Zusammenhang dürfte die Hochschätzung des inneren Zusammenhalts stehen. Wilson problematisiert umgekehrt die Qualität „sozialer Integration“ auf seiten der nicht dieser Glaubensgemeinschaft Angehörenden. „In some respects, witnesses are perhaps much less isolated than are many people whose lives are integrated into normal patterns of social life in the wider society, in which, however, they have relatively few really close ties, and, in modern conditions, perhaps no sense of communal belonging."[182] Als wesentliches Motiv für die Attraktivität der ZJ gaben die Befragten – neben glaubensspezifischen Gründen – die „friendliness of the Witnesses" an.

Auch in Belgien kam es in der unmittelbaren Vergangenheit zu Pressionen gegen die ZJ. Anfang der 80er Jahre erließ die belgische Regierung ein Verbot, die Druckerzeugnisse der WTG, einschließlich der Bibeln, auf dem Post- und Eisenbahnweg zu befördern.[183] Nachdem 1998 ein Parlamentsuntersuchungsausschuß einen Bericht über die Sektenaktivitäten in Belgien vorgelegt hat, beschloß die Regierung die Einrichtung eines staatlichen Sektenbeobachtungszentrums, das zum 1. März 1999 seine Arbeit aufnehmen soll.[184] Das aus zwölf Mitgliedern bestehende Zentrum erhält 1999 einen Jahresetat von umgerechnet knapp einer Million Mark und soll Informationen über Sekten sammeln sowie über deren Tätigkeit informieren.

Als Generalproblem der auch in Belgien rasant wachsenden Bewegung stellt Wilson die Endzeit-Verzögerung heraus, eine aus der Geschichte des frühen Christentums, aber auch anderer Endzeitreligionen wohlbekannte Schwierigkeit. „Waiting for anything and in any circumstances can be boring, and routine procedures do little to reduce ennui once it sets in: it is the conviction of having the priceless Truth and the certainty that one is right, together with the prospect of a blissful reward in the future, that sustain the commitment of Witnesses."[185]

Bemerkenswert ist der von kirchlicher Seite beschriebene Lernprozeß, der in den Niederlanden stattgefunden hat. Von einer strikten Ablehnung der ZJ änderte sich die Haltung bis hin zu einer begrenzten Akzeptanz. Der niederländisch-reformierte Soziologe F. Boerwinkel sprach von den „Sekten" als den „unpaid bills of the church".[186] Reender Kranenborg von der Freien Universität Amsterdam gab 1986 einige Empfehlungen im Blick auf den Umgang mit „neuen religiösen Bewegungen". Unter anderem heißt es hier: „... our attitude ought to be one of genuine interest and not an a priori rejection."[187] Eine andauernde Wiederholung längst bekannter Vorbehalte und die Betonung der Differenzen zu den etablierten Kirchen sollten positiven Vergleichen weichen. Nicht nur der Lehre, sondern auch dem rituellen Bereich und dem Zusammenleben der Menschen in neuen religiösen Gemeinschaften müsse man die gebührende Aufmerksamkeit schenken, um zu verstehen, was diese Gruppen anziehend mache. „We must refrain from any kind of 'demonization' of N[ew]R[eligious]M[ovements] not only in a theological sense but also in sociological terms such as 'brainwashing groups', 'destructive cults' or 'dangerous to public health'."[188] Vielfach werde übersehen, daß Religionsgemeinschaften wie die ZJ „have arisen out of an older religion ... Any statement about such a movement implies an indirect statement about the religion of its origin."[189]

Die ruhige und unalarmierte Haltung der Niederlande in der Frage „sog. Sekten und Psychogruppen" zeichnet sich also nicht nur in der niederländischen

Stellungnahme an die Enquete-Kommission ab.[190] Die Kirchen scheinen an dieser gelassenen und selbstkritischen Position zu partizipieren.

Privilegierte Rechtsstellung der Kirchen gegenüber den „Sekten“: Der Kampf der Zeugen Jehovas um den Körperschaftsstatus

Die Auseinandersetzung mit den Scientologen und ihrem mindestens semikriminellen Hintergrund[191] bildet nur die Spitze des Eisberges. In Deutschland geht es um weit mehr – um eine Neudefinition der verfassungsrechtlich garantierten Religionsfreiheit. Die sparsamen Bestimmungen aus der Zeit der Weimarer Republik, die als Voraussetzung für die Verleihung des begehrten Status einer Körperschaft des öffentlichen Rechtes gelten (Art. 140 GG), scheinen auf einmal nicht mehr zu genügen, um die Geister zu scheiden.

Seit 1990 kämpfen die Zeugen Jehovas in Berlin nicht nur um ihre rechtliche Gleichstellung mit den beiden großen Religionsgesellschaften, sondern, wie dies im Schreiben des Ministerrates der Deutschen Demokratischen Republik vom 14. März 1990 erklärt wird, um Gleichstellung mit über 30 Kirchen und Religionsgemeinschaften, die in der DDR Rechtsfähigkeit besaßen.[192] Gegenwärtig besitzen in Berlin allein ca. 30 Religionsgemeinschaften die Rechte einer Körperschaft des öffentlichen Rechts. Zur Empörung der Kirchen hatten Verwaltungs- und Oberverwaltungsgericht des Landes Berlin das Anliegen der bundesweit ca. 192000 Anhänger zählenden Religionsgemeinschaft, als Körperschaft des öffentlichen Rechtes anerkannt zu werden, für Rechtens erklärt. Das Land Berlin wandte gegen das Verlangen der Vereinigung ein, die Sekte lehne elementare Grundrechte ab.[193] Bisher leisteten die Zeugen Jehovas allerdings nicht gegen die bundesrepublikanische Demokratie, wohl aber gegen die beiden deutschen Diktaturen energischen Widerstand und hatten schwere Verfolgungen zu erdulden.[194] Mitte Juni 1997 hob das Bundesverwaltungsgericht in Berlin die Urteile der zwei Vorinstanzen auf. Der 7. Senat begründete seine Entscheidung damit, daß die Zeugen Jehovas die Teilnahme an allgemeinen Wahlen ablehnten. Der rechtliche Status, den die Religionsgemeinschaft anstrebe, sei eine staatliche Vergünstigung und werde in der Absicht angeboten, diese Gemeinschaften zu fördern und mit ihnen dauerhaft zusammenzuarbeiten. Eine solche Kooperation setze aber ein Mindestmaß an gegenseitigem Respekt voraus. Daher könne der Staat erwarten, daß die Religionsgemeinschaft zumindest die Grundlagen der staatlichen Existenz nicht in Frage stelle. Am 13. August 1997 haben die Zeugen Jehovas Verfassungsbeschwerde beim Bundesverfassungsgericht eingelegt.[195]

Im Verlauf der bisherigen Auseinandersetzung wurden drei Gutachten vorgelegt, die für diese Darstellung einschlägig sind; zwei – das von Hermann Weber und Christoph Link – liegen veröffentlicht vor.[196] Da Weber zu einem insgesamt positiven Ergebnis im Blick auf die Fragestellung – Verleihung des Körperschaftsstatus – kommt, erscheint es um so wichtiger, die Argumente Links in Augenschein zu nehmen.

Christoph Link erwähnt gleich eingangs in den „Vorbemerkungen“ zu seinem Gutachten, daß Hermann Webers Rechtsgutachten[197] anscheinend auf den Selbstdarstellungen der ZJ beruhe.[198] Er stützt sich hingegen im wesentlichen auf die Aussagen von „Apostaten“ und auf die der religiösen „Konkurrenz“[199] und interpretiert die Selbstaussagen der zu begutachtenden Religionsgemeinschaft nur dort, wo sie seine kritischen Thesen stützen. Link nennt zwar hermeneutisch einleuchtende Gesichtspunkte, unter welchen Voraussetzungen Texte von „Apostaten“ Glaubwürdigkeit gewinnen (Mehrfachbezeugung, übereinstimmende Erfahrung, Vorgänge, die durch Akten belegt sind), aber auch weniger überzeugende Indizien. So soll als positiver bzw. negativer Beleg für die „Authentizität“ von Anklagen handverlesener „Apostaten“ aus der großen Zahl nicht befragter „Aussteiger“ der Umstand sprechen, „daß die Gesellschaft gegen alle in ihren Augen unrichtigen Angaben sofort rechtliche Schritte unternimmt oder androht“.[200] Unterläßt sie eine Klage, so ist Link zu verstehen, ist das ein starkes Indiz für die Richtigkeit der Behauptung.[201] Die Praxisberichte der Sektenbeauftragten der Großkirchen und der Zentralstelle für Weltanschauungsfragen der EKD über die ZJ hält er dagegen – ohne weitere Belege – für „meist sorgfältig belegt und methodisch abgesichert“.[202] Doch wie die Berichte der „Apostaten“ sind auch die der „Sektenbeauftragten“ meist keine Tatsachenmitteilungen, sondern – schon um sie presserechtlich unangreifbar zu machen – in der Form von Meinungsäußerungen gehalten. Solche persönlichen Wertungen im nachhinein als Fakten zu reinterpretieren, ist methodisch illegitim. Daß die wissenschaftliche Arbeit von Sektenbeauftragten z. T. scharfe Kritik hervorrief[203] und ihr praktisches Handeln in wichtigen Bereichen zu Verurteilungen durch ordentliche Gerichte geführt hat,[204] läßt Link ebenfalls unerwähnt. Obwohl die früheren Kampagnen der Sektenbeauftragten gegen sog. „Jugendsekten" in den 70er und 80er Jahren durch Religionswissenschaftler und Soziologen eine z. T. vernichtende Kritik erfahren haben,[205] schenkt Link den „theologischen Tendenzschriften"[206] dieser Berufsgruppe weiterhin sein Vertrauen. Dies ist um so verwunderlicher, als sich die Methoden kaum verändert haben. „Weder der Betrugsverdacht, noch das sogenannte ‚Brainwashing'-Modell basiert auf eindeutigen Belegen ... die sich in den Neuen Spirituellen Bewegungen sichtbar manifestierenden Alternativen zum verfaßten Christentum repräsentierten eine ernsthafte Herausforderung für die Großkirchen. In diesem Sinne wurden die insbesondere von evangelischen und katholischen Weltanschauungsfachleuten erhobenen Anschuldigungen gegenüber den ‚Jugendsekten' als Versuche begriffen, die als Konkurrenten auftretenden Gruppen vom ‚freien Markt der Sinnsysteme' zu verdrängen."[207]

Es erscheint uns problematisch, sich für ein wissenschaftlich neutrales Gutachten nahezu ausschließlich auf Informationslieferungen zweier gegnerischer Zielgruppen – „Apostaten" und „Sektenbeauftragte" – zu stützen, ohne selbst auf dem religiösen Feld der ZJ Recherchen angestellt zu haben. In seinem jüngsten Buch „Die Angstmacher...“[208] weist der aus einer ZJ-Apostaten-Familie stammende katholische Theologe Klaus-Dieter Pape darauf hin, daß seine dem Kapitel über „Rechtstreue“ der ZJ zugrundeliegenden Texte „Diskussionsgrundlage für Expertengespräche“ waren und „u. a. in dem Rechtsgutachten des Erlangener [sic!] Prof. Dr. Link für den Berliner Senat... seinen [sic!] Niederschlag“[209] gefunden hätten. Über Zusammensetzung und Zweck dieser „Experten“-Gruppe wüßte man auch aus folgendem Grunde gern Näheres:

Lt. Urteil des LG Limburg vom 22. März 1996[210] besteht der dringende Verdacht, daß Günther Pape (geb. 1. 7. 1927), der Vater Klaus-Dieter Papes, Material aus dem Westen zur Veröffentlichung für die DDR-Zeitschrift „Christliche Verantwortung“ (CV) lieferte.[211] Den Unterlagen der Gauck-Behörde zufolge, die dem Gericht vorlagen, wurde diese Zeitschrift vom Ministerium für Staatssicherheit (MfS) herausgegeben und sollte „zersetzend“ unter den ZJ in der DDR wirken. In die Kooperation eingeschlossen war auch der in der DDR lebende Bruder Günther Papes, Dieter Pape. Neben seiner Funktion als verantwortlicher Redakteur der CV arbeitete Dieter Pape das Buch seines Bruders Günther Pape „Ich war Zeuge Jehovas“ für die DDR grundlegend um. In dieser DDR-Fassung rechtfertigte Pape, lt. Gericht als besoldeter Mitarbeiter des MfS geführt,[212] das Verbot der ZJ in der DDR.[213] Dieses sei „auf Grund der provokatorischen Politik der Wachtturmgesellschaft, auf Grund ihrer antidemokratischen Wühlarbeit in

Verbindung mit anderen ... verbotenen Aktionen"[214] erfolgt. Nach dem Zusammenbruch der DDR haben Klaus-Dieter, Günther und Dieter Pape einen Verein „Christliche Dienste" gegründet. Fünf der acht Gründungsmitglieder waren Angehörige der Pape-Familie, Günther, Dieter und Klaus-Dieter präsidierten als erster, zweiter und dritter Vorsitzender. Dieser Verein gibt eine Zeitschrift mit dem Titel „Aus christlicher Verantwortung" heraus und stellt eine Fortführung der Stasi-Zeitschrift „Christliche Verantwortung" dar. Hierzu erklärte der letzte Herausgeber der DDR-Zeitschrift „Christliche Verantwortung", Werner Henry Struck (alias Henry Werner), ebenfalls ein Mitarbeiter des MfS,[215] vor Gericht: „Die Zeitschrift CV existiert dem Grunde nach heute noch. Ich habe sie bis 1993 geleitet und dann an Herrn Pape jr. weitergegeben, soweit ich weiß, trägt sie bis heute den Titel ‚In christlicher Verantwortung'."[216] Es stimmt doch nachdenklich, daß Christoph Link – den Aussagen Klaus-Dieter Papes zufolge – sich aus diesem Milieu hat zuarbeiten lassen, während er das Gespräch mit der Wachtturmgesellschaft in Selters nicht suchte.

Als Problem bezeichnet Link die Praxis der Geheimhaltung interner Unterlagen und den „Schleier des Geheimnisses", mit dem die ZJ ihr Wirken überzögen. Dahinter stehe die Methode der „theokratischen Kriegslist". Um deren Existenz und das auf den ersten Blick in der Tat merkwürdige Wahrheitsverständnis zu belegen, zitiert Link aus einer 40 Jahre alten Wachtturm-Veröffentlichung, ohne freilich den Kontext zu erwähnen.[217] Aus diesem geht nämlich hervor, daß eine in Ostdeutschland beschattete Zeugin Jehovas, die eine rote Bluse trug, im Hausflur rasch ihre Kleidung wechselte. Als sie beim Heraustreten von dem Verfolger gefragt wurde, ob sie eine Frau mit roter Bluse gesehen habe, verneinte sie die Frage. Kommentar des „Wachtturms“: „Sie war keine Lügnerin. Vielmehr wandte sie theokratische Kriegslist an, indem sie die Wahrheit um des Predigtdienstes willen durch Wort und Tat verbarg.“[218] Dagegen gibt es klare Lehraussagen der ZJ, die Lügen nicht zulassen.[219] Außerdem scheint Link hier davon auszugehen, daß es sich bei den ZJ um eine Religionsgemeinschaft handelt, die über vier Jahrzehnte hinweg unverändert an ihren Strategien und Grundsätzen festhält. Verändert sie aber ihre Position, so legt Link nahe, wie noch zu zeigen sein wird, dann lediglich aus taktischen Motiven. Andererseits schreibt er, die Grundlage des Lehrgebäudes sei „historisch in zentralen Punkten immer wieder verändert[.]“[220] worden, was zutrifft.

Ganz davon abgesehen, daß es jeder religiösen Gemeinschaft überlassen bleiben muß, ob sie ihre Interna vor jedermann ausbreiten will, ist – gegen Link – zu konstatieren, daß die ZJ auch andersgläubige Gäste in ihrem Zentrum in Selters für gewöhnlich willkommen heißen und auf gezielte Nachfrage hin sowohl mündliche Auskunft geben wie ihr Schrifttum präsentieren. Im Vergleich mit anderen Religionsgesellschaften aus dem sog. „Sekten“-Spektrum verhalten sie sich absolut aufgeschlossen. Die Zeitschrift „Der Wachtturm“ stellt das offizielle Mitteilungsorgan der leitenden Körperschaft dar. Hier sind – jedermann zugänglich – die gesamte Lehre sowie die Glaubenspraxis verbindlich festgelegt. Dabei handelt es sich nicht um eine PR-Zeitschrift, sondern um das Hauptmitteilungsblatt an die Glaubensangehörigen. Der Königsreichdienst ist keine „Geheimliteratur“. Er dient als Grundlage einer weiteren Zusammenkunft und der Schulung für die Missionstätigkeit. Er steht den Mitgliedern und regelmäßigen Besuchern der Gottesdienste zur Verfügung und ist somit der Öffentlichkeit zugänglich. Daß es darüber hinaus Literatur gibt, die Geistlichen der Glaubensgemeinschaft für spezielle geistliche Ämter zur Verfügung gestellt wird, dürfte kaum als ungewöhnlich angesehen werden, denn dies entspricht auch der Praxis anderer Religionen.

Mit seinen Aussagen zur „theokratischen Kriegslist“ wie zur angeblichen Geheimniskrämerei wiederholt Link, was Sektenbeauftragte und „Apostaten“ immer wieder behaupten, ohne daß er sich selbst bei der Glaubensgemeinschaft von der Richtigkeit solcher Urteile überzeugt hat. Links Kollege Hans W. Alberts fragte 1997: „... kann man es als ‚fair‘ bezeichnen, wenn die Aussagen von Sektenbeauftragten als ‚Beweis‘ zugelassen werden, nicht hingegen ... Versicherungen der Gruppierungen ... Natürlich wird ein Angehöriger einer Gemeinschaft diese in positivem Licht sehen, aber durch welche ‚Brille‘ schaut denn der Sektenbeauftragte? Im juristischen Sinne ist das doch ein ‚Mitbewerber‘ auf dem religiösen Markt der Möglichkeiten ... ‚Fair‘ ist ein Verfahren dann, ... wenn die befragten Experten wirklich ‚neutral‘ sind (jedenfalls nicht erkennbar voreingenommen).“[221]

Link betont weiterhin den zentralistischen Charakter der WTG und zieht daraus den Schluß, daß er bei der Beurteilung der ZJ in Berlin auf Material zurückgreifen kann, das die Tätigkeit der Gemeinschaft in Selters betrifft. Trotz des unverkennbaren Bemühens um Objektivität läßt die Vorbemerkung des Gutachtens Vorbehalte seines Verfassers gegen die ZJ erkennen.

Mit Recht unterstreicht Link, daß der religiös und weltanschaulich neutrale Verfassungsstaat nicht die Inhalte einer Religion bewerten darf.[222] Noch im selben Absatz erwähnt er, daß die ZJ „in einer feindseligen Frontstellung gegen die christlichen Kirchen"[223] stünden. Soll der Staat diesen Gesichtspunkt berücksichtigen? Daran, daß nicht alle Religionsgemeinschaften ökumenische Kontakte untereinander pflegen und die ZJ nicht die einzigen sind, die in den Großkirchen die „Hure Babylon" sehen, wurde bereits erinnert.

„Gleichwohl", kommt Link zu dem vorläufigen Schluß, bestehe „kein Zweifel, daß es sich bei den Zeugen Jehovas um eine Religionsgemeinschaft im Sinne der Verfassung handelt".[224]

Hinsichtlich des bei den ZJ festgestellten Demokratiedefizits greift Link – nur dieses eine Mal – zur Methode des Vergleichs und stellt fest, daß es ein solches Defizit auch bei „andere[n] als öffentlich-rechtliche Korporationen anerkannte Gemeinschaften" gebe, und nennt als Beispiel die „Neuapostolische Kirche". Da aber die für die Staatsorganisation geltenden Demokratieprinzipien nicht zur Voraussetzung dafür gemacht werden, ob einer Religionsgemeinschaft der Körperschaftsstatus verliehen werden kann, bleibt dieser Aspekt außer Betracht. Link räumt selbst ein, daß „eine beschränkte juristische Qualitätskontrolle“ bei den ZJ nicht zu negativen Ergebnissen führt.[225] Leider läßt er in der Letztfassung seines Aufsatzes die Erklärung der ZJ vom 5. August 1997 unerwähnt. Hier heißt es: „Das Demokratieprinzip wird von den Zeugen Jehovas voll anerkannt. Sie sehen demokratisch gewählte Staatsorgane als legitimiert an, als von Gott angeordnete obrigkeitliche Gewalten zu amten. Dadurch werden politische Wahlen als Legitimationsgrundlage für die Ausübung politischer Gewalt anerkannt.“[226] Immerhin wäre erwähnenswert gewesen, daß das Demokratieprinzip nicht nur in religiösen Gemeinschaften keine Anwendung findet, sondern auch in den meisten anderen Lebensbereichen – etwa der Wirtschaft – nicht das Ordnungs- und Funktionsprinzip der Wahl darstellt. Selbst im exekutiven Bereich des Staates herrschen hierarchische Prinzipien. Hier ist an die Gehorsamspflicht des Beamten oder an die Wehrpflicht mit allen ihren Konsequenzen zu erinnern. Das Demokratieprinzip auf eine Religionsgemeinschaft anzuwenden würde der Verfassung widersprechen. Das Selbstbestimmungsrecht der Religionsgemeinschaften nach dem Grundgesetz erlaubt ihnen eine hierarchische Struktur. Die rechtliche Umsetzung der glaubensmäßig bedingten hierarchischen Struktur ist gerade der Zweck, zu dem Religionsgemeinschaften und Kirchen der Status einer Körperschaft des öffentlichen Rechts zuerkannt wurde.[227]

Auch die „Gewähr der Dauer“ als eine Voraussetzung zur Verleihung des Körperschaftsstatus sieht Link – im Unterschied zu Konrad Müller – trotz der „extrem eschatologisch[en]“ Ausrichtung der Religionsgemeinschaft als gegeben an, da sich die Gemeinschaft – ungeachtet nicht eingetretener endzeitlicher Ereignisse – nicht aufgelöst habe. Auch in diesem Zusammenhang erwähnt Link eine fundamentale Selbstkorrektur der ZJ: 1995 lösten sie die Verbindung der Endzeitankündigung mit den Lebzeiten der Generation, welche die Ereignisse des Jahres 1914 erlebt hat.[228]

Unter Berufung vor allem auf Paul Kirchhof[229] macht Link unter den „ungeschriebene[n] Verleihungskriterien“ „gemeinsame kulturelle Traditionen“ und einen „Wertkonsens“ geltend. „Die Vorgänge um die ‚Scientology-Church‘ haben Staat und Öffentlichkeit für diese Fragen sensibilisiert, die sich freilich nicht nur dort stellen.“[230] Abgesehen davon, daß die Berichte seitens der Verfassungsschutzämter noch nicht vorlagen[231] und die Vorwürfe gegen Scientology vom Europaparlament als bisher nicht „wirklich substantiiert“[232] eingeschätzt wurden, erscheint die Nebeneinandererwähnung von ZJ und „Scientology“ aufgrund der völlig unterschiedlichen Geschichte und Lehrentwicklung nicht als sachgemäß.[233] Auch in der apologetischen Literatur der Großkirchen wird klar zwischen „Endzeit-Gemeinden“ und „Psychogruppen“ o. ä. unterschieden.[234]

Im Blick auf die Namhaftmachung „verfassungsrechtlicher Grundwerte“ in Gestalt zurückhaltend formulierter „Kulturvorbehalte“ muß Berücksichtigung finden, daß diese Gemeinsamkeiten im Schwinden begriffen sind und das Niveau des ethisch-moralischen Grundkonsenses immer niedriger wird. Er besteht nicht einmal mehr in einer Kirche wie den evangelischen Landeskirchen. Umgekehrt repräsentieren die ZJ eine ausgeprägt bürgerlich-konservative Lebenshaltung und unterscheiden sich von daher – mit Ausnahme eben der Religionszugehörigkeit – kaum von einem großen Teil der Bevölkerung. Soll am Ende der Kampf gegen „Sog. Sekten und Psychogruppen" zur Rekonsolidierung der „abendländischen" Einheitskultur dienen? Soweit man sich auf gemeinsame kulturelle Traditionen und einen Wertekonsens berufen will, wird man überdies die Frage stellen müssen, ob eine Religionsgemeinschaft, die älter ist als die Demokratie in Deutschland, nicht ebenfalls als Teil dieser kulturellen Tradition gesehen werden sollte. Außerdem besteht diese kulturelle Tradition nicht in erster Linie in theologischen Sachanliegen, sondern im Vertreten von Werten. Hier ist zu sagen, daß die Zeugen Jehovas mit den in der Verfassung niedergelegten wesentlichen Grundwerten in Übereinstimmung stehen. So haben sie hohe Achtung vor dem menschlichen Leben und der menschlichen Würde, für sie gilt die Familie als etwas besonders Schützenswertes, sie schätzen und kämpfen für Religions- und Meinungsfreiheit, sie achten das Eigentum anderer und ordnen sich dem Staat unter.

Die „eigentlichen Probleme des Anerkennungsverfahrens"[235] sieht Link in grundsätzlichen Gewissensvorbehalten gegenüber Pflichten, die dem Bürger von der staatlichen Rechtsordnung auferlegt wurden. Diese Vorbehalte seien dann beachtlich, wenn die Organisation ihre Mitglieder zur Mißachtung solcher Pflichten mit Mitteln auffordert, „die die Grenzen rein geistig/geistlicher Einflußnahme überschreiten".[236] Unter diesen Gesichtspunkten bestünden „erhebliche Zweifel an der Rechtstreue der Religionsgemeinschaft der Zeugen Jehovas".[237]

Als erste Problematik nennt Link die Disziplinierungsmaßnahme des „Gemeinschaftsentzug[es]", den er – doch gewiß nur polemisch überspitzt – für gravierender hält als den „mittelalterlichen großen Bann".[238] Hinsichtlich der psychologischen Auswirkungen des „Gemeinschaftsentzuges" stützt er sich im wesentlichen auf Köppl,[239] ohne den wesentlichen Kritikpunkt zu nennen, daß dieser keine Vergleichsgruppe herangezogen hat. Köppl geht davon aus, daß sich die ZJ grundsätzlich von solchen Menschen getrennt halten, die nicht ihrer Religionsgemeinschaft angehören. Doch diese Voraussetzung ist unzutreffend. Es gibt Ehen zwischen Zeugen Jehovas und Andersgläubigen, Kontakte in der Schule und am Arbeitsplatz sind die Regel.

Mit Gemeinschaftsentzug werde bestraft, wer am demokratischen Willensbildungsprozeß teilnehme, mit anderen religiösen Organisationen Kontakt halte oder für sie „weltliche" Arbeiten verrichte, Blut zu sich nehme und andere Ordnungen verletze. Konformitätsdruck und Überwachungssystem durch die Aufseher und Ältesten kennzeichneten eine Situation, die „nach Selbst- und Fremdzeugnissen" den „Totalitarismus-Vorwurf" begründet erscheinen lasse. Demgegenüber stellen die Soziologen Stark und Iannaccone fest, daß das Verfahren des „Gemeinschaftsentzuges" selten vorkommt, weil ZJ, die den Anforderungen nicht genügen, die Gemeinschaft von selbst verlassen.[240] Ein in der religiösen Praxis also wenig erhebliches Verfahren wird in der apologetischen Literatur zum Schlüsselargument für den Erweis totalitärer Strukturen.

Wiederum läßt Link unerwähnt, daß auch Personen, die ihre Amtskirche verlassen und bis dahin in einem „Tendenzbetrieb" der Kirche (Kindergarten, Krankenhaus, Altersheim etc. in kirchlicher Trägerschaft) gearbeitet hatten, mit einer besonderen Form des „Gemeinschaftsentzuges", nämlich ihrer Entlassung, rechnen müssen. In Gegenden, wo es keine kommunalen oder freien Alternativen zu dem in diesem Segment marktbeherrschenden Arbeitgeber Kirche gibt, kann dieser Hinauswurf einem faktischen Berufsverbot gleichkommen. So wurde beispielsweise kurz nach Weihnachten 1995 einer Erzieherin, die in einem evangelischen Kindergarten im württembergischen Albstadt-Ebingen arbeitete, fristlos gekündigt, weil sie sich der Baptistengemeinde – also einer Freikirche! – im benachbarten Balingen angeschlossen hatte.[241] In solchen Fällen hält Link den „Gemeinschaftsentzug" in Gestalt einer Kündigung für richtig.[242]

Die Maßnahme des „Gemeinschaftsentzuges" findet sich in unserer Gesellschaft häufig und wird in anderen Kontexten geradezu als Normalität aufgefaßt. Firmen beispielsweise ist es gestattet, Arbeitnehmer, die gegen ihre Loyalitätspflichten verstoßen, zu entlassen („auszuschließen"). Für Parteien, die nach dem Grundgesetz demokratischer Prinzipien organisiert sein müssen, ist anerkannt, daß sie das Recht haben, Mitglieder mit einer abweichenden ideologischen Überzeugung aus der Partei auszuschließen. Es ist ihnen auch erlaubt, sogenannte „Unvereinbarkeitsbeschlüsse" zu fassen und auf diese Weise Personen von der Mitgliedschaft in der Partei von vornherein auszuschließen, obwohl dies bedeutet, daß den betroffenen Personen die Teilhabe an demokratischen Prozessen unmöglich gemacht wird. Jedem Bürger ist überdies klar, daß er nicht für die CDU Propaganda betreiben kann, wenn er Mitglied der SPD sein will. Daß dies für ihn Konsequenzen hat, wenn er Mitglied der SPD ist, wird von allen als selbstverständlich akzeptiert. Kein Mensch käme auf den Gedanken, hier von der Ausübung unzulässigen Zwangs zu sprechen. Auch in diesen Fällen oder im Fall der Entlassung aus einer Firma sind die entsprechenden Maßnahmen für den Betroffenen mit erheblichen Einschnitten, Änderungen und Belastungen in seinem sozialen Umfeld und häufig sogar in seiner beruflichen Laufbahn verbunden. Solche Vorgänge werden auch darum akzeptiert, weil unsere Gesellschaft davon ausgeht, daß der Mensch eigenverantwortlich handelt und deshalb die Folgen seines Handelns selbst zu verantworten hat.

Für die Großkirchen ist die Möglichkeit der Disziplinarmaßnahme ebenfalls anerkannt und akzeptiert. Sie kann bis zur Exkommunikation reichen. In der von Kardinal Ratzingers Behörde 1997 vorgelegten Ordnung für die Lehrüberprüfung werden in den Paragraphen 28 und 29 die Umstände genannt, unter denen eine Exkommunikation ausgesprochen werden kann. Wenn ein Theologe hartnäckig an seinem Irrtum festhält, also nicht „in befriedigender Weise und angemessener öffentlicher Form" widerruft, dann kann die Glaubensbehörde, etwa im Falle von Häresie oder Apostasie, automatisch die Exkommunikation feststellen. „Gegen diese Erklärung ist eine Beschwerde nicht zugelassen."[243] Bei den ZJ werden „Gemeinschaftsentzugsverfahren" immerhin mit rechtlichem Gehör durchgeführt.

Das Verbot, Wehr- oder Ersatzdienst zu leisten, ist seit 1996 im Blick auf den Zivildienst gelockert worden und zeigt, daß auf seiten des Staates[244] wie der ZJ ein gewisser Anpassungsprozeß im Gange ist.[245] Es steht danach in der persönlichen Gewissensentscheidung des einzelnen, ob er Ersatzdienst leistet oder nicht. Eine ähnliche, von Link noch nicht erwähnte Lehrkorrektur wurde 1997[246] in bezug auf „nichtpolitische" Wahlen vorgenommen. Danach können Zeugen Jehovas an Wahlen für Betriebsräte, Klassensprecher oder Elternvertreter teilnehmen und auch das passive Wahlrecht wahrnehmen. Als Mitglieder verschiedener Vereine nehmen sie auch hier gemeinschaftliche Verantwortung wahr.

Link wie auch EZW-Referent Andreas Fincke sehen die Lehrkorrekturen „in Zusammenhang mit dem Anerkennungsverfahren vor dem BVerwG",[247] obwohl Link in anderem Zusammenhang ausdrücklich erwähnt, daß es in der Geschichte der ZJ immer wieder fundamentale Lehrkorrekturen gegeben habe. Fincke schreibt gar, der Vorgang Lehrkorrekturen zeige, daß der WTG „jedes Zugeständnis recht" sei, „um an den Fleischtopf Körperschaft zu gelangen".[248] Die Zeitschrift für Religionswissenschaft, SPIRITA, sieht in solchen Urteilen die christliche Apologetik am Werk.[249] Sie beobachtet vielmehr eine fortschreitende „Öffnung der Zeugen Jehovas" und offeriert folgendes Interpretationsangebot: „Die rechtlichen Rahmenbedingungen für Religionsgemeinschaften führen langfristig zu Anpassungsprozessen und zur Integration in das gesellschaftliche System – auch bei Gemeinschaften, die sich stark von ihrer Umwelt abgrenzen."[250]

Parallele Vorgänge der Anpassung oder – im Verweigerungsfalle – der Abgrenzung sind auch in anderen Kulturkreisen und bei anderen Religionsgemeinschaften festzustellen. Bassam Tibi hat in seinem Buch „Aufbruch am Bosporus. Die Türkei zwischen Europa und dem Islamismus"[251] deutlich gemacht, daß mit der politischen Islamisierung des Landes seine Entwestlichung begonnen hat und es besonderer Anstrengungen bedarf, um der reformfähigen, kemalistischen Bindung an Europa zum Sieg zu verhelfen. Dazu, welche Option letztlich stärkere Attraktivität besitzt, gehört auch die Entscheidung der Mittel- und Westeuropäer, wie sie die türkischen Migranten in ihren Ländern behandeln: Ein Integrationsmodell stärkt die kemalistisch-europaorientierten Kräfte, die Abschottung fördert die Islamisierung des Landes und die „Neuen Osmanen". Ihre Erfahrungen in der europäischen Fremde können sie in dieser Haltung eher bestärken oder aber verunsichern. Auch wenn Tibi sich von Äußerungen der ehemaligen Premierministerin Ciller distanziert, die EU sei ein „christlicher Club“, meint er doch, neben den offiziellen Verweigerungsargumenten, schwache Ökonomie und Verletzung der Menschenrechte, ein unausgesprochenes Vorurteil gegen den Islam mitzuhören. Das rasch wachsende 65-Millionen-Volk (1997) mit der anderen Kultur, so die Befürchtung der Westeuropäer Tibi zufolge, werde die Arbeitsmärkte der EU überschwemmen, ihr soziales Netz zum Zerreißen bringen und damit die neue Gemeinschaft destabilisieren. Die europäischen Staaten entscheiden jedenfalls mit ihrem Verhalten gegenüber der Türkei über deren weitere Entwicklung mit: Euro-Islam mit Brückenfunktion lautet die eine Option, islamisches Bollwerk gegen den Westen die andere.

Link hätte mit vergleichenden Betrachtungen geographisch so weit nicht gehen müssen. Ein Hinweis auf den hohen Gleichförmigkeitsdruck auch bei anderen Religionsgemeinschaften und auf den oft strengen Verhaltenskodex anderer Religionen wäre jedoch nützlich gewesen, um zu zeigen, daß die ZJ im Spektrum der Religionen durchaus kein singuläres Phänomen darstellen und eher in einem „mittleren“ Bereich anzusiedeln sind. Die nicht offen genannte Bezugsgröße evangelische Landeskirche mit ihren extrem unverbindlichen Mitglieder-Usancen läßt die ZJ natürlich besonders fordernd erscheinen.

Als weiteren „Konfliktbereich“ auf dem Felde der „Rechtstreue“ erörtert Link die Ablehnung von Bluttransfusionen und Blutprodukten durch die ZJ.[252] Hier betont er – neben Fragen unterlassener Hilfeleistung – wiederum den Druck, der auf ZJ-Mitgliedern laste, kein Blut zu sich zu nehmen. Außerdem thematisiert er den Bruch berufs- und amtsbezogener Schweigepflichten in diesem Zusammenhang und knüpft daran Datenschutzprobleme, die sich im Falle der Verleihung des Körperschaftsstatus ergäben.

Nur in einem Halbsatz wird auf die „Alternativbehandlung“ eingegangen,[253] obwohl die ZJ selbst diesem Komplex gezielte Aufmerksamkeit schenken und auf medizinischem Gebiet großes Engagement entwickeln, um ihre religiös bedingte Ablehnung von Fremdblutübertragungen durch Alternativen zu kompensieren, die das Problem gegenstandslos machen sollen. 1996 organisierte der A.M.S., eine französische Vereinigung von Ärzten und Juristen, zu denen unter anderen ZJ gehören, ein Internationales Symposium zu „Bloodless Surgery“ in Paris, dessen Ergebnisse veröffentlicht wurden.[254] Eine Loseblattsammlung mit dem Titel „Schutz der Familie und medizinische Behandlung für Zeugen Jehovas“ informiert Richter, Behörden und Kinderärzte eingehend über die auch prophylaktisch zu ergreifenden Maßnahmen. Da das Buch allen Mitgliedern der Krankenhaus-Verbindungskomitees für ZJ zur Verfügung steht und sie in dessen Handhabung geschult wurden, kommen die darin enthaltenen Informationen allen Patienten, die ZJ sind, zugute. Nicht irgendwelche privaten Winkel-Kliniken, sondern auch Krankenhäuser wie das „Städtische Klinikum Braunschweig“ haben sich inzwischen dem Problem gestellt und bieten medizinische Alternativen an. In der Informationsbroschüre des Klinikums heißt es: „So hat vor einigen Jahren die Klinikleitung mit den

Krankenhaussprechern der Zeugen Jehovas ein Abkommen getroffen, daß alle, auch außergewöhnlich große Operationen ohne Blut durchgeführt werden. Durch besonderen operationstechnischen Aufwand und mit Hilfe der Patienten ist es gelungen, diese Bedingung bisher immer erfolgreich einzuhalten."[255] Es ist angesichts gelungener Problemlösungen wenig hilfreich, „die Einweisung in Kliniken mit ‚kooperativen Ärzten'" zu problematisieren.[256] Ist man gewillt, die religiösen Vorbehalte wirklich ernst zu nehmen, wird man die problemlösenden Innovationsschübe durch die medizinische Wissenschaft nur begrüßen können. Um ihre Mitglieder vor negativen Resultaten ihrer religiösen Ablehnung von Blutzufuhr zu bewahren, nutzen die ZJ das „Medline-Datenbankzentrum", ein unabhängiges Unternehmen, das seine Datenbankdienste allen interessierten Lesern anbietet. Rund um die Welt informiert das „Medline-Datenbankzentrum" über neueste Forschungsergebnisse, Volumenersatz und andere Möglichkeiten.[257] Darüber hinaus haben die ZJ einen internen Hilfsdienst organisiert, über den alle aktuellen medizinischen Artikel, die für die Therapie ohne Fremdblut relevant sind, weltweit behandelnden Ärzten nach Bedarf zur Verfügung gestellt werden.

Es gibt Mediziner, die sich nicht nur aus Respektierung religiöser Überzeugungen um Alternativverfahren bemühen. Sie stehen der Hämotherapie auch aus medizinischen Gründen skeptisch gegenüber, weil sie mit erheblichen Nebenwirkungen und Risiken belastet sei.[258] Nach der zu dem Problemkomplex in jüngster Zeit erschienenen Literatur wächst jedenfalls die Wahrscheinlichkeit, daß sich – bis auf wenige, allerdings bedeutsame Ausnahmen[259] – die medizinischen Schwierigkeiten lösen lassen.[260] Das Herbst-Heft 1997 von Time Magazine war den „Heroes of Medicine“ gewidmet. In einem Artikel über „Bloodless Surgery“ heißt es: „According to some estimates, 25 % of U.S. transfusions are unnecessary.“[261] Auch auf seiten der Patienten gibt es – jenseits religiöser Überzeugungen – einen Trend, möglichst auf Fremdblut verzichten zu wollen. „... increasing numbers of other patients [scil. als ZJ] today refuse transfusions out of fear of blood-borne diseases such as Aids and hepatitis, not to mention unidentified viruses. Their concern is not always misplaced. Blood transfusions, while safer today than in the past are not risk free ... Transfusions can suppress the immune system, for example, leaving the patient open to infection, slower healing and a longer recovery time.“[262]

Auffallend ist, daß im Kontext der „Rechtstreue“-Problematik völlig darauf verzichtet wird, offenkundige Rechtsbrüche seitens der evangelischen Amtskirche zu thematisieren. In der Kirchenasyl-Problematik etwa verstoßen Kirchengemeinden – unter stillschweigender oder ausdrücklicher Duldung der Kirchenleitungen – gegen geltendes Recht und berufen sich dabei ebenfalls auf einen Gewissensvorbehalt gegenüber dem staatlichen Recht.[263] Dies ist nicht das erste Mal so. Im Zusammenhang mit der Nachrüstungsdebatte hat es bereits Anfang der 80er Jahre – durch Blockaden u. ä. – erhebliche Rechtsbrüche aus Gewissensgründen durch Bedienstete der evangelischen Kirche gegeben. Ebenso wäre das Engagement Geistlicher im Zusammenhang mit der Verhinderung von Castor-Transporten in atomare Zwischenlager zu nennen. Auch wenn einzuräumen ist, daß dieses Fehlverhalten auf einer anderen Ebene liegt, bleibt festzuhalten, daß es Verstöße gegen die Rechtstreue auch im großkirchlichen Umfeld gibt.

Zum Gewissensvorbehalt ist grundsätzlich zu sagen: Der Staat geht davon aus, daß es zu den elementaren Rechten eines Menschen gehört, gegen die staatliche Rechtsordnung Gewissensvorbehalte geltend zu machen. Das Grundrecht der Gewissensfreiheit ist geradezu klassischer Ausdruck des Gedankens des Gewissensvorbehalts gegenüber dem Staat und seinen Gesetzen. Der Staat erkennt auch das Selbstbestimmungsrecht von Kirchen und Religionsgemeinschaften deshalb an, weil er diesen zugesteht, daß es eine Sphäre des Menschen gibt, die von staatlicher Regelung frei zu bleiben hat, weil die geistig-geistliche Freiheit des Menschen geschützt sein muß. Der Staat soll seinen Bürgern nicht vorschreiben, was sie zu denken und zu glauben haben. Das Grundgesetz hat deshalb religionsrechtliche Regelungen abzuwehren, die es dem Staat erlauben würden, in diesen geistig-geistlichen Raum hinein Einfluß auszuüben.

Auch im Bereich des Sozial- und Arbeitsrechts sieht Link Probleme, weil die vollzeitig im Predigtdienst beschäftigten ZJ bei äußerst hoher Stundenzahl eine sehr geringe Vergütung erhielten. Weder sei eine Altersversorgung noch eine Kranken- und Invaliditätsversorgung vorgesehen. Eine Entsprechung mit Orden oder ordensähnlichen Kongregationen hält Link nicht für gegeben – im wesentlichen, weil die Predigtdiener der ZJ keine eigene religiöse Vereinigung bildeten. Immerhin räumt er ein, daß die WTG seit 1991 der Verpflichtung zur Nachversicherung nachkommt.[264] Im Zusammenhang mit der Problematik Krankenversicherung bezweifelt Link, daß eine „Gewinnerzielungsabsicht" nicht bestehe, obwohl das HessLSG eine solche ausgeschlossen hat. Mit dem Wegfall der Gemeinnützigkeit träte die Krankenversicherungspflicht in Kraft.

Bei seinen Ausführungen über das Sozial- und Arbeitsrecht zeigt Link, daß er sich im religionsgemeinschaftlichen Recht der Zeugen Jehovas kaum auskennt. So hat er z. B. nicht zwischen allgemeinen Pionierpredigern und Angehörigen der ordensähnlichen Gemeinschaft der Sondervollzeitdiener unterschieden.[265] Darum muß er zu unzutreffenden Schlußfolgerungen kommen. Die ordensähnliche Gemeinschaft der Sondervollzeitdiener ist vergleichbar mit einem Orden, da die Sondervollzeitdiener eine von den übrigen Gläubigen abgegrenzte, besondere Gruppe innerhalb der Glaubensgemeinschaft bilden. Dieser Sachverhalt ist z. B. dadurch belegt, daß die Sondervollzeitdiener ein besonderes Gelübde des Verzichts auf Erwerbstätigkeit ablegen, wenn sie Mitglied dieser ordensähnlichen Gemeinschaft werden. Die Mitglieder dieser Gemeinschaft leisten den Vollzeitdienst allein aus religiöser Motivation freiwillig und ehrenamtlich. Sie stehen unter keiner Leistungsverpflichtung oder Weisungsgebundenheit und können ihren freiwillig geleisteten Dienst jederzeit wieder einstellen. Es besteht also kein arbeitsrechtliches Dienstverhältnis mit der WTG. Da Link diese Hintergründe außer acht läßt, wirft er unterschiedliche Sachverhalte in bezug auf die Organisation der Glaubensgemeinschaft der ZJ durcheinander. So gelangt er in seinem Gutachten zu Ergebnissen, die bisher weder von einer Behörde noch einem Gericht festgestellt werden konnten. Im Gegenteil: Über einen Zeitraum von mehreren Jahrzehnten haben die zuständigen Behörden die Verfahrensweise der Zeugen Jehovas als rechtmäßig beurteilt. Das einzige für diesen Komplex einschlägige Gerichtsverfahren wurde vor dem Hessischen Landessozialgericht zugunsten der Glaubensgemeinschaft der ZJ entschieden. Die zuständigen Fachbehörden haben somit – nach wiederholter genauester Prüfung der Sachverhalte (unter Einschluß mehrerer „Betriebsprüfungen") – kein rechtswidriges Verhalten der ZJ feststellen können. Bei den Tätigkeiten der ordensähnlichen Gemeinschaft handelt es sich um Religionsausübung und nicht um eine gewerbliche Tätigkeit, die entlohnt wird. Dieser Sachverhalt wurde vom Finanzamt so anerkannt.

Hinsichtlich der 1991 begonnenen Nachversicherung ist eine auch nur ansatzweise pejorative Deutung ausgeschlossen. Ende 1990 wurde bekannt, daß ein Gesetz in Kraft getreten war, durch das die Nachversicherungspflicht in der Rentenversicherung begründet wurde. Diesem Gesetz leisteten die ZJ 1991 Folge.

Zur Krankenversicherung ist zu sagen, daß die ordensähnliche Gemeinschaft der Sondervollzeitdiener der ZJ für die Ordensmitglieder eine lebenslange Versorgung übernimmt. Das schließt – entgegen anderslautenden Behauptungen[266] – die Versorgung im Krankheitsfall genauso mit ein wie die Versorgung im Alter. Für die chronisch Kranken und die einer Alterspflege Bedürftigen stehen in Bethel drei Ärzte, ein Zahnarzt und mehrere ausgebildete Krankenpfleger zur Verfügung.

Die im Zusammenhang mit der Alters- und Krankenversorgung von Link ausgesprochene Vermutung fehlender Rechtstreue der ZJ gegenüber ihren Sondervollzeitdienern mag mit der Darstellung Klaus-Dieter Papes zusammenhängen. Dieser zitiert aus einem internen sechs Seiten umfassenden „Rundschreiben für alle Vollzeitdiener über Stellung, Krankenversicherung und Verhalten bei Unfällen" vom 1. Mai 1983.[267] Darin heißt es, die Krankenversicherung würde nicht eintreten, wenn der Sondervollzeitdiener während seiner Dienstzeit einen Unfall erlitte. In solchen Fällen würden die Kosten der WTG „zur Zahlung aufgegeben, und Ihr müßt[et] sie uns dann erstatten... In einem solchen Fall bitten wir Euch, uns entsprechende Vorschläge zur Rückzahlung der bezeichneten Kosten zu unterbreiten."[268] Diese seit 1991 nicht mehr gültige Verfahrensweise begründete keine Rechtspflicht des einzelnen Sondervollzeitdieners zur Rückzahlung der verauslagten Kosten für Gesundheitspflege. Ihm wurde, verbunden mit der Bitte um einen Rückzahlungs-Vorschlag, der verauslagte Betrag mitgeteilt. Außerdem wurde ein internes Buchungskonto angelegt, um Rückzahlungen entsprechend verbuchen zu können. Nach Auskunft der WTG-Zentrale in Selters wurde aber keiner der Vollzeitdiener in irgendeiner Weise genötigt, entsprechende Zahlungen vorzunehmen. Sei ein Vollzeitdiener nicht willens oder in der Lage gewesen, entsprechende Rückzahlungen vorzunehmen, habe dies zu keinerlei Konsequenzen geführt. Dieses Verfahren wird vor dem Hintergrund verständlich, daß die Sondervollzeitdiener vor Eintritt in die ordensähnliche Gemeinschaft eben kein Armutsgelübde, sondern lediglich ein Gelübde des Verzichts auf Erwerbstätigkeit leisten. Somit kann der einzelne durchaus über Vermögen verfügen. Handelte es sich um einen solchen Fall, hielt der Brief jeden einzelnen dazu an zu prüfen, ob es dem Betroffenen angemessen erschien, die Kosten für seine Gesundheitspflege aus den Spendengeldern der Glaubensgemeinschaft zu finanzieren. Seit 1991 ist jedoch dieses Verfahren nicht mehr in Gebrauch. Weder wird seither von dem einzelnen Sondervollzeitdiener eine Rückzahlung erwartet, noch werden irgendwelche gesonderten Buchungskonten hierfür geführt.

Für die Behandlung des 83er Rundschreibens durch K.-D. Pape ist bemerkenswert, daß er unerwähnt läßt, womit sich 19 der 27 Punkte des Papiers befaßten: mit der Möglichkeit, daß alle Vollzeitdiener einen freiwilligen Krankenversicherungsschutz für nichtversicherungspflichtige Personen „zu Beitragssätzen, die für Vollzeitdiener noch erschwinglich sind, abschließen“ könnten, weil die WTG eine entsprechende Mantelvereinbarung mit der Deutschen Angestellten-Krankenkasse (DAK) getroffen habe. Problematisch erscheint auch der Versuch Papes, den 83er Rundbrief in Sachen Krankenversicherung an die Vollzeitdiener mit einem ebenfalls sechsseitigen Rundbrief vom 2. Dezember 1991 in Sachen Gebäude-Haftpflichtversicherung an die Ältestenschaft der Glaubensgemeinschaft assoziativ zu verknüpfen. Auch hier, so Pape, solle der Person, die sich auf einem WTG-Grundstück (Königreichssaal) verletzt habe, verschwiegen werden, „daß eine Versicherung den Schaden übernimmt". Das Zitat aus dem WTG-Rundbrief hat freilich einen ganz anderen Hintergrund: Erst mit Ablauf des Versicherungsjahres kann festgestellt werden, ob tatsächlich die Versicherung den Schaden begleicht oder ob dieser unter den Sockelbetrag fällt, den die WTG selbst zu entrichten hat.

Die Ausführungen und Feststellungen Links zur Gemeinnützigkeit der Zeugen Jehovas scheinen rechtspolitische Weichenstellungen im Blick auf künftige Entwicklungen intendieren zu wollen. Bei der Beurteilung dieses Komplexes ist besonders zu beachten, daß die ZJ während ihres gesamten rechtlichen Bestehens als gemeinnützig anerkannt worden sind. Dabei wurden sie laufend durch die Finanzbehörden geprüft. Die Prüfungen waren zudem besonders intensiv und genau, weil das Finanzamt von religiösen Gegnern immer wieder auf angebliche Verstöße gegen die Gemeinnützigkeit hingewiesen wurde. Trotz solcher Denunziationen gelangte die Finanzbehörde bei ihren Prüfungen stets zu dem Ergebnis, die Zeugen Jehovas seien als gemeinnützig einzustufen. Link unterläßt es, auf diese Fakten hinzuweisen, und behauptet statt dessen aufgrund einer völlig ungenügenden Untersuchung des Sachverhalts ein gegenteiliges Ergebnis.

Vor dem Hintergrund der elterlichen Sorge bewertet Link die Erziehungsmaximen der ZJ kritisch. Dabei nennt er zum Teil Aktivitäten, die durchaus nicht mehr zum selbstverständlichen Kultur-Konsens dieser Gesellschaft gehören. „Der Gemeinschaft angehörende Kinder dürfen sich ... weder an Aktivitäten im Zusammenhang mit Feiertagen aller Art (Weihnachten, Neujahr, Ostern, Valentinstag, 1. Mai, Muttertag, Allerheiligen, nationale Feiertage) beteiligen, also auch nicht etwa am Singen von Weihnachtsliedern, Basteln, Austauschen von Geschenken, Ostereiersuchen, noch an außerlehrplanmäßigen Veranstaltungen: an organisiertem Sport ..., Schulbällen ..., Schulvereinen ... oder Jugendverbänden ...“[269] Es gibt zahlreiche Gruppen in unserer Gesellschaft, die aus religiösen oder gar keinen Gründen keine Weihnachtslieder singen und viele der anderen Feste ebenfalls nicht feiern. Diese Menschen feiern eben auf andere Weise andere Ereignisse. So ist das auch bei den Zeugen Jehovas. Die Taufen während der ZJ-Kongresse lassen sich sehr wohl als Feierhandlungen verstehen. In den meisten Familien der ZJ werden auch Familienfeiern begangen, so z. B. der Hochzeitstag. Die wichtigste religiöse Feier der ZJ, das Abendmahl des Herrn am 14. Nisan, ist in den Familien von ZJ ebenfalls ein besonderer Tag, der entsprechend begangen wird.

Auf der anderen Seite betrachten selbst viele Christen der Großkirchen die oft sinnentleerten Feierlichkeiten des „Abendlandes“ mit großer Skepsis und bemühen sich daher um größte Sparsamkeit im Benutzen ehemals christlicher Traditionen.[270] Angesichts der längst fragwürdigen Festkultur in Westeuropa und Nordamerika erscheint die affirmative Wertung dieser Veranstaltungen als Quelle kindlicher Freude und Kommunikationsfähigkeit weit überzogen. Daran ändern auch stark vom Hypothesenkomplex einsichtspsychologischer Schulen bestimmte und emotional hoch aufgeladene Einzelfalldarstellungen nichts. „Frau E. sehnt sich nach Fröhlichkeit und möchte gern ins Kino gehen. Sie möchte zu Weihnachten einen Weihnachtsbaum haben.“[271] Auch den Altpietisten wurde und wird zu Unrecht nachgesagt, ihnen sei Fröhlichkeit fremd. Es handelt sich dabei um vorurteilsbedingte Stereotypen, die der Realitätsüberprüfung nicht standhalten.

Daß Kinder von Zeugen Jehovas keinen privaten Umgang mit Klassenkameraden anderen Glaubens haben dürften, trifft ebensowenig zu wie die Behauptung, sie dürften keinen Sport treiben, nicht musizieren und nicht an Klassenfahrten teilnehmen. Die Zurückhaltung gegenüber Tanz und Glücksspiel haben ZJ mit vielen anderen Religionsgemeinschaften vor einem bestimmten puritanisch-christlichen Hintergrund gemeinsam. Entgegen der immer wieder geäußerten Behauptung, der Genuß von Alkohol sei den ZJ verboten, wird lediglich Alkoholmißbrauch verurteilt. Neben dem – längst falsifizierten[272] – Vorwurf der „sozialen Isolation“ klagt Link die ZJ an, sie züchtigten ihre Kinder.[273] Über eine höhere Rate von Kindesmißhandlung bei ZJ ist in der Literatur nichts bekannt. Dagegen werden sehr wohl Parameter genannt, die zu solchen Delikten führen. In erster Linie handelt es sich um wirtschaftlich in verzweifelten Verhältnissen lebende Menschen; Kindesmißhandlung aus religiöser Motivation ist in Westeuropa und Nordamerika unbekannt.[274]

Insgesamt belegen Links Ausführungen über die Erziehungsmaximen der ZJ, wie wenig er sich um eine zutreffende Analyse des Sachverhaltes bemüht hat. So behauptet er Verhaltensweisen, die bereits von Gerichten als unwahre Tatsachenbehauptungen festgestellt bzw. von Verlagen als solche eingeräumt werden mußten. Dies betrifft seine Äußerung bezüglich Basteln, Teilnahme an außerplanmäßigen Veranstaltungen wie organisiertem Sport, Schulbällen, Schulvereinen oder Jugendverbänden. Sämtliche genannten Aktivitäten sind Kindern von Zeugen Jehovas erlaubt; sie stehen im Entscheidungsermessen der Eltern, die auf die Bedürfnisse ihrer Kinder Rücksicht nehmen sollen. Die Aussage bezüglich des Verbots des privaten Umgangs mit Klassenkameraden anderen Glaubens wurde beispielsweise vom Landgericht Leipzig als unwahre Tatsachenbehauptung festgestellt.[275] Es nimmt wunder, daß Link die Urteile aus den Bereichen des Familien- bzw. Kindschaftsrechts für sein Gutachten nicht heranzieht.[276]

Indem er als Staats- und Kirchenrechtler populistische Äußerungen und nachweislich falsifizierte Darstellungen wiederholt, schafft Link zwar keine neuen Vorurteile, aber er substantiiert aufgrund seines Status die bestehenden.

Wie sich Vorurteilsbildung vollziehen kann, zeigt der folgende Fall: Ralf Abel, Professor für Wirtschaftsrecht an der Fachhochschule Schmalkalden, berichtete, das AG-FamG Passau habe einer Mutter das Sorgerecht für ihr Kind entzogen, weil sie dieses grundlos und heftig zu schlagen pflegte; die Mutter begründete ihr Züchtigungsverhalten mit dem Hinweis, sie folge nur den Erziehungsmaximen ihrer Glaubensgemeinschaft, der Zeugen Jehovas.[277] „Das Gericht", so Abel, „berücksichtigte den Umstand, daß die Mutter den Zeugen Jehovas angehörte und die von ihr für richtig gehaltene Züchtigung des Kleinkindes auf Glaubensregeln und Erziehungsmethoden dieser Gemeinschaft zurückzuführen war."[278] RA Gerhard Hessler korrigierte den Bericht Abels: Er vermittele „einen falschen Eindruck über die aktuelle Rechtsprechung... Unerwähnt blieb, daß die Entscheidung des AG Passau vor dem OLG München keinen Bestand hatte und die Ehefrau die elterliche Sorge wieder zugesprochen bekam..."[279] Abel, übrigens Sachverständiger der Enquete-Kommission zu „Sog. Sekten und Psychogruppen" und wiss. Beirat des von dem Berliner Sektenbeauftragten Thomas Gandow geführten „Dialog Zentrums Berlin",[280] hatte mit seinem Bericht, der nochmals in Gandows Zeitschrift „Berliner Dialog" erschien,[281] die herrschende Rechtsprechung auf den Kopf gestellt und war damit – gewollt oder nicht – rechtspolitisch tätig geworden. Kommentar Hessler: „Politische oder persönliche Vorgaben wirken irreführend und manipulierend, da sie der Leser nicht erwartet und nicht in seine Überlegungen mit einbeziehen kann."[282]

In der ZJ-Loseblattsammlung „Schutz der Familie", die auch Leitlinien für das Familienleben enthält, heißt es unter „Biblische Grundsätze anwenden": „Sowohl ein Mangel an Interesse als auch übermäßig strenge Zucht sind Extreme, vor denen die Eltern sich hüten müssen. In Gottes Wort wird der Rat gegeben: ‚Väter, reizt eure Kinder nicht zum Zorn, sondern zieht sie weiterhin auf in der Zucht und in der ernsten Ermahnung Jehovas' (Epheser 6, 4; Sprüche 22, 6)... Zucht ist zwar manchmal unumgänglich, aber sie sollte in Liebe erteilt werden (Sprüche 13, 24). Wie sehr wird es doch zum Glück in der Familie beitragen, wenn dieser Rat befolgt wird!... Wie sollten Familienprobleme behandelt werden? Mit Liebe, denn die Bibel rät: ‚Laßt alle eure Angelegenheiten mit Liebe geschehen' (1. Korinther, 16, 14). Es sollte sich um eine tiefverwurzelte Liebe handeln, die bereit ist, über Unvollkommenheiten und die persönlichen Eigenarten hinwegzusehen, die einen sonst erzürnen oder einem auf die Nerven gehen könnten. In der Bibel heißt es: ‚Habt vor allem inbrünstige Liebe zueinander, denn Liebe deckt eine Menge von Sünden zu' (1. Petrus 4, 8)."[283] Von Prügelstrafen ist hier also nicht die Rede. Allerdings wird von Kritikerseite immer wieder auf eine Schrift der WTG aus dem Jahr 1978 hingewiesen, wonach unter Hinweis auf Sprüche 13, 24 auch die körperliche Züchtigung als Erziehungsmittel erlaubt scheint.[284] Abweichungen von Erziehungsgewohnheiten anderer gesellschaftlicher

Gruppen unseres Kulturkreises, die Ohrfeigen und ähnliche Züchtigungen ebenfalls gebrauchen, sind jedoch nicht bekannt.

Schließlich behauptet Link, die Kinder von ZJ hätten schlechtere Bildungschancen, obwohl religionssoziologische Untersuchungen aus anderen Ländern diese Behauptung in Abrede stellen.[285] Unter den ZJ gibt es auch zahlreiche Hochschulabsolventen. Allein eine vergleichende Sozialstatistik zwischen den Mitgliedern der Religionsgesellschaften in der Bundesrepublik könnte hier endgültige Klarheit schaffen.[286] Als lehrreiches Beispiel sei darauf hingewiesen, daß es im 19. Jahrhundert durchaus ein durchschnittlich höheres Ausbildungsniveau unter Protestanten gab als unter Katholiken.[287] Multifaktorielle Erklärungen dieses Sachverhalts sollten zur Vorsicht gegenüber einlinigen Deutungsversuchen mahnen.

Es ist im Zusammenhang mit der Kindererziehung interessant zu beobachten, wie stark Vorurteile gegenüber kleinen Religionsgemeinschaften durch Behördenentscheidungen und die Rechtsprechung Faktizität erlangen. So entschied das Amtsgericht Landau (Pfalz) im Streit konfessionsverschiedener Eltern, wer für die religiöse Kindererziehung zuständig sei, zugunsten des großkirchlichen Bekenntnisses.[288] Weder wurden Sachverständige gehört, noch hatte das Jugendamt eine entsprechende Empfehlung ausgesprochen. Eines der Kinder war überdies 14 Jahre alt, also religionsmündig, und hatte sich zugunsten der ZJ entschieden. Das Gericht ignorierte die Entscheidung des Kindes. Nach dem bis 1. 7. 1998 gültigen Kindschaftsrecht wurde im – hier nicht gegebenen – Scheidungsfalle in der Regel das Sorgerecht der Mutter zugesprochen, sofern sie die Kinder überwiegend betreute. Auch im vorliegenden Fall war der Vater berufsbedingt häufig abwesend, so daß überwiegend der Mutter die Erziehung der Kinder oblag. Daran sollte sich auch nach dem Urteil nichts ändern. Der damit entstehenden psychologischen Problematik, daß die den ZJ angehörende Mutter ihre Kinder im Glauben des Vaters (mit)erziehen sollte, schenkte das Gericht keine Beachtung.[289]

In einem anderen Fall – es handelte sich um einen Streit über das väterliche Recht, mit seinem Kind aus einer nicht mehr bestehenden nichtehelichen Lebensgemeinschaft persönlichen Umgang zu pflegen – nutzte der Vater die Religionszugehörigkeit der Mutter (ZJ) als Waffe in der auch über die Medien geführten Auseinandersetzung. Der Anwalt der Mutter wurde als „Sektenanwalt" etikettiert, obwohl weder die Religionszugehörigkeit des Anwalts noch die der Kindsmutter in irgendeinem Zusammenhang mit dem Rechtsstreit stand.

Der Großmutter B., die seit 1989, der Geburt des Kindes Sascha A., ununterbrochen für das Kind gesorgt hatte, wollte das Amt für Soziale Dienste der Freien Hansestadt Bremen Anfang Juni die Pflegeerlaubnis entziehen. Neben dem seit eh und je bekannten Alter der Frau tauchte als Begründung plötzlich die Sorge vor „Entwicklungseinschränkungen des Kindes durch praktizierende Mitgliedschaft der Großmutter bei den Zeugen Jehovas"[290] auf.

Seit den 80er Jahren hatte die Familie E. verschiedenen Jugendämtern immer wieder als Bereitschaftspflegestelle gedient. Als dem Jugendamt der Stadt Bergheim bekannt wurde, daß die Pflegeeltern der Glaubensgemeinschaft der ZJ angehörten, wurde ihnen die Dauerpflegeerlaubnis für das Kind Silvana S. entzogen und die Bereitschaftspflege aufgelöst.[291] In der Begründung für diese Entscheidung werden die bekannten Vorurteile wiederholt und damit für die Betroffenen wie für die Behörde zur Realität. Nach Auffassung der Stadt Bergheim setzen sich „Mitglieder der Zeugen Jehovas in einen schon verfassungsrechtlich nicht hinnehmbaren Widerspruch zur staatlichen Ordnung" und betreiben „eine Erziehung, die letztlich gegen wesentliche Teile des Grundgesetzes gerichtet ist". Als Beweis für diese Behauptungen wird Informationsmaterial einer privaten Beratungsstelle vorgelegt. „Aus pädagogischer Sicht", so das Jugendamt, „ist deshalb der Schutz der kindlichen Bindungen [an die Pflegeeltern] keinesfalls höher zu bewerten ... als eine nicht grundgesetzkonforme Erziehung und Sozialisation, die bei einer sozialen Isolation in Kauf genommen werden muß."[292] In diesem Fall entschied das Amtsgericht Bergheim gegen den Beschluß des Jugendamtes. Da die Vorwürfe sich nicht substantiieren ließen, konnte das Gericht es „nicht als Gefährdung des Kindeswohls" ansehen, „daß die Eheleute der Glaubensgemeinschaft der Zeugen Jehovas angehören".[293]

Nachdem dem Amt für Jugend und Familie in Velbert nach über zwei Jahren bekannt wurde, daß die Pflegeeltern K. Mitglieder der ZJ sind, wurde das vierjährige Kind Azizza E. auf Veranlassung des Amtes ohne deren Wissen vom Kindergarten abgeholt, den Pflegeeltern entzogen und an einen zunächst unbekannten Ort gebracht. Den Pflegeeltern wurde zunächst jeglicher, auch begleiteter Kontakt verwehrt. Außer der Religionszugehörigkeit wurde kein Grund für die Maßnahme angegeben. Später festgestellte Verhaltensauffälligkeiten auf seiten des Kindes legte das Amt den Pflegeeltern zur Last, ohne auch nur zu erwägen, daß diese auf die Trennung zurückzuführen sein könnten. Ein Bericht der Arbeiterwohlfahrt (AWO) vom 7. 9. 1998 kam zu dem Ergebnis, daß weder die leibliche Mutter des Kindes noch die Vollzeitpflege bei Familie K. zu befürworten sei. Da die Pflegeeltern sich um das Wohl des Kindes sorgen, strengten sie einen Rechtsstreit gegen die Entscheidung des Amtes an. Dieser ist noch nicht abgeschlossen. Im Schriftsatz des Verfahrenspflegers vom 14. 10. 1998 begegnen alle bekannten Vorurteile gegen die ZJ. „Es geht um die religiöse Einstellung der ehemaligen Pflegeeltern." In der Darstellung des Prozeßbevollmächtigten der Pflegeeltern wie bei den Pflegeeltern selbst zeige sich „der absolute Gehorsamsanspruch der Wachtturmsgesellschaft, welcher zur Konsequenz hat, daß das eigene Handeln nicht mehr reflektiert werden kann".[294]

Die gesellschaftliche Ausgrenzung von ZJ im Falle der Betreuung Behinderter gehört ebenfalls in den Komplex einer Praxis, in der sich durch amtliche Entscheidungen aus Vorurteilen gesellschaftliche Realität gestaltet. Im amtlichen Schreiben des Landkreises A. an das Vormundschaftsgericht vom 23. 3. 1998 heißt es: „Nach unserer Kenntnis soll Herr X, der nach eigenem Bekunden gerne die Betreuung für Y übernehmen möchte, der Sekte bzw. Glaubensgemeinschaft ‚Zeugen Jehovas' angehören, und zwar in führender Position. Dieser Personenkreis wird im allgemeinen für Betreuungsaufgaben ausgeschlossen."[295] Der allgemein erhobene und auch von Link[296] wiederholte Vorwurf, ZJ beteiligten sich nicht am öffentlichen Leben, erscheint in merkwürdigem Licht, wenn Mitgliedern dieser Religionsgemeinschaft sogar untersagt wird, für Behinderte soziale Verantwortung zu übernehmen.

In merkwürdigem Gegensatz dazu steht die Tatsache, daß verschiedene Zeugen Jehovas gerade wegen ihres sozialen Engagements mit dem Bundesverdienstkreuz ausgezeichnet wurden.[297] 1994 wurde beispielsweise die damals 74jährige Helene Schreiber mit dem Bundesverdienstkreuz am Bande ausgezeichnet, weil sie einen geistig Behinderten in ihrem Haus aufgenommen und ihn 22 Jahre lang in vorbildlicher Weise sprachlich gefördert und gepflegt hatte. Im Solinger Tageblatt hieß es dazu: „Die Kraft für ihre freiwillige Aufgabe findet Helene Schreiber in der Religion. Sie gehört der Glaubensgemeinschaft der Zeugen Jehovas an, die Hilfe für Notleidende als ihre von Gott gegebene Pflicht ansieht."[298] Nachdem der Solinger Oberbürgermeister im Auftrag des Bundespräsidenten die Ehrung vorgenommen hatte, bedankte sich Frau Schreiber „mit einem Buch über die Glaubensgemeinschaft".[299]

Zusammenfassende Kritik an dem Linkschen Gutachten

Die ZJ haben inzwischen eine ausführliche Stellungnahme zu dem Linkschen Gutachten abgegeben.[300] Darin heißt es eingangs, Links Gutachten zeige „nicht die für eine objektive Stellungnahme notwendige innere Distanz zum Thema, sondern“ verrate „Voreingenommenheit gegenüber Zeugen Jehovas“. Dem kann leider nicht widersprochen werden.[301] Die eigentliche Problematik des Linkschen Gutachtens besteht darin, daß er sich bei den von ihm notierten kritischen Punkten – mit einer Ausnahme – nicht auf Vergleiche mit anderen Religionsgesellschaften eingelassen hat. Durch die isolierte Betrachtungsweise entsteht der Eindruck, allein bei den ZJ gäbe es – aus juristischer Perspektive – kritikwürdige Vorgänge. Link argumentiert – ohne seine weltanschaulichen Basissätze direkt offenzulegen – aus dem großkirchlich-protestantischen Milieu heraus und stützt sich vornehmlich auf das Schrifttum von ZJ-„Apostaten“ und Sektenbeauftragten der evangelischen Kirche. Einschlägige Arbeiten von Soziologen und Religionswissenschaftlern werden dagegen in der Regel nicht herangezogen.[302] Um einen direkten Kontakt mit der Zentrale „Bethel“ in Selters/Ts. hat er sich wohl nie bemüht, das Selbstverständnis der Religionsgemeinschaft wurde ebenso ignoriert wie deren Schrifttum. So können die ZJ in ihrer Stellungnahme Link zahlreiche peinliche Versehen, Zitierfehler und Fehlinterpretationen nachweisen, die durch eine Diskussion seines Beitrages mit den Betroffenen oder durch sorgfältigere Recherchen hätten vermieden werden können. Auch enthält das Linksche Gutachten historische und theologische Ausführungen und Wertungen, die an sich gar nicht zu der vorgegebenen Fragestellung „Körperschaftsstatus – Ja oder Nein“ gehören.[303] Durch dieses Vorgehen entwirft er ein Gesamtporträt der „Organisation“, das deutlich pejorative Züge trägt. Gegenüber dem von Link stets vorausgesetzten Abhängigkeitssyndrom der Mitglieder dieser Religionsgemeinschaft infolge von Gruppendruck und Isolationsdrohung behaupten die ZJ, daß es die freie Gewissensentscheidung eines jeden Mitgliedes sei, etwa Wehrdienst oder Bluttransfusionen abzulehnen. Daß die in Rede stehende Begrifflichkeit – etwa „Gewissensentscheidung“, „Toleranz“ etc. – in beiden Settings ganz unterschiedlich verstanden werden muß, wird freilich in beiden Papieren nicht reflektiert. Die ZJ haben die „Zeitschrift für Evangelisches Kirchenrecht“ – also jenes Organ, in dem auch Links Gutachten erschien – gebeten, ebenfalls eine Stellungnahme von ihrer Seite abzudrucken. Doch die Zeitschrift lehnte ab.[304] Damit wurde der – ansonsten gewünschte – öffentliche Diskurs mit den ZJ verhindert und die Linksche Arbeit gegenüber Kritik von seiten der Betroffenen immunisiert. Demgegenüber können die ZJ darauf verweisen, daß sie einen offenen Dialog auch mit Kritikern ihrer Religionsgemeinschaft führen. So besuchte Andreas Fincke von der Evangelischen Weltanschauungszentrale in Berlin im Sommer 1998 das Zentrum der WTG in Selters.[305]

Unabhängig von dem u. E. unzutreffenden Gesamturteil Links ist freilich zu fragen, ob den ZJ an einer Anerkennung als „Körperschaft des öffentlichen Rechts" überhaupt gelegen sein kann. Zahlreiche Untersuchungen in den Vereinigten Staaten haben nachweisen können, daß jenen Denominationen, die in den Großkirchen die „Hure Babylon" sahen, durch wachsende Anpassung an das gesellschaftliche System das gleiche Schicksal beschieden war.[306] Auch sie wurden zu liberalen Mainline Churches und verloren nicht zuletzt darum zunehmend an Mitgliedern.

Zwischen- und Endbericht der Enquete-Kommission des Deutschen Bundestages zu „Sog. Sekten und Psychogruppen" und ihre Empfehlungen

Die bereits erwähnte Enquete-Kommission des Deutschen Bundestages zu „Sog. Sekten und Psychogruppen" hat Mitte Juli 1997 ihren Zwischenbericht vorgelegt.[307] Schon vorher war ein Streit zwischen den SPD- und den Bündnis 90/Die Grünen-Mitgliedern ausgebrochen. In der Substanz ging es in diesem Streit um die Offenheit der Grünen, das Thema im Rahmen der rechtsstaatlichen Grenzen gelassen anzugehen und es nicht auf die Forderung nach Repressionen zu verengen. Die SPD-Mitglieder warfen dagegen den Grünen zumindest eine gewisse Arglosigkeit vor – besonders im Umgang mit den Scientologen.[308]

Woran die Arbeit der Enquete-Kommission krankt, geht aus dem Sondervotum der Grünen zum Enquete-Zwischenbericht hervor. „Es ist ungeklärt, welche Organisationen, Gemeinschaften oder Bewegungen mit ‚sogenannten Sekten und Psychogruppen' gemeint bzw. nicht gemeint sind."[309] Grundsätzlich würden alle religiösen und weltanschaulichen Gruppierungen ins Visier genommen, die „in Deutschland nicht zu den Religionen gehören, die bis zur Trennung von Kirche und Staat die Stellung einer Staatskirche innehatten".[310] Protest erhoben die Grünen auch gegen ein dem Zwischenbericht beigefügtes Papier, das die Fragestellung auf „Lebenshilfe, Persönlichkeitsentwicklung und Therapieangebote – Betätigungsfelder einschlägiger Gruppen und daraus resultierender Problemfelder" ausdehnte. Alle „Anbieter auf dem Religions-, Weltanschauungs- und Psychomarkt" müßten befürchten, daß „schwerste Beschuldigungen undifferenziert und ohne jeden Nachweis erhoben" würden.[311] Die mit Mehrheit beschlossenen Handlungsempfehlungen „zur Regelung der gewerblichen Lebensbewältigungshilfe..." halten die Grünen „ohne vorherige Diskussion für verfrüht".[312] Im Kielwasser der einseitig auf Scientology konzentrierten Diskussion haben nicht zuletzt Sektenbeauftragte der evangelischen Kirche eine Ausdehnung der Zuständigkeit des Verfassungsschutzes auf „Sekten, Psychokulte und neureligiöse Bewegungen" nachhaltig gefordert.

Tatsächlich beziehen die Handlungsempfehlungen der Enquete-Kommission auch weitere Gesetzes-Initiativen „zum besseren Schutz der Verbraucher auf dem Psychomarkt" ein: das seit 20 Jahren diskutierte Psychotherapiegesetz[313] und ein Gesetz zur Regelung der gewerblichen Lebensbewältigungshilfen.[314] Greifen alle Maßnahmen, wird der freie Religions- und Lebensbewältigungs-Markt in Deutschland bald ausgetrocknet sein. Am Ende bleiben die Kirchen, die Schulmedizin und vielleicht ein paar Diplompsychologen mit therapeutischer Zusatzausbildung übrig.

Wenn es so etwas wie einen religiös-weltanschaulichen „Verbraucherschutz" geben soll, wer erhält das Recht, die Lizenzen auszustellen? Die Großkirchen bzw. Mainline Churches wohl nicht. Denn ihr Anliegen dürfte in erster Linie darin bestehen, die unliebsame Konkurrenz aus dem Spektrum religiöser Anbieter verschwinden zu lassen.

Die „Tyrannei der Wahl", von der Hannah Arendt einst gesprochen hat, kehrt im Zeitalter der beginnenden Postmoderne zurück. Die Last der Verantwortung für jede ethische Entscheidung liegt auf jedem einzelnen.[315] Davon kann und soll ihn kein Staat durch die Wiederaufrichtung paternalistischer, obrigkeitsstaatlicher Strukturen befreien wollen.

Auf den Zwischenbericht hin meldete sich eine Reihe der betroffenen „Sekten und Psychogruppen" zu Wort – darunter auch die ZJ. Im Unterschied zu anderen Gruppierungen hatten die ZJ die beiden Fragebogen der Enquete-Kommission ausgefüllt und den Mitgliedern weiteres Material zur Verfügung gestellt. Mit Erstaunen mußten sie feststellen, daß das „bislang eingereichte Material nirgendwo Berücksichtigung fand".[316] Überdies verwiesen sie auf gravierende Diskriminierungen durch eine Landesregierung und öffentliche Einrichtungen, die in zeitlicher Nähe zu dem Zwischenbericht geschehen waren. Diese Diskriminierungen trugen allesamt den Charakter einer Herabwürdigung der ZJ zu einer obskuren „Sekte", mit der möglichst alle Kontakte vermieden werden sollten. Anhand konkreter Beispiele legten sie die Befangenheit kirchlicher Sektenbeauftragter und privater Selbsthilfegruppen dar und zeigten, daß deren – oft durch die Enquete verstärkten – Voten zu „öffentlichen Vorverurteilungen" führten. Außerdem baten sie, zu Aussagen von „Apostaten" Stellung nehmen zu dürfen. Anschließend gaben sie nochmals detaillierte, genau belegte Auskünfte, um so die Behauptungen des Zwischenberichts zu widerlegen. Es handelte sich um die Komplexe religiöse Erziehung im besonderen sowie Kindeswohl und Erziehung durch die ZJ im allgemeinen; schulische Förderung der Kinder, deren gesellschaftliche Integration, Sorgerechtsfragen, medizinische Versorgung, Verfassungstreue, Kirchenaustritt und Auswirkungen der Naherwartung auf das menschliche Leben. Zu all diesen Fragen boten die ZJ wissenschaftliche Veröffentlichungen an, die den in der Enquete-Kommission geäußerten Besorgnissen z. T. deutlich widersprachen. Entgegen verbreiteter Vorurteile begnügte man sich nicht mit der Methode, aus Bibelzitaten unmittelbare Anweisungen für bestimmte Verhaltensweisen in der Gegenwart abzuleiten. Allein diese Beobachtung und das hohe Niveau der Argumentation hätten es geboten erscheinen lassen, den Komplex einer gründlicheren interdisziplinären Untersuchung zuzuführen, bevor man sich im Schlußbericht wieder dazu äußerte. Im übrigen ist anzumerken, daß eine Reihe weiterer Religionsgemeinschaften ähnlich offen und sorgfältig verfuhr, die ZJ also keinen Einzelfall darstellen.

Nach zweijähriger Arbeit legte die Enquete-Kommission zu „Sog. Sekten und Psychogruppen" Mitte Juni 1998 schließlich ihren Schlußbericht vor. Eine große Koalition aus CDU/CSU, SPD und FDP stimmte ihm zu, Bündnis 90/Die Grünen präsentierten ein Sondervotum. Als „Stellungnahme zu den gesamtgesellschaftlichen Phänomenen der neuen religiösen und ideologischen Gemeinschaften und Psychogruppen" brachte auch die Arbeitsgruppe der SPD-Fraktion ein zusätzliches Sondervotum ein. Die nur ihrem Gewissen verpflichteten Bundestagsabgeordneten hielten das voluminöse Papier nur wenige Tage in Händen, dann mußten sie schon Stellung nehmen.

Die von der Enquete-Kommission in Auftrag gegebenen Forschungen und Gutachten zeigten übereinstimmend, daß die neuen religiösen und weltanschaulichen Bewegungen kaum höhere Gefahren bergen als das, was von vergleichbaren sozialen Kontexten auch ausgeht. Eine offene Gesellschaft muß die naturgemäß in ihr auftretenden Konflikte aushalten können. Mißbräuche der Freiheit sind mit den gegebenen gesetzlichen Mitteln zu ahnden. Demzufolge wäre also nach der jahrelangen Sektenhysterie in Deutschland eine breite Entwarnung durch die Enquete-Kommission zu erwarten gewesen.

Doch die von der Kommissionsmehrheit beschlossenen gesetzgeberischen Handlungsempfehlungen stehen im Widerspruch zu den tatsächlichen Erkenntnissen der Kommission.[317] Sie schlägt eine Änderung des Vereins- und Steuerrechts, die Verschärfung des Wucherparagraphen, die staatliche Förderung privater Beratungsstellen und ein Gesetz zur Lebensbewältigungshilfe vor; das Bundesverwaltungsamt soll einschlägige Daten sammeln und weitergeben. Mit der Schaffung einer Bundes- und Länderstiftung, in deren Aufsichts- und Wissenschaftsgremien voraussichtlich die ehemaligen Sachverständigen der Enquete-Kommission einrückten, würde unterderhand die Arbeit der Kommission fortgesetzt. Es stünde zu befürchten, daß mit Steuergeldern die Verächtlichmachung von religiösen Gruppen und die Geschäftsschädigung freier gewerblicher Anbieter auf dem Lebensbewältigungs-Markt durch private Vereine weiterbetrieben würden.

Schon jetzt erscheinen, in plakativer Nennung, im Abschlußbericht jene wenigen Gruppen – etwa 16 von über 600 –, mit denen sich die Kommission in nichtöffentlichen Anhörungen befaßt hat. Allein die Erwähnung in einer Bundestagsdrucksache wird sich stigmatisierend auswirken – auch weil die untersuchten Gruppen immer wieder in einem Atemzug mit Scientology genannt werden. Über die Auswahlkriterien erfährt der Leser nichts. In ihrem Sondervotum schreiben die Grünen über die Vertreter zweier Gruppen, sie seien zwar zu den Anhörungen erschienen, hätten jedoch keine Bereitschaft zur Beantwortung der Fragen gezeigt. Das kann nicht wundernehmen, denn sie mußten unter den Sachverständigen jenen evangelischen Sektenbeauftragten entdecken, der sie seit Jahren unnachsichtig verfolgt. Wie konnte man derart streitbefangene Sachverständige überhaupt berufen? Es gibt Einrichtungen, die nicht angehört wurden, obwohl man deren wirkliche oder vermeintliche „Opfer“ sehr wohl eingeladen hat. Über diesen Sachverhalt sowie inhaltliche Aussagen der „Opfer“ wurden insgeheim Journalisten informiert, die ihr Herrschaftswissen u. a. vor Gericht verwendeten. Mindestens eine private Helferorganisation erhielt den von den Zeugen Jehovas ausgefüllten vertraulichen Fragebogen der Enquete-Kommission in Ablichtung zugeschickt.[318] Die so unterstützten privaten Beratungsstellen sind ebenfalls in juristische Konflikte mit den Gruppen involviert. Auch die Indiskretionen mit diskriminierender Wirkung widersprechen dem Gesamtergebnis der Enquete-Kommission, ohne daß sich der eingetretene Schaden im nachhinein wiedergutmachen ließe. Elementare Rechtsgrundsätze wie etwa der, beide Seiten anzuhören, wurden verletzt.

Mit Recht kritisiert das Sondervotum der Grünen, daß die Beschäftigung mit dem „‚Psychomarkt‘ … deutlich über die im Einsetzungsbeschluß [der Enquete-Kommission] genannten ‚neueren weltanschaulichen Bewegungen‘“ hinausgeht.[319] Die „gewerbliche Lebensbewältigungshilfe“ soll gesetzlich geregelt werden, dieses Gesetz aber für die Amtskirchen und andere etablierte Organisationen nicht gelten – selbst dann nicht, wenn diese, so die Grünen,

„die gleichen Verfahren wie die erwähnten privaten Dienstleister anwenden".[320] Dabei haben sich laut in Auftrag gegebener Untersuchung mehr als 80 Prozent der Nutzer unkonventioneller Lebenshilfeberatung zufrieden über die Anbieter geäußert.[321] Ob dieser hohe Prozentsatz auch von den Etablierten erreicht wird, steht dahin.

Warum es zu den Ungereimtheiten kommen konnte, machen die Grünen diskret deutlich: „Wir appellieren an den Deutschen Bundestag, zeitgleich mit der Veröffentlichung des Endberichts der Enquete-Kommission ... auch die von der Kommission in Auftrag gegebenen Gutachten und Forschungsergebnisse zu veröffentlichen."[322] Einige widersprechen nämlich in großer Deutlichkeit zentralen Behauptungen des Mehrheitsberichts. Diese Expertisen liegen inzwischen gedruckt vor, so daß sich jedermann von den gravierenden Widersprüchen, die zwischen den Schlußfolgerungen des Endberichts und den Forschungsergebnissen bestehen, überzeugen kann.[323] Entgegen einer früheren Mitteilung, die Protokolle der nichtöffentlichen Anhörungssitzungen nach Ablauf der 13. Legislaturperiode der Öffentlichkeit zugänglich zu machen,[324] beschloß die Enquete-Kommission laut Schreiben des Sekretariats vom 22. Dezember 1998, diese erst „in der nächsten Legislaturperiode",[325] also in der 15., die voraussichtlich im Herbst 2002 beginnt, zur Einsicht freizugeben.

Gesellschaftspolitische Ideologie pur bietet schließlich das Sondervotum der SPD. Es rühmt die Tätigkeit der kirchlichen Sektenbeauftragten und arbeitet mit der dunklen Drohung, die „konfliktträchtigsten Gruppen“ wollten ihre Wertvorstellungen zur politischen Grundlage in Deutschland machen und gefährdeten die Demokratie.[326] Diese Behauptungen sind durch die Expertisen nicht gedeckt. Es werden vielmehr Ängste geschürt, die dem bunten Sektenjäger-Markt Legitimation geben und staatliche Gelder zu seiner Finanzierung lockermachen sollen. Das Sondervotum der SPD zielt verfassungsrechtlich auf eine ergänzende Änderung des Artikel 140 GG (137 WRV). Unter Hinweis auf das Verfahren der ZJ vor dem Bundesverfassungsgericht auf Anerkennung als Körperschaft des öffentlichen Rechts geben die Sozialdemokraten zu erwägen, ob die Aufnahme des Kriteriums der „Rechtstreue“ und der „Loyalität gegenüber dem demokratisch verfaßten Staat“ als weitere Voraussetzung zur Erlangung des Körperschaftsstatus verfassungsrechtlich festgeschrieben werden soll. Daß diese Kriterien implizit bereits angezogen werden, geht aus dem Gutachten Links hervor.

Der Mehrheitsbericht bedient durch unklare Formulierungen und unbewiesene Behauptungen in der Gesellschaft latent vorhandene Vorurteile und Feindbilder in bezug auf Minderheiten. Nur 0,7 Prozent der Bevölkerung sind Mitglied einer der „Sog. Sekten und Psychogruppen“ oder stehen einer der Gruppen nahe, ein gesellschaftliches Randphänomen also. Trotzdem und obwohl parallele Vorgänge aus den Nachbarstaaten zeigten, daß die Kommission gar nicht erforderlich war, setzte der Deutsche Bundestag das teure Gremium ein – auch gegen den Rat namhafter Bundestagsabgeordneter, etwa der ehemaligen Bundesjustizministerin Leutheusser-Schnarrenberger (FDP).[327] Die Bundesregierung der Schweiz stellte am 13. Juni 1998 fest, daß es im Bereich der Sekten und Psychogruppen keinen gesetzgeberischen Handlungsbedarf gibt.

Für einen raschen Abschluß der „Sekten"-Diskussion ohne alle Konsequenzen sprechen auch die Reaktionen der betroffenen Religionsgemeinschaften. Auch die ZJ legten wiederum eine Stellungnahme vor. Mit Recht reden sie im Blick auf das SPD-Sondervotum von der „Wiedereinführung eines Staatskirchentums moderner Prägung"[328] und von einem Rückschritt hinter die Weimarer Reichsverfassung. Unerwähnt lassen sie, daß auch im Schlußbericht das der Enquete zugegangene Material so gut wie unberücksichtigt blieb.

Zusammenfassung

Die seit über hundert Jahren in Deutschland ansässige Religionsgemeinschaft der Zeugen Jehovas hat sich in den vergangenen Jahren um eine Öffnung gegenüber der bundesrepublikanischen Gesellschaft bemüht und den Gerichten wie der Enquete-Kommission des Deutschen Bundestages zu „Sog. Sekten und Psychogruppen" bereitwillig Material zur Verfügung gestellt und Fragen beantwortet. Ihre Stellungnahmen zeigen ein hohes argumentatives Niveau, und ihre Aussagen sind in der wissenschaftlich üblichen Weise sorgfältig belegt. Obwohl offenkundig ist, daß Veränderungen im Lehrgebäude eine wachsende Anpassung an die Gesellschaft dokumentieren, sind – mit Ausnahme einiger weniger Religionswissenschaftler und Soziologen – Verantwortungsträger dieser Gesellschaft nicht in einen ernsthaften Diskurs mit den ZJ und ihren politischen Anliegen eingetreten. Es scheint so, als bestehe ein stillschweigendes Übereinkommen, vorhandene Vorurteile gegen religiöse Minderheiten nicht ausräumen zu wollen, um den Prozeß hin zu einer multikulturellen und multireligiösen Gesellschaft mindestens zu bremsen. Beide Großkirchen haben ein Interesse daran, solange es irgend geht, „amerikanischen Verhältnissen" – einer Horizontalisierung der Religionen – zu wehren. Der Märkischen Oderzeitung zufolge brachte der Sektenbeauftragte der Evangelischen Kirche Berlin-Brandenburg dieses Motivationsbündel auf die Handlungsformel: „Der beste Schutz davor, einer Sekte auf den Leim zu gehen, [ist] ... aktiv in der Kirchengemeinde mitzumachen."[329]

Die Verstöße gegen elementare Grundrechte auch durch Verfassungsorgane erscheinen den Verfassern als so gravierend, daß sie für die Einsetzung einer unabhängigen, interdisziplinären, wissenschaftlichen Untersuchungskommission durch die Bundesregierung plädieren. Sollte einer solchen Petition kein Erfolg beschieden sein, bleibt nur die Anrufung der UN-Menschenrechtskommission.

22. Dezember 1998

Jehovas Zeugen als Körperschaft des öffentlichen Rechts*

ARMIN PIKL/GAJUS GLOCKENTIN

Inhaltsübersicht

I. Hintergrund

In dem Verfahren der Religionsgemeinschaft der Zeugen Jehovas in Deutschland um Anerkennung als Körperschaft des öffentlichen Rechts wurde seitens des beklagten Berliner Senats ein Gutachten in Auftrag gegeben und zum Bestandteil des Verfahrens gemacht.[1] Dieses Gutachten von *Prof. Dr. Ch. Link*[2] wurde später in der *Zeitschrift für evangelisches Kirchenrecht*[3] veröffentlicht, weshalb im Hinblick auf mögliche Fehlinterpretationen eine Stellungnahme dringend geboten ist, damit die öffentliche[4], rechtliche[5] und politische[6] Diskussion versachlicht wird und somit im Interesse einer Kultur des Miteinanders in einer pluralistischen Gesellschaft mit Vergangenheit dient. Wie der gesellschaftspolitische Aspekt der Abhandlung von *Link* nicht unterzubewerten ist, so auch nicht der rechtswissenschaftliche.

II. Methodik und Grundlage des zugrundeliegenden Gutachtens

Das zugrundeliegende Gutachten von *Link* muß als Parteivortrag[7] gewertet werden, da es alle Merkmale von Parteivorbringen aufweist, nicht aber das Ergebnis einer objektiven, ohne persönliche Voreingenommenheit durchgeführten wissenschaftlichen Untersuchung ist.[8] Es zeigt nicht die für eine objektive Stellungnahme notwendige innere Distanz zum Thema, sondern verrät Voreingenommenheit gegenüber Jehovas Zeugen, unter anderem durch wertende Äußerungen, die einer sachlichen Grundlage entbehren.[9]

1. Selbstverständnis der Zeugen Jehovas nicht erkennbar?

In den Vorbemerkungen der Abhandlung[10] werden die Grundlagen der Untersuchung erläutert. *Link* geht dabei von der These aus, die von Jehovas Zeugen verwendete Literatur könne nicht Grundlage einer Beurteilung ihres Wirkens sein, da es sich um

„Schriften für die Öffentlichkeit" handle, in denen zum Zweck der positiven Eigendarstellung die tatsächlichen Vorgehensweisen in der Organisation der Religionsgemeinschaft verschleiert würden. Solche Eigendarstellungen könne man deshalb zum großen Teil nicht zu ihrer Beurteilung heranziehen. Material, das für den „inneren Dienstgebrauch" der Religionsgemeinschaft bestimmt sei, könne eher zur Gewinnung notwendiger Informationen verwendet werden, unterliege jedoch strengen Geheimhaltungsvorschriften.

Die Wirkungsweise der Zeugen Jehovas wird jedoch gerade in den „Schriften für die Öffentlichkeit", insbesondere in der als Mitteilungsorgan fungierenden Zeitschrift *Der Wachtturm* dargelegt und besprochen.[11] Mit Hilfe dieser Zeitschrift bilden alle Zeugen Jehovas ihr Verständnis ihres Glaubens, und auf dieser Grundlage leben sie ihren Glauben im Alltag. Schriften für den „inneren Dienstgebrauch" werden zweckgebunden verwendet, um interne Dienstabläufe zu gestalten – wie dies in jeder Organisation der Fall ist;[12] sie sind jedoch keine Geheiminformationen. Sie beruhen vielmehr auf den Ausführungen, die der Öffentlichkeit zugänglich sind, und bestehen in der Regel aus gesammelten Zitaten oder Erklärungen zur Umsetzung gewisser biblischer Verständnisse. Die „Diskrepanz in der Darstellung der Sachverhalte" kann *Link* nicht belegen (zu der als Beleg dienenden Quelle *Der Wachtturm* 1. 7. 1957, vgl. u. S. 218 ff.). Diese (unterstellte) „Diskrepanz" beweisen könnte allein eine Studie eines neutralen Religions- oder Sozialwissenschaftlers. In Ermangelung einer solchen deutschen Studie[13] wird auf die Untersuchung von *Rodney Stark*[14] und *Laurence R. Iannaccone*[15] aus dem Jahre 1997 Bezug genommen.[16] Anläßlich einer Studie beantworten sie indirekt die Frage bezüglich der Glaubwürdigkeit der Zeugen Jehovas, indem sie die Statistiken der Zeugen Jehovas analysieren. Zu den zu einer Bejahung der Glaubwürdigkeit führenden Gründen gehört auch ein wissenschaftlicher Vergleich mit der kanadischen Volkszählung aus dem Jahre 1991 sowie eine Umfrage in 113 000 US-amerikanischen Haushalten.[17] Einen adäquaten Beweis für seine Theorie der „Diskrepanz" kann *Link* hingegen nicht erbringen.

Link ignoriert mit anderen Worten das in allen Fällen einer Beurteilung zugrunde zu legende Selbstverständnis der Religionsgemeinschaft,[18] das gerade in ihren eigenen Schriften[19] zum Ausdruck kommt. Diesen Quellen ist jedoch so lange Glauben zu schenken, bis z. B. eigenes (bewiesenes) Verhalten der Religionsgemeinschaft etwas Gegenteiliges aussagt. Gerade diesen Beweis vermag *Link* jedoch nicht zu bringen. Selbst wenn dies gelungen wäre, ist „kirchliches Selbstverständnis ... die Überzeugung der nach der Binnenstruktur der jeweiligen Gemeinschaft zuständigen Stelle von dem, was dem besonderen religiösen Auftrag der betroffenen Kirche oder Religionsgemeinschaft entspricht. Da diese Überzeugung notwendigerweise Schwankungen unterworfen ist, ist für die staatliche Rechtsanwendung das Selbstverständnis zum entscheidungserheblichen Zeitpunkt maßgebend. Grundsätzlich kommt es dabei nicht darauf an, ob dieses Selbstverständnis sich bereits in einer faktischen Wirksamkeit niederschlägt".[20] Zur Stützung eigener Theorien versucht *Link* jedoch die von ihm zuvor abgelehnten Schriften zu zitieren, zu interpretieren und darauf seine Schlußfolgerungen aufzubauen. Als Grundlage für die Theorie der „Diskrepanz" und damit der Grundlage seiner Abhandlung stützt er sich ausschließlich auf eine solche „öffentliche" Schrift (vgl. u. S. 218 ff.).

2. *Aussagen von Aussteigern und religiöser Konkurrenz*

Link lehnt es zudem ab, in diesem Fall zu berücksichtigen, daß es nach der Rechtsprechung, insbesondere des Bundesverfassungsgerichts, erforderlich ist, eine Religionsorganisation gemäß ihrem Selbstverständnis zu beurteilen und nicht gemäß den „Berichten von Personen, die eine Religionsgemeinschaft im Streit verlassen" haben[21], und ihrer religiösen Konkurrenz. Auch *Alberts* stellt grundsätzlich fest: „Eine Gemeinschaft nur aus der Perspektive ihrer ‚Aussteiger' zu betrachten, hieße wohl ebensowenig, ihr gerecht zu werden, wie sie nur im Spiegel ihrer konkurrierenden Gegner zu sehen. Weder ‚Aussteiger' noch Konkurrenten sind verläßliche Zeugen dessen, was in einer Gemeinschaft wirklich vorgeht. Negative Darstellungen von ‚Aussteigern' gibt es im übrigen bei allen anderen Religionsgesellschaften ebenfalls, ohne daß hieraus Rückschlüsse auf die Wirklichkeit für deren ‚Mikrokosmos' gezogen werden können."[22]

Das gilt für alle religiöse „Konkurrenz“, insbesondere auch für deren Sektenbeauftragte.[23] Demgegenüber zieht *Link* es vor, sich auf die Literatur gegnerisch eingestellter Kreise zu stützen,[24] und rechtfertigt sich dabei durch die – unbewiesene – Behauptung, sie würden in den entsprechenden Punkten übereinstimmen bzw. seien aus „Schrifttum oder Aktenvorgängen sorgfältig belegt“. Als Kriterium für die Glaubwürdigkeit der darin enthaltenen Aussagen stützt er sich auch auf die (unrichtige) Annahme, daß Jehovas Zeugen gegen alle in ihren Augen unrichtigen Angaben sofort rechtliche Schritte unternehmen oder androhen.[25] Mit dieser Schlußfolgerung wird Jehovas Zeugen zu Unrecht zum einen unterstellt – ohne daß diese Behauptung belegt wird –, daß diese tatsächlich gegen jede unrichtige Äußerung vorgehen.[26] Zum anderen ignoriert er die Tatsache, daß rechtliche Schritte im Presserecht nicht erfolgversprechend sind, wenn es sich um Meinungsäußerungen handelt. Obwohl eine Vielzahl solcher Meinungsäußerungen in ihrem Tatsachenkern unzutreffend sind, werden diese schon deshalb einer juristischen Überprüfung auf ihren Wahrheitsgehalt entzogen.[27] Abgesehen davon ist es nicht das Bestreben der Zeugen Jehovas, Meinungsäußerungen zu unterdrücken und alle unwahren Äußerungen von Gegnern anzufechten. Die Überlegungen von *Link* zur Beurteilung des Wahrheitsgehalts des Materials von Gegnern der Zeugen Jehovas – und damit der Grundlage seiner Abhandlung – sind daher verfehlt.

3. *Zitate vielfach unrichtig, sinnentstellt und irreführend*

Link ist nicht nur vorzuwerfen, daß er sich einseitig auf religiös konkurrierende Quellen verläßt, sondern diese teilweise auch unvollständig und mit negativer Vorauswahl zu Lasten der Zeugen Jehovas auswertet. So zitiert *Link* aus *Hutten* dreimal in negativem Zusammenhang, die dortigen positiven Ausführungen des evangelischen Sektenbeauftragten über Jehovas Zeugen werden aber unterschlagen.[28] Zitate aus den Schriften der Religionsgemeinschaft werden zur Stützung eigener Thesen aus dem Zusammenhang gerissen oder unvollständig und damit sinnentstellt wiedergegeben, was an entsprechenden Stellen dieser Abhandlung deutlich gemacht wird.

Die unterstellte „Diskrepanz in der Darstellung der Sachverhalte“ zwischen der „gegnerischen“ Literatur und der Eigendarstellung der Religionsgemeinschaft erklärt *Link* unzutreffenderweise damit, daß sie „ihr Wirken teilweise hinter einem Schleier des Geheimnisses verbirgt und daß sie sich im Umgang mit der Wahrheit zur Maxime der ‚theokratischen Kriegslist‘ bekennt“.

Damit unterstellt *Link* der Religionsgemeinschaft, sie äußere gezielt Unwahrheiten gegenüber allen außerhalb ihrer Organisation stehenden Institutionen und Personen. Unerwähnt läßt er die Tatsache, daß das Wirken der Zeugen Jehovas, auch alle ihre gottesdienstlichen Zusammenkünfte, in aller Öffentlichkeit stattfindet. In unseriöser Weise zitiert

Link aus einem 1957 veröffentlichten Artikel[29] einige aus dem Zusammenhang gerissene Sätze, um seine These zu belegen. Der Artikel befaßt sich mit der Verfolgung der Zeugen Jehovas in der DDR. Jehovas Zeugen hatten dort Anfang der 1950er Jahre eine Verhaftungswelle erlebt.[30] Viele waren zu hohen Haftstrafen verurteilt worden. Der Artikel behandelte ganz offen Vorgehensweisen, die eine Hilfe für die betroffenen Glaubensangehörigen sein sollten, unter gesetzwidriger Verfolgung in einem totalitären System, wie z. B. dem der kommunistischen Gewaltherrschaft in Ostdeutschland (die keinen Raum für eine adäquate Religionsfreiheit zuließ, obwohl die Verfassung Religionsfreiheit zusicherte [Artikel 39 Verfassung der DDR vom 6. 4. 1968]) das Missionswerk durchzuführen.[31]

Diese Ausführungen waren lediglich ein situationsbedingter Rat, aber keine allgemeingültige Aufforderung, generell mit Unwahrheiten zu operieren.[32] Ziel des Artikels war es somit lediglich, den Zeugen Jehovas in der ehemaligen DDR eine Hilfe zu geben, ihre Glaubensbrüder und sich selbst vor menschenrechtswidrigen Übergriffen zu schützen.[33] Dieser Artikel wurde in der 1957 üblichen Auflagenhöhe von 3,05 Mio. allen Zeugen Jehovas und der Öffentlichkeit durch die Verbreitung des *Wachtturms* zur Verfügung gestellt. Solche öffentliche Bekanntgabe mit einem „Schleier des Geheimnisses" in Verbindung zu bringen, ist geradezu absurd. Gänzlich unerwähnt läßt er ferner die im gleichen Artikel erwähnte Erinnerung, daß ein Christ im Zeugenstand verpflichtet ist, die Wahrheit zu sagen.

Diese unbrauchbare Beweisführung für seine Theorie, die um so symbolträchtiger ist, weil sie bereits am Anfang der Abhandlung auftaucht, ist nur eine von vielen. Abgesehen von seinen zahlreichen teils gefährlichen, teils einfach lächerlichen Irrtümern und Widersprüchen übernimmt *Link* völlig die Perspektive der sogenannten Anti-Sekten-Bewegung.

Mit der Entstellung der Aussage des zitierten Artikels durch das Herausreißen einzelner Sätze und die sinnentstellende Zitierung gibt *Link* ein Beispiel dafür, daß er Aussagen der Religionsgemeinschaft in unzulässiger Weise ohne Rücksicht auf ihr Selbstverständnis fehlinterpretiert. Er unterstellt auf diese Weise Sachverhalte, die in keiner Weise der Lehre und den tatsächlichen Sachverhalten in der Wirkungsweise der Zeugen Jehovas entsprechen.[34] Da das unredliche Zitat über das angebliche Anwenden von „Kriegslist" zur Grundlage der weiteren Ausführungen gemacht wird und dieses Argument als Alibi dafür dient, Eigendarstellungen als Grundlage für das Selbstverständnis weiterhin unberücksichtigt zu lassen, macht dies deutlich, wie *Link* in erster Linie einseitig unterstellte Sachverhalte aus der gegnerischen Literatur zur Grundlage seiner Ausführungen zu machen sucht. Auf der anderen Seite macht gerade die Offenheit, mit der die Religionsgemeinschaft über ein „heikles" Thema in ihren „öffentlichen" Schriften spricht, deutlich, daß es kein „relevantes Material" gibt, das für den „internen Dienstgebrauch bestimmt ist und strengen Geheimhaltungsvorschriften unterliegt".

Abgesehen davon würden die Ausführungen über die Frage, welche Sachverhalte bei widersprüchlichen Angaben der Zeugen Jehovas und in der gegnerischen Literatur zugrunde gelegt werden, für jeden einzelnen Fall eine Analyse erfordern, warum das im Gutachten verwandte Material aus der „gegnerischen" Literatur glaubwürdiger sein soll als die eigenen Angaben der Zeugen Jehovas.[35] Diese Abwägung und Auseinandersetzung wird an keiner Stelle der Abhandlung vorgenommen.

4. *Theologische Wertungen und rechtliche Fehlinterpretationen*

Link übernimmt nicht nur ungeprüft Äußerungen der „gegnerischen" Literatur, sondern nimmt auch selbst eigene theologische Wertungen vor und macht diese zur Grundlage der rechtlichen Ausführungen.[36] Dabei gebraucht er zur Abwertung der Zeugen Jehovas Formulierungen theologischen Inhalts, die seine Aussagen als objektiver Gutachter entwerten. Für diese Einschätzung spricht auch, daß es sich vielfach um rein theologische Fragen handelt, die zu der zugrundeliegenden Rechtsfrage keinerlei Bezug haben. *Link* versucht hier unterschwellig sein Rechtsgutachten um (unnötige und hier fehlplazierte) theologische Sachverhalte zu erweitern, die Jehovas Zeugen in einem verfremdenden, negativen Licht erscheinen lassen.

An anderer Stelle unterstellt *Link* Jehovas Zeugen, sie paßten „ihre rechtlichen Strukturen den jeweils verfolgten organisationspolitischen Zielen“ an. Dabei verweist er auf eine vermeintlich unterschiedliche Situation in der Mitgliedschaft bei der Religionsgemeinschaft der Zeugen Jehovas in Deutschland und den „Zweigorganisationen in Westdeutschland“. Er stellt über letztere die Behauptung auf: „Dort ist die Mitgliedschaft im eigentlichen Sinne auf wenige... Vereinsangehörige begrenzt und es wird eine Mitgliedschaft für alle übrigen Anhänger ausdrücklich bestritten; ... eine Konstruktion, die es der Gesellschaft erlaubt, sich im Bedarfsfalle von ihr zugehörigen Personen zu distanzieren.“[37]

Diese Unterstellung verrät nicht nur Voreingenommenheit gegenüber Jehovas Zeugen, sondern auch die leichtfertige Bewertung von nicht sorgfältig recherchierten Sachverhalten. Bei rechtlich nicht verfaßten Religionsgemeinschaften, wie dies bei Jehovas Zeugen in den alten Bundesländern der Fall ist, unterscheidet man bekanntlich zwischen der Religionsgemeinschaft als solcher und den von ihr zur Wahrnehmung ihrer rechtlichen Interessen gegründeten Fördervereinen, das sind aus der Religionsgemeinschaft heraus gebildete, die Interessen der Religionsgemeinschaft wahrnehmende juristische Personen.[38] Die Mitgliedschaft als Glied der Religionsgemeinschaft ist dabei völlig unabhängig von der Mitgliedschaft in einem der Fördervereine. Die Mitgliedschaft der Zeugen Jehovas in der Religionsgemeinschaft in den alten Bundesländern weicht von der Mitgliedschaftsregelung der Zeugen Jehovas im Beitrittsgebiet im Grundsatz nicht ab. Auch in den alten Bundesländern ist jeder getaufte Zeuge Jehovas Mitglied der – rechtlich nicht verfaßten – Religionsgemeinschaft. Lediglich die Mitgliedschaft in den Fördervereinen ist auf wenige Personen beschränkt.

Macht eine Einzelperson somit Rechte als Mitglied eines Fördervereins der Religionsgemeinschaft geltend, ohne dort Mitglied gewesen zu sein, müssen solche Ansprüche natürlich zurückgewiesen werden. Dies ist eine übliche und anerkannte Vorgehensweise zur Wahrnehmung rechtlicher Interessen von nicht rechtlich verfaßten Religionsgemeinschaften.[39] Nicht zuletzt um die Vorteile der strukturellen Klarheit und einer adäquaten Vertretung der Religionsgemeinschaft als Gesamtheit, wie es der Körperschaftsstatus ermöglicht, in Anspruch nehmen zu können, führen Jehovas Zeugen das Verfahren zur Erlangung des Status einer Körperschaft des öffentlichen Rechts.

Das vorstehende Beispiel zeigt allerdings die – für eine objektive Ausarbeitung mit wissenschaftlichem Anspruch – unzulässige Vorgehensweise von *Link,* aufgrund mangelnder Kenntnis der wahren Sachverhalte und ungenügender Auseinandersetzung mit dem Selbstverständnis der Zeugen Jehovas, negative Schlußfolgerungen über die Vorgehensweise der Religionsgemeinschaft zu ziehen, die mit der Realität nichts gemein haben. *Link* muß sich die Feststellung gefallen lassen, daß der tatsächliche Sachverhalt und die Problematik der Vertretung und Mitgliedschaft in rechtlich nicht verfaßten Religionsgemeinschaften sehr wohl zu erkennen gewesen wäre.

Link muß sich eine weitere irreführende Argumentation vorwerfen lassen, wenn er ausführt, „das

Verhältnis von Druckkosten und Ertrag" aus der Abgabe der Literatur betrage „etwa 1 zu 6".[40] Zur Stützung seiner Behauptung verweist er auf das Buch von Kaiser/Rausch und behauptet unzutreffenderweise,[41] diese Aussage sei von dem in das Buch eingeklebten ERRATA-Zettel nicht betroffen. Dabei wird auf dem ERRATA-Zettel[42] die Aussage, es würden Gewinne mit den Publikationen erzielt, ausdrücklich mit aufgelistet. Außerdem wird in dem ERRATA-Zettel ausdrücklich die Behauptung ausgeschlossen, daß von der Wachtturm Bibel- und Traktat-Gesellschaft überhaupt Einnahmen aus der Abgabe der Literatur erzielt werden. Auch die Aussage der Buchautoren, es würden „statt der früheren Bezahlung... Spenden geleistet", wodurch ein Zusammenhang zwischen der Abgabe der Literatur und der Einnahme von Spenden hergestellt wird, ist in dem ERRATA-Zettel ausdrücklich als unwahr erfaßt.

Die Schlußfolgerung von *Link,* es würden auf diese Weise beträchtliche Überschüsse mit der Literatur erzielt, von denen ein großer Teil als Lizenzgebühr an die Zentrale nach Brooklyn überwiesen werde, entbehrt jeder Grundlage. Auch die Unterlassung dieser unwahren Behauptung ist Inhalt obigen ERRATA-Zettels. Daß dennoch die unwahre Behauptung, es würden Gewinne durch die Abgabe von Literatur erzielt, erneut geäußert wird, obwohl die Buchautoren diese Behauptung im Rahmen des ERRATA-Zettels zurückgenommen haben, zeigt erneut die vorgefaßte tendenziöse Richtung der Darlegungen.

Als weiteres Beispiel für die Vorgehensweise von *Link*, Sachverhalte zu unterstellen, die weder zutreffend noch in irgendeiner Weise belegt sind, kann die Behauptung angeführt werden, bei Zeugen Jehovas gäbe es eine „relativ starke Mitgliederfluktuation".[43] Diese Behauptung wird in keiner Weise durch Zahlenmaterial oder ähnliches belegt. Jehovas Zeugen können diese Behauptung in keiner Weise bestätigen. Vielmehr ist erwiesen, daß die Mitgliedschaft im Durchschnitt 20 Jahre beträgt.[44] Diese Dauer wäre sicherlich nicht zu erreichen, würde die behauptete starke Fluktuation der Mitglieder, die es mit sich bringen würde, daß das einzelne Mitglied nach kurzer Verweildauer ausscheidet und durch ein neues ersetzt wird, bei der Religionsgemeinschaft vorhanden sein.

Unrichtig sind auch die Ausführungen zu dem Verhalten der Religionsgemeinschaft während der nationalsozialistischen Gewaltherrschaft[45] als Beleg für einen vermeintlichen „Anpassungskurs" der „Organisation". Abgesehen von der Irrelevanz der Ausführungen für das Gutachten, ist schon die Aussage von *Link*, der Berliner Kongreß des Jahres 1933 sei mit dem Deutschlandlied eingeleitet worden und die Versammlungshalle sei mit Hakenkreuzfahnen geschmückt gewesen, unwahr.[46]

Weder die „Organisation" noch die einzelnen Zeugen Jehovas haben sich zu irgendeiner Zeit mit dem Hitlerregime verbündet oder sind Kompromisse in Bezug auf ihren Glauben eingegangen, was eine unbestrittene geschichtliche Tatsache ist.

III. Voraussetzungen für die Verleihung von Körperschaftsrechten

In Abschnitt C seiner Darlegungen werden im einzelnen die Anforderungen an eine Religionsgesellschaft behandelt.

Zutreffend geht *Link* in Abschnitt C II „Die Anerkennungskriterien“ davon aus, daß Jehovas Zeugen eine „Religionsgemeinschaft im Sinne der Verfassung“ sind, daß sie sowohl durch ihre Verfassung als auch nach der Zahl ihrer Mitglieder die dort für die Verleihung von Körperschaftsrechten geforderte Gewähr der Dauer bietet und somit diese verfassungsrechtlichen Verleihungskriterien erfüllt. Gleichwohl enthalten die hierzu gemachten Ausführungen unzutreffende Schlußfolgerungen.

1. „Richtige“ Lehre? (S. 14 f.)

Link vertritt die Auffassung, daß die Grundlage des „Lehrgebäudes“ der Zeugen Jehovas zwar die Bibel sei, jedoch wird abwertend die Formulierung hinzugefügt, „in einer vom christlichen Verständnis inhaltlich und methodisch diametral abweichenden Interpretation“. Welche Interpretation des christlichen Verständnisses *Link* als „richtig“ ansieht, sagt er nicht.[47] Die Beurteilung von Religionsinhalten ist auch nicht Gegenstand eines Rechtsgutachtens anläßlich eines Verfahrens zur Überprüfung der Frage, ob eine Religionsgesellschaft die verfassungsrechtlichen Voraussetzungen für die Verleihung der Körperschaftsrechte erfüllt. Die Ausführungen des Bundesverfassungsgerichts[48], das dem Staat untersagt, Glaubensinhalte zu bewerten, sollten auch für *Link* als Gutachter gelten, der – wie hier – von einer staatlichen Stelle in einem Verfahren nach Art. 140 GG, 137 Abs. 5 Satz 2 WRV zur Abgabe eines Rechtsgutachtens beauftragt wird.

2. *Demokratiedefizit? (S. 15 f.)*

Im Rahmen der Darlegungen zum Anerkennungskriterium der „Verfassung" einer Religionsgesellschaft – die er als gegeben ansieht – vertritt *Link* die Auffassung, Jehovas Zeugen würden einen „eklatanten Mangel an demokratischer Binnenstruktur" aufweisen, während Demokratiedefizite zwar auch in den hierarchisch verfaßten Großkirchen zu finden sind, dies dort aber „graduell deutlich abgeschwächt" sei. Das trifft nicht zu. Die Verfassung der katholischen Kirche weist allein schon wegen des Dogmas der Unfehlbarkeit des Papstes und seiner Leitungsgewalt ein wesentlich größeres „Demokratiedefizit" auf.[49] Gleichwohl ist bisher nicht bekanntgeworden, daß hier in gleicher Weise von einer „nahezu diktatorischen Leitungsgewalt" des Papstes gesprochen wird, wie dies in voreingenommener Weise unter Hinweis auf die „weltweit operierende Watch-Tower-Society" geschieht.

Objektive Betrachter von Jehovas Zeugen kommen sogar zu ganz gegenteiligen Ergebnissen: „Im Ergebnis neigen die Zeugen dazu, sich selbst als in die

Führungsstruktur Eingebundene zu betrachten, als vielmehr ihr unterworfen zu sein. Genau darin liegt die echte Basis der Autorität unter Zeugen, nicht in ‚blindem Fanatismus' (wie es so oft von Außenstehenden und Ausgeschlossenen behauptet wird)."[50]

Das BVerwG erklärt in seinem Urteil später unter Verweis auf BVerfGE 341, 357, „daß die Verfassung den Religionsgemeinschaften, auch soweit sie Körperschaft des öffentlichen Rechts sind, kein Demokratiemodell vorschreibt; vielmehr ist auch die Herausbildung hierarchischer oder autoritärer Organisationsstrukturen verfassungsrechtlich geschützt"[51].

3. *Ungeschriebenes Verleihungskriterium Rechtstreue (S. 20 ff.)*

In Übereinstimmung mit der heute insoweit so gut wie einhelligen Meinung in der Literatur[52] stellt *Link* fest, daß zu den ausdrücklich in der Verfassung genannten Verleihungskriterien noch die Gewähr der Rechtstreue einer Religionsgesellschaft hinzukommen muß.

Unter Hinweis auf *v. Campenhausen*[53] verlangt *Link* jedoch eine „Qualitätsprüfung", da er von einer „positiven Religionspflege" durch den Staat spricht. Mit der – lediglich im Hinblick auf die Existenz des ungeschriebenen Verleihungserfordernisses der Rechtstreue zutreffenden – Argumentation unter Bezugnahme auf die von *Kirchhof* genannten Prinzipien von Neutralität, Säkularität, Parität und

Toleranz[54] legt *Link* jedoch die Grundlage für seine dann folgende und mit diesen Prinzipien eben gerade nicht gewünschte „Qualitätsprüfung", wenn er nämlich die einigen organisatiorischen Verfahrensweisen zugrundeliegenden Lehren der Zeugen Jehovas untersucht und zu beurteilen versucht. Zu Recht kann zwar von einer Religionsgemeinschaft erwartet werden, daß sie die von *Kirchhof* genannten Prinzipien als Prinzipien der staatlichen Rechtsordnung anerkennt. Genau das ist es, was mit dem Erfordernis der Rechtstreue und der grundgesetzkonformen Ausübung der Hoheitsrechte, die in Verbindung mit der Kooperationsqualität stehen, gemeint ist. Verbindet man jedoch damit, daß sich die Religionsgemeinschaft an den von *Kirchhof* genannten Prinzipien zu orientieren hat, ist sie im Hinblick auf ihre innere Ordnung und damit verbunden auch auf ihre „(theologische) Seriosität der Lehren" zu untersuchen. Nach der Aufgabe des Paritätsgebotes, die sich aus einer solchen „qualitativen" Untersuchung ergäbe, entspräche dies jedoch dann dem Modell, das durch die Weimarer Reichsverfassung – und die Übernahme der einschlägigen Artikel in das Grundgesetz – aufgegeben wurde.

Link nimmt dann das Ergebnis seiner „qualitativen" Überprüfung vorweg, wenn er „erhebliche Zweifel an der Rechtstreue der Religionsgemeinschaft der Zeugen Jehovas" anmeldet. Damit widerspricht er den Ergebnissen des Verwaltungsgerichts Berlin[55] und des Oberverwaltungsgerichts Berlin.[56] Auch das Bundesverwaltungsgericht bejaht später im Ergebnis die Rechtstreue[57], wenngleich es das weitere

Verleihungserfordernis der „Staatsloyalität“ einführt.

Mit Rücksicht auf die sowohl in der Argumentation als auch im Ergebnis fehlgehende „qualitative“ Untersuchung bezüglich der Gewähr der Rechtstreue bei Zeugen Jehovas ist folgende berichtigende Kommentierung notwendig.

a) Einflußnahme der Religionsgemeinschaft auf Gewissensentscheidungen?

Zuzustimmen ist *Link* darin, daß „ein grundsätzlicher Gewissensvorbehalt gegenüber Pflichten, die die staatliche Rechtsordnung auferlegt“, die Rechtstreue nicht ausschließt.[58] *Link* will hier jedoch differenzieren, wenn er dabei die Auffassung vertritt, ein solcher Gewissensvorbehalt sei „im Anerkennungsverfahren dann beachtlich, wenn die Organisation zur (gewissensbedingten) Mißachtung verfassungsmäßiger Grundsätze aufrufe und wenn sie dies noch dazu bei ihren Mitgliedern mit Mitteln durchzusetzen versuche, die die Grenzen rein geistig/geistlicher Einflußnahme überschreiten“.

Mit der Übertragung dieser Differenzierung auf Zeugen Jehovas geht *Link* jedoch fehl, denn er kann nicht belegen, daß Zeugen Jehovas dazu aufgerufen haben, verfassungsmäßige Grundsätze zu mißachten. An diesem Mangel an Beweisen für seine Argumentation stört er sich jedoch aus einem anderen Grund nicht.

Link hat bereits „erhebliche Zweifel“, daß Zeugen Jehovas zu einer eigenen Entscheidung in Gewissensfragen fähig sind, da sie durch Drohung mit Gemeinschaftsentzug und seinen einschneidenden Folgen nicht mehr die freie Wahl hätten, wie sie sich in Fragen der Wahlenthaltung, der Wehr- und Zivildienstverweigerung, der Übernahme des Schöffenamts und der Verweigerung von Bluttransfusionen verhalten sollten. „Eine Ausübung von Gewissenszwang mit schwerwiegenden sozialen Konsequenzen für den Fall der Nichtbefolgung ist jedenfalls mit der grundgesetzlichen Wertordnung unvereinbar und läßt die von einer Körperschaft des öffentlichen Rechts zu erwartende Rechtstreue vermissen" (S. 39).

Mit seinen Ausführungen zu den Gewissensvorbehalten von Zeugen Jehovas gegenüber Pflichten, die die staatliche Rechtsordnung auferlegt, verkennt *Link* nicht nur die Funktion des Gemeinschaftsentzugs der Zeugen Jehovas, sondern sie zeigen auch, daß die Besonderheiten der Gewissenstäterschaft und die hierzu ergangene Rechtsprechung außer acht gelassen werden. Insbesondere die seit Jahrzehnten entwickelte Rechtsprechung des Bundesverwaltungsgerichts zu Fragen der Gewissensentscheidung bei Zeugen Jehovas – ergangen zu Kriegs- und Zivildienstverweigerungsfragen – bleiben in Erörterungen des Gutachtens unberücksichtigt. Dabei enthalten diese Entscheidungen die Anerkennung der Tatsache, daß es sich bei den von Zeugen Jehovas getroffenen Gewissensentscheidungen um Individualentscheidungen und nicht um eine „kollektive Gewissensausübung" unter dem Druck von Sanktionen seitens der Religionsgemeinschaft handelt, weil die Entscheidung über Gewissensfragen *vorverlagert* ist, und zwar bereits vor den Zeitpunkt der Taufe des einzelnen Zeugen Jehovas, das heißt des Beitritts zur Religionsgemeinschaft. In Fragen der Kriegsdienstverweigerung wird die Gewissensentscheidung der einzelnen Zeugen Jehovas somit nicht erst zu dem Zeitpunkt getroffen, in dem der einzelne mit der Frage der Kriegsdienstverweigerung konfrontiert wird. Vielmehr erfolgt die Gewissensentscheidung bereits – nachdem er sich aus freien Stücken vor der Taufe in der Regel über einen Zeitraum von mehreren Jahren eingehend mit den Glaubenslehren der Zeugen Jehovas beschäftigt hat – mit seinem uneingeschränkten Bekenntnis zu den Lehren der Religionsgemeinschaft der Zeugen Jehovas und dem dort geltenden absoluten Tötungsverbot.[59]

Wenn deshalb Zeugen Jehovas – wie auch Angehörige anderer Religionsgemeinschaften – den Wehrdienst verweigern, so geschieht dies nicht infolge eines „funktionierenden Gruppenzwangs“, sondern aufgrund einer persönlichen, selbständig getroffenen, freien Gewissensentscheidung aufgrund des biblischen Gebots.[60] Im gemäß seiner Präambel „im Bewußtsein seiner Verantwortung vor Gott und den Menschen“ erlassenen Grundgesetz ist eine solche Gewissensentscheidung garantiert. Der Schutz der Gewissensentscheidung gegen den Kriegsdienst mit der Waffe nach Art. 4 Abs. 3 GG gehört verfassungsgeschichtlich geradezu zum Kernbestand des Grundgesetzes.[61] Es ist erstaunlich und unverständlich, daß *Link* nicht in der Lage ist, eine solche freie Gewissensentscheidung nachzuvollziehen, die bekanntlich im Zweiten Weltkrieg allein in unserem Land Hunderten von Zeugen Jehovas, die damals schon aus Gewissensgründen den Kriegsdienst verweigerten, das Leben gekostet hat. Von einem Grundrecht Gebrauch zu machen, kann gewiß nicht als negatives Verhalten gewertet werden.

Wenn ein Zeuge Jehovas im Laufe der Zeit sich entschließen sollte, von sich aus seine Gewissensentscheidung zu ändern und Wehrdienst zu leisten, so steht ihm dies frei. Er wird nicht daran gehindert; seine Entscheidung wird respektiert. Auch die Entscheidung von Zeugen Jehovas zugunsten medizinischer Behandlungsalternativen ohne Blut geschieht nicht unter Gruppenzwang, sondern ist ebenfalls Ausdruck einer freien und selbständigen Gewissensentscheidung, die der einzelne getroffen hat. Zeugen Jehovas stützen sich dabei auf das in der Bibel niedergeschriebene Gebot Gottes, u. a. in der Apostelgeschichte Kapitel 15 Vers 28 und 29, sich des Blutes zu enthalten.

Das Prinzip der vorverlagerten Gewissensentscheidung ist auf alle Lehren und die gesamte Glaubenspraxis der Zeugen Jehovas anwendbar. Jede Person, die Zeuge Jehovas wird, trifft vor ihrer Taufe eine bewußte, unbeeinflußte Entscheidung darüber, nach welchen Prinzipien sie ihr weiteres Leben gestalten möchte. Der einzelne trifft diese Entscheidung ohne den von *Link* für getaufte Zeugen Jehovas wegen der Sanktion des Gemeinschaftsentzugs unterstellten Druck. Die bewußte Entscheidung, sein weiteres Leben als Zeuge Jehovas leben zu wollen, stellt eine Gewissensentscheidung in Fragen wie z. B. der Kriegsdienstverweigerung, der Wahlenthaltung, der Ablehnung von Blut als medizinische Heilmethode usw. dar, um künftig in Übereinstimmung mit den Lehren der Religionsgemeinschaft zu leben. Es handelt sich somit um Individualentscheidungen, die der Zeuge Jehovas vor seiner Taufe für sein weiteres Leben trifft.

Der von *Link* der Religionsgemeinschaft unterstellte gegenüber ihren Mitgliedern ausgeübte Gewissenszwang, der dazu führe, daß Entscheidungen allein durch Angst vor „Repressalien" getroffen würden, existiert somit nicht. Die von ihm für die gesamten Ausführungen zur Rechtstreue der Zeugen Jehovas zugrundegelegte These, die Religionsgemeinschaft übe Gewissenszwang auf ihre Mitglieder aus und zwinge diese zur Mißachtung verfassungsmäßiger Grundwerte, wobei Mittel eingesetzt würden, die die „Grenzen rein geistig/geistlicher Einflußnahme überschritten", ist somit unbrauchbar zur Beurteilung der Sachverhalte innerhalb der Organisation der Zeugen Jehovas. Die vorverlagerte Gewissensentscheidung läßt keinen Raum für irgendeinen Gewissenszwang in den von *Link* angesprochenen Punkten.

b) Beendigung der Mitgliedschaft durch Gemeinschaftsentzug (S. 23 ff.)

Link vertritt die Auffassung, bei der Religionsgemeinschaft gebe es „Sanktionsmechanismen zur Durchsetzung der Glaubensgebote". Als ein Mittel hierfür sieht er die Androhung des Gemeinschaftsentzugs für „eine Fülle von Handlungsweisen" an,

„die zentrale Werte des freiheitlichen Gemeinwesens tangieren".

Die vorurteilsfreie Untersuchung der Praxis und Lehre der Zeugen Jehovas offenbart jedoch, daß ein Gemeinschaftsentzug relativ selten vorkommt,[62] so wie sein Sinn und Zweck ein anderer ist. In der dem Oberverwaltungsgericht Berlin vorgelegten Selbstdarstellung „Kurzdarstellung ihrer inneren Ordnung und ihrer Wirkungsweise" beschreibt die Religionsgemeinschaft ihre Vorgehensweise wie folgt:

„BEHANDLUNG VON VERSTÖSSEN GEGEN CHRISTLICHE MASS-STÄBE

Wenn ein Glied einer Versammlung gegen biblische Maßstäbe verstößt, gibt es im Grundsatz 4 Möglichkeiten der Behandlung:

1. In den meisten Fällen wird es sich um einen unabsichtlichen Verstoß gegen einen biblischen Grundsatz handeln, welchen der Betroffene erkennt und sich daraufhin selbst zurechtweist, indem er Gott um Vergebung bittet, und sich bemüht, eine Wiederholung zu vermeiden.

2. Handelt es sich um eine gewichtigere Verfehlung, von der Älteste der örtlichen Versammlung erfahren, werden 2 Älteste der örtlichen Versammlung dem Betreffenden helfen, sein Fehlverhalten zu erkennen, zukünftig davon abzulassen und sein gestörtes Verhältnis zu Gott wieder in Ordnung zu bringen.

3. Wird dagegen eine schwere Sünde begangen, die gemäß der Bibel einen Gemeinschaftsentzug zur Folge haben könnte und von der Älteste der örtlichen Versammlung erfahren, prüft die Ältestenschaft zu-

nächst, ob die Voraussetzungen zur Einsetzung eines Rechtskomitees vorliegen. Voraussetzung dafür ist entweder ein Geständnis des Betroffenen über sein Fehlverhalten oder die Aussage von mindestens 2 Tatzeugen. Andernfalls kann kein Rechtskomitee gebildet werden, und es können auch keine Sanktionen verhängt werden, weil Gott sich die Entscheidung als höchster Richter vorbehält.

Wenn die Voraussetzungen für ein Rechtskomiteeverfahren vorliegen, wird ein Rechtskomitee aus mindestens 3 Personen eingesetzt, das sich mit diesem Fall befaßt. Sein oberstes Ziel ist es, dem Betroffenen zu helfen, wieder ein gutes Verhältnis zu Gott zu erlangen, um weiterhin ein Glied der Versammlung bleiben zu können.

Als Glieder des Rechtskomitees werden nach Möglichkeit Personen ausgewählt, die den Betroffenen gut kennen und ein gutes Verhältnis zu ihm haben, um die Voraussetzung zu schaffen, daß der Betroffene seine Verfehlung und die Notwendigkeit der Umkehr erkennt und die gebotene Hilfe annimmt.

Der Betroffene wird zu einer Anhörung vor dem Rechtskomitee eingeladen. Es wird ihm dargelegt, welche Verfehlung ihm zur Last gelegt wird. Ihm wird Gelegenheit gegeben, zu der Anschuldigung Stellung zu nehmen, so daß ihm rechtliches Gehör gewährt wird.

Der Betroffene kann zu seiner Verteidigung Zeugen benennen und anderes Beweismaterial vorlegen, welches vom Rechtskomitee zu prüfen ist.

Manchmal sind mehrere Verhandlungen vor dem Rechtskomitee erforderlich, bis es zu einer Entscheidung kommt. Hauptziel ist in jeder Phase des Verfahrens, dem Betroffenen liebevoll zu helfen und Barmherzigkeit zu erweisen.

Sofern der Betroffene während des Rechtskomiteeverfahrens gottgefällige Reue zeigt, also seinen Fehler einsieht, wird ihm nicht die Gemeinschaft entzogen, sondern geholfen, ein gutes Verhältnis zu Gott wiederherzustellen.

Nur wenn der Betroffene nicht mehr bereit ist, zu einem Leben nach biblischen Grundsätzen zurückzukehren, wird ihm die Gemeinschaft entzogen. Gegen diese Entscheidung kann er Berufung einlegen. Dann wird ein unabhängiges Berufungskomitee von Ältesten außerhalb der Gemeinde eingesetzt, das sich nochmals mit dem gesamten Fall beschäftigt.

4. Der Betroffene zieht es vor, anstelle der Mitwirkung in einem Verfahren vor dem Rechtskomitee von sich aus die Gemeinschaft der Zeugen Jehovas zu verlassen. In diesem Fall wird die Angelegenheit nicht weiter verfolgt. Sollte er zu späterer Zeit den Wunsch haben, in die Gemeinschaft zurückzukehren, müßte er einen Wiederaufnahmeantrag stellen, in dessen Behandlung seine damalige Verfehlung mit zur Sprache käme.[63]

VERLASSEN DER GEMEINSCHAFT

Personen, die nicht mehr den Wunsch haben, Zeugen Jehovas zu sein, und diese Sinnesänderung entweder mündlich oder schriftlich oder durch ihr Verhalten zum Ausdruck bringen, werden von Jehovas Zeugen als solche betrachtet, die die Gemeinschaft verlassen haben."[64]

Unzutreffend vertritt *Link* mit Bezug auf den Gemeinschaftsentzug die Auffassung: „Um die Wirksamkeit dieser Sanktion zu verstehen, muß man bedenken, daß mit der Zugehörigkeit zur Organisation die Verbindungen zur gesellschaftlichen Außenwelt praktisch weitgehend gekappt werden." Eine solche gesellschaftliche Isolation der Zeugen Jehovas gibt es nicht. Diese Darlegungen sind daher schon vom Ansatz her falsch. Verbindungen zur gesellschaftlichen Außenwelt der Zeugen Jehovas gibt es in vielfältiger Weise. Jeder von ihnen ist in mannigfacher Weise in die sozialen und gesellschaftlichen Beziehungen seiner Umgebung, sei es am Arbeitsplatz oder in der Schule, sei es zu Hause, in der Familie, in der Verwandtschaft oder in der Nachbarschaft, eingebunden. Zeugen Jehovas sind aktive Mitglieder in den unterschiedlichsten Vereinen, wie z. B. Sportvereinen, Kleingärtnervereinen usw.[65]

Andererseits ist es ein ganz normaler Vorgang, daß Personen, die die gleichen Interessen und die gleichen Ideale haben, gern mehr Freizeit miteinander verbringen als Personen, die unterschiedliche Interessen haben. Auch ein Sportler wird sich in seinem und für seinen Verein engagieren und Zeit investieren. Das hat jedoch keine soziale Isolation zur Folge, auch wenn es dort in der Regel eine Vielzahl von Ausschlußgründen gibt. Es handelt sich hierbei um einen ganz normalen Vorgang, wobei, wie auch bei Zeugen Jehovas, die gesamtgesellschaftlichen Bezüge bestehen bleiben.

Falsch ist es auch, wenn *Link* behauptet, daß es beim Gemeinschaftsentzug eine „totale Kontaktsperre“ gäbe, die bis in die Familie hineinreiche, denn wie sich Zeugen Jehovas gegenüber ausgeschlossenen Verwandten verhalten, entscheiden diese selbst. Zu dem falschen Ergebnis kommt *Link* offensichtlich aufgrund eines unvollständigen und damit sinnentstellten Zitats aus der Literatur der Religionsgemeinschaft. Richtig lautet die zitierte Passage: „Ist ein sündiger Wandel nur den gläubigen Angehörigen bekanntgeworden und unternimmt die Versammlung aufgrund der oben erwähnten Faktoren keine Schritte, so werden die gläubigen Verwandten *wahrscheinlich* die familiäre Gemeinschaft mit der betreffenden Person stark einschränken und sie als schlechte Gesellschaft ansehen (1. Kor. 15:33).“ Durch das weggelassene Wort „wahrscheinlich“ wird jedoch gerade auf die eigene Entscheidung der in der Gemeinschaft verbleibenden Verwandten hingewiesen. Die Beteiligten bestimmen demnach selbst die Intensität der fortbestehenden familiären Beziehungen, wozu auch die Häufigkeit der Kontakte zählen mag.

Wenn ein Zeuge Jehovas, der bei seiner Hingabe und Taufe freiwillig die Verantwortung vor Gott übernommen hat, nach biblischen Grundsätzen zu leben, dieser nicht mehr nachkommen möchte, steht es ihm jederzeit frei, die Religionsgemeinschaft zu verlassen. Da, wie bereits ausgeführt, Zeugen Jehovas gesellschaftlich als Arbeitnehmer, als Hausfrau, als Nachbar, als Arbeitgeber usw. integriert sind, bedeutet ein Gemeinschaftsentzug nicht die Isolation des Betreffenden. Vielmehr gibt der Betreffende nunmehr anderen Interessen den Vorrang und geht seinen neuen Interessen mit anderen nach. In der Regel hat jemand, der die Religionsgemeinschaft verläßt, sich bereits längere Zeit vorher innerlich von ihr gelöst. Diese Person legt dann selbst keinen Wert mehr auf geistliche Gemeinschaft mit ihren früheren „Glaubensbrüdern". Sie hat einen anderen, neuen gesellschaftlichen Beziehungskreis aufgebaut. Ihr selbstgewählter Wechsel des sozialen Umfeldes ist natürlich auch mit Änderungen verbunden wie z. B. bei jedem Umzug, bei einem Arbeitsplatzwechsel und ähnlichem.[66]

Link bezieht sich bei seinen Überlegungen unter anderem auf die amerikanische Studie von *Bergman* über „Jehovas Zeugen und das Problem der seelischen Gesundheit" und bezeichnet diese als „abgewogen" und „methodisch sorgfältig abgesichert". Als ehemaliger Zeuge Jehovas bekämpft *Bergman* Zeugen Jehovas, was ihn als verläßliche Quelle gemäß der Rechtsprechung des Bundesverfassungsgerichts[67] unbrauchbar macht. Diese Studie wurde von *Bergman* vor dem Supreme Court of Ohio in dem Rechtsstreit Pater./.Pater angeführt, und er wurde dort als expert witness gehört. In seinem Urteil vom 15. April 1992 stellte der Supreme Court of Ohio fest, daß diese Studie ein „offenkundiger Versuch war, eine ganze Religion in eine Klischeeform zu pressen", und daß die darin enthaltenen Ausführungen nicht bewiesen sind.[68]

Mit diesem Urteil des Supreme Court of Ohio wird belegt, daß auch *Bergman* gegenüber der Religionsgemeinschaft der Zeugen Jehovas voreingenommen ist. Ferner ist darauf hinzuweisen, daß *Berg-*

man in diesem Prozeß das Kind „Bobby" gutachtlich beurteilt hat, obwohl er es überhaupt nicht gesehen hatte. Sein unwissenschaftliches Arbeiten disqualifiziert seine Vorgehensweise, und seine Aussagen sind deshalb auch nicht verwertbar. Die Behauptung von *Link*, es handele sich bei der Arbeit von *Bergman* um eine abgewogene und methodisch sorgfältig abgesicherte Studie, kann daher als widerlegt gelten.

Unter Hinweis auf eine Schrift der Zeugen Jehovas[69] behauptet *Link:* „Umschlossen wird dies vor allem durch die Generalklausel, daß der Gemeinschaftsentzugsgrund des ‚Abfalls oder Abtrünnigkeit' alle Handlungen erfaßt, die ‚gegen die Ordnung gerichtet sind, die Jehova seinem Volk gegeben hat'." Der vollständige Text an entsprechender Stelle deckt jedoch die Aussage nicht, denn dort heißt es: „Abfall oder Abtrünnigkeit schließt Handlungen ein, die gegen die wahre Anbetung Jehovas oder gegen die Ordnung gerichtet sind, die Jehova seinem Volk gegeben hat." Die Zitierweise ist unseriös, denn es wird in dem Handbuch gerade nicht davon gesprochen, daß *alle* Handlungen, die gegen die Ordnung gerichtet sind, die Gott seinem Volk gegeben hat, zum Gemeinschaftsentzug führen. In den weiteren Absätzen wird der Tatbestand des Abfalls bzw. der Abtrünnigkeit genau erläutert und im einzelnen ausgeführt, so daß hier keineswegs von einer „Generalklausel" gesprochen werden kann, mit der jedes unerwünschte Verhalten eines Zeugen Jehovas sanktioniert werden kann oder soll. Vielmehr ist der Tatbestand des Abfalls oder der Abtrünnigkeit ein genau umschriebenes Verhalten mit im einzelnen festgelegten Tatbestandsmerkmalen.

Unzutreffend ist auch der unmittelbar im Anschluß daran folgende Verweis auf eine weitere Publikation der Religionsgemeinschaft. Das von der Wachtturm-Gesellschaft herausgegebene Buch *Organisiert, unseren Dienst durchzuführen,* auf das verwiesen wird, enthält an der genannten Stelle keinerlei Hinweise darüber, daß die leitende Körperschaft der Zeugen Jehovas „jedes Zuwiderhandeln gegen deren Weisungen mit dem Stigma der ‚Abtrünnigkeit' belegt". Der sodann folgende weitere Hinweis von *Link* auf das Handbuch *Gebt acht auf euch selbst…* geht ebenso fehl, denn dieses Buch enthält keine Seite 160. Es endet auf Seite 158 mit einem Index.

Diese Beispiele zeigen erneut, daß sich *Link* nicht mit Zeugen Jehovas und ihren Selbstdarstellungen auseinandersetzt, sondern daß er an Stellen, an denen Literatur der Zeugen Jehovas zitiert wird, diese Zitate durch Auslassungen und eigene Zusätze inhaltlich verfälscht. Durch diese unseriöse Vorgehensweise in einem Gutachten ist es nicht verwunderlich, daß es zu einer Sachverhaltsinterpretation und zu Schlußfolgerungen kommt, die Zeugen Jehovas in keinerlei Weise zutreffend beschreiben oder werten.

Im übrigen gibt es auch bei den anderen christlichen Glaubensrichtungen den Begriff der Abtrünnigkeit oder des Abfalls vom Glauben, der ähnliche Folgen nach sich zieht.[70]

Es gibt bei Jehovas Zeugen auch kein „System ständiger Überwachung durch die Aufseher und Ältesten“[71] oder „zermürbende Bespitzelungen“[72], wie es *Link* behauptet. Auch hier wird wieder auf das Handbuch *Gebt acht auf euch selbst...* verwiesen, das an den genannten Stellen diese Aussage nicht deckt. Auf den angeführten Seiten 28, 79 ff., 90 ff. ist von der Schulung von Dienstamtsgehilfen (Diakonen) die Rede, die nach dem Amt eines Aufsehers (episkopos) streben, bzw. von der geistlich-seelsorgerischen Betreuung von Hilfspionieren und allgemeinen Pionieren, und es wird dort die Aufgabe der Aufseher angesprochen, „im Herzen der Brüder die Liebe zum Guten und den Haß gegen das Schlechte und Böse zu fördern“.

Der Hinweis von *Link* über das Anfertigen von Aufzeichnungen betrifft nur Fälle, in denen getaufte Personen, die schon längere Zeit keine Gemeinschaft mehr mit Jehovas Zeugen pflegen, aber als solche noch bekannt sind, schwere Sünden begangen haben, die gemäß der Bibel einen Gemeinschaftsentzug zur Folge haben könnten. An entsprechender Stelle heißt es: „Je nachdem, wie lange er schon untätig ist, und unter Berücksichtigung weiterer, oben genannter Faktoren mögen die Ältesten beschließen, die Angelegenheit offenzulassen“.[73]

Somit kann *Link* an keiner Stelle belegen, daß die Vorkehrungen der Religionsgemeinschaft zur Beendigung der Mitgliedschaft in irgendeiner Weise als übermäßiger Druck zu werten ist. Da er dies jedoch als Grundlage seiner Überlegungen verwendet, müssen auch diese Schlußfolgerungen fehlgehen.

c) Beispiele für mögliche Konflikte?

aa) Die Neutralität der Zeugen Jehovas (S. 26 ff.)

Weder aus der von *Link* als Beleg genannten Quelle *Gebt acht auf euch selbst* ... noch aus anderen Stellen ergibt sich, daß die Religionsgemeinschaft ihren Mitgliedern etwas gebietet oder verbietet. Es trifft nicht zu, daß dort dargelegt wird, die Organisation verlange völlige Neutralität gegenüber der politischen Ordnung. Es wird dort lediglich die schon seit vielen Jahrzehnten allgemein bekannte Verhaltensweise der Angehörigen der Religionsgemeinschaft dokumentiert: „Jehovas Zeugen verhalten sich gegenüber den politischen und militärischen Angelegenheiten der Welt neutral." Sie verhalten sich so aufgrund ihrer vorverlagerten Gewissensentscheidung, die sie vor ihrer Taufe getroffen haben.[74] In der von *Link* genannten Quelle wird auf eine weitere Publikation der Zeugen Jehovas verwiesen, wo der Begriff „Neutralität", wie er von Jehovas Zeugen verstanden wird, wie folgt definiert wird:

„Die Haltung von Personen, die einem Streit zwischen zwei oder mehr Parteien fernbleiben bzw. keine der streitenden Parteien unterstützen. Sowohl die alte als auch die neuere Geschichte zeigt, daß wahre Christen überall und unter allen Umständen bemüht waren, sich gegenüber den Auseinandersetzungen zwischen Parteien dieser Welt absolut neutral zu verhalten. Sie hindern andere nicht, an patriotischen Zeremonien teilzunehmen, Kriegsdienst zu leisten, einer politischen Partei beizutreten, für ein politisches Amt zu kandidieren oder zur Wahl zu gehen. Sie selbst jedoch beten allein Jehova, den Gott der Bibel, an; sie haben sich ihm rückhaltlos hingegeben und unterstützen sein Königreich voll und ganz."[75]

Diesen neutralen Standpunkt nimmt auch der einzelne Zeuge Jehovas aufgrund der vor seiner Taufe freiwillig getroffenen – vorverlagerten – Gewissensentscheidung ein. Jedoch sind Zeugen Jehovas „dem Staat gegenüber nicht feindlich gesinnt. Viele von ihnen stehen/standen in seinen Diensten (als Richter, Staatsanwalt, Beamter, Angestellter, Arbeiter), ohne allerdings politische Ämter innezuhaben. Jehovas Zeugen werden zur Zusammenarbeit mit dem Staat und dazu angehalten, dem Gemeinwohl zu dienen".[76] Jehovas Zeugen sind bestrebt – so wie es die Bibel gebietet –, die Einheit ihrer weltweiten Bruderschaft im Denken, Reden und Handeln zu bewahren. Das ist ihrer Meinung nach nur dann möglich, wenn sie in jedem Land „kein Teil der Welt", also in jedem Land christlich neutral sind.[77]

Hinsichtlich der von *Link* wiederholten falschen Tatsachenbehauptungen, die Mitgliedschaft in einer gesellschaftlichen Organisation[78] und die Übernahme des Schöffenamts sei verboten, ist lediglich auf die zahlreichen von Medien unterzeichneten strafbewährten Unterlassungserklärungen und auf einzelne Urteile hinzuweisen, da es ein solches Verbot nicht gibt. Es gibt viele Zeugen Jehovas, die Gewerkschaften, Vereinen oder Verbänden angehören, seien es Verbände für Ärzte, Juristen, Unternehmer oder Handwerks-, Industrie- und Handelskammern usw.

Das von *Link* konstruierte – nicht existierende – Verbot der Übernahme des Schöffenamts stellt sich in der Literatur der Religionsgemeinschaft wie folgt dar: „Da in der Bibel nichts Direktes über das Amt eines Geschworenen oder Schöffen gesagt wird, muß jeder selbst entscheiden, ob er es annehmen möchte oder nicht, nachdem er alles, was damit zusammenhängt, erwogen und dabei auch die biblischen Grundsätze und sein Gewissen berücksichtigt hat."[79] Im übrigen sind gemäß Artikel 6 des Reichskonkordats auch Kleriker und Ordensleute der katholischen Kirche von der Übernahme unter anderem des Schöffenamts freigestellt. Es ist daher unverständlich, daß *Link,* wenn dies überhaupt zuträfe, dies bei Jehovas Zeugen als „Konfliktbereich" ansieht.

Auch die Ausführungen zu der Haltung der Religionsgemeinschaft zu Beginn der NS-Zeit beruhen auf Fehlinterpretationen der von religiösen Gegnern kommentierten Zeitdokumente, die damit den erfolglosen Versuch unternehmen, die Integrität der damaligen Leitung zu erschüttern und von dem eigenen Verhalten in dieser Zeit abzulenken.

Während die vermeintlichen Verbote „nicht die durch das Erfordernis der Rechtstreue gezogenen Grenzen" überschreiten sollen, würde dies jedoch auf die Haltung der Zeugen Jehovas zur „aktiven und passiven Ausübung des Wahlrechts" zutreffen.[80] Zwar gibt *Link* zu, daß das angesprochene Thema im Bereich des kirchlichen Selbstbestimmungsrechts anzusiedeln ist. Unter Verkennung der Tatsachen und der Verknüpfung mit den unbewiesenen unterstellten „Folgen, die über die üblichen, im geistig/geistlichen Raum verbleibenden Konsequenzen religionsgemeinschaftlicher Zuchtmittel weit hinausgehen“ sollen, meint er jedoch einen Mangel an Rechtstreue feststellen zu können.

Entsprechend ihrer religiösen Überzeugung lassen sich Zeugen Jehovas dabei von folgenden Überlegungen leiten:

„Jehovas Zeugen sind – wie die Bibel es gebietet – ‚kein Teil der Welt'. Deshalb mischen sie sich nicht in die Politik ein und nehmen auch nicht an nationalen Auseinandersetzungen teil. Sie bleiben in bezug auf politische und militärische Handlungen der vielen Staaten, in denen sie leben, christlich neutral, wobei sie andere nicht davon abhalten, Militär- oder Kriegsdienst zu leisten, politischen Parteien beizutreten, für ein politisches Amt zu kandidieren und sich an politischen Wahlen zu beteiligen. Dadurch ahmen sie Jesus Christus und die ersten Christen nach.

Jehovas Zeugen sind dem Staat gegenüber nicht feindlich gesinnt. Viele von ihnen stehen/standen in seinen Diensten (als Richter, Staatsanwalt, Beamter, Angestellter, Arbeiter), ohne allerdings politische Ämter innezuhaben. Jehovas Zeugen werden zur Zusammenarbeit mit dem Staat und dazu angehalten, dem Gemeinwohl zu dienen.

Jehovas Zeugen sind bestrebt – so wie es die Bibel gebietet –, die Einheit ihrer weltweiten Bruderschaft im Denken, Reden und Handeln zu bewahren. Das ist ihrer Meinung nach nur dann möglich, wenn sie in jedem Land ‚kein Teil der Welt', also in jedem Land christlich neutral sind.“[81]

Ihre Haltung zu politischen Wahlen stellt die Religionsgemeinschaft wie folgt dar:

„Jehovas Zeugen üben ihre Religion weltweit unter der geistlichen Leitung der leitenden Körperschaft der Zeugen Jehovas aus.... Die Entscheidungen und Verfahrensweisen der leitenden Körperschaft stützen sich ausschließlich auf ihr Verständnis der Bibel. ... Sofern die biblischen Grundsätze eindeutige Hinweise bezüglich eines christlichen Verhaltens enthalten, vertritt die leitende Körperschaft diese. So stimmen Jehovas Zeugen ab, wenn beispielsweise in ihren örtlichen Gemeinden Resolutionen verabschiedet werden. Jedoch hat die leitende Körperschaft die Teilnahme an politischen Wahlen durch Stimmabgabe stets als im Widerspruch zu Grundsätzen der Bibel angesehen.

Im Gegensatz zu der in den meisten Kirchen üblichen ‚automatischen' Mitgliedschaft durch die Kindstaufe trifft der einzelne seine Entscheidung gemäß seiner Gewissensüberzeugung hinsichtlich der gesamten Lehre der Religionsgemeinschaft vor dem Beginn der Mitgliedschaft (vorverlagerte Gewissensentscheidung). Deshalb hat sich jeder Zeuge Jehovas schon vor seiner Taufe für Gottes Königreich und die damit verbundene Regierung entschieden, und er glaubt, daß diese himmlische Regierung die Lösung der heutigen Probleme bringen wird. Aus diesem Grund gibt es für ihn keinen Anlaß, an politischen Wahlen teilzunehmen, durch die andere Lösungen gesucht werden...

Zeugen Jehovas folgen weltweit gewissenhaft dem biblischen Gebot, sich dem Staat und allen seinen

Einrichtungen als den von Gott angeordneten obrigkeitlichen Gewalten (Römer 13:1 ff.) gegenüber loyal zu verhalten, mit ihm zusammenzuarbeiten und seine Gesetze zu befolgen, soweit diese nicht göttliche Gebote verletzen. ... Das Demokratieprinzip wird von Jehovas Zeugen voll anerkannt. Sie sehen demokratisch gewählte Staatsorgane als legitimiert an, als von Gott angeordnete obrigkeitliche Gewalten zu amten. Dadurch werden politische Wahlen als Legitimationsgrundlage für die Ausübung politischer Gewalt anerkannt.

Jeder Zeuge Jehovas handelt so nach seinem freien Willen und entsprechend seinem von der Bibel bestimmten religiösen Verständnis. Als ordinierte Prediger beteiligen sie sich nicht an der Politik der Parteien. Diese Haltung trägt zur Einheit in Gemeinde bei und ist im Einklang mit der biblischen Botschaft des Friedens ...“[82]

Die Ausführungen des Bundesverfassungsgerichts[83], die die Verfahrensweise der Evangelischen Kirche von Bremen und deren Amtsinhaber betreffen – und damit auch im Grundsatz auf die als Prediger ordinierten Zeugen Jehovas anwendbar sind –, zeigen, daß auch in anderen Religionsgemeinschaften nach dem auch von Jehovas Zeugen vertretenen Grundsatz der Unvereinbarkeit von politischen und religiösen Aktivitäten verfahren wird. Dies geschieht auch in der katholischen Kirche. So wird im Codex Iuris Canonici für Kleriker unter anderem verbindlich folgendes angeordnet: „Öffentliche Ämter anzunehmen, die eine Teilhabe an der Ausübung weltlicher Gewalt mit sich bringen, ist Klerikern verboten

(Can. 285 § 3)." In politischen Parteien und an der Leitung von Gewerkschaften dürfen sie, außer in den dort genannten Ausnahmefällen, gemäß Can. 287 § 2 nicht aktiv teilnehmen.

Solche Regelungen wurden mit Recht noch nie als mangelnde Treue der betroffenen Kirchen gegenüber dem Staat angesehen. Sie sind den inneren Angelegenheiten der Religionsgemeinschaft zuzuordnen und stehen nicht im Widerspruch zum Demokratieprinzip des Grundgesetzes.

Der Versuch von *Link,* einen Druck durch „die Androhung des Gemeinschaftsentzugs" zu konstruieren und damit das Verhalten der Religionsgemeinschaft sogar in die Nähe der Straftatbestände zu rükken, geht fehl (vgl. o. S. 230 ff. zur vorverlagerten Gewissensentscheidung und S. 234 ff. zum Wesen des „Gemeinschaftsentzugs"). Selbst der Enquete-Endbericht belegt durch die wissenschaftliche Untersuchung, daß „der freiwillige Ausstieg aus neuen religiösen Bewegungen ohne Hilfe möglich" sei. Die dort empfundenen Begleiterscheinungen seien nicht anders als diejenigen, „die mit jedem emotional bedeutsamen Rollenwechsel verbunden" sind.[84] Mit dieser wissenschaftlichen Erkenntnis werden den Ausführungen *Links* die Grundlagen entzogen.

Bei den Ausführungen zur Frage der Kriegs- und Zivildienstverweigerung ist zu beanstanden, daß Jehovas Zeugen Rechtsuntreue vorgeworfen wird, obwohl die von ihnen vertretenen Lehren mit der bestehenden Gesetzeslage in Übereinstimmung sind. Wie von *Link* zutreffend ausgeführt wird, ist die Kriegsdienstverweigerung ein verfassungsmäßiges

Grundrecht, das selbstverständlich auch Jehovas Zeugen zusteht. Daß der einzelne Zeuge Jehovas hier eine individuelle Gewissensentscheidung – wenn auch schon vorverlagert vor den Zeitpunkt der Taufe – getroffen hat und dies von der Rechtsprechung so anerkannt wird,[85] wurde bereits ausgeführt (vgl. o. S. 230 ff.).

Bezüglich des Zivildienstes steht jedem Zeugen Jehovas und anderen Personen, die mit diesem Dienst konfrontiert sind, durch die Vorschrift des § 15a ZDG, mit der der Gesetzgeber eine gewisse Berechtigung auch der Zivildienstverweigerung anerkennt, die Möglichkeit zu gesetzeskonformem Verhalten offen. Zeugen Jehovas bewegen sich mit den von ihnen vertretenen religiösen Lehren somit im Rahmen der für alle geltenden Gesetze, so daß ein rechtsuntreues Verhalten daraus nicht hergeleitet werden kann.

Wenn *Link* den Zeugen Jehovas eine eigene Gewissensentscheidung in Fragen der Kriegs- bzw. Zivildienstverweigerung absprechen will, geht auch diese Argumentation fehl. Im Laufe der letzten 30 Jahre haben sich alle Obergerichte der Bundesrepublik Deutschland, insbesondere das Bundesverfassungs- und das Bundesverwaltungsgericht, mit dieser Frage befaßt und übereinstimmend festgestellt, daß es sich bei den von Zeugen Jehovas getroffenen Entscheidungen in bezug auf den Kriegs- oder Zivildienst um eigene Gewissensentscheidungen handelt und nicht um von der Religionsgemeinschaft durch Glaubenslehren oder irgendwelche Sanktionen erzwungene Verhaltensweisen. *Link* blendet bei der Stützung seiner unhaltbaren These, Jehovas Zeugen träfen keine eigenen Gewissensentscheidungen, die umfangreiche obergerichtliche Rechtsprechung hierzu völlig aus.

bb) Jehovas Zeugen und das Blut (S. 32 ff.)

Im Abschnitt „Die Ablehnung von Bluttransfusionen und Blutprodukten“ wirft *Link* der Religionsgemeinschaft fälschlich vor, sie „untersage“ ihren Mitgliedern „lebensrettende Bluttransfusionen, medizinische Behandlung mit Blut und in bestimmtem Umfang auch die Verabreichung von Blutprodukten“.

Es liegt keine Fremdbestimmung des Gewissens der Gläubigen in medizinischen Angelegenheiten vor. Auch hinsichtlich der Ablehnung von Blut oder Blutprodukten[86] hat jeder Zeuge Jehovas bereits vor seiner Taufe eine vorverlagerte Gewissensentscheidung getroffen (vgl. o. S. 230 ff.).[87]

Der Vorwurf, die Religionsgemeinschaft wolle durch eine „fremdbestimmte Gewissensentscheidung“ eine „Blutbehandlung“ auch bei nicht einwilligungsfähigen Kindern verhindern und damit die Eltern in einen schwerwiegenden Konflikt mit der staatlichen Rechtsordnung bringen, trifft ebenfalls nicht zu. Eltern, die Zeugen Jehovas sind, möchten auch für ihre Kinder die bestmögliche medizinische Behandlung erhalten. Diese Eltern sind aufgrund ihrer religiösen Überzeugung verpflichtet, ihr Kind bei Bedarf in medizinische Behandlung zu geben und dessen medizinische Versorgung in der bestmöglichen Weise sicherzustellen.[88] Bei einem medizinisch indizierten Eingriff fällen die Eltern die Entscheidung, welche Behandlung sie wünschen, in Ausübung ihres verfassungsmäßigen Elternrechts aus Artikel 6 Absatz 2 Satz 1 GG. Der Wille des Gesetzgebers ist, ein Maximum an Freiheit der elterlichen Entscheidung zu gewährleisten.[89] Das Elternrecht umfaßt unter anderem, für die Person des Kindes hinsichtlich Ernährung, Bekleidung und Erziehung zu sorgen, was selbstverständlich auch den Lebens- und Gesundheitsschutz einschließt, wozu auch die Einwilligung der Eltern in eine Operation gehört.[90] Entscheiden sich die Eltern bei ihrem Kind für eine Behandlung ohne Verwendung von Blutprodukten – entweder im Hinblick auf die mit einer Blutübertragung verbundenen medizinischen Gefahren[91] oder aus religiösen Gründen –, so verwirklichen sie auch hier die vor ihrer Taufe bereits dahingehend getroffene vorverlagerte Gewissensentscheidung. Die Religionsgemeinschaft erklärt in der von ihr zur Verfügung gestellten Literatur ihrer Leserschaft den biblischen Standpunkt, den der einzelne schon vor seiner Taufe und Mitgliedschaft für sich als richtig anerkannt hat. Es handelt sich dabei um eine persönliche Entscheidung des einzelnen, bei der dieser nach seinem Verständnis der Bibel den Grundsatz, sich des Blutes zu enthalten, beachtet. Aus dem Verständnis der Zeugen Jehovas heraus, daß Gott keine unfreiwilligen und erzwungenen Handlungen anerkennt, ist Zeugen Jehovas die vorgeworfene Handlungsweise, in dieser Frage fremdbestimmte Gewissensentscheidungen zu erzwingen, fremd.

Maßnahmen nach § 1666 BGB – wie von *Link* angesprochen – setzen zunächst eine tatsächliche Gefährdung des Kindes voraus, die auf einem wirklichen Fehlverhalten der Eltern beruht. Der Gefährdungsbegriff zeigt die Grenzlinie, er bezeichnet eine Art Demarkationslinie zwischen elterlichem Erziehungsprimat und staatlichem Wächteramt, welche überschritten sein muß, damit der Staat von seinem Wächteramt Gebrauch machen darf. Diese Grenze ist erst dann überschritten, wenn die Eltern ihrer Verantwortung nicht mehr gerecht werden und unvertretbare, das Kind tatsächlich gefährdende Entscheidungen treffen. Allerdings sind, auch wenn die Gefährdungsgrenze des § 1666 BGB überschritten wurde und der Staat daher tätig werden kann, weiterhin primär die Eltern zum gefahrenabwendenden Kinderschutz aufgerufen. Staatlicher Schutz ist nur subsidiär und dann auch nur mit den Eltern und nicht gegen sie zu verwirklichen.[92]

In Eilfällen/Notfällen, in denen es nicht möglich ist, einen Arzt oder ein Krankenhaus aufzusuchen, das mit Jehovas Zeugen in der Frage der medizinischen Behandlung ohne Blut zusammenarbeitet, bringen die Eltern ihr Kind in das nächsterreichbare Krankenhaus oder sorgen für entsprechende ärztliche Behandlung, wobei sie die behandelnden Ärzte um eine Behandlungsmethode ohne Blut ersuchen. In der medizinischen Fachliteratur ist dokumentiert, daß sich medizinische Behandlungsmethoden und chirurgische Eingriffe ohne Blut bei Minderjährigen – sogar in Notfällen – als erfolgreich erwiesen haben. Alle Möglichkeiten derartiger alternativer Behandlungen sollten in Fällen, bei denen es um Kinder von Zeugen Jehovas geht, ausgeschöpft werden.

Zahlreiche Fälle von Zeugen Jehovas haben bewiesen, daß Patienten erfolgreich ohne Verabreichung von Blut behandelt werden können, und das trotz der Voraussagen von Ärzten, Blut sei erforderlich, um das Leben des Patienten zu retten oder ihn vor schwerwiegenden Schädigungen zu bewahren. Oft ist die Verlegung des Patienten zu einem anderen Arzt oder in ein anderes Krankenhaus die Lösung. Ein Arzt meint vielleicht, nur Blut könne das Leben oder die Gesundheit eines Kindes erhalten, doch andere Ärzte, die umfassender informiert sind oder über mehr Erfahrungen oder modernere Geräte verfügen, erkennen häufig an, daß der Patient mit akzeptablen alternativen Behandlungsmethoden ohne Blut wirksam behandelt werden kann.

Nur weil die großzügige Verwendung von Blut als medizinischer Standard oder als bevorzugte Behandlungsmethode betrachtet wurde oder noch wird, steht damit keineswegs fest, daß der Patient nicht auch ohne Bluttransfusion behandelt werden kann. Mediziner, die Behandlungen ohne Bluttransfusionen durchführen, sind mindestens ebenso adäquat ausgebildete und verantwortungsbewußte Ärzte wie ihre mit Blut arbeitenden Kollegen.

Bevor die Entscheidung der Eltern für eine bestimmte medizinische Behandlung als „Mißbrauch des Sorgerechts“ eingestuft und eine mögliche Maßnahme wegen Gefährdung des Kindeswohls in Betracht gezogen wird, ist es unerläßlich, sich über die generelle Transfusionspraxis und über die vorliegende besondere Transfusionssituation genau zu informieren. Wenn es um Eingriffe in das verfassungsrechtlich geschützte Elternrecht geht, kann vor der Gefahr, sich bei einem medizinischen Sachverhalt einfach auf Vermutungen zu stützen, nicht genug gewarnt werden.

Es gibt deshalb auch keine Weisungen der Religionsgemeinschaft an ihre Mitglieder, bestimmte Formulare[93] zu verwenden. Sofern Jehovas Zeugen solche Formulare bereitstellen, dienen diese dazu, ihren Mitgliedern die Verwirklichung ihrer Gewissensentscheidung zu erleichtern. Die Verwendung der nach Gesprächen mit Ärzten und Juristen entwickelten Formulare ist völlig freiwillig und wird weder von der Religionsgemeinschaft noch von einem ihrer Mitglieder überwacht.

Es ist völlig legitim, daß Eltern – vornehmlich wenn sie eine Blutübertragung bei einem Eingriff für nicht medizinisch indiziert und eine medizinische Alternative bei einem Eingriff für vorteilhafter halten – die Gelegenheit gegeben wird, ihren Standpunkt vor Gericht zu vertreten. Der Religionsgemeinschaft kann kein Vorwurf gemacht werden, wie das *Link* tut, wenn Eltern ihre Rechte vor Gericht verteidigen.

Das von *Link* angesprochene Formular *Abklärung der Rechtslage bei Ablehnung von Bluttransfusionen für minderjährige Patienten*[94] enthält in Ziffer 4 keine gegenüber den Ärzten geäußerte Drohung, wie dies behauptet wird. Dieses Formular wird von der Religionsgemeinschaft den Ärzten zur Verfügung gestellt, damit die Ärzte die betroffenen Eltern bei der Behandlung ihres minderjährigen Kindes über die Rechtslage aufklären können. Dies schließt aus, daß mit diesem Formular eine Drohung gegenüber den Ärzten ausgesprochen werden soll. Es muß den einzelnen Zeugen Jehovas überlassen bleiben, die Rechte ihrer Kinder gegenüber den Ärzten bei Übertragung von Krankheiten, die auf die Blutübertragung zurückgeführt werden können, geltend zu machen, wie beispielsweise eine Infizierung mit Hepatitis B und C oder dem HI-Virus, wie auch bei der Verwechslung von Blutkonserven oder sonstigen Risiken.

Unzutreffend konstruiert *Link* einen Zusammenhang zwischen dem besprochenen Formular und der dort zitierten von der Wachtturm-Gesellschaft herausgegebenen Broschüre *Wie kann Blut Dein Leben retten?*. Die Zitate aus Seite 20 dieser Broschüre, auf die *Link* verweist, behandeln den Fall, daß sich Ärzte, die das Gewissen von *erwachsenen* Patienten nicht respektieren wollen, eine richterliche Erlaubnis einholen, um die von ihnen gewünschte Behandlung auch gegen den Willen und das Gewissen der Patienten durchzusetzen, und nicht, wie behauptet, den Fall Minderjähriger.

Weber geht dagegen zutreffend davon aus, daß die Eltern die Durchsetzung bestimmter Rechtspositionen durch den Staat letztlich akzeptieren.[95] Sofern sie gegen die Entscheidung eines Amtsgerichts die ihnen rechtsstaatlich zustehenden Rechtsmittel einlegen und den Rechtsweg ausschöpfen – wie dies in der von dem Oberlandesgericht Celle zu entscheidenden Angelegenheit der Fall war –, stellt dies keinen Widerspruch und keinen Mißbrauch der ihnen zustehenden Rechte dar. Deshalb ist ebenso der Vorwurf von *Link,* die Rechtstreue der Religionsgemeinschaft sei in Zweifel zu ziehen, wenn sich deren Mitglieder nicht mit einer erstinstanzlichen Entscheidung abfinden und ihre Rechtsmittel ausschöpfen, abwegig.

Link fehlinterpretiert auch die weiteren von der Religionsgemeinschaft ihren Mitgliedern für Krankheitsfälle zur Verfügung gestellten Dokumente. Die Verwendung von Dokumenten, wie beispielsweise dem *Dokument zur ärztlichen Versorgung* („Blutkarte") und sonstiger Formulare soll den Mitgliedern als Hilfe bei der Verwirklichung ihrer Gewissensentscheidung dienen. Dabei dürfte in jüngster Zeit die Verwendung von Patiententestamenten und Vorsorgevollmachten immer mehr Bürgern nicht unbekannt sein und zunehmen. So stellen auch andere Kirchen und Religionsgemeinschaften Formulare für Patiententestamente zur Verfügung. Es bleibt jedem selbst überlassen, ob und inwieweit er von diesen Möglichkeiten Gebrauch macht. Die Religionsgemeinschaft weist in ihrer Literatur auf bestimmte rechtliche Erfordernisse für die Gültigkeit von Patiententestamenten hin.

Es ist richtig, daß bei Zeugen Jehovas in Deutschland sogenannte Krankenhausverbindungskomitees flächendeckend bestehen. Die Religionsgemeinschaft hat in ihrer Literatur mehrfach darauf hingewiesen, daß sowohl diese Krankenhausverbindungskomitees als auch die Krankenbesuchsgruppen jedem Mitglied, das dies wünscht, Hilfe, Auskunft und Beistand bieten.[96] Die Krankenhausverbindungskomitees wurden in allen größeren Städten eingerichtet und setzen sich aus geschulten und erfahrenen Fachleuten zusammen, die lediglich auf Wunsch des

Patienten, der ein Zeuge Jehovas ist, als Verbindungspersonen zwischen Arzt und Patient tätig werden. Dabei greifen sie auf neueste medizinische Forschungsergebnisse zurück, die es Ärzten ermöglichen, erfolgreich ohne Bluttransfusion zu behandeln. Mittels ihrer Dienste sollen Schwierigkeiten überwunden und Behandlungsalternativen leichter realisiert werden. Sie unterstützen die Familie und den behandelnden Arzt dabei, Ärzte und Ärzteteams ausfindig zu machen, die bereits Erfahrungen bei der Anwendung von Behandlungsalternativen ohne Blut gesammelt haben[97].

Die Schlußfolgerung von *Link*, diese Komitees seien Instrumente der Überwachung, ist unzutreffend. Sie treten nur in Tätigkeit, wenn der Patient ihre Hilfe wünscht.

cc) Werden Jehovas Zeugen aufgefordert, „Schweigepflichten" zu verletzen? (S. 35 ff.)

Auf Seite 35 wirft *Link* der Religionsgemeinschaft unter Hinweis auf einen im *Wachtturm* vom 1. September 1987 erschienenen Artikel vor, daß sie bewußt auf die Verwirklichung des Straftatbestandes des § 203 StGB hinwirke, indem sie ihre Mitglieder zum Bruch berufs- und amtsbezogener Schweigepflichten auffordere. Dieser Vorwurf ist jedoch nicht haltbar. Vielmehr wird in diesem Artikel auf die besondere Bedeutung der Wahrung der beruflichen Schweigepflicht hingewiesen. Es wird auf die Möglichkeit der Einholung einer Einwilligung aufmerksam gemacht.

In der Rechtsprechung und Lehre ist anerkannt, daß der Schutz fremder Geheimnisse nach § 203 StGB kein absolutes Recht darstellt, sondern daß insbesondere zur Wahrung entgegenstehender berechtigter eigener oder fremder Interessen, soweit die Tat nach den Grundsätzen der Güter- und Interessenabwägung ein angemessenes Mittel ist, derjenige nicht unbefugt handelt, der ein fremdes Geheimnis offenbart.[98]

Verständlicherweise können solche Fälle nicht im voraus eingegrenzt werden, sondern unterliegen einer Abwägung im Einzelfall. Denkbar wäre z. B. die theoretisch konstruierte Situation, daß jemand im Rahmen einer ärztlichen Tätigkeit von einem Fall des sexuellen Mißbrauchs von Kindern erfährt, wobei anerkanntermaßen die Gefahr besteht, daß noch weitere Taten mit der Gefährdung weiterer Kinder geschehen können. Unstreitig hat der Betreffende hier das Recht, zum Schutz der Kinder Maßnahmen seitens des Jugendamts und der Justiz in die Wege zu leiten. Es muß ihm aber auch die Möglichkeit zustehen, die verantwortlichen Personen im Umfeld des Kindes zu informieren, um dadurch das Kind vor weiterem Mißbrauch zu schützen. Bei Fällen von Kindesmißbrauch durch Geistliche kam es vor einiger Zeit zu strafrechtlichen Ermittlungen gegen deren kirchliche Vorgesetzte. Diese sollen es nach Pressemeldungen unterlassen haben, rechtzeitig einzugreifen, um weiteren Schaden zu verhindern.[99]

Aus den Darlegungen in dem zitierten Artikel wird deutlich, daß auch hier Ausnahmefälle gemeint sind, in denen nach den allgemeinen Regeln des Strafrechts eine Abwägung der Rechtsgüter erforderlich ist. Somit stehen auch diese Ausführungen in diesem Artikel nicht im Konflikt mit der gesetzlichen Regelung.

dd) Datenschutz (S. 37 ff.)

Auch im Hinblick auf mögliche Verstöße gegen das Bundesdatenschutzgesetz gemachte Ausführungen sind nicht zutreffend.

Dabei ist zu berücksichtigen, daß es allen Kirchen und Religionsgemeinschaften freisteht, wie auch anderen Körperschaften, ihren Bereich zu organisieren, wozu auch Formulare gehören. Dies geschieht in Übereinstimmung mit Art. 140 GG, Art. 137 Abs. 4 WRV, wonach jede Religionsgesellschaft ihre Angelegenheiten selbständig ordnet und verwaltet.[100]

Soweit das Bundesdatenschutzgesetz überhaupt Anwendung findet,[101] werden alle Anforderungen eingehalten. Die Ausführungen bieten keinen Anlaß für die Vermutung, daß die Handhabung der innerkirchlichen Angelegenheiten der Religionsgemeinschaft mangelnde Rechtstreue indiziere oder sogar die Vermutung mangelnder Rechtstreue für die Zukunft nahelege.[102]

ee) Sozial- und Arbeitsrecht (S. 39 ff.)

Link geht in seinen unberechtigten Vorwürfen, daß es bei der Religionsgemeinschaft Verstöße gegen das Arbeits- und Sozialrecht gibt, von einem falschen

Ansatz aus, wenn er bestreitet, daß es bei Zeugen Jehovas eine ordensähnliche Gemeinschaft gibt.[103]

Er verkennt den Unterschied zwischen „Vollzeitdienern“ einerseits, die ihren Lebensunterhalt selbst unter anderem als Beamte, Angestellte, Arbeiter usw. bestreiten, sich also wirtschaftlich selbst unterhalten, und andererseits den „Vollzeitdienern“, die als Angehörige der „Sondervollzeitdiener der ordensähnlichen Gemeinschaft der Zeugen Jehovas“ das Gelübde ablegen, sich jeder Erwerbstätigkeit zu enthalten, um ihre Kraft voll in ihrem Gottesdienst einzusetzen, ohne durch die Sorge für den eigenen wirtschaftlichen Unterhalt abgelenkt zu werden,[104] und daher von der Wachtturm-Gesellschaft wirtschaftlich unterhalten werden, wobei ihre lebenslange Versorgung, auch im Krankheits-, Alters- und Invaliditätsfall gesichert ist und bei einem Ausscheiden die gesetzliche Nachversicherung bei der Bundesversicherungsanstalt für Angestellte durchgeführt wird.

Die Gemeinschaft der Sondervollzeitdiener setzt sich aus Sonderpionierpredigern, reisenden Aufsehern und Bethelmitarbeitern zusammen. Sie werden durch Vocatio auf Dauer in das geistliche Amt berufen. Ihren Dienst leisten die Sondervollzeitdiener völlig freiwillig aus religiöser Motivation.[105] Sie erhalten deshalb keine „Vergütung“ nach geleisteten Stunden, wie fälschlicher Weise von *Link* behauptet, sondern die Wachtturm-Gesellschaft stellt den Angehörigen der ordensähnlichen Gemeinschaft ihrer Sondervollzeitdiener in ihrer Fürsorgepflicht den wirtschaftlichen Unterhalt zur Verfügung.[106]

Diese etwa 1800 Sondervollzeitdiener stehen den übrigen Mitgliedern der Religionsgemeinschaft, deren Zahl zur Zeit in Deutschland ungefähr 190 000 beträgt, gegenüber. Die Tätigkeit der Sondervollzeitdiener beruht nicht auf einer arbeitsvertraglichen Verpflichtung, sondern entspringt ausschließlich ihrer persönlichen religiösen Motivation aufgrund der Hingabe an Gott und der Taufe, ihrer Berufung in ihr geistliches Amt und ihres speziellen Gelübdes, im Interesse ihrer gottesdienstlichen Betätigung auf jede weltliche Erwerbstätigkeit zu verzichten.

Das Hessische Landessozialgericht hat in seinem Urteil am 11. November 1963 das Vorliegen einer geistlichen Genossenschaft für den Betheldienst bejaht.[107] Ebenfalls haben der hessische Kultusminister[108], die Oberfinanzdirektion Frankfurt/Main[109] und die Bundesversicherungsanstalt für Angestellte in Berlin[110] nach Prüfung der Sach- und Rechtslage die Existenz der ordensähnlichen Gemeinschaft der Sondervollzeitdiener der Religionsgemeinschaft der Zeugen Jehovas bestätigt. Diese Fachbehörden kamen zu dem Ergebnis, daß das Erfordernis, daß die ordensähnliche Gemeinschaft der Sondervollzeitdiener eine mit der Religionsgemeinschaft als solche nicht identische religiöse Vereinigung bildet und daß es sich bei ihnen um satzungsmäßige Mitglieder der Religionsgemeinschaft handelt, erfüllt ist. Damit nehmen Jehovas Zeugen zu Recht für die Mitglieder ihrer ordensähnlichen Gemeinschaft alle für sie vorgesehenen Privilegien in Anspruch.

Für den Bereich des Arbeitsrechts bedeutet dies, daß es nach völlig unbestrittener Auffassung den Religionsgemeinschaften aufgrund der Verfassungsgarantie des kirchlichen Selbstbestimmungsrechts freisteht – so das Bundesverfassungsgericht –, darüber zu befinden, welche Dienste es in den Einrichtungen der Religionsgemeinschaft geben soll und in welchen Rechtsformen sie wahrzunehmen sind.[111]

So stehen nach einhelliger Auffassung ebenso die Angehörigen von Orden und ordensähnlichen Gemeinschaften im Bereich der katholischen Kirche und die Diakonissen im Bereich der evangelischen Kirche im Verhältnis zu ihrem Orden bzw. zur jeweiligen religiösen Einrichtung nicht in einem Arbeitsverhältnis, sondern in einem spezifischen Rechtsverhältnis des kirchlichen Rechts, das vom staatlichen Arbeitsrecht nicht erfaßt wird.

Deshalb stellt *Weber* zu Recht fest, daß bezüglich der Sondervollzeitdiener der Religionsgemeinschaft „die Anwendung des Arbeitsrechts ausgeschlossen" ist.[112]

Daraus ergeben sich für die Bereiche des Sozialversicherungsrechts folgende Konsequenzen. Die Sondervollzeitdiener sind als Glieder der ordensähnlichen Gemeinschaft nach § 5 Abs. 1 Nr. 3 SGB VI versicherungsfrei in der Rentenversicherung.[113] Sie sind durch die Wachtturm-Gesellschaft auch im Alter und für den Fall der verminderten Erwerbsfähigkeit versorgt. Die Versorgung ist durch das vorhandene Vermögen und die bestehenden Versicherungsverträge gesichert.[114] Deshalb sind die Sondervollzeitdiener von der Rentenversicherungspflicht befreit.

Scheiden Angehörige der ordensähnlichen Gemeinschaft der Sondervollzeitdiener aus der Gemeinschaft aus, wird von der Wachtturm-Gesellschaft die gesetzliche Rentennachversicherung vorgenommen. Bei vor dem Jahr 1991 ausgeschiedenen Angehörigen der ordensähnlichen Gemeinschaft hätte die Wachtturm-Gesellschaft die Einrede der Verjährung gegen die Nachversicherung erheben können. In ihrer Fürsorge für ihre Mitarbeiter hat sie dies nicht getan, sondern auch in diesen Fällen die Nachversicherung durchgeführt.

Die Vorwürfe, die Religionsgemeinschaft verletze die Rentenversicherungspflicht, werden von *Link* letztendlich nicht aufrechterhalten, wenn incidenter eingeräumt wird, daß das Vorgehen der Religionsgemeinschaft von den Fachbehörden geprüft und mit der geltenden Rechtslage in Übereinstimmung gefunden wurde.

Die Sondervollzeitdiener als Mitglieder einer ordensähnlichen Gemeinschaft sind auch nach § 6 Abs. 1 Nr. 7 SGB V und nach § 541 Abs. 1 Nr. 3 RVO in der gesetzlichen Kranken- und Unfallversicherung versicherungsfrei. Gleichwohl sind alle Glieder der ordensähnlichen Gemeinschaft der Sondervollzeitdiener in der gesetzlichen Krankenversicherung und Pflegeversicherung versichert, oder die Krankenversorgung wird von der Wachtturm-Gesellschaft übernommen.

Die Religionsgemeinschaft verhält sich somit auch im Bereich des Arbeits- und Sozialrechts rechtstreu, indem sie für die Krankenversicherung und die lebenslange Versorgung ihrer Sondervollzeitdiener gemäß der derzeitigen Gesetzeslage sorgt.[115]

Link behauptet, daß die Wachtturm-Gesellschaft in bezug auf das von ihr unterhaltene Bethel möglicherweise nicht gemeinnützig sei. Diese Behauptung ist falsch. Sowohl die Wachtturm-Gesellschaft, die das Bethel unterhält, als auch Jehovas Zeugen sind stets von den Finanzämtern jeweils nach Prüfung der Gemeinnützigkeit als gemeinnützigen Zwecken dienend anerkannt worden.[116]

ff) Jehovas Zeugen und das Sorgerecht

Nach der Darlegung bekannter und allgemein anerkannter Verfassungsgrundsätze hinsichtlich der Glaubensfreiheit und des Erziehungsrechts der Eltern wirft *Link* der Religionsgemeinschaft vor, daß sie „ihre Mitglieder mit sozialem Druckmittel zu einer Wahrnehmung der Elternverantwortung zu bestimmen versucht, die diesen Grundsätzen in gravierender Weise widerspricht",[117] um ihr damit auch auf diesem Gebiet die Rechtstreue abzusprechen.

Wie die nachstehenden Ausführungen zeigen und wie auch die von der Rechtsprechung behandelten Fälle zum Sorgerecht belegen, wird auch dieser Vorwurf zu Unrecht erhoben. Auch in diesen Fällen konnten die im Verfahren beauftragten Sachverständigen keinerlei Anhaltspunkte von Einengung in der Entwicklung oder gar von Entwicklungsschäden bei den betroffenen Kindern finden, schon gar nicht solche, die der Beklagte als zwingende Folge einer Mitgliedschaft von Eltern bei der Religionsgemeinschaft in der Auswirkung der Erziehung ihrer Kinder beschreibt. Vielmehr wird in den Ausführungen der

Sorgerechtsverfahren bestätigt, daß Kinder von Zeugen Jehovas sehr wohl Sport treiben, basteln und malen dürfen, was einer altersgerechten Betätigung entspricht, und gut in die Klassengemeinschaft integriert sind und vieles mehr und daß Jehovas Zeugen die Entscheidung hierüber allein den Eltern überlassen.

Link behauptet, daß die in den Gerichtsentscheidungen festgestellten positiven Eignungsprognosen darauf beruhten, daß der jeweils betroffene Elternteil die Lehre der Zeugen Jehovas nicht oder nicht konsequent in die Praxis umsetze. Für diese Behauptung fehlt sowohl jeder Beweis als auch der geringste Anhaltspunkt, und sie stellt sich daher als eigenwillig und ergebnisorientiert dar.

Abgesehen davon, daß die Spannbreite der umgesetzten Glaubenspraxis zeigt, daß eine Einflußnahme der Religionsgemeinschaft mit sozialen Druckmitteln auf den Erziehungsstil ihrer Mitglieder gerade nicht erfolgt, sind die Behauptungen von *Link* weder belegt noch wissenschaftlich begründet. *Link* beruft sich wiederum lediglich auf nicht nur in Deutschland höchst umstrittene Werke, in denen die Verfasser ihre Thesen nicht auf wissenschaftlich gewonnene Erkenntnisse aus soziologischen und psychologischen Untersuchungen stützen. Es sind persönliche subjektive Ansichten, die sie auf die Literatur der Religionsgemeinschaft zu stützen versuchen und sie zu diesen Schlußfolgerungen kommen lassen.

Die religiöse Erziehung gehört zum verfassungsmäßig geschützten Recht der Religionsausübung, die frei von staatlichem Einfluß erfolgen muß.[118]

Die Religionsgemeinschaft hält sich nicht nur an die Grenze der Auslegung durch das Bundesverfassungsgericht, sondern lehnt in weitergehender Respektierung der Persönlichkeit und des Selbstbestimmungsrechts des Kindes jede Kindertaufe ab.[119] Der Religionsgemeinschaft kann nur beitreten, wer sich der Tragweite der Entscheidung bewußt ist und diesen Schritt nach reiflicher unbeeinflußter Überlegung freiwillig ausführt.[120] Niemand wird als Zeuge Jehovas „geboren" oder als Kleinkind als Zeuge Jehovas getauft. Niemand kann in eine Mitgliedschaft bei der Religionsgemeinschaft gedrängt werden. Genausowenig, wie die Kinder zu einer Mitgliedschaft gezwungen werden, wird die elterliche Kindererziehung durch die Religionsgemeinschaft irgendwie überwacht. Auch schreibt sie den Eltern nicht vor, wie diese ihre Kinder zu erziehen haben. Wenn Aussagen zu allgemein anerkannten Erziehungsgrundsätzen in den Publikationen der Zeugen Jehovas gemacht werden, geschieht dies lediglich, um Eltern eine Hilfe zu geben, wie sie ihre Kinder gemäß der Bibel und in der Verantwortung vor Gott zu verantwortungsbewußten und selbständigen Menschen erziehen können. Dabei wird betont, daß es die Verantwortung der Eltern ist, für ihre Kinder zu sorgen. Insbesondere wird betont, daß Kindererziehung stets von Liebe und Verständnis der Eltern getragen werden muß.[121] In religiös gemischten Ehen wird dem Elternteil, der Zeuge Jehovas ist, durch die Religionsgemeinschaft für die Kindererziehung auch die Wichtigkeit zu Toleranz und Rücksichtnahme gegenüber dem andersgläubigen Elternteil vor Augen geführt.[122]

Die behauptete soziale Isolation von Kindern, deren Eltern Zeugen Jehovas sind, existiert nicht. Es ist unzutreffend, wenn *Link* behauptet, daß Kinder, deren Eltern Zeugen Jehovas sind, beispielsweise keinen Umgang mit Andersgläubigen haben dürfen. Da die Religionsgemeinschaft Eltern keine Vorschriften macht, ist es den Kindern sehr wohl gestattet, mit ihren Klassenkameraden auch privaten Umgang zu haben oder mit andersgläubigen Kindern zu spielen. Ebenfalls ist ihnen erlaubt, Sport zu treiben, zu basteln, zu musizieren, an Klassenfahrten teilzunehmen oder anderen Hobbys nachzugehen. *Link* führt den Vorwurf der sozialen Isolation an, daß das Leben der Kinder der Zeugen Jehovas „in ungewöhnlichem Maße von Verboten umstellt" sei. Die Religionsgemeinschaft vertritt jedoch die Ansicht, daß allein die Eltern aufgrund ihres Erziehungsrechts Entscheidungen bezüglich der Kindererziehung gemäß ihren Wertvorstellungen treffen. Die Religionsgemeinschaft weist in ihrer Literatur darauf hin, daß die Eltern die Verantwortung tragen, für ihre Kinder auf bestmögliche Weise zu sorgen und ihrer verfassungsmäßigen Erziehungsverantwortung nachzukommen, damit sie verantwortungsbewußte und selbständige Menschen werden, die sich später einmal als wertvolle Glieder der menschlichen Gesellschaft erweisen. Wenn Eltern in Ausübung dieses Rechts gemäß ihrem religiösen Verständnis entscheiden, konfessionell gebundene Feiertage anderer Bekenntnisse wie Weihnachten, Neujahr, Ostern usw. nicht zu begehen, kann deshalb an der Religionsgemeinschaft keine Kritik geübt werden.[123] Eltern, die einer anderen Religion wie beispielsweise dem Islam oder dem Judentum angehören und die ebenfalls andere Feiertage mit ihren Familien begehen und ihre Kinder dementsprechend belehren und erziehen, wird nicht vorgeworfen, ihre Erziehung führe zu einer sozialen Isolation der Kinder. Schon gar nicht wird dieses Verhalten der Eltern den betreffenden Religionsgemeinschaften angelastet.

Wenn die Religionsgemeinschaft in ihrer Literatur auf Aspekte hinweist, die bei der Freizeitgestaltung und bei außerlehrplanmäßigen Aktivitäten bedacht werden können, so werden diese von *Link* unzutreffend als Verbote dargestellt. Inwieweit die Eltern Anregungen der Religionsgemeinschaft in ihrer Kindererziehung anwenden, entscheiden sie allein, wobei sie das Wohl ihrer Kinder unter den konkreten Umständen berücksichtigen.

Soweit *Link* den Vorwurf einer sozialen Isolation von Kindern macht, deren Eltern Zeugen Jehovas sind, läßt er außer Betracht, daß das soziale Umfeld eines Kindes durch die Beziehungsstrukturen der Eltern geprägt wird. Normalerweise verfügt jede Familie über einen relativ kleinen Personenkreis, mit dem enge gesellschaftliche Beziehungen gepflegt werden. Dabei werden in der Regel gemeinsame Interessen bevorzugt oder gefördert, so wie sich zum Beispiel praktizierende Katholiken, Juden, Moslems oder kulturelle Gruppen vorzugsweise in gleichgesinnten Kreisen bewegen. Sportlich Interessierte werden vornehmlich mit solchen Personen Kontakt pflegen, die die von ihnen bevorzugte Sportart ausüben.

Ein weiterer Aspekt ist das Recht der Eltern, ihre Kinder vor den Gefahren abträglichen Umgangs[124] zu bewahren. Im Rahmen dieser Bemühungen wird man den Eltern schwerlich vorwerfen können, sie isolierten ihr Kind von anderen Kindern oder Jugendlichen, die die Entwicklung ihres Kindes negativ beeinflussen. Soweit eine Überprüfung durch die Gerichte oder durch familienpsychologische Sachverständige stattgefunden hat, wurde der Vorwurf einer sozialen Isolation von Kindern der Zeugen Jehovas nicht bestätigt. Die Rechtsprechung der Oberlandesgerichte widerlegt in überzeugender Weise, daß die Religionsgemeinschaft in einer Weise auf ihre Mitglieder einwirke, daß Kinder einem „Isolationsprozeß" unterliegen würden. Wie beispielhaft der ausführlichen Entscheidung des OLG Düsseldorf[125] zu entnehmen ist, sind die Zeugen Jehovas sehr wohl in der Lage, ihre Kinder zu verantwortungsbewußten, fröhlichen, in ihre Umwelt sozial integrierten und erfolgreichen Menschen heranzuziehen. Die Glaubenslehre der Religionsgemeinschaft sowie die Glaubenspraxis wirken sich somit in keiner Weise dergestalt aus, wie es *Link* bei bloßer Übernahme von Behauptungen aus der Anti-Kult-Bewegung oder konfessionell gebundener Beauftragter vorträgt. Vielmehr bestätigt die obergerichtliche Rechtsprechung die Tatsache, daß Kinder, deren Eltern Zeugen Jehovas sind, auf eine Weise erzogen werden, daß sie sich altersgerecht in ihrer Persönlichkeit entwickeln können, daß sie in der Lage sind, sich in ihr soziales Umfeld einzufügen, und daß sie mit den Menschen, mit denen sie dort zu tun haben, gute Kontakte pflegen können.

Der Hinweis auf das Urteil des Oberlandesgerichts Frankfurt geht ebenfalls fehl. Zum einen kann dem dieser Entscheidung zugrundeliegenden familienpsychologischen Gutachten entnommen werden, daß eine Befragung der Lehrer, soweit mit ihnen gesprochen werden konnte, das Gegenteil, nämlich die soziale Integration in den Klassenverband, bestätigt hat. Zum anderen soll nicht unerwähnt bleiben, daß die – einzige Ausnahme in der Rechtsprechung[126] bildende Entscheidung des Oberlandesgerichts Frankfurt – die Übertragung des Sorgerechts nur für die Zeit der Trennung der Eltern betraf und, da sich die vom Oberlandesgericht erwähnten Befürchtungen nicht bestätigten, die Kinder nach kurzer Zeit wieder zur Mutter zurückkehrten und auch in dem späteren Scheidungsurteil das Sorgerecht der Mutter übertragen wurde.[127]

Die Art, wie *Link* ergebnisbestimmt argumentiert, wird in Verbindung mit den Ausführungen zu dem Unterthema „Zuchtmittel“ deutlich. Hier wird der Religionsgemeinschaft zu Unrecht vorgeworfen, sie empfehle den Eltern „auch strenge Zuchtmittel als geeignete Sanktionen“. Eltern entscheiden selbst, auf welche Weise sie bei der Erziehung ihrer Kinder vorgehen. Dieses elementare Recht gilt auch bei Zeugen Jehovas.

Link versucht, diesen Vorwurf mit einigen Zitaten aus verschiedenen Publikationen der Religionsgemeinschaft zu belegen. Es muß jedoch der Vorwurf erhoben werden, daß er Zitate aus dem Zusammenhang gerissen oder zusammenhanglos aneinandergereiht hat. Es scheint, daß *Link* damit einen bestimmten Sachverhalt suggerieren will, da sich leider das gesamte Gutachten durch diese Arbeitsweise auszeichnet.

Die zitierte Seite 82 des Buches *Gebt acht auf Euch selbst...* befaßt sich anfangs mit der Grundbedeutung des griechischen Wortes *paidéia*, nämlich *Unterweisung, Ausbildung, ein Prozeß der Erziehung, Züchtigung.* Dieser Begriff kann sich sowohl auf Erwachsene als auch Kinder beziehen. Die im nachfolgenden unmittelbaren Zusammenhang angeführte Stelle „Leiden können sehr wertvoll sein“ bezieht sich jedoch nicht auf Kindererziehung. Vollständig und im Zusammenhang zitiert heißt die Stelle mit Bezug auf Menschen im allgemeinen: „Rat schließt oft Lob und Verbesserungsvorschläge ein und wird in Sprüche 19:20 mit Zucht in Verbindung gebracht. Die Zucht von Jehova ist ein Beweis seiner Liebe; wenn man sie annimmt und beherzigt, führt sie zu ewigem Leben (Heb. 12:5-9). Gott züchtigt seine Söhne, ja er ‚geißelt' sie, was Strenge andeutet, da er zuläßt, daß sie schwierige Prüfungen durchmachen. Leiden können wertvoll sein, wenn dadurch ein Unrecht berichtigt wird oder wenn wir dadurch in der Gerechtigkeit geschult werden (Ps. 119:71). Leiden bewirken eine Läuterung; auch Jesus zog aus seinen Leiden als Mensch einen Nutzen (Heb. 5:8-10).“ Diese Sätze betreffen nicht Kindererziehung. Sie richten sich an alle erwachsenen Christen in ihrem Verhältnis zu Gott.

Link führt aus, daß § 1631 Absatz 2 BGB entwürdigende Erziehungsmaßnahmen verbietet, körperliche Züchtigung als solche daher nicht entwürdigend ist, wenn sie sich im Rahmen des durch den Erziehungszweck gebotenen Maßes hält und Rücksicht auf Alter und seelische Verfassung des Kindes nimmt. Die Religionsgemeinschaft geht konform mit den von der Rechtsordnung gezogenen Grenzen und mißbilligt das Schlagen von „Kleinstkindern“. In den Veröffentlichungen der Zeugen Jehovas wird betont, daß es nicht angebracht ist, Kinder mit Schlägen zum Wohlverhalten zu erziehen. Vielmehr soll Kindern durch das eigene Vorbild der Eltern und durch liebevolle Unterweisung und Belehrung der Wert der von Eltern aufgestellten biblischen Verhaltensmaßregeln nahegebracht werden.[128]

Indem Eltern ihren Kindern gewisse Grenzen setzen, handeln sie in Übereinstimmung mit den Auffassungen anerkannter Erziehungswissenschaftler wie *Prof. Bernd Ahrbeck*, Humboldt-Universität Berlin, der zum Ausdruck bringt, daß ein Kind „ein wirkliches Selbstbewußtsein ... nur entwickeln [kann], wenn es die Gelegenheit hat, sich mit seinen Möglichkeiten und Grenzen auseinanderzusetzen. ... Die Krise kleiner Kinder und Jugendlicher und die Ratlosigkeit der Erwachsenen werden häufig in einem direkten Zusammenhang mit ... dem Verlust verbindlicher und verbindender Werte und Normen und der Erosion ehemals festgefügter Familienmuster [gebracht]“.[129]

Den Vorwurf, die Religionsgemeinschaft verlange von ihren Mitgliedern, „ihre natürlichen Hemmungen“ zu überwinden sowie sich den kinderpsychologischen Ratschlägen zu „widersetzen“, entnimmt *Link* einer Anmerkung dem der Entscheidung des Amtsgerichts Passau zugrundeliegenden „Gutachten", eines Sektenbeauftragten der Bayerischen Landeskirche. Dieses verweist auf eine *Erwachet!*-Ausgabe vom 22. 10. 1957 (!). Der dort dargestellte Erziehungsstil entsprach zu dieser Zeit der damals allgemeinen Auffassung von Kindererziehung in der Bevölkerung und in den Schulen.[130] In dem zitierten Buch *Das Familienleben glücklich gestalten (*1978) findet sich kein dahingehender Hinweis, sogar „Klein- und Kleinstkinder" zu schlagen, wie *Link* behauptet.[131] In dem 1996 erschienenen Buch *Das Geheimnis des Familienglücks,* das *Link* in seinen Ausführungen völlig unberücksichtigt läßt, werden Schläge als Erziehungsmittel nicht einmal erwähnt.[132]

Link führt schließlich hierzu noch *Erwachet!* vom 8. 8. 1979, Seite 27 ff. an. Auf Seite 27 dieses Artikels wird zunächst folgendes erklärt:

„Aber schließt liebevolle Zucht auch körperliche Züchtigung ein? Gemäß Gottes Wort kann das eingeschlossen sein, sofern die körperliche Züchtigung ein Ausdruck der Liebe ist und auf eine Weise erfolgt, die sich mit Liebe vereinbaren läßt."

Der Zusammenhang läßt deutlich erkennen, wie der Begriff Zucht gemeint ist, wenn es auf Seite 28 weiter heißt:

„Weise Eltern erkennen, daß es verschiedene Möglichkeiten gibt, ein Kind zurechtzuweisen oder zu bestrafen. Manchmal genügt ein ernstes Wort. In anderen Fällen braucht man das Kind nur kurzzeitig von der Familiengemeinschaft auszuschließen. Wenn ein Kind in seiner kindlichen Sorglosigkeit oder Unvorsichtigkeit etwas verschüttet oder etwas zerbricht, ist es oft äußerst wirksam, wenn man es bittet, alles wieder sauber zu machen oder zu arbeiten, um Ersatz zu beschaffen, falls das durchführbar ist. Natürlich sollte man flexibel sein und die Zucht der Situation und dem Kind anpassen; was bei dem einen Kind hilft, muß noch lange nicht bei dem andern helfen."

Mit diesem Hintergrundverständnis bekommt diese Zitatstelle einen anderen Sinn. Keinesfalls wird in der Literatur der Zeugen Jehovas zum Schlagen von Kleinkindern aufgefordert.

Auch das Zitat aus *Das Familienleben glücklich gestalten,* Seite 145, welches zeigen soll, daß unter bestimmten Umständen als wirksamste Alternativsanktion der „vorübergehende Ausschluß des Kindes aus der Familiengemeinschaft" empfohlen werde, ist unvollständig. Vollständig zitiert lautet dieses:

„Bei Kindern kann der vorübergehende Ausschluß aus der Familiengemeinschaft wirkungsvoller sein als Schläge. Würde man jedoch ein Kind aus dem Haus aussperren oder andere übertriebene Maßnahmen ergreifen, so würde man über das hinausgehen, was die Liebe gebietet."

Damit wird deutlich, daß mit dem Begriff „vorübergehender Ausschluß des Kindes aus der Familiengemeinschaft" weder der Gemeinschaftsentzug aus der Religionsgemeinschaft gemeint ist, noch daß das Kind aus der Wohnung der Familie verwiesen wird. Vielmehr kann dies beispielsweise einen Stubenarrest oder das gesonderte Einnehmen einer Mahlzeit oder ähnliches bedeuten. Über einzelne Erziehungsmaßnahmen entscheiden die Eltern persönlich, da sie ihre Kinder am besten kennen und wissen, was individuell deren Wohl am meisten fördert.

Selbst wenn es im Einzelfall zu Überreaktionen der Eltern kommen sollte, ist dies nicht auf die von der Religionsgemeinschaft vertretenen Lehren oder die von ihr zur Verfügung gestellte biblische Literatur zurückzuführen, da dort keinesfalls das Schlagen von Kindern als ein Gebot Gottes ausgegeben und von ihren Mitgliedern als Erziehungsmaßnahme verlangt wird. Die Religionsgemeinschaft bezieht dazu gegenüber ihren Glaubensangehörigen eine eindeutige Stellung: „Körperliche Gewaltanwendung hat in einer Familie, die nach der Bibel lebt, keinen Platz (Ps. 11:9). Dasselbe trifft auf psychische Mißhandlung zu".[133] Im übrigen wird auch anderen Religionsgesellschaften die Rechtstreue nicht abgesprochen, wenn es bei ihren Mitgliedern zu erzieherischem Fehlverhalten kommt. Schon gar nicht werden die Kirchen für ein solches Verhalten ihrer Mitglieder verantwortlich gemacht. Auch Zeugen Jehovas verurteilen in ihren Veröffentlichungen entwürdigende Erziehungsmaßnahmen, da sich schon die Bibel dagegen wendet.

Ebenfalls unzutreffend ist der Vorwurf, die Religionsgemeinschaft setze als ein wirkungsvolles Druckmittel Angst vor der Vernichtung in Har-Magedon ein, die ihre Mitglieder den Kindern einimpfen sollten.[134]

Der Vorwurf, die Religionsgemeinschaft binde Eltern und Kinder in ein „Aufsichts- und Überwachungssystem" ein, was sie dazu verpflichte, sich unterwürfig gegenüber den Aufsehern in den Gemeinden der Religionsgemeinschaft zu verhalten, ist ebenfalls unhaltbar. Dies gilt auch für die Vorwürfe, man halte Kinder mit dem „Damoklesschwert des Gemeinschaftsentzugs“ in Schach, wobei Verfehlungen, die zu einer solchen Maßnahme führen können, „den Ältesten zu melden“ seien, und Eltern dürften dabei nicht versuchen, ihre Kinder vor den notwendigen Zuchtmaßnahmen zu schützen. Diese Ausführungen liegen schon deshalb neben der Sache, da Kinder in der Regel noch gar nicht getaufte Mitglieder der Religionsgemeinschaft sind[135] und es deshalb sie betreffend auch nicht die Maßnahme des Gemeinschaftsentzugs geben kann.[136]

Selbst bei getauften Jugendlichen schließt dies keinesfalls die Auflösung der familiären Bande ein. Die Eltern haben weiterhin die Verantwortung – unabhängig von der Art der Verfehlung –, die Jugendlichen weiterhin in Liebe aufzuziehen. Während dieser Zeit bleibt auch die geistig-religiöse Gemeinschaft bestehen.[137]

Was die Bildungschancen betrifft, so wird in der von *Link* zitierten Broschüre *Jehovas Zeugen und Schulbildung* auf Seite 6 ausdrücklich darauf hingewiesen, daß die Entscheidung über Bildung und Ausbildung allein die Eltern in Abstimmung mit ihren Kindern zu treffen haben. Die Religionsgemeinschaft gibt hierzu keine Anweisungen. Selbst wenn sie Empfehlungen abgibt, kann ihr nicht, wie von *Link* behauptet, unterstellt werden, sie halte die Mitglieder zu einem Verstoß gegen § 1631 Absatz 1 BGB an, da die Eltern „auf Eignung und Neigung des Kindes Rücksicht“ nehmen.[138]

In ihrer Studie kommen *Stark* und *Iannaccone* zu dem Schluß, daß die Kinder von Zeugen Jehovas nicht als ungebildet bezeichnet werden können.[139]

IV. Fazit

Im Hinblick auf die obigen Ausführungen muß festgestellt werden, daß sich *Link* mit der kommentierten Abhandlung in die „Anti-Kult-Bewegung“ eingereiht hat. Da *Link* sein Gutachten auf einem künstlich konstruierten Sachverhalt aufbaut, der weder die Lehre noch die Glaubenspraxis der Zeugen Jehovas zutreffend beschreibt, sind seine rechtlichen Überlegungen unbrauchbar. Damit hat er die Möglichkeit versäumt, zur gegenwärtigen Diskussion um die Entwicklung des Körperschaftsstatus einen fachlich begründeten Beitrag zu leisten, der ihm aufgrund seiner fachlichen Reputation sicher möglich gewesen wäre.

Selters/Taunus, den 1. September 1998

25. 8. 1998

Petition der Vereine

1. Verein zur Förderung der Psychologischen Menschenkenntnis e. V., Köln
2. Verein zur Förderung der Psychologischen Menschenkenntnis e. V., Hamburg
3. Verein zur Förderung der Psychologischen Menschenkenntnis e. V., Karlsruhe
4. Verein zur Förderung der Psychologischen Menschenkenntnis Zürich – Vertretung für Deutschland e. V., Tübingen
5. Gesellschaft zur Förderung der Psychologischen Menschenkenntnis e. V., Berlin
6. Gesellschaft zur Förderung der Psychologischen Menschenkenntnis e. V., Hannover
7. Verein zur Förderung der Psychologischen Menschenkenntnis e. V., München,
8. Arbeitskreis zur Förderung der Psychologischen Menschenkenntnis e. V., Tübingen

zum Schutz der Meinungs-, Gesinnungs-, Religions-, Überzeugungs- und Vereinsfreiheit.

Namens und im Auftrag der oben aufgeführten Vereine *rufe ich hiermit den Deutschen Bundestag um Schutz vor Diskriminierung, gesellschaftlicher Ausgrenzung und Verletzung geistiger Freiheit an.*

Inhaltsübersicht

I. Vorbemerkung

Die geistige Freiheit und die Religionsfreiheit sind – neben vielen anderen Grundrechten – Errungenschaften, um die die Menschheit jahrhundertelang schwer gerungen hat und die die Basis der freiheitlichen Demokratie des christlichen Abendlandes und der Aufklärung bilden. In vielen westlichen Ländern gehören diese Rechte so sehr zu den selbstverständlichen Grundlagen des Staates und des kulturellen Lebens, daß man nicht mehr an eine Gefährdung derselben denkt.

Seit geraumer Zeit werden jedoch unsere Grund- und Menschenrechte in einem schleichenden Prozeß unterhöhlt. Wird dieser Vorgang nicht noch rechtzeitig aufgehalten, kann er unserem demokratischen Rechtsstaat den Boden unter den Füßen entziehen.

Die Aushöhlung bzw. der Angriff erfolgt noch nicht offen, sondern unter dem Vorwand, der Staat müsse seine Bürger vor dem Einfluß autoritärer bis totalitärer Vereinigungen, das heißt vor gefährlichen Sekten und anderen Sondergruppen, oder vor dem konservativen Teil der katholischen Kirche schützen.

Auffallend ist ferner, daß diese Anti-Sekten-Kampagne in verschiedenen Ländern Europas mit der Wende im Osten bzw. dem Fall der Mauer einsetzt.

Bis vor zehn Jahren war eine solche Sektengefahr unbekannt. Religionsgemeinschaften und verschiedenste Gruppierungen mit unterschiedlichen Weltanschauungen lebten in unseren pluralistischen Gesellschaften in den meisten Ländern friedlich neben-

und miteinander. Ohne erkennbaren äußeren Anlaß wurden rund um das Jahr 1989 in mehreren Ländern bewährte und besonnene Spezialisten für neue religiöse Bewegungen in beiden Großkirchen durch neue – zum Teil ökumenische – Gremien ersetzt. In fast allen europäischen Ländern wurde eine angebliche Gefahr durch „Sekten“ in Politik und Medien heraufbeschworen. Heute hat diese Entwicklung einen gefährlichen Punkt erreicht: Viele Gruppen, religiöse sowie konfessionell neutrale, wissenschaftliche oder weltanschauliche Vereinigungen werden in Europa verfolgt, ihre Mitglieder erleben schon seit Jahren schwere Einbußen ihrer bürgerlichen Rechte: Mormonen, Baptisten, Evangelikale, Zeugen Jehovas, Opus Dei, um nur einige Beispiele religiöser Gruppen zu nennen, der Verein zur Förderung der Psychologischen Menschenkenntnis VPM, die Deutsche Gesellschaft für Psychoanalyse DPA, ein individualpsychologisches Beratungsinstitut, um einige wissenschaftliche, nicht konfessionelle Vereinigungen zu nennen. Sogar eine der größten deutschen Volksparteien, die CDU, wurde als „Mammutsekte“ bezeichnet. Gegen einzelne Bischöfe der katholischen Kirche werden langdauernde und aufwendige Politkampagnen geführt.

Auch die Forderungen, die an den Staat gerichtet werden – staatliche Beurteilung und Bewertung religiöser und weltanschaulicher Gruppierungen, staatliche Aufsicht und Kontrolle mit entsprechender Gesetzgebung – gleichen sich in vielen europäischen Ländern auffallend. Die vorliegende Petition zeigt, daß sie auf eine Unterhöhlung und Einschränkung der fundamentalen Freiheitsrechte hinauslaufen. Es sind demokratiewidrige Forderungen.

Eine wesentliche Rolle spielen dabei die Medien – vor allem in den deutschsprachigen Ländern: über breit angelegte Medienkampagnen wurde in der öffentlichen Diskussion ein Klima der Einschüchterung erzeugt. Wer sich dem Mainstream der von den Medien favorisierten Auffassung widersetzte, hatte mit persönlichen Verunglimpfungen zu rechnen. In einigen Fällen wurde nicht nur der gute Ruf ruiniert, sondern in weiterer Konsequenz auch die Existenz bedroht (vgl. Presseerklärung Professor Dr. Martin Kriele vom 24. 8. 1998, die als Anlage überreicht wird).

Beispielhaft für dieses Klima ist ein Artikel in der wichtigsten Zeitung der Sektenjäger, dem „Berliner Dialog", in welchem dem Verfolgung angedroht wird, der eine Geburtstagsparty des Chefredakteurs einer christlichen Zeitung besuche, der „als Sektenverteidiger" auftrete (vgl. Thomas Gandow, „ACP", Berliner Dialog, 1997, 1, S. 27).

In dieser Stimmung traut sich heute nicht mehr jeder, das Wort zur Verteidigung von Rechtsstaat, Menschenrechten und Demokratie zu erheben, weil er bereits selbst Verleumdung und Verfolgung befürchtet (vgl. hierzu auch den Aufsatz von Kriele NJW 1994, 1897 ff.). Viele aber sind sich der Gefahr für die geistige Freiheit und den religiösen Frieden bewußt und erheben ihre Stimme. Jeder Bürger eines demokratischen Rechtsstaates hat die Pflicht, für dessen Erhaltung einzustehen: „Wenn die Freiheit in Gefahr ist, hat niemand das Recht zu schweigen", wie der Turiner Religionswissenschaftler und Rechtsanwalt Dr. Massimo Introvigne in seiner Schrift „Schluß mit den Sekten“ zu Recht fordert! (Massimo Introvigne, Schluß mit den Sekten!, hrsg. von H. Seiwert, Marburg 1998, S. 128).

Die vorliegende Petition wendet sich an jeden, dem die Freiheit des Denkens und der Religion ein Anliegen ist, der nicht tatenlos zusehen will, wie unserer Demokratie Stück für Stück der Boden entzogen wird. Demokratie ist ein Gut, das in einem steten Prozeß der würdigen, sachbezogenen und offenen Auseinandersetzung immer wieder aufs neue errungen und gesichert werden muß. Dies beinhaltet ein Berücksichtigen aller wesentlichen Anliegen und ein Entwickeln von praktikablen, auf gegenseitigem Respekt beruhenden Lösungen. Die Zeit der Religionskriege oder der Unterdrückung der geistigen Freiheit, wie sie im Ostblock ein halbes Jahrhundert geherrscht hat, darf nicht wiederkehren. Wer auf der Seite der Aufklärung steht, möge sich an das Voltaire zugeschriebene Wort erinnern: „Ich bin nicht Ihrer Meinung, aber ich werde mein Leben dafür geben, daß Sie sie äußern können.“ Diese Kultur des freiheitlichen demokratischen Dialogs droht in Europa zerstört zu werden.

II. Rechtslage

Die Freiheitsrechte, die Diskriminierungen und Verfolgungen in Deutschland verhindern sollen, sind wie folgt geregelt:

1. Art. 1 GG [Würde des Menschen]

(1) 1 Die Würde des Menschen ist unantastbar. 2 Sie zu achten und zu schützen ist Verpflichtung aller staatlichen Gewalt.

(2) Das Deutsche Volk bekennt sich darum zu unverletzlichen und unveräußerlichen Menschenrechten als Grundlage jeder menschlichen Gemeinschaft, des Friedens und der Gerechtigkeit in der Welt.

(3) Die nachfolgenden Grundrechte binden Gesetzgebung, vollziehende Gewalt und Rechtsprechung als unmittelbar geltendes Recht.

2. Art. 2 GG in Verbindung mit Art. 1 GG [Allgemeine persönliche Handlungsfreiheit und Persönlichkeitsschutz]

(1) Jeder hat das Recht auf die freie Entfaltung seiner Persönlichkeit, soweit er nicht die Rechte anderer verletzt und nicht gegen die verfassungsmäßige Ordnung oder das Sittengesetz verstößt.

(2) 1 Jeder hat das Recht auf Leben und körperliche Unversehrtheit. 2 Die Freiheit der Person ist unverletzlich. 3 In diese Rechte darf nur auf Grund eines Gesetzes eingegriffen werden.

3. Art. 3 GG [Verbot der Diskriminierung wegen des Geschlechts, der Abstammung, der Rasse, der Sprache, der Heimat und Herkunft, des Glaubens, der religiösen oder politischen Anschauung]

(1) Alle Menschen sind vor dem Gesetz gleich.

(2) 1 Männer und Frauen sind gleichberechtigt. 2 Der Staat fördert die tatsächliche Durchsetzung der Gleichberechtigung von Frauen und Männern und

wirkt auf die Beseitigung bestehender Nachteile hin.

(3) 1 Niemand darf wegen seines Geschlechtes, seiner Abstammung, seiner Rasse, seiner Sprache, seiner Heimat und Herkunft, seines Glaubens, seiner religiösen oder politischen Anschauungen benachteiligt oder bevorzugt werden. 2 Niemand darf wegen seiner Behinderung benachteiligt werden.

4. Art. 4 GG [Glaubens- und Gewissensfreiheit]

(1) Die Freiheit des Glaubens, des Gewissens und die Freiheit des religiösen und weltanschaulichen Bekenntnisses sind unverletzlich.

(2) Die ungestörte Religionsausübung wird gewährleistet.

(3) 1 Niemand darf gegen sein Gewissen zum Kriegsdienst mit der Waffe gezwungen werden. 2 Das Nähere regelt ein Bundesgesetz.

5. Art. 5 Abs. 1 GG [Meinungs- und Informationsfreiheit]

(1) 1 Jeder hat das Recht, seine Meinung in Wort, Schrift und Bild frei zu äußern und zu verbreiten und sich aus allgemein zugänglichen Quellen ungehindert zu unterrichten. 2 Die Pressefreiheit und die Freiheit der Berichterstattung durch Rundfunk und Film werden gewährleistet. 3 Eine Zensur findet nicht statt.

(2) Diese Rechte finden ihre Schranken in den Vorschriften der allgemeinen Gesetze, den gesetzlichen Bestimmungen zum Schutze der Jugend und in dem Recht der persönlichen Ehre.

6. Art. 5 Abs. 3 GG [Wissenschaftsfreiheit]

1 Kunst und Wissenschaft, Forschung und Lehre sind frei. 2 Die Freiheit der Lehre entbindet nicht von der Treue zur Verfassung.

7. Art. 9 Abs. 1 GG [Vereinigungsfreiheit]

(1) Alle Deutschen haben das Recht, Vereine und Gesellschaften zu bilden.

(2) Vereinigungen, deren Zwecke oder deren Tätigkeit den Strafgesetzen zuwiderlaufen oder die sich gegen die verfassungsmäßige Ordnung oder gegen den Gedanken der Völkerverständigung richten, sind verboten.

(3) (...)

8. Darüber hinaus ist in Art. 7 Abs. 4 und 5 GG garantiert, Privatschulen aufgrund des religiösen und weltanschaulichen Bekenntnisses oder der Überzeugung einzurichten.

Art. 7 GG

(1) (...)

(2) Die Erziehungsberechtigten haben das Recht, über die Teilnahme des Kindes am Religionsunterricht zu bestimmen.

(3) 1 Der Religionsunterricht ist in den öffentlichen Schulen mit Ausnahme der bekenntnisfreien Schulen ordentliches Lehrfach. 2 Unbeschadet des staatlichen Aufsichtsrechtes wird der Religionsunterricht in Übereinstimmung mit den Grundsätzen der Religionsgemeinschaften erteilt. 3 Kein Lehrer darf gegen seinen Willen verpflichtet werden, Religionsunterricht zu erteilen.

(4) 1 Das Recht zur Errichtung von privaten Schulen wird gewährleistet. 2 Private Schulen als Ersatz für öffentliche Schulen bedürfen der Genehmigung des Staates und unterstehen den Landesgesetzen. 3 Die Genehmigung ist zu erteilen, wenn die privaten Schulen in ihren Lehrzielen und Einrichtungen sowie in der wissenschaftlichen Ausbildung ihrer Lehrkräfte nicht hinter den öffentlichen Schulen zurückstehen und eine Sonderung der Schüler nach den Besitzverhältnissen der Eltern nicht gefördert wird. 4 Die Genehmigung ist zu versagen, wenn die wirtschaftliche und rechtliche Stellung der Lehrkräfte nicht genügend gesichert ist.

(5) Eine private Volksschule ist nur zuzulassen, wenn die Unterrichtsverwaltung ein besonderes pädagogisches Interesse anerkennt oder, auf Antrag von Erziehungsberechtigten, wenn sie als Gemeinschaftsschule, als Bekenntnis- oder Weltanschauungsschule errichtet werden soll und eine öffentliche Volksschule dieser Art in der Gemeinde nicht besteht.

(6) Vorschulen bleiben aufgehoben.

9. Art. 6 GG garantiert den Eltern aufgrund ihres natürlichen Erziehungsrechtes, ihre Kinder ihrer Überzeugung und ihres religiösen und weltanschaulichen Bekenntnisses entsprechend frei und selbständig ohne staatliche Einmischung zu erziehen. Mit dem Alter von 14 Jahren wird das Kind religionsmündig. Es kann selbst eine Religion oder ein Bekenntnis wählen. Dieses Recht erfährt lediglich eine Einschränkung durch das übrige Recht der Eltern, über

die Erziehung des Kindes bis zu dessen Volljährigkeit zu bestimmen.

10. Aus der Struktur und Werteordnung des Grundgesetzes sind der Staat und alle staatlichen Stellen (hierzu zählt auch der Deutsche Bundestag) zur Neutralität, Sachlichkeit und Toleranz grundsätzlich verpflichtet. Wegen des hohen Ranges der unter 1–9 aufgeführten Grund- und Menschenrechte gilt dieses Toleranz-, Neutralitäts- und Sachlichkeitsgebot in den Bereichen der Überzeugung, der Religion und des Bekenntnisses verschärft.

11. Diese genannten Freiheitsrechte sind nicht nur verfassungsrechtlich geschützt, sie sind auch universal geltende Menschenrechte. In der „Erklärung über die Beseitigung aller Formen von Intoleranz und Diskriminierung aufgrund der Religion oder der Überzeugung" der Generalversammlung der Vereinten Nationen vom 25. 11. 1981 in Art. 2 Abs. 1 heißt es: „Niemand darf durch einen Staat, eine Institution, eine Gruppe von Personen oder eine Einzelperson auf Grund seiner Religion oder Überzeugung diskriminiert werden."

Die Rechte auf Überzeugung, Meinung und Vereinigung sind auch in der Allgemeinen Erklärung der Menschenrechte der Vereinten Nationen vom 10. Dezember 1948 niedergelegt (Art. 18–20) und verbunden mit einem auf diese Rechte bezogenen Diskriminierungsverbot (Art. 2). Sie finden sich – mit unmittelbarer völkerrechtlicher Verbindlichkeit – ebenso im Bürgerrechtspakt der Vereinten Nationen vom 19. 12. 1966 (BGBl 1973 II, 1533) in den Art. 18, 19, 22 und 2I. Sie finden sich ebenfalls in der Europäischen Konvention der Menschenrechte (EMRK) Art. 9–11 und 14. Die EMRK ist durch Art. F 2 EVU unmittelbar geltendes Menschenrecht für die BRD geworden.

12. Dieses oben erläuterte Rechtssystem umfaßt die Ausübung der Religion und das Recht, wegen der Religion, des Bekenntnisses und der Überzeugung nicht diskriminiert und gesellschaftlich ausgegrenzt zu werden.

Umfaßt ist ebenfalls, daß sich die Bürger in Vereinigungen frei und ohne Diskriminierung zur Ausübung ihrer Religion, ihres Bekenntnisses und ihrer Überzeugung zusammenschließen und gemeinsam auftreten können: für weltliche und religiöse Vereinigungen in Art. 9 Abs. 1 und für staatlich anerkannte Religionsgemeinschaften in Art. 140 GG.

13. Art. 19 Abs. 4 GG sowie Art. 9 EMRK verpflichten weiter den Staat dazu, ein unabhängiges Rechtssystem zu schaffen und durch dieses sicherzustellen, daß Einzelpersonen und Vereinigungen (Art. 19 Abs. 3 GG) gegen Diskriminierung und Verleumdung in bezug auf ihre Religion, Überzeugung und ihr Bekenntnis effektiven Rechtsschutz erhalten können, und zwar sowohl gegen staatliche wie private Diskriminierung und Verleumdung (vgl. Nr. 8160/78, X ./. Großbritannien, DR [= Decisions and Reports, Amtliche Sammlung der Entscheidungen

der Europäischen Menschenrechtskommission; seit 1974; zuvor CD]).

14. Aufgrund der Erfahrungen des Dritten Reiches und aufgrund der Tatsache, daß das Grundgesetz der Bundesrepublik Deutschland erst 1949 formuliert wurde, gewährleistet das Grundgesetz anders als die Verfassung der Weimarer Republik und auch anders als die Verfassungen der Schweiz und Österreichs einen universalen und komplexen Menschenrechtsschutz selbst, da die Menschenrechte umfassend in die Verfassung aufgenommen wurden. In diesem Geist sind bis zur Wiedervereinigung zahlreiche Entscheidungen höchster deutscher Gerichte ergangen, wonach

- die staatliche Finanzierung privater Vereine, die sich negativ über Gruppen und Vereine äußern, die unter dem besonderen Schutz der Artikel 4 GG und Art. 5 Abs. 3 GG stehen, verboten wurde (Bundesverwaltungsgericht Urteil vom 27. 3. 1992 Az.: 7 C 21.90, DVBl. 1992, 877 ff.),
- der Staat sich nur sachlich und neutral zu religiösen, weltanschaulichen und weltlichen Vereinen äußern darf bzw. nur dann warnen darf, wenn eine Gefahr von dieser Gruppierung für relevante Rechtsgüter ausgeht (BVerwG NJW 1991, 1770 ff.; BVerwG NJW 1989, 2272 ff.; BVerfG NJW 1989, 3296). Unterhalb dieser Gefahrenschwelle darf sich der Staat nicht negativ oder warnend zu diesen Gruppierungen äußern, da dem Staat – der sich neutral und sachlich zu verhalten und die Grundrechte als Abwehrrechte

zu schützen hat – das Recht auf freie Meinungsäußerung nicht zusteht (vgl. Jarass, in: Jarass/Pieroth, GG-Kommentar, 3. Aufl. 1995, Art. 5 Rn.6, m. w. N.),

- einer religiösen, weltanschaulichen oder weltlichen Vereinigung wegen ihrer Religion, ihres Bekenntnisses und ihrer Überzeugung nicht das Recht auf Eintragung als rechtsfähiger Verein aberkannt werden darf. Hiervon zu unterscheiden ist die staatliche Anerkennung als Religionsgemeinschaft auf eine Körperschaft des öffentlichen Rechts nach Art. 140 GG, Art. 136 ff. WRV. Derzeit bestehen in diesem Zusammenhang Rechtsstreitigkeiten. Die Zeugen Jehovas haben einen Antrag auf Anerkennung als Körperschaft des öffentlichen Rechts gestellt. Obwohl sie die erforderlichen rein formalen Kriterien erfüllen, wird ihnen dieses Privileg, das bisher nur die Amtskirchen haben, versagt (Die Enquete-Kommission empfiehlt in ihrem Abschlußbericht, die Kriterien noch zu verschärfen,
- die Wahrung der Privatsphäre in bezug auf Religion und Bekenntnis gegenüber Presseveröffentlichungen (z. B. eines Mitgliedes von Opus Dei) zu achten ist,

um nur einige wesentliche zu nennen.

15. Entscheidungen des Europäischen Gerichtshofes für Menschenrechte (EMRK) in Straßburg in bezug auf die Diskriminierung von religiösen und weltanschaulichen Minderheiten

Artikel 9 EMRK

1. Jedermann hat Anspruch auf Gedanken-, Gewissens- und Religionsfreiheit; dieses Recht umfaßt die Freiheit des einzelnen zum Wechsel der Religion oder der Weltanschauung sowie die Freiheit, seine Religion oder Weltanschauung einzeln oder in Gemeinschaft mit anderen öffentlich oder privat, durch Gottesdienst, Unterricht, Andachten und Beachtung religiöser Gebräuche auszuüben.

2. Die Religions- und Bekenntnisfreiheit darf nicht Gegenstand anderer als vom Gesetz vorgesehener Beschränkungen sein, die in einer demokratischen Gesellschaft notwendige Maßnahmen im Interesse der öffentlichen Sicherheit, der öffentlichen Ordnung, Gesundheit und Moral oder für den Schutz der Rechte und Freiheiten anderer sind.

Art. 9 EMRK garantiert die Gedanken-, Gewissens- und Religionsfreiheit, und zwar sowohl von Einzelpersonen als auch von Religionsgemeinschaften. Geschützt ist zum einen der Anspruch des Individuums auf Freiheit seiner religiösen Gedanken, seines Gewissens und seiner religiösen Anschauung. Zum anderen ist das Recht geschützt, diese an die Öffentlichkeit zu bringen, sich dazu zu bekennen und entsprechend zu leben.

Die Gedankenfreiheit des Art. 9 EMRK beinhaltet – über den Schutzbereich des Grundgesetzes der Bundesrepublik hinaus – auch das Verbot staatlicher Indoktrination.

Anhand des Falles Darby/Schweden hat die Internationale Juristenkommission (IJK) 1995 bekräftigt, daß die neben der Religionsfreiheit in Art. 9

EMRK ausdrücklich anerkannte Gedankenfreiheit den Konventionsstaaten (auch Deutschland) ein Verbot der Indoktrination auferlegt (vgl. NJW 1996, 1730f.).

Mit der ausdrücklichen Anerkennung der Gedankenfreiheit haben sich die Konventionstaaten das Verbot der Indoktrinierung im Sinne einer verpflichtenden Unterrichtung oder Beeinflussung ihrer Bevölkerung einschließlich der Jugend auferlegt (vgl. Frohwein, S. 212 Rn 2). Dies ergibt sich auch aus dem Zusammenhang der Art. 8, 9, 10 EMRK (vgl. Kjeldsen u. a., GH 23,26 f. Zif. 53 = EuGRZ 1976, 478).

Einerseits wird der Staat zur weltanschaulichen Neutralität angehalten, andererseits hat er durch seine Rechtsordnung auch dafür zu sorgen, daß die in Art. 9 EMRK gewährten Rechte im Rahmen der öffentlichen Ordnung effektiv ausgeübt werden können (Nr. 8160/78, X./. Großbritannien, DR [= decisions and reports, amtliche Sammlung der Entscheidungen der EMRK; seit 1974; zuvor CD]. Schließlich hat der Staat auch für den religiösen Frieden zu sorgen. Zwar schützt Art. 9 EMRK eine Glaubensgemeinschaft keineswegs vor Kritik, doch hat der Staat angemessene Verfahren vorzusehen, um vor Verunglimpfungen einzelner Gruppierungen, z. B. in aufhetzenden Kampagnen, vorgehen zu können und derartige Gruppierungen von Staats wegen positiv zu schützen (vgl. Nr. 8282/78, Church of Scientology ./. Schweden, DR 21, S. 109; anders jedoch Nr. 17439/90, Choudtury ./. Großbritannien).

Geschützt von Art. 9 EMRK ist auch der Ausdruck anderer als religiöser Auffassungen (also von weltlichen Überzeugungen) wie z. B. die Ausübung einer pazifistischen Überzeugung in einem Flugblatt.

Weitere Urteile des Europäischen Gerichtshofs für Menschenrechte in Straßburg in denen Staaten wegen Verletzungen der Religions-, Bekenntnis- und Überzeugungsfreiheit gerügt wurden:

25. 5. 1993 Az.: 3/1993/348/421 (Griechenland)

Rüge wegen der Verurteilung eines Zeugen Jehovas. Dieser wurde von Griechenland wegen angeblich aufdringlicher Werbung verurteilt. Der Gerichtshof hält fest, daß das Recht auf Religionsfreiheit auch das Recht beinhaltet, zu versuchen, andere zu bekehren.

26. 9. 1996Az.: 59/1995/565/651 (Griechenland)

Rüge wegen der Verurteilung eines Zeugen Jehovas, der verurteilt wurde, weil er ein Gebetshaus geschaffen und betrieben hat, ohne die Bewilligung dafür vom Minister für nationale Erziehung und Kultur eingeholt zu haben.

26. 7. 1995Az.: 7/1994/454/535 (Deutschland)

Rüge wegen Entlassung einer Lehrerin wegen ihrer politischen Aktivitäten für die Deutsche Kommunistische Partei.

16. Wie im folgenden gezeigt wird, ist es bei dieser klaren Rechtsprechung (Ziffern 14. und 15.) nicht geblieben, und es sind zahlreiche Menschenrechtsverletzungen und Diskriminierungen von religiösen, weltanschaulichen und weltlichen Vereinigungen erfolgt.

III. Wer sind die VPM-Vereine?

Die VPM-Vereine sind weltliche Vereinigungen, die alle selbständig organisiert sind. Sie sind nach dem jeweiligen Vereinsrecht eingetragene private Vereine mit ideeller Zielsetzung, sie sind gemeinnützig nach deutschem Recht. Die überwiegende Anzahl der Mitglieder wie auch die Mehrzahl der Teilnehmer an Veranstaltungen gehören der römisch-katholischen Kirche sowie der jeweiligen evangelischen Landeskirche an. Einige Teilnehmer sind in evangelikalen Kirchen und Freikirchen beheimatet, andere gehören zur jüdischen Gemeinde. Der VPM selbst ist weltanschaulich und politisch neutral. Er hat kein eigenes Bekenntnis. Der Name „Verein zur Förderung der Psychologischen Menschenkenntnis" beinhaltet den Fachterminus „Psychologische Menschenkenntnis", der auf den Begründer der Individualpsychologie, den Wiener Arzt Alfred Adler, zurückgeht. Die VPM-Vereine sind interdisziplinär arbeitende psychologisch-pädadogisch orientierte Fachvereine, die den Schutz der Wissenschaftsfreiheit in Deutschland, Art. 5 Abs. 3 GG, und den Schutz der Meinungsfreiheit, Art. 5 Abs. 1 GG, für sich in Anspruch nehmen. Die einzelnen Vereine bieten themenzentrierte Gesprächskreise an, führen öffentliche Veranstaltungen, Kongresse und Schulungswochen durch.

In interdisziplinärer Zusammenarbeit von Eltern, Pädagogen, Psychologen, Ärzten, Pharmakologen, Juristen und Theologen haben die VPM-Vereine am Ende der 80er Jahre ein Drogenpräventionskonzept erarbeitet, das ein ganz klares Nein gegen alle Drogen fordert und gleichzeitig die größtmögliche Hilfe für jeden Menschen, der Drogen nimmt, gewährleistet sehen will für ein Leben ohne Drogen. Ziel aller Bemühungen ist also Abstinenz. In diesem Zusammenhang ist der Partnerverein VPM Zürich, der u. a. auch die Schweizer Volksinitiative „Jugend ohne Drogen“ ins Leben rief, als NGO (Non-Governmental-Organisation) in den Konsultativstatus (Kategorie II) des „Economic and social council“ (ECOSOC) der Vereinten Nationen aufgenommen worden, weil die VPM-Vereine auf wissenschaftliche Art und Weise im Bereich der Drogenprophylaxe zum Wohle der Jugend in völliger Übereinstimmung mit den drei UNO-Drogenkonventionen und auch in anderen sozialen Bereichen im Sinne der UNO-Charta tätig sind.

Seit Beginn der 90er Jahre haben die VPM-Vereine außerdem die aktuellen schulpolitischen Entwicklungen in den deutschsprachigen Ländern analysiert und diese Analysen und Stellungnahmen in dem dreibändigen Werk „Standort Schule“ veröffentlicht. Darin wenden sie sich vor allem gegen die Einführung der Gestalt- und Konfliktpädagogik an Schulen, wodurch die Persönlichkeit des Kindes angegriffen, verletzt und dauerhaft geschädigt wird. Außerdem wenden sich die Vereine gegen ideologisch motivierte Reformen in den Schulen, die zu einem Bildungs- und Erziehungsabbau führen.

Die VPM-Vereine treten außerdem für den Schutz der Familie ein. Die Familie muß weiterhin der Ort bleiben, an dem Kinder und Jugendliche ihre wesentliche Erziehung erhalten müssen, diese wesentliche Erziehung soll nicht in staatlichen Bildungs- und Erziehungseinrichtungen erfolgen.

Seitdem die VPM-Vereine ihre Auffassung in der Drogenfrage – ein begründetes klares Nein gegen alle Legalisierungsbestrebungen – und auf umfassenden Analysen basierende Kritik an den Reformbestrebungen in der Schule in der Öffentlichkeit vertreten und verbreiten, sind sie einer Diffamierungskampagne ausgesetzt. Auffallend ist, daß sich verschiedene Akteure gegen religiöse, weltanschauliche und weltliche Minderheiten gleichzeitig in den verschiedenen Ländern für die Legalisierung illegaler Drogen einsetzen. So teilte Hemminger bereits 1991 mit (Protokoll der 13. Sitzung des Ausschusses für Frauen und Jugend am 9. Oktober 1991 – Nichtöffentliche Anhörung „Jugendsekten", 12. Wahlperiode, 14. Ausschuß, Seite 13/123), daß er bereits die Zentrale gegen Suchtgefahren gebeten habe, etwas gegen den VPM, TM, Narconon und Le Patriarch in die Wege zu leiten, weil deren „ungefragte Drogenpräventionskampagne ganz schön auf die Nerven geht".

Zur Verhinderung einer sachlichen Auseinandersetzung wurden die VPM-Vereine mit den Diskreditierungen, Diskriminierungen und Verleumdungen belegt, die auch Gruppen der Neuen Religiösen Bewegung (NRB) erfahren haben. Hinsichtlich der Vereinigungen Universelles Leben, Transzendentale Meditation, Bahais, Vereinigungskirche, Mormonen, ISCON u. a. ist bekannt, daß in bezug auf diese Vereinigungen ebenfalls zahlreiche Fälle staatlicher Diskriminierung vorliegen. Diese Gruppen werden selbst berichten.

Auffallend ist, daß die schärfsten und meisten Angriffe seit 1989 den Gruppierungen galten, die gegen jede Form der Drogenliberalisierung eingetreten sind und jungen Menschen aus den Drogen herausgeholfen haben.

Die VPM-Vereine haben außerdem seit 1993 den Kongreß „Mut zur Ethik" initiiert. Dieser Kongreß stellt eine Zusammenarbeit in der Arbeitsgemeinschaft „Mut zur Ethik" mit zahlreichen renommierten Persönlichkeiten aus Wissenschaft und Öffentlichkeit und über 30 Organisationen dar. An diesen Kongressen nehmen jedes Jahr um die 1000 Personen teil. Er fand 1998 zum sechsten Mal statt und beschäftigte sich mit dem Thema „Bonum commune" (Das Gemeinwohl).

IV. Verletzungen durch staatliche Stellen

Insbesondere seit der Wiedervereinigung (1989) ist es bis heute zu massiven, sich steigernden Verletzungen der o. a. universalen Menschenrechte in Deutschland durch verschiedene staatliche Stellen gekommen. Im folgenden werden die wichtigsten Fälle staatlicher Diskriminierung in bezug auf die Vereine zur Förderung der Psychologischen Menschenkenntnis (VPM) aufgelistet.

1. Kapitel über VPM in geplanter Bundessektenbroschüre

1993 hat eine interministerielle Bund-Länder-Arbeitsgruppe eine Broschüre „Sog. Sekten und Psychogruppen in der Bundesrepublik Deutschland" geplant. Hierin wird vor verschiedenen Gruppen, u. a. vor dem VPM, ohne jegliche Anhaltspunkte gewarnt. Die VPM-Vereine haben in erster Instanz beim Verwaltungsgericht Köln eine einstweilige Anordnung erwirkt (Az.: 8 L 1513/93), mit welcher der Bundesrepublik Deutschland untersagt wurde, den VPM in den Zusammenhang mit Sekten und Psychogruppen zu stellen. Das Verwaltungsgericht Köln hält in bezug auf die VPM-Vereine fest:

„Der vorgesehene auf den VPM bezogene Bericht enthält keine verifizierbaren Tatsachen, die hinreichend sicher den Schluß auf eine Gefahr oder zumindest den Verdacht einer Gefahr zulassen."

Zweieinhalb Jahre später beschließt das Oberverwaltungsgericht Münster (Az.: 5 B 168/94) in Abkehr der bisherigen Rechtsprechung, daß der Staat sich auch dann herabsetzend über private Vereine äußern dürfe, wenn keine Gefahr vorliege. Gegen diese Entscheidung haben die VPM-Vereine eine Verfassungsbeschwerde eingelegt, die vom Bundesverfassungsgericht zur Entscheidung angenommen wurde (Az.: 1 BvR 1292/96). Die Bundesrepublik Deutschland hat sich verpflichten müssen, den über den VPM geplanten Text bis zur Entscheidung des Bundesverfassungsgerichts nicht zu veröffentlichen.

2. Enquete-Kommission

Obwohl das Bundesverfassungsgericht im laufenden Verfahren die Notwendigkeit und Zulässigkeit des Berichts „Sog. Sekten und Psychogruppen in der Bundesrepublik Deutschland" überprüft und sich die Bundesregierung gegenüber dem Bundesverfassungsgericht verpflichten mußte, während dieses Beschwerdeverfahrens den Text über den VPM nicht zu veröffentlichen, wurde 1996 von CDU/CSU, SPD, FDP, PDS eine Enquete-Kommission „Sog. Sekten und Psychogruppen" im Deutschen Bundestag einberufen. Diese Kommission hat nunmehr aufgrund der Tatsachenlage feststellen müssen, daß von den untersuchten Gruppierungen (u. a. VPM) keine Gefahren für Staat und Gesellschaft ausgehen (BT-Drs. 13/10950, S. 374 ff.). Mangels Gefahr müßte danach der Staat jede negative Äußerung und diskriminierende Handlung sofort unterlassen. Statt dessen geht die Diskriminierung weiter und wird durch einen breiten Handlungskatalog, der die oben zitierte Rechtsprechung verändern und die Menschenrechte einschränken soll, erweitert: Die Enquete-Kommission fordert u. a. die Förderung privater Einrichtungen mit staatlichen Mitteln sowie eine Bund-Länder-Stiftung .

Die geforderte staatliche Stiftung soll mit Steuermitteln autonom – d. h. ohne übergeordnete Kontrolle – zu den einzelnen Gruppierungen Stellung nehmen und so die Arbeit der Enquete-Kommission fortführen können, obwohl festgestellt wurde, daß der Staat mangels Vorliegens einer Gefahr gar nicht handeln darf.

Durch diese Stiftung wird also, entgegen der bisherigen Rechtsprechung, *menschenrechtswidrig* in die oben dargestellten Rechtspositionen eingegriffen, da der Staat sich aus diesem Bereich herauszuhalten hat.

Als weitere Handlungsempfehlung wird die Änderung des Strafgesetzbuches dahingehend gefordert, daß juristische Personen auch für Handlungen ihrer Mitglieder bestraft werden können.

Sowohl Inhalt des Berichtes der Kommission als auch deren Verfahren und der Inhalt des Zwischen- wie des Endberichts sind *grund- und menschenrechtswidrig* und haben die betroffenen Gruppen, wie z. B. den VPM, staatlicherseits diskriminiert und verleumdet. Hierzu wird auf die Stellungnahme des VPM e. V. Köln vom 3. 1. 1997, der in Kopie als Anlage überreicht wird, verwiesen.

In der Einsetzungsdebatte im Deutschen Bundestag forderte die PDS-Abgeordnete Ulla Jelpke, daß der Untersuchungsauftrag der Enquete-Kommission von „religiöse Gemeinschaften" auf „ideologische Gemeinschaften" auszudehnen ist (vgl. Plenarprotokolle der Bundestagssitzung von 14. 3. 1996, S. 8495).

Der am 19. 6. 1998 veröffentlichte Endbericht der Enquete-Kommission zeigt, daß die Kommission der verfassungsfeindlichen PDS gefolgt ist. Die Kontrolle weltlicher Gruppierungen wird ermöglicht, indem die Enquete-Kommission in ihrem Bericht den Begriff „Sekten" auf „Konfliktträchtige Gruppierungen“ umbenannt und neben neuen religiösen Bewegungen auf ideologische Gruppen ausgeweitet hat. Da die Enquete-Kommisson festgestellt hat, daß keine Gefahren von den untersuchten Gruppen ausgehen, konstruiert die Kommission allen Ernstes einen neuen *Tatbestand des Konflikts* für staatliche Intervention. Dies ist verfassungs- und menschenrechtswidrig, da der Staat unterhalb des Tatbestandes einer Gefahr für relevante Rechtsgüter nicht intervenieren und schon gar nicht warnen darf.

Da die Enquete-Kommission auf S. 374 ff. selbst festgestellt hat, daß keine Gefahr vorliegt, dürfte es einen neuen Eingriffstatbestand gar nicht geben. Das Menschenbild des Grundgesetzes ist das eines mündigen Bürgers, der sich einmischt. Auf die grundsätzliche Gefahr für die Grund- und Menschenrechte durch die Schaffung offener und unbestimmter unterhalb des Gesetzesbruches liegender Tatbestände (wie z. B. den Begriff der Störung der öffentlichen Ordnung) weist Massimo Introvigne in seinem Buch „Schluß mit den Sekten!“, S. 101 ff. hin.

Es gehört zum Wesen der Demokratie, daß gesellschaftliche Konflikte in freier Diskussion ausgetragen und einer Lösung zugeführt werden können. Wo das nicht mehr gewährleistet ist und der Staat diesen Spielraum einengt, beginnt der Gesinnungsstaat à la DDR und der Totalitarismus. Das heißt im einzelnen:

Ausgehend vom Menschenbild des Grundgesetzes kann es im staatlichen Handlungbereich keinen Tatbestand des Konfliktes im Sinne des Endberichts der Enquete-Kommission geben. Konflikt unterhalb der Gefahrenschwelle heißt immer, daß er innerhalb der rechtsstaatlichen Gesetze stattfindet. Ein in diesem gesetzlichen Rahmen liegender Konflikt ist jedoch für eine Demokratie geradezu wünschenswert und erforderlich.

So heißt es auf Seite 37 des Endberichts:

„(...) ein besonderes Element der Konfliktträchtigkeit in der Innen- und Außenbeziehung Weltanschauung und Lebenspraxis, also ‚dissidente Weltanschauungen' und ‚deviante Lebensformen'. Gemeint sind damit von den sozial-kulturell allgemein akzeptierten oder zumindest tolerierten Lebensanschauungen und Wertüberzeugungen deutlich abweichende Überzeugungen und eine von allgemein praktizierten oder zumindest tolerierten Lebensformen signifikant abweichende Lebenspraxis."

Besonders hervorgehoben werden im Enquete-Bericht „Konflikte auf der Ebene der Weltanschauungen", also unerwünschte geistige Auseinandersetzungen. Ferner beanstandet die Kommission Konflikte durch „deviante Lebensformen". Zu diesen rechnet sie allen Ernstes: Gebete, geistige Übungen, Vegetarismus, Ablehnung von Drogen, Einschränkung sexueller Aktivität oder auch freie Sexualität, Schaffung eigener Kindergärten, Schulen, Hochschulen und ähnliche unerhörte Verhaltensweisen (Zwischenbericht der Enquete-Kommission, Zur Sache, 2/97, S. 130).

Auf die verfassungs- und menschenrechtlichen Gefahren durch diese Absichten hat der Kölner Staatsrechtler Prof. Dr. Martin Kriele in seinem Aufsatz „Sektenjagd“ in der Zeitschrift für Rechtspolitik, 6/98, S. 232, hingewiesen.

Mit der Forderung nach der Einrichtung einer Stiftung hat die Enquete-Kommission ein Instrument zur Gesinnungskontrolle der Bürger geschaffen. Konflikte unterhalb einer Gefahr sind Auseinandersetzungen im Rahmen der Gesetze und damit als konstitutives Element einer Demokratie wesentlich und notwendig. Hier beansprucht die Enquete-Kommission in ihrem Endbericht für den Staat einen Regelungs- und Befriedungsanspruch, d. h. den Eingriff in diese grundlegend geschützten Menschenrechte, der verfassungswidrig ist.

Während ihrer Amtszeit hat die Enquete-Kommission zahlreiche Grund- und Menschenrechte verletzt. So wurde über die betroffenen Gruppen unter Ausschluß der Öffentlichkeit getagt und wurden Gegner angehört, ohne daß die betroffenen Organisationen Gelegenheit hatten, dazu Stellung zu nehmen, bzw. ohne daß sie Gelegenheit des rechtlichen Gehörs hatten. Das Protokoll der Anhörung bleibt verschlossen. Gerichte lehnten entsprechende Klagen zweier betroffener Gruppen auf Einsicht in die Protokolle ab. Dennoch stützen sich wesentliche Aussagen und Darstellungen sowohl im Zwischen- wie im Endbericht der Kommission auf diese anonymen Aussagen von Gegnern. Ein faires Verfahren (fair trail) wurde verweigert. Diese Tatsache wurde von Richtern gebilligt, die sich den Vorwurf linksideologischer Parteilichkeit gefallen lassen müssen. Sie entschieden so, obwohl die Enquete-Kommission Teil des Staates ist und damit die oben genannten

Grund- und Menschenrechte, die sich vor allem auch in der Garantie eines fairen Verfahrens niederschlagen, zu achten und zu schützen hat.

Schon der Einsetzungsbeschluß und der Gegenstand der Enquete-Kommission selbst sind menschenrechtswidrig gewesen, weil der Staat sich aus dem, was seine Bürger glauben und denken, herauszuhalten und hierzu auch keine staatlichen Untersuchungen und Befragungen durchzuführen hat. Allein der Fragebogen (Anlage), mit dem die Vereinigungen, wie der VPM, genötigt werden sollten, intimste Details ihrer Mitglieder anzugeben, belegt das menschenrechtswidrige Handeln und Ansinnen der Enquete-Kommission. Das von der SPD benannte Mitglied der Kommission, Hemminger, benutzte die Kommission außerdem noch dazu, Konkurrenten auszuschalten. Hemminger ist selbst als Dozent auf diesem Gebiet tätig. So wurde ein individualpsychologisches Beratungsinstitut in Neuss zum Zwecke der Anschwärzung mit in die Untersuchung der Enquete-Kommission einbezogen. Die gesamte Kommission hat dem betroffenen Institutsleiter das Recht zur Anhörung und zum rechtlichen Gehör verweigert. Dieses individualpsychologische Beratungsinstitut wird im Endbericht namentlich und herabsetzend aufgeführt, so daß seine Existenz aufgrund des zurückgehenden Zulaufes zukünftig gefährdet ist.

Auffallend ist, daß Hemminger als Angestellter der evangelischen Kirche sowohl bei der Enquete-Kommission als auch schon Jahre früher bei der Verfolgung weltlicher Minderheiten (z. B. VPM, Deutsche Akademie für Psychoanalyse [DAP], Individualpsychologisches Beratungsinstitut Neuss) eine zentrale Rolle in der deutschsprachigen Vernetzung der Verfolgung eingenommen hat.

Der Kölner Staatsrechtler Prof. Dr. Martin Kriele schreibt über die Erwähnung der VPM-Vereine im Zwischenbericht der Enquete-Kommission in seinem Aufsatz „Sektenjagd", ZPR 1998, 234:

„Einem kleinen Verein wird vorgeworfen, daß sein Wertesystem zunächst formal mit dem der Behörden übereinstimme, daß er ‚für systemtreue Verantwortung' und ‚Leistungsbereitschaft' eintrete, daß er Jugendliche vor ‚Drogen und Aids' zu bewahren suche, daß er Schülern ‚Nachhilfe in der Freizeit' anbiete und daß er ‚Menschen überrede, insbesondere soziale Berufe zu ergreifen (Ärzte, Psychologen, Lehrer, Juristen)' (S. 21 des Zwischenberichts). Warum ist dies alles verwerflich? Weil sich die Mitglieder des Vereins auf ‚Erkenntnisse' berufen, die sie – allen Ernstes – für ‚richtiges Wissen' hielten, daß sie also tatsächlich meinen, was sie sagen. Dieser ihr ‚Absolutheitsanspruch' führe nämlich zu einer ‚Gruppenideologie' von Lern- und Leistungsbereitschaft, zu ‚Elitebewußtsein' und somit zum ‚Verlust der Selbstbestimmung' (S. 21 des Zwischenberichts). Wer nicht gleich versteht, wieso Elitebewußtsein zum Verlust der Selbstbestimmung führt, dem sei erläutert: Selbstbestimmung manifestiert sich anscheinend darin, daß man nur hypothetisch oder vorläufige Meinungen vertritt, daß man sich also nicht etwa wissenschaftlichen Theorien anschließt, auf diese Weise zu Überzeugungen gelangt und sich dann gar noch mit Gleichgesinnten zusammenfindet."

3. Tagung Deutsche Richterakademie

Das Bundesland Nordrhein-Westfalen veranstaltet zusammen mit der Bundesrepublik Deutschland regelmäßig zweimal im Jahr in der Deutschen Richterakademie eine einwöchige Fortbildung. In dieser Fortbildung referieren Sektenjäger (die zum Teil auch Mitglieder der Enquete-Kommission waren und die mit zahlreichen Unterlassungsverboten belegt sind) eine Woche lang einseitig und unzutreffend über religiöse Minderheiten und den VPM. Es geht nicht – wie sonst bei der Richterakademie üblich – um Rechtsfragen, sondern die Richter werden ohne Beteiligung der Betroffenen in der Sache staatlich indoktriniert. An diesen Veranstaltungen nehmen regelmäßig 25 Staatsanwälte und Richter teil. Dort werden die Richter, die den betroffenen Gruppen und Vereinigungen Rechtsschutz gewähren sollen, von deren Gegnern und Verfolgern indoktriniert, ohne daß die betroffenen Gruppen Gelegenheit haben, hierzu Stellung zu nehmen. In der Regel erfahren sie hiervon überhaupt nichts. Nur durch einen Zufall konnten der Unterzeichner sowie der Kollege Dr. Sailer, Würzburg, einmal an einer solchen Veranstaltung teilnehmen. Sie haben dort die Richter getroffen, vor denen sie gerade ihre Klagen vortrugen und auf faire Beurteilung hofften.

Der Einladung zu diesem Seminar war zu entnehmen, daß die Richter und Staatsanwälte mit den Prozeßgegnern der betroffenen Gruppierungen Gegenstrategien gegen diese Gruppierungen diskutieren sollten. Tatsächlich wurde dies auch so durchgeführt.

Diese regelmäßigen Indoktrinierungsseminare der Deutschen Richterakademie gehen auf eine Forderung des von der SPD benannten Mitgliedes der Enquete-Kommission, Hemminger, aus dem Jahre 1991 zurück (vgl. Protokoll der 13. Sitzung des Ausschusses für Frauen und Jugend am 9. Oktober 1991 – Nichtöffentliche Anhörung „Jugendsekten“, 12. Wahlperiode, 14. Ausschuß, Seite 13/125): „Die Sensibilisierung der Justiz ist außerordentlich wichtig; das wurde mehrfach erwähnt. Sozusagen der Feinddruck, der auf Kritiker ausgeübt wird, läuft zu einem erheblichen Teil über den Mißbrauch rechtsstaatlicher Möglichkeiten. Ich habe eine ganze Reihe von Anzeigen schon eingefangen. Die letzte wurde mir angedroht wegen des Verstoßes gegen das Bundesdatenschutzgesetz. Es ist ja so leicht, bei uns jemanden anzuzeigen und ihm Schwierigkeiten zu machen. Gut, daraus folgt nie etwas, aber es nervt. Solche Dinge können sehr viel besser aufgefangen werden, wenn die Justiz von vornherein darüber Bescheid wüßte, am besten wohl über Richtertagungen oder etwas Ähnliches, über Tagungen für Staatsanwälte. Dieser Punkt ist sicher auch von oben anzustoßen.“

4. Entzug des gesetzlichen Richters

Am 9. Dezember 1993 verbot das Verwaltungsgericht Köln in einem Eilverfahren wegen drohender Gefährdung der Rechte der VPM-Vereine der Bundesregierung, die VPM-Vereine in dem Zusammenhang mit Sekten und Psychogruppen zu nennen (siehe oben). Die hiergegen beim Oberverwaltungsgericht eingelegte Beschwerde der Bundesregierung wurde über zwei Jahre lang nicht behandelt. Nachdem beide Seiten im Beschwerdeverfahren ausführlich zu Wort kamen und der Berichterstatter dem Kölner Anwalt der VPM-Vereine eine Entscheidung in Kürze in Aussicht stellte, wurden die seit über zwei Jahren mit der Sache befaßten Richter des 5. Senats ausgewechselt. Der bisherige Berichterstatter war nicht mehr zuständig. Es fällt auf, daß eine andere Gruppe bei der früheren Besetzung bereits recht bekam. Innerhalb weniger Wochen entschied die neue Besetzung, vorbereitet durch den neuen Berichterstatter, und hob die Entscheidung des Verwaltungsgerichts Köln auf. Die hiergegen eingereichte Verfassungsbeschwerde wurde zur Entscheidung angenommen. Die Bundesregierung mußte sich auf Anfrage des Bundesverfassungsgerichts verpflichten, bis zum Abschluß des Verfahrens vor dem Bundesverfassungsgericht den Text über die VPM-Vereine nicht zu publizieren.

Es stellt sich auch die Frage, woher die neuen Richter des 5. Senats des Oberverwaltungsgerichts Münster im einzelnen innerhalb so kurzer Zeit ihr „Wissen" hatten und welche Faktoren zu der abweichenden Entscheidung geführt haben. Eine Antwort auf die Anfrage, ob die Richter an einer der oben dargestellten Veranstaltungen der Deutschen Richterakademie teilgenommen hätten, wurde verweigert.

Art. 101 Abs. 1 Satz 2 GG sieht vor, daß niemand seinem gesetzlichen Richter entzogen werden darf. Dazu gehört u. a. das Verbot, für ein Verfahren spezielle Richter einzusetzen und auszutauschen, die nicht zuvor abstrakt und zufällig bestimmt worden sind.

5. *Staatliche Finanzierung des privaten Vereins Aktion Jugendschutz e. V. Nordrhein-Westfalen (ajs-nrw) durch das Bundesland Nordrhein-Westfalen*

Die ajs-nrw ist ein privater, aber zu 100 % vom Staat finanzierter Verein, der in Köln ein Dokumentations- und Informationszentrum über Sekten und Psychogruppen unterhält. Aber auch der VPM wird dort geführt. Neben der Zurverfügungstellung und Verbreitung verleumderischer Publikationen über den VPM führt die ajs-nrw dort auch Beratungen durch. Sie gibt auf Anfrage Auskunft über die Vereinigung und ihre Mitglieder. Obwohl eine solche Datensammlung und Veröffentlichung dieser gesammelten Daten nicht zuletzt seit dem Volkszählungsurteil des Bundesverfassungsgerichts allen Stellen, selbst staatlichen Stellen, untersagt ist, finanziert das Land Nordrhein-Westfalen diese private Diskriminierungseinheit. Anhörungsrechte der Betroffenen wurden nicht gewahrt etc. Der Staat darf außerdem nicht private Vereine finanzieren, die sich dann negativ über religiöse und weltanschauliche sowie weltliche Vereine äußern. Dies verbietet seine Neutralitäts- und Toleranzpflicht. Bereits 1992 hat der VPM Klage beim Verwaltungsgericht Düsseldorf (Az.: 19 K 5085/93) gegen diese staatliche Finanzierung eingereicht, über die bis heute nicht entschieden wurde.[1]

Die Enquete-Kommission fordert jedoch genau diese menschenrechts- und verfassungswidrige Finanzierung privater Sektenjägervereine. Außer der Partei Bündnis 90/Die Grünen wird diese rechtswidrige Forderung von allen Parteivertretern der Enquete-Kommission mitgetragen.

Auch Parteistiftungen, die vom Staat finanziert werden, beteiligen sich an der Diskriminierung von religiösen und weltanschaulichen sowie weltlichen Minderheiten. Hier sei als Beispiel auf eine Tagung der FDP-nahen Bildungsstätte „Stiftung für liberale Politik" der Friedrich Naumann Stiftung vom 30. 4. – 3. 5. 1998 in Kaltenheide und Konstanz verwiesen (vgl. Schreiben des Unterzeichners an die Friedrich-Naumann-Stiftung vom 30. 4. 1998, welches als Anlage überreicht wird und bis heute unbeantwortet geblieben ist). Dort wurde u. a. über die VPM Vereine von Personen berichtet, die mehrfach von deutschen Zivilgerichten wegen Verleumdungen über die VPM-Vereine rechtskräftig verurteilt wurden. Hier konnten sie mit staatlichen Mitteln, ohne daß die VPM-Vereine eine Gelegenheit zur Gegenrede hatten – ihre Verleumdungen erneut verbreiten. Es handelte sich durchweg um Personen, die in verschiedenen Zusammenhängen mit dem Thema der Veranstaltung dadurch in Erscheinung getreten waren, daß sie das Neutralitäts- und Toleranzgebot sowie die Achtung vor den Menschenrechten – insbesondere auf freie Überzeugung und Bekenntnis sowie Ausübung der Religion – massiv mißachtet haben.

6. Datenschutzgesetz Schleswig-Holstein

Das Bundesland Schleswig-Holstein (SPD-Regierung) ist sogar dazu übergegangen, 1995 ein spezielles Gesetz zu erlassen (§ 29 a Landesdatenschutzgesetz Schleswig-Holstein, SchlHGVBl. 1994, 508), mit welchem die private Mitgliedschaft von Bürgern in Vereinen registriert wird, die das Land Schleswig-Holstein als Sekten- und Psychogruppen einstuft. Diese Daten können dann bei Bedarf abgerufen werden (vgl. NVwZ 1995, 462).

7. Versetzung von Lehrern, die Mitglied im VPM gewesen sind, durch den Regierungspräsidenten des Regierungsbezirks [...]

1992 hat ein Mitglied der Bezirksregierung [...] an einer Veranstaltung für die Schulleiter aller [...] Schulen vor VPM-Mitgliedern gewarnt, die Lehrer sind. Er konnte keine Tatsache vorweisen, um diese Warnung zu rechtfertigen. Statt dessen forderte er sinngemäß alle Schulleiter auf: „Wenn Sie einen Ihrer Lehrer zum Beratungslehrer für Suchtvorbeugung (Drogenberatungslehrer) ernennen wollen, setzen Sie sich bitte vorher mit mir in Verbindung. Er könnte Mitglied im VPM sein, was unerwünscht ist."

1992 griff ein Lehrer eines Kollegiums einer Schule im Regierungsbezirk [...] ohne Grund und Anlaß eine Reihe von Kolleginnen an, weil sie Mitglieder im VPM sind. Diese Tatsache war dem Lehrer und allen anderen Kollegen seit langem bekannt.

Der Angriff erfolgte mit einer 1992 erschienenen Publikation gegen den VPM, die von der von der SPD benannten Kommissionsmitglied Hemminger verfaßt wurde. Hemminger schrieb diese Broschüre über den VPM und seine Mitglieder, obwohl er sich nicht bei einem der VPM-Vereine oder bei einem der VPM-Mitglieder über die Arbeit der Vereine informiert hatte. Unterstützung erfuhr der Lehrer durch zwei eigens angereiste Mitglieder der Bezirksregierung [...] – ein außerordentlich ungewöhnlicher Vorgang. Einseitig folgten die Mitglieder der Bezirksregierung den Unterstellungen Hemmingers, sie verhielten sich weder sachlich noch neutral, noch stellten sie sich schützend vor die angegriffenen Lehrer. Kurze Zeit später erschien eine Vertreterin unangekündigt im Unterricht dieser zu Unrecht angegriffenen Lehrer, um ihre Arbeit zu kontrollieren. Dieser Vorgang – unangekündigter Kontrollbesuch durch die übernächste Schulaufsichtsbehörde im Unterricht – ist, wenn nicht einmalig, so zumindest außerordentlich unüblich. Den angegriffenen Lehrern und Lehrerinnen konnte weder der kleinste dienstliche Fehler noch unangemessenes oder falsches oder etwaig rechtswidriges pädagogisches Verhalten nachgewiesen werden. Trotzdem wurden zumindest in einem Fall diskriminierende Äußerungen durch den Dienstherren in die Personalakte aufgenommen. Dies obwohl vor dem Verwaltungsgericht [...] diesbezüglich festgestellt wurde, daß sich die Lehrerin nichts hatte zuschulden kommen lassen. Vielmehr waren alle Schüler und die Eltern der Schüler mit der Arbeit der Lehrer und Lehrerinnen und der Zusammenarbeit mit ihnen sehr zufrieden. Die betroffenen Lehrer und Lehrerinnen wurde von Kollegen aufgefordert, sich von einer Publikation des VPM zu Schulreformen zu distanzieren. Sie drohten ihnen damit, daß sie alles unternehmen würden, um ihre Aberkennung des Beamtenstatus zu erreichen. Der bislang außergewöhnlich gute Ruf der Kollegen, die Mitglieder im VPM sind, wurde in der Schule, an den vorgesetzten Dienststellen und in aller Öffentlichkeit geschädigt. Die Bezirksregierung hat bis heute nichts unternommen, um den guten Ruf ihrer zu Unrecht angegriffenen dienstuntergebenen Beamten wiederherzustellen. Vom deutschen Beamtenrecht her hätte sich die Bezirksregierung auch bei der öffentlichen Rufschädigung in den Medien schützend vor sie stellen müssen.

Eine Dezernentin der Bezirksregierung äußerte, daß die Kollegen, die Mitglieder im VPM sind, wegorganisiert werden sollten. In der Folge wurden die Lehrer tatsächlich so versetzt, daß an keiner Schule im [...] Regierungsbezirk zwei Lehrer, die sich im VPM weiterbilden, an einer Schule sein durften.

Um dies vollziehen zu können, muß die Bezirksregierung verfassungswidrige Dateien angelegt haben, die die Mitgliedschaft im VPM rechtswidrig erfassen. Ich verweise auf den Vorgang der Erziehungsdirektion des Kantons Zürich in der Schweiz und das diesbezügliche Urteil des Bundesgerichts (1P.385/1994/err, 1P.303/1995), mit welchem die Menschenrechtswidrigkeit eines vergleichbaren Vorgehens in Zürich/Schweiz festgestellt wurde. Die Behörden in Zürich und in [...] standen und stehen heute noch im ständigen Austausch über den VPM und diese Daten.

Bekannt ist weiter, daß die Drogenhilfe [...] e. V., deren ehemaliger Vorsitzender Vollmann wegen seiner 20jährigen Agententätigkeit für den Staatssicherheitsdienst der ehemaligen DDR verurteilt wurde, über derartige Dateien verfügt und mit der Bezirksregierung [...] insbesondere im Bereich der Suchtprävention an Schulen ständig zusammenarbeitet.

Später erschien in verschiedenen Zeitungen die Unterstellung, daß der VPM zwei Drittel aller Schulen in Nordrhein-Westfalen unterwandert habe. Auch der Regierungspräsident äußerte sich unwahr und warnend zum VPM. Dies wurde ihm gerichtlich verboten (VG Köln, Az.: 19 K 6838/95 – noch nicht rechtskräftig).

8. *Rechtswidrige Warnung vor dem VPM und dessen Mitgliedern durch den Regierungspräsidenten Köln, Herrn Antwerpes*

1995 hat der Kölner Regierungspräsident Antwerpes sich öffentlich tatsachenwidrig über den VPM im Fernsehen und in der Zeitung geäußert. Zwar hat das Verwaltungsgericht Köln mit Gerichtsbeschluß (Az.: 19 K 6838/95 vom 18. 12. 1996) diese Warnung untersagt, weil er keine zu Warnung berechtigenden Fakten vorweisen konnte. Das Land Nordrhein Westfalen hat hiergegen als zuständige Stelle für den Regierungspräsidenten Köln jedoch Berufung eingelegt, obwohl das Gericht in erster Instanz festgestellt hat, daß der Staat auch in diesem Fall die Persönlichkeitsrechte der VPM-Mitglieder verletzt hat.

9. Entlassung aus dem Beamtenverhältnis und Nichtverbeamtung einzig und allein wegen Vereinszugehörigkeit durch die [... Behörde]

Mit Bezug auf den vom Bundesverfassungsgericht gestoppten Bundessektenbericht „Sog. Sekten und Psychogruppen" hat das Bundesland [...] 1991 eine Lehrerin, die Mitglied im VPM ist und zur vollsten Zufriedenheit unterrichtet hat, aus dem Beamtenverhältnis entlassen. Der Unterricht dieser Lehrerin wurde mehrfach von staatlichen Vertretern beobachtet und beurteilt. Die Beurteilungen waren äußerst positiv. Das Arbeitsgericht gab ihrer Kündigungsschutzklage zwar recht, die übliche Übernahme in das Beamtenverhältnis wird ihr aber wegen der Mitgliedschaft versagt. Durch die Nichtübernahme wird sie gegenüber anderen Bewerbern finanziell benachteiligt und diskriminiert. Eine Übernahme erfolgt in der Regel automatisch.

Eine weitere Lehrerin, die bereits verbeamtet war, wurde 1995 ebenfalls von der [...] Schulbehörde einzig und allein wegen ihrer Mitgliedschaft im VPM aus dem Beamtenverhältnis entlassen. Auch sie hat zur vollsten Zufriedenheit gearbeitet und sehr gute Beurteilungen erhalten. Die hiergegen 1995 eingereichte Klage ist bis heute nicht entschieden worden.[2]

In Deutschland kann man im wesentlichen als Lehrer nur im Staatsdienst arbeiten. Deshalb kommt die Entlassung und Nichtverbeamtung einer Existenzvernichtung gleich.

Die hiergegen eingereichte Klage ist bislang nicht entschieden (Verwaltungsgericht [...] Az.: 12 VG 3817/94 und 12 VG 124/95).[3]

10. Entzug der Gemeinnützigkeit

Das deutsche Steuergesetz fördert die Tätigkeit privater Vereine, die einen Beitrag zum Gemeinwohl leisten, indem sie steuerlich begünstigt werden. Die VPM-Vereine erfüllen diese Voraussetzungen.

1994 wurde einem Trägerverein, der ein Internat betreibt, mit Bezug auf den geplanten Bundessektenbericht die steuerliche Gemeinnützigkeit zunächst versagt, weil einige seiner Mitglieder auch Mitglieder im VPM sind. Er hat sie inzwischen erhalten.

Anderen VPM-Vereinen wurde sie mit Bezug auf den geplanten Bundessektenbericht und die Enquete-Kommission entzogen (vgl. z. B. FG Berlin Az.: 8182/97, die noch nicht entschieden ist).

11. Ablehnung Schulleiterstelle

1996 wurde einem katholischen Lehrer in [...], der sich als Schulleiter an einer staatlichen Konfessionsschule (katholisch) beworben hatte und der der einzige Kandidat für diese Stelle war, die Ernennung zum

Schulleiter einzig und allein wegen seiner Mitgliedschaft im VPM versagt.

12. Verlust von Beratungslehrerstellen

In Süddeutschland wurde es Lehrern, die Mitglieder im VPM sind, einzig und allein aufgrund ihrer Mitgliedschaft im VPM untersagt, als Beratungslehrer tätig zu sein, obwohl sie sich durch eine staatlicherseits vorgeschriebene Zusatzsausbildung zum Beratungslehrer qualifiziert und zum Teil sogar jahrelang zuvor zur vollsten Zufriedenheit als Beratungslehrer gearbeitet hatten.

13. Nichtzulassung von Lehrern zu staatlichen Fortbildungen in der Drogenprävention

1997 wurde einer sehr erfahrenen Lehrerin an einer [...] Hauptschule, die seit Jahren dort Drogenberatungslehrerin war, die Teilnahme an einer hierfür üblichen und notwendigen Fortbildung abgelehnt, einzig und allein weil sie Mitglied im VPM ist. Mit der Begründung, daß sie nicht an der Fortbildung teilnehmen könne, hat der Schulleiter eine andere Lehrerin zur Beratungslehrerin ernannt. Die Kollegin hat aus Solidarität und Protest die Übernahme der Stelle des Drogenberatungslehrers abgelehnt, so daß es jetzt keinen gibt.

1995 veröffentlichte das Bundesland Berlin einen fast wortgleichen Warntext über die VPM-Vereine, obwohl die Berliner Senatsverwaltung detailliert über den Stand des Verfahrens gegen den Text der Bundesrepublik Deutschland (siehe oben) informiert war. Dieser fast wortgleiche Text war zum Zeitpunkt der Veröffentlichung der Berliner Broschüre der Bundesrepublik Deutschland durch das Verbot des Verwaltungsgerichts Köln untersagt.

Schon 1995 erklärte der damals zuständige Senator, Thomas Krüger, SPD, daß man die Broschüre extra in einer Nacht-und-Nebel-Aktion verschickt habe, damit die betroffenen Organisationen hiergegen keine Rechtsmittel mehr einlegen konnten. Der Staat ist jedoch verpflichtet, die betroffenen Vereine zuvor anzuhören.

Gegen diese 1995 veröffentlichte Broschüre haben die VPM-Vereine Klage vor dem Verwaltungsgericht Berlin eingereicht. Die in der 27. Kammer mit diesem Prozeß befaßte Richterin nahm an der Indoktrinationsveranstaltung der Deutschen Richterakademie teil. Ein darauf gestützter Befangenheitsantrag der VPM-Vereine wurde abgewiesen. Die Richterin durfte in dieser Sache weiter entscheiden.

In diesem Klageverfahren erklärte die Berliner Senatsverwaltung (Az.: 27 A 260/94), daß die Broschüre vergriffen und ein unveränderter Nachdruck nicht beabsichtigt sei. Dies tat sie aus dem prozessual-strategischen Grund, daß die VPM-Vereine die Klage in der Hauptsache für erledigt erklären mußten. Das Gericht teilte daraufhin mit, daß das Rechtsschutzbedürfnis für die Klage aufgrund dieser Erklärung nicht mehr zu erkennen sei.

Wenige Tage später veröffentlichte die Senatsverwaltung trotz dieser Erklärung eine neue Broschüre mit dem fast wortgleichen Text über den VPM, obwohl sie zuvor erklärte, daß sie dies nicht mehr tun wollte. Die Senatsverwaltung hatte den VPM bewußt getäuscht und die Neuauflage der Broschüre an alle Stellen verschickt, bevor die betroffenen Gruppen hiervon überhaupt Kenntnis erlangt hatten.

15. Weitere Sektenbroschüren anderer Bundesländer

Die Bundesländer Rheinland-Pfalz und Mecklenburg-Vorpommern haben ebenfalls staatliche Sektenbroschüren veröffentlicht, in welchen rechtswidrig der VPM erwähnt und vor ihm gewarnt wurde, obwohl dies gegen die Verfassung verstößt.

Das Bundesland Bayern hat Journalisten im Rahmen einer staatlichen Stiftung über die einzelnen Gruppen und den VPM herabsetzend schreiben lassen. Die Bundesländer Baden-Württemberg und Schleswig-Holstein haben in Form der Beantwortung einer parlamentarischen Anfrage, die sie später veröffentlichten, die rechtswidrigen Warnungen vorgenommen.

16. Staatliche Lehrerfortbildung

Im Rahmen einer vom Schulamt für die Stadt [...] in Zusammenarbeit mit dem Jugendamt der Stadt [...] angebotenen Fortbildung für Lehrer und Erzieher verbreitete die Mitarbeiterin der Aktion Jugendschutz e. V., Nordrhein-Westfalen, Frau Roderigo, über den VPM negative und diskriminierende Äußerungen im staatlichen Rahmen der Lehrerfortbildung, was dem Staat untersagt ist.

Bei Frau Roderigo handelt es sich um die Angestellte der Aktion Jugendschutz e. V. NRW, die, wie oben bereits dargelegt, die Richter indoktriniert. Der VPM klagt außerdem vor dem Verwaltungsgericht Düsseldorf auf Unterlassung der staatlichen Finanzierung, da hiermit auch die Aktivitäten gegen die VPM-Vereine zu 100% vom Staat finanziert werden (siehe oben).[4]

In den Handlungsempfehlungen der Enquete-Kommission wird eine Ausdehnung dieser staatlichen Finanzierung für solche privaten Sektenjägervereine gefordert.

17. Kapitel über VPM in der Broschüre „InSekten – nein danke" der Jungen Union (JU)

Die Jugendorganisation der CDU hat 1995 eine Broschüre über religiöse Minderheiten und den VPM herausgegeben, die den menschenverachtenden Titel „InSekten" trug. Auf der Titelseite war neben diesem Wort ein Insekt (eine Fliege) zu sehen, das mit einer

Fliegenklatsche, die ebenfalls deutlich zu sehen war, erschlagen werden sollte. Diese Broschüre blieb den betroffenen Organisationen bis zum Erscheinen unbekannt.

18. Diskriminierung und Mißbrauch von Geldern durch verschiedene Allgemeine Studentenausschüsse (AStA) und Ausschluß von Studenten (BAQS) aus universitären Gremien wegen des bloßen Verdachts der VPM-Nähe

Der Allgemeine Studentenausschuß (AStA) jeder Universität ist eine Zwangskörperschaft für alle Studenten und soll deren Interessen vertreten. Die AStA haben kein allgemein politisches Mandat. Trotzdem veröffentlichten und verbreiteten die AStA verschiedener deutscher Universitäten (Köln, Berlin, Hannover etc.) diffamierendes und tatsachenwidriges Material über die VPM-Vereine und benutzten dafür staatliche Gelder, obwohl ihnen dies gerade als Zwangskörperschaft ohne allgemein politisches Mandat nicht erlaubt ist.

19. Fehlender Rechtsschutz gegen Diffamierungen

Der Staat ist aufgrund der Grund- und Menschenrechte verpflichtet, einen effektiven Rechtsschutz gegen Verleumdungen zu gewährleisten. Er hat für den religiösen Frieden zu sorgen. Zwar schützt Art. 9 EMRK eine Glaubensgemeinschaft keineswegs vor

Kritik. Doch hat der Staat angemessene Verfahren vorzusehen, um gegen Verunglimpfungen einzelner Gruppierungen, z. B. in aufhetzenden Kampagnen, vorgehen zu können und derartige Gruppierungen von Staats wegen positiv zu schützen.

Hiergegen wird vielfach in der Bundesrepublik Deutschland verstoßen, indem der Begriff der zulässigen Meinungsäußerung von den Gerichten zu weit ausgedehnt wird. Die Würde des Menschen findet dabei systemwidrig gegenüber dem Recht auf freie Rede und Pressefreiheit zu wenig Bedeutung. So muß es heute in der Bundesrepublik Deutschland ein von den Nazis verfolgter Jude hinnehmen, daß er als Nazi bezeichnet wird und sein Name unter einem Hakenkreuz abgebildet wird (z. B. der Journalist Gerhard Löwenthal).

Die Diskriminierung des VPM wurde überhaupt erst möglich, weil der Begriff der Sekte oder Psychosekte als Meinungsäußerung von den Gerichten eingestuft wird und damit nicht untersagt werden kann. Meinungsäußerungen sind nach der deutschen Rechtsprechung, im Gegensatz zu Tatsachenbehauptungen, Äußerungen, die einem zumindest theoretischen Beweis nicht zugänglich sind. Danach ist es möglich, jeden Verein – völlig unabhängig von dem, was wirklich ist – als Sekte oder Psychosekte zu bezeichnen.

Dies gilt ebenfalls für Äußerungen wie Fanatiker, Ideologie, faschistisch, rechtsextrem, linksextrem etc.

V. Diskriminierung des VPM durch private und halböffentliche Stellen

In Deutschland sind die Amtskirchen Körperschaften des öffentlichen Rechts und deshalb verpflichtet, dazu beizutragen, die Demokratie und das demokratische Gemeinwesen zu erhalten und nicht Andersdenkende zu verfolgen.

Gerade die Evangelische Kirche in Deutschland (EKD) hatte immer schon große Schwierigkeiten, ihr Verhältnis zur Demokratie zu regeln (Weimarer Republik, Nationalsozialismus). Ebenso erstaunt es, daß es keine Aufarbeitung zum Problem ihrer Stasi-Verstrickung gibt.

Ein jüngstes Beispiel für die fehlende demokratische Einstellung ist die aktive Teilnahme von Sektenjägern der Kirchen an der Enquete-Kommission des Deutschen Bundestages. Dort haben sie ihre Funktion als Kommissionsmitglieder dazu mißbraucht, konkurrierende Religions- und Weltanschauungsgemeinschaften mit staatlichen Mitteln zu bekämpfen. Weiter verweise ich auf den Artikel von Prof. Martin Kriele, „Sektenjäger", in ZRP, 6/98, S. 231 ff. (Anlage); sowie „Zeitfragen"-Sondernummer Nr. 2/97, sowie Zeitfragen Nr. 7/8 1998, S. 4 und 5, sowie Westfalenblatt vom 18. 6. 1998 „Wer den Kurs in der Enquete-Kommission vorgibt, die ganz seltsamen Sektenjäger" (Anlage). Zu den wesentlichen Sektenjägern der Evangelischen Kirche in Deutschland, die die Verfolgung des VPM betreiben, obwohl dieser gar nicht in ihren Zuständigkeitsbereich gehört – der VPM ist ein weltlicher Verein – zählen der Pfarrer Thomas Gandow, Berlin-Brandenburg, Hj. Hemminger, früher Evangelische Zentralstelle für Weltanschauungsfragen (EZW), heute Sektenbeauftragter in Württemberg, J. Keden, Pfarrer und Sektenbeauftragter der evangelischen Kirche Rheinland, Pfarrer Behnk, Sektenbeauftragter der Kirche Bayern. Zu deren marxistischem und antidemokratischem Hintergrund vgl. die Veröffentlichung der Konservativen Sammlung, „Der marxistische Betrug mit dem Sektenbegriff", Hannover 1993.

Am deutlichsten formulierte Thomas Gandow, der ebenfalls am 5. 7. 1997 von der Enquete-Kommission angehört wurde, die Zielsetzung der kirchlichen Sektenjäger. Er fordert öffentlich die Eingrenzung des Artikels 4 GG mit der Folge, daß nur noch die von den Sektenjägern geduldeten Religionsgemeinschaften sich auf den Grundrechtsschutz berufen dürfen. Diese Forderung wurde anfänglich von der SPD-Fraktion in der Enquete-Kommission aufgenommen und später scheinbar fallengelassen. Tatsächlich fordert die SPD nunmehr durch Änderung des Art. 140 GG nach wie vor die Einschränkung der Religionsfreiheit für nicht genehme Gruppen.

Das von der CDU/CSU benannte Kommissionsmitglied Kelsch forderte bereits 1991 die Einschränkung der Religionsfreiheit (Art. 4 GG) durch die Aufnahme des Schutzgutes der Lebenshilfe in die Verfassung als Gegenpart zu Art. 4 GG. Die Behörden könnten dann – so Keltsch – abwägen, welches Grundrecht im Konfliktfall Vorrang hat (Protokoll der 13. Sitzung des Ausschusses für Frauen und Jugend am 9. Oktober 1991 – Nichtöffentliche Anhörung „Jugendsekten", 12. Wahlperiode, 14. Ausschuß, Seite 13/126f.).

Die Einteilung, welche Gruppen sich zukünftig noch auf den Menschenrechtsschutz berufen dürfen, soll nach den Vorstellungen der kirchlichen Sektenjäger, der PDS und der SPD die von der Enquete-Kommission geforderte Bund-Länder-Stiftung übernehmen.

Es ist kein Geheimnis mehr, daß bei der Besetzung der Stiftung in der Hauptsache diese kirchlichen Sektenjäger berücksichtigt werden sollen. Die Besetzung der Enquete-Kommission zeigt, daß dies auch durchaus möglich ist. Hintergrund ist, daß den Kirchen die Einrichtung der Sektenjäger – gerade auch wegen der teilweise sehr erfolgreichen Gegenwehr der betroffenen Gruppierungen und des zunehmenden internationalen Protests – zu teuer wird. So wurde z. B. die EZW aufgrund der nicht mehr zu tolerierenden Angriffe auf den VPM nach Berlin verlegt und mit einer anderen eingeschränkten Struktur und anderen Aufgaben versehen.

Nicht nur der finanzielle Aspekt spielt hier eine Rolle bei der Forderung nach einer Stiftung. Viel bedenklicher ist die dadurch erfolgende Aufhebung der verfassungs- und menschenrechtlich gebotenen Trennung zwischen Kirche und Staat. Durch diese Stiftung wird den Kirchen ermöglicht, eine weltanschauliche Kontrolle auszuüben. Diese Kontrolle ist durch den Einfluß der PDS nicht nur auf den religiösen und weltanschaulichen Bereich beschränkt, sondern gemäß Endbericht der Kommission auf ideologische (weltliche) Gruppen ausgedehnt worden (siehe oben zur Einsetzungsdebatte).

Wer sich zukünftig noch auf Art. 4 GG nach Ansicht der Sektenjäger berufen darf und wer nicht, das richtet sich nach der erzwungenen „Selbstkritik“ und nach der erzwungenen Teilnahme am „ökumenischen Dialog“. In letzter Konsequenz heißt das: Wenn eine religiöse oder weltanschauliche Minderheit hieran nicht teilnimmt, ist sie nicht dialogbereit, sie ist konfliktträchtig und verliert dann auch den Menschenrechtsschutz. So wurde z. B. dem VPM der zweite Fragebogen der Enquete-Kommission vom Dezember 1997 nicht mehr zugeschickt, weil er sich immer wieder auf die Menschenrechtswidrigkeit der Kommission berufen hat. Er wurde jedoch trotzdem im Endbericht in diskriminierender Art und Weise erwähnt. Wer sich auf seine Rechte beruft, wird ausgegrenzt.

Ein weiteres Beispiel für das mangelnde Rechtsverständnis des Sektenjägers und Mitglieds der Enquete-Kommission Hemminger dokumentiert sein Brief vom 17. 10. 1989 als Angestellter der EZW: Er vertritt dort die Auffassung, daß allein Verdächtigungen ausreichen, um öffentlich vor beliebigen Gruppierungen zu warnen:

„Hier kann es keine Unschuldsvermutung geben, bis jeder mögliche Zweifel ausgeräumt ist.“

Eine Wahrheitsprüfung seiner verunglimpfenden Meinungen interessiert ihn offensichtlich nicht. Nachdem er jahrelang die EZW für entsprechende Verunglimpfungen nutzen konnte, nutzt er heute seine Position als Mitglied der Enquete-Kommission, die damit die gebotene staatliche Neutralität verletzt.

Katholische wie evangelische Sektenbeauftragte treffen sich halbjährlich, um den gemeinsamen Kampf gegen religiöse und weltanschauliche Minderheiten, auch gegen den VPM, abzustimmen und zu koordinieren. Hierbei wird Verschwiegenheit und Vertraulichkeit als unbedingte Voraussetzung gefordert. Führend dabei sind Hemminger und Gandow. Sie scheinen ihr Ziel der Diskriminierung Andersdenkender mit den Handlungsempfehlungen der Enquete-Kommission erreicht zu haben.

VI. Erweiterung des diskriminierenden Sektenbegriffes im staalichen und kirchlichen sowie journalistischen Bereich

Insgesamt ist zu beobachten, daß sowohl im staatlichen wie im privaten und kirchlichen Bereich seit 1989 mit einem erweiterten Sektenbegriff zum Zwecke der Diffamierung und Diskriminierung des Andersdenkenden und der religiösen wie weltlichen Minderheiten operiert wird (vgl. hierzu Anhang Konservative Sammlung, 1993, Hannover, „Der marxistische Betrug mit dem Sektenbegriff").

Das Kommissionsmitglied der Enquete-Kommission, Hemminger, instruierte 1989 Züricher Studenten, den bisherigen Sektenberiff soziologisch so zu optimieren, daß der VPM als weltliche Vereinigung auch hierunter passe.

Die Enquete-Kommission ist ihm in ihrem Endbericht darin gefolgt, indem dort nunmehr von konfliktträchtigen Gruppen und ideologischen Gruppierungen gesprochen wird.

Die Menschenrechtswidrigkeit dieser Ausweitung des Sektenbegriffes zur Bekämpfung des Andersdenkenden wird von Massimo Introvigne in seinem Buch „Schluß mit den Sekten!" auf den Seiten 101 bis 104 dargestellt.

Es ist zu beobachten, daß durch die Vorgehensweise der kirchlichen Sektenjäger die beiden großen Amtskirchen selbst betroffen sind. Teile von ihnen werden als gefährlich bezeichnet. Hierzu stellt der Rechtsanwalt und Religionswissenschaftler Dr. Massimo Introvigne fest: Die „Sektenfrage" könnte leicht als Vorwand dienen (indem man ihre Bedeutung übertreibt), die staatlichen Interventionsmöglichkeiten gegenüber dem Vereinsleben und dem religiösen Leben noch auszudehnen. Angesichts der Gefahr einer unterdrückerischen Ausweitung des Etatismus ist es vor allem die Vorsicht, die es dem Katholiken auferlegt, auch den religiösen Randbereich zu verteidigen, „bevor der Angriff in das Zentrum des religiösen Lebens der westlichen Welt getragen wird." (So: Introvigne, Schluß mit den Sekten!, S. 93.)

VII. Zusammenstellung wesentlicher Gerichtsentscheidungen

Der VPM Zürich hat im Juli 1998 eine Zusammenstellung der wichtigsten ihn schützenden in- und ausländischen Gerichtsentscheidungen zusammengestellt. Diese Zusammenstellung wird hiermit als Anlage übergeben.

Angesichts dieser Entscheidungen sind die oben dargestellten Grund- und Menschenrechtsverletzungen um so unverständlicher und dringend abzustellen.

Deshalb *beantrage* ich namens und in Vollmacht der von mir vertretenen Vereine, geeignete Handlungsempfehlungen zu erstellen, um u. a.

a) alle staatlichen Warnungen und staatliche „Sektenberichte“ sofort einzustellen und zurückzurufen, insbesondere zu erklären, daß auf den geplanten Bundessektenbericht endgültig verzichtet wird, sowie den Ruf der VPM-Vereine wiederherzustellen,
b) die Diskriminierung und Aussperrung aus öffentlichen Veranstaltungsräumen zu unterbinden,
c) die Richtertagungen über sog. „Sekten und Psychogruppen“ an der Deutschen Richterakademie sofort einzustellen und den guten Ruf der VPM-Vereine bei den bisherigen Teilnehmern wiederherzustellen,
d) alle Anti-„Sekten“-Vorträge/Seminare sofort einzustellen,
e) die Diskriminierungen der VPM-Vereine aus den Unterrichtsmaterialien zu entfernen und die Lehrpläne entsprechend zu bereinigen,
f) die staatliche Praxis, den betroffenen Gruppen die Anerkennung der Gemeinnützigkeit zu verweigern, rückgängig zu machen,

g) die Diskriminierung im öffentlichen Dienst zu beseitigen,
i) die Sektendateien, in denen die Daten der Mitglieder gespeichert werden, zu vernichten,
j) den Rechtsschutz gegen Diskriminierungen und Verletzungen der Persönlichkeitsrechte unter Beachtung von Art. 5 Abs. 1, aber auch Art. 1 Abs. 1 zu effektivieren,
l) die staatlichen Ausgaben zu überprüfen, die für die Enquete-Kommission, [...] die Stellen beim Bundesverwaltungsamt etc. entstanden sind, durch Einschaltung des Bundesrechnungshofs zu untersuchen und zukünftig einzusparen,
m) die staatliche Förderung privater Vereine und staatlicher Stellen einzustellen, die die Verfolgung Andersdenkender betreiben.

Ich bitte den Petitionsausschuß höflich, diese Eingabe sorgfältig zu prüfen und den vorgetragenen Anliegen durch entsprechende Handlungsempfehlungen Rechnung zu tragen.

Die Belege und Beweise für die dargelegten Menschenrechtsverletzungen liegen dem Unterzeichner vor und können jederzeit vorgelegt werden. Ich bitte hier um einen entsprechenden Hinweis.

RAINER ROTHE
Rechtsanwalt

Pressemitteilung
Petition der Vereine zur Förderung der Psychologischen Menschenkenntnis (VPM) zum Schutz der Menschenrechte an den Deutschen Bundestag übergeben

Bonn, 25. 8. 1998. Rechtsanwalt Rainer Rothe, Köln, hat heute eine Petition der Vereine zur Förderung der Psychologischen Menschenkenntnis (VPM) zum Schutz der Menschenrechte an den Deutschen Bundestag übergeben. Darin stellt er fest:

Das Grundgesetz mit der darin verbürgten Meinungs-, Gesinnungs-, Religions-, Überzeugungs- und Vereinsfreiheit sowie die europäische Menschenrechtskonvention und die UN-Charta gelten für alle Bürger in gleicher Weise. Wer dies nicht respektieren will, muß sein Verhältnis zum Rechtsstaat und den Menschenrechten oder gar seine subversive Opposition gegen den Rechtsstaat offenlegen. Dies gilt für kirchliche oder staatliche Sektenjäger, Journalisten, Politiker u. a. in gleichem Maße.

Seit Jahren läuft gegen die VPM-Vereine eine in ihrer Dauer und in ihrer Unsinnigkeit einmalige Kampagne, in deren Verlauf es zu zahlreichen Menschenrechtsverletzungen gegenüber den Vereinen und einzelnen Mitgliedern gekommen ist. Ausgangspunkt für diese in ihrer Dauer und in ihrer Unsinnigkeit einmalige Kampagne waren die Drogenfrage und die Schulreformen. In beiden Bereichen hatten die VPM-Vereine und ihre Mitglieder sich mit großer Sorgfalt an den zugänglichen wissenschaftlichen Befunden orientiert und deshalb der Legalisierung der Drogen wie auch unüberlegter Schulreformen nicht zugestimmt, sondern sich kritisch dazu geäußert. In einem freien demokratischen Rechtsstaat ist es selbstverständlich, daß jede Sachfrage von den Bürgern von verschiedenen Standorten aus beleuchtet, diskutiert und beurteilt werden kann. Wo diese Freiheit abgewürgt wird, hört die Demokratie auf und beginnt der Gesinnungsstaat.

Im Verlauf der jahrelangen Kampagne wurden gegen die VPM-Vereine zahlreiche Menschen- und Grundrechte der Vereine und einzelner Mitglieder verletzt, von denen die krassesten jetzt in einer Petition an den Deutschen Bundestag zusammengestellt wurden. Dieser wird zum effektiven Schutz der Meinungs-, Überzeugungs- und Wissenschaftsfreiheit aufgefordert. Dabei handelt es sich um:

- rechtswidrige Entlassung von Beamten, weil sie Mitglied im VPM sind,
- unzulässige staatliche Warnungen vor den VPM-Vereinen, die trotz gerichtlichen Verbots von anderen Ländern abgeschrieben werden,
- staatlich organisierte Indoktrination von Richtern und Staatsanwälten durch private und staatliche Sektenbeauftragte, insbesondere an der Richterakademie in Wustrau,
- Auswechseln von Richtern kurz vor Entscheidung des Prozesses und somit Verletzung des Rechts auf den gesetzlichen Richter,
- rechtswidrige staatliche Finanzierung privater Sektenjägervereine trotz gerichtlichen Verbots in einem vergleichbaren Fall,

- Versetzung von Lehrern, weil sie Mitglied im VPM sind,
- keine Schulleiterstellen im öffentlichen Dienst für Mitglieder im VPM,
- Entzug der Gemeinnützigkeit, obwohl die gesetzlichen Voraussetzungen zur Erteilung der Gemeinnützigkeit vorliegen,
- fehlenden Rechtsschutz gegen Diffamierungen.

Regierung und Parlament sind verpflichtet, unverzüglich die immer noch andauernden Menschenrechtsverletzungen abzustellen und den gesellschaftlichen Frieden sowie den guten Ruf der VPM-Vereine und ihrer Mitglieder wiederherzustellen. In einem demokratischen Rechtsstaat darf sich jeder Bürger äußern und ist kein Freiwild.

Das Schweizer Bundesgericht hat im November letzten Jahres derartige Gesinnungsschnüffeleien als Menschenrechtsverletzungen behandelt und den klagenden Mitgliedern des dortigen Vereins zur Förderung der Psychologischen Menschenkenntnis recht gegeben. Ein entsprechender Schutz durch die staatlichen Organe in Deutschland steht immer noch aus. Deshalb wird mit der Petition u. a. gefordert:

- sofortige Einstellung und Rücknahme aller staatlichen Warnungen und der staatlichen „Sektenberichte“, insbesondere auch des geplanten Bundessektenberichts,
- Unterbindung der Diskriminierung und Aussperrung aus öffentlichen Veranstaltungsräumen,
- Einstellung der Richtertagungen über sog. „Sekten und Psychogruppen“ und Wiederherstellung des guten Rufes,

- Einstellung aller Anti-„Sekten“-Vorträge,
- Korrektur des Unterrichtsmaterials und Bereinigung der Lehrpläne,
- Rücknahme der staatlichen Praxis, den betroffenen Gruppen die Anerkennung der Gemeinnützigkeit zu verweigern,
- Einstellung der Diskriminierung im öffentlichen Dienst,
- Vernichtung der Sektendateien, in denen die Mitglieder gespeichert werden,

Aus der Petition seien zwei Beispiele erwähnt:

1. Tagung Deutsche Richterakademie

Das Bundesland Nordrhein-Westfalen veranstaltet zusammen mit der Bundesrepublik Deutschland regelmäßig zweimal im Jahr in der Deutschen Richterakademie eine einwöchige Fortbildung. In dieser Fortbildung referieren Sektenjäger (die zum Teil auch Mitglieder der Enquete-Kommission waren und die mit zahlreichen Unterlassungsverboten belegt sind) eine Woche lang einseitig und unzutreffend über religiöse Minderheiten und die VPM-Vereine. Es ging nicht – wie sonst bei der Richterakademie üblich – um Rechtsfragen, sondern die Richter werden ohne Beteiligung der Betroffenen in der Sache staatlich indoktriniert. An diesen Veranstaltungen nehmen regelmäßig 25 Staatsanwälte und Richter teil. Dort werden die Richter, die den betroffenen Gruppen und Vereinigungen Rechtsschutz gewähren sollen, von deren Gegnern und Verfolgern indoktriniert, ohne daß die betroffenen Gruppen Gelegenheit haben, hierzu Stellung zu nehmen. In der Regel erfahren sie hiervon überhaupt nichts. Nur durch einen Zufall konnten der Anwalt des Universellen Lebens und der Anwalt der VPM-Vereine einmal an einer solchen Veranstaltung teilnehmen. Sie haben dort die Richter getroffen, vor denen sie gerade ihre Klagen vortrugen und auf faire Beurteilung hofften.

Der Einladung zu diesem Seminar war zu entnehmen, daß die Richter und Staatsanwälte mit den Prozeßgegnern der betroffenen Gruppierungen Gegenstrategien gegen diese Gruppierungen diskutieren sollten. Tatsächlich wurde dies auch so durchgeführt.

Diese regelmäßigen Indoktrinationsseminare der Deutschen Richterakademie gehen auf eine Forderung des von der SPD benannten Mitgliedes der Enquete-Kommission, Hemminger, aus dem Jahre 1991 zurück (vgl. Protokoll der 13. Sitzung des Ausschusses für Frauen und Jugend am 9. Oktober 1991 – Nichtöffentliche Anhörung „Jugendsekten", 12. Wahlperiode, 14. Ausschuß, Seite 13/125):

„Die Sensibilisierung der Justiz ist außerordentlich wichtig; das wurde mehrfach erwähnt. Sozusagen der Feinddruck, der auf Kritiker ausgeübt wird, läuft zu einem erheblichen Teil über den Mißbrauch rechtsstaatlicher Möglichkeiten. Ich habe eine ganze Reihe von Anzeigen schon eingefangen. Die letzte wurde mir angedroht wegen des Verstoßes gegen das Bundesdatenschutzgesetz. Es ist ja so leicht, bei uns jemand anzuzeigen und ihm Schwierigkeiten zu machen. Gut, daraus folgt nie etwas, aber es nervt. Solche Dinge können sehr viel besser aufgefangen werden, wenn die Justiz von vornherein darüber Bescheid wüßte, am besten wohl über Richtertagungen oder etwas Ähnliches, über Tagungen für Staatsanwälte. Dieser Punkt ist sicher auch von oben anzustoßen."

2. *Entzug des gesetzlichen Richters durch das Oberverwaltungsgericht Münster*

Am 9. Dezember 1993 verbot das Verwaltungsgericht Köln in einem Eilverfahren wegen drohender Gefährdung der Rechte der VPM-Vereine der Bundesregierung, die VPM-Vereine in dem Zusammenhang mit Sekten und Psychogruppen zu nennen. Die hiergegen beim Oberverwaltungsgericht eingelegte Beschwerde der Bundesregierung wurde über zwei Jahre lang behandelt. Nachdem beide Seiten im Beschwerdeverfahren ausführlich zu Wort kamen und der Berichterstatter dem Kölner Anwalt der VPM-Vereine eine Entscheidung in Kürze in Aussicht stellte, wurde plötzlich die seit über zwei Jahren mit der Sache befaßten Richter des 5. Senats ausgewechselt. Der bisherige Berichterstatter war plötzlich nicht mehr zuständig. Es fällt auf, daß eine andere Gruppe bei der früheren Besetzung bereits recht bekam. Innerhalb weniger Wochen entschied die neue Besetzung, vorbereitet durch den neuen Berichterstatter, und hob die Entscheidung des Verwaltungsgerichts Köln auf. Die hiergegen eingereichte Verfassungsbeschwerde wurde zur Entscheidung angenommen. Die Bundesregierung mußte sich auf Anfrage des Bundesverfassungsgerichts verpflichten, bis zum Abschluß des Verfahrens vor dem Bundesverfassungsgericht den Text über die VPM-Vereine nicht zu publizieren.

Es stellt sich auch die Frage, woher die neuen Richter des 5. Senats des Oberverwaltungsgerichts Münster im einzelnen innerhalb so kurzer Zeit ihr „Wissen“ hatten und welche Faktoren zu der abweichenden Entscheidung geführt haben. Eine Antwort auf die Anfrage, ob die Richter an einer der oben dargestellten Veranstaltungen der Deutschen Richterakademie teilgenommen hätten, wurde verweigert.

Art. 101 Abs. 1 Satz 2 GG sieht vor, daß niemand seinem gesetzlichen Richter entzogen werden darf. Dazu gehört u. a. das Verbot, für ein Verfahren spezielle Richter einzusetzen und auszutauschen, die nicht zuvor abstrakt und zufällig bestimmt worden sind.

Petition der Vereinigungskirche Deutschland e. V. zur Beendigung der Diskriminierung einer religiösen Minderheit

24. August 1998

Inhaltsübersicht

I. Die Vereinigungskirche heute – wir über uns

Einleitung

Die Vereinigungskirche wurde am 1. Mai 1954 in Seoul/Südkorea von Rev. Sun Myung Moon gegründet. Ihre Entwicklung kann nur bei genügender Berücksichtigung der historischen Zeitumstände verständlich werden. Bei dieser neuen religiösen Bewegung handelt es nicht um eine Religion aus der Retorte, die theoretisch konzipiert und dann umgesetzt wurde.

Hält man sich die Umstände bei ihrer Entstehung vor Augen, so waren sie geprägt von der Erfahrung zweier furchtbarer Weltkriege, die eine Fortsetzung im Koreakrieg fanden. Es bestand die Gefahr einer weltweiten atomaren Apokalypse. Die Welt war voller Spaltungen und Diskriminierungen. Demzufolge kam es den ersten Mitgliedern nicht darauf an, eine Organisation oder eine Kirche zu gründen, sondern sich für den Frieden auf Erden zu engagieren, wie er in allen großen Weltreligionen verheißen ist. Sie wollten Ernst machen mit der Erkenntnis, daß Gott als Schöpfer und Eltern aller Menschen seine Kinder geschwisterlich zusammenleben sehen möchte. Als unablässige Voraussetzung hierfür muß die große Entfremdung zwischen Gott und Mensch überwunden werden, da sonst der Mensch nicht zum Menschen finden kann. Der Mensch muß Gott als Eltern erkennen, um den Mitmenschen als Bruder und Schwester akzeptieren zu können. Dieses Anliegen bildete von Anfang an ein zentrales Element der Vereinigungskirche und steht auch heute noch im Mittelpunkt.

War es auf der einen Seite gelungen, in einzigartiger Weise Menschen aus den unterschiedlichsten Religionen, Rassen und Kulturen zu gewinnen, um an dieser Idee mitzuarbeiten, so rief doch andererseits dieses Phänomen – und das ist nicht verwunderlich – bei etablierten Religionen und Ideologien Widerspruch und Ablehnung hervor. Bisherige Beschreibungen der Vereinigungskirche seitens ihrer Kritiker waren notwendigerweise unvollständig und subjektiv. Oft waren es geschichtliche Momentaufnahmen, die tendenziöse Fehlinterpretationen enthielten. Neue Religionen wurden noch nie mit offenen Armen empfangen. Es sei in Erinnerung gerufen, daß selbst noch in den 50er Jahren Eheschließungen zwischen Katholiken und Protestanten völlig undenkbar waren und Ökumene zu der Zeit noch ein echtes Fremdwort war. Von daher ist es verständlich, daß die Vereinigungskirche in ihrer Anfangszeit auf Ablehnung stieß. Nicht verständlich ist, daß man heute noch an dieser Haltung festhält, obwohl in der religiösen Szene eine Entwicklung zu mehr Toleranz stattgefunden hat. Hätten die Kritiker mehr an die Geschichte ihrer Religionen gedacht, hätten sie eine Reihe von Parallelen zu den Anfängen der Vereinigungskirche entdecken können. Jede der großen Religionen „hat als Minderheit, als ‚Sekte' begonnen, und bei keiner war vorhersehbar, daß sie einmal den Gang der Menschheitsgeschichte beeinflussen würde".[1]

A) Die Entwicklung der Vereinigungskirche in den letzten 20 Jahren

Während in den 60er und 70er Jahren Straßenmission und Wohngemeinschaften (Zentren) üblich waren, hat sich seitdem ein grundlegender Wandel vollzogen. Zum einen ist der größte Teil der Mitglieder verheiratet und lebt in Familien, zum anderen proklamierte Rev. Moon zu Beginn der 80er Jahre die Heimkirchenarbeit. Die Weitergabe der Lehre durch

Missionsteams stand besonders in der Anfangszeit im Mittelpunkt der Aktivitäten. Seit dem Beginn der Heimkirchenarbeit fordert Rev. Moon die Mitglieder jedoch verstärkt auf, sich dienend in ihrer Umgebung einzubringen, um dort für die Liebe Gottes Zeugnis abzulegen. Das Ziel eines Mitglieds der Vereinigungskirche ist die im Alltag gelebte Religiosität.

Mitglieder der Vereinigungskirche engagieren sich im sozialen und karitativen Bereich. Zum Beispiel beteiligten sich Mitglieder an Sammlungen für Krankenhäuser und Schulen in der GUS, für ein Behindertenheim in Ungarn, für Kinder aus dem Kriegsgebiet des ehemaligen Jugoslawien u. a.

Die meisten Mitglieder sind inzwischen verheiratet und haben Familien gegründet. Werte wie eheliche Treue, Liebe zu den Kindern und Achtung vor dem Alter werden als Basis für Frieden betrachtet und sind ein vitaler Beitrag für eine positive gesellschaftliche Entwicklung.

Mitgliederstruktur

In der Vereinigungskirche Deutschland e. V. gibt es aktive und fördernde Mitglieder. Die Zahl der aktiven Mitgliedschaft beträgt ca. 850, die Zahl der fördernden Mitgliedschaft ca. 350. Die gegenwärtig stärkste demographische Gruppe besteht aus Männern und Frauen im Alter von 30 bis 45 Jahren, die zu mehr als 80 Prozent verheiratet sind und Kinder haben. Die Mehrzahl der Mitglieder lebt als Familie mit Kindern, wobei ein Elternteil oder beide Elternteile berufstätig sind. Die Kinder der Mitglieder gehen in kirchliche, kommunale oder private Kindergärten. In der Schule nehmen sie meist am katholischen oder evangelischen Religionsunterricht teil.

Das Angebot der Vereinigungskirche

a) Kultus
   - Sonntagsgottesdienste
   - Gebetsandachten
   - Festtage: Gottestag, Elterntag, Kindertag und Tag aller Dinge (der Schöpfung) sind z. B. hohe Feiertage der Vereinigungskirche
   - Sakramente:
     Die Segnung ist eine Zeremonie zur Heiligung der Ehe und zugleich ein Akt der Versöhnung mit Gott, beruhend auf dem Versprechen der ewigen Treue und Liebe dem Partner und Gott gegenüber.
     Die Zeremonie zur Heiligung der ehelichen Liebe, wodurch die Sexualität des Menschen als heiliger Akt gewürdigt wird.
     Die 8-Tage-Zeremonie nach der Geburt eines Kindes, wodurch die Eltern ihre Bereitschaft bezeugen, ihre Kinder zu verantwortungsbewußten Menschen zu erziehen, und dafür Gottes Hilfe erbitten.
     Die Seung-Hwa-Zeremonie beim Tod eines Mitgliedes – vergleichbar mit der Beerdigungszeremonie in anderen Religionen.

b) Seelsorge: Lebens- und Familienberatung
c) Vorbereitungs- und Weiterführungsseminare für Ehe und Familie
d) Seminare und Studiengruppen zu den Göttlichen Prinzipien (die Lehre der Vereinigungskirche), zur Bibel und anderen religiösen Schriften
e) Arbeitskreise, Vorträge und Diskussionsveranstaltungen zu theologischen, philosophischen und pädagogischen Themen
f) Familienfreizeiten, Kinderfreizeiten

Interreligiöse Arbeit

Ein wichtiger Schwerpunkt der Aktivitäten der Vereinigungskirche ist die interreligiöse Arbeit. Die Verständigung zwischen den Religionen und das Streben nach Religionsfrieden als unverzichtbarer Beitrag zum Weltfrieden spielte für Rev. Moon und die Mitglieder der Vereinigungskirche von Anfang an eine wichtige Rolle, da nach ihrem Verständnis in allen Religionen die Suche des Menschen nach Gott zum Ausdruck kommt.

Der Dialog mit den anderen religiösen Gemeinschaften wird insbesondere von folgenden Organisationen getragen:
- IRF (International Religious Foundation – Internationale Religionsstiftung),
- IRFWP (Interreligious Federation for World Peace – Interreligiöse Föderation für Weltfrieden). Letztere wurde am 27. 8. 1991 in Seoul in Korea gegründet. Zu der Gründungsversammlung ka-

men Leiter großer Religionen, einschließlich des Hinduismus, Buddhismus, Islam sowie christlicher Gemeinschaften. Zum Beirat der IRFWP zählten u. a. Erzbischof Mar Gregorius aus New Delhi (ein ehemaliger Präsident des Weltkirchenrates in Genf), Sheikh Ahmad Kuftaro (Großmufti von Syrien) und Prof. Ninian Smart aus Santa Barbara/Kalifornien, einer der renommiertesten Religionswissenschaftler der heutigen Zeit.

Ein besonderes Beispiel sei hier angeführt: 1991 gab die IRF (s. o.) eine über 900 Seiten starke vergleichende Anthologie heiliger Texte aus den verschiedensten Religionen unter dem Titel „World Scripture"[2] heraus. Es ist einmalig, daß eine junge Religionsgemeinschaft wie die Vereinigungskirche durch ein so aufwendiges Projekt ihre Wertschätzung anderen Religionen gegenüber zum Ausdruck bringt.

Die Offenheit anderen Religionsgemeinschaften gegenüber kommt auch dadurch zum Ausdruck, daß die Vereinigungskirche von ihren Mitgliedern nicht verlangt, ihre Mitgliedschaft in einer anderen Kirche oder Religionsgemeinschaft zu beenden. Sogar das höchste Sakrament der Vereinigungskirche, die Segnung, kann heute Ehepaaren aus allen Religionsgemeinschaften gespendet werden, ohne daß diese ihre Religionszugehörigkeit wechseln müssen.

Beitrag zur Verwirklichung der Menschenrechte

ICRF (Internationale Koalition für Religionsfreiheit) ist eine nicht profitorientierte und überkonfessionelle Organisation, die sich unabhängig von Rasse, Religion, Nation und Geschlecht weltweit für die Verwirklichung der Menschenrechte, im speziellen der Meinungs-, Gewissens- und Religionsfreiheit, einsetzt. Sie hat ihre Wurzeln in einer amerikanischen Initiative (ACRF), die 1983 von führenden Vertretern christlicher Kirchen in Amerika wie z. B. Josef Page und Robert Grant ins Leben gerufen wurde. 1997 entwickelte sich daraus mit Unterstützung von Mitgliedern der Vereinigungskirche die International Coalition for Religious Freedom (ICRF). Gefördert wird diese Initiative von Vertretern unterschiedlicher Konfessionen, Menschenrechtsorganisationen, Wissenschaftlern, Politikern und Personen des öffentlichen Lebens.

Stärkung der Familie in der Gesellschaft

Im Mittelpunkt der Lehre der Vereinigungskirche steht die auf Gott bezogene Familie. Mit der Segnung will die Vereinigungskirche zur Stabilisierung und Stärkung der Familie über ihre eigene Mitgliedschaft hinaus beitragen. In Segnungszeremonien weihen die teilnehmenden Paare ihre Beziehung Gott auf der Basis von Treue und Liebe. Sinn und Zweck der Segnung ist es, in der Ehe und in der Familie den Zugang zum Erlebnisbereich ursprünglicher, ungetrübter, göttlicher Liebe zu eröffnen. Die Segnung ist das Sakrament der Erlösung. Sie öffnet das Tor zu einer Neugeburt des Menschen aus Gott. Als Ausdruck der Liebe Gottes ist sie sein Geschenk an den Menschen.

Im Jahre 1992 wurde die Segnung erstmals auch Paaren gespendet, die nicht Mitglieder der Vereinigungskirche waren. Seit der Segnung im November 1997 führt das Ehepaar Moon die Zeremonien gemeinsam mit Leitern aus anderen Religionen durch. Pastoren anderer Kirchen und Leiter anderer Religionen spenden die Segnung, die am Anfang nur den Mitgliedern der Vereinigungskirche als heiligstes Sakrament vorbehalten war, ihren eigenen Gemeinden. Diese Entwicklung macht deutlich, daß es Übereinstimmung zu ethischen Fragen und zur Wichtigkeit der Familie in fast allen Religionen jenseits theologischer Differenzen gibt.

Ziel dieser wie auch anderer Aktivitäten ist nicht die Stärkung der Institution Vereinigungskirche, sondern daß Gott den Zugang zum Herzen der Menschen ermöglicht wird: Seine Liebe soll in den zwischenmenschlichen Beziehungen praktiziert werden. Dazu sagt Rev. Moon: „Gottes unveränderliches Ziel ist die Verwirklichung der Welt wahrer Liebe. [...] Gott und die Welt bestehen nicht aufgrund der Religion. Religion wurde ins Leben gerufen, damit der Wille Gottes, die Wiederherstellung ursprünglicher wahrer Liebe und der Welt wahrer Familien, erfüllt werden kann.“[3] In diesem Zusammenhang gründete das Ehepaar Moon am 1. August 1996 in Washington die Familien-Föderation für Weltfrieden und Vereinigung (FFWV). Die FFWV will die Familie als moralisches Zentrum der Gesellschaft stärken, weil das gesellschaftliche Wohlergehen davon abhängt. Wenn sich für dieses Anliegen verschiedene Kräfte unserer pluralistischen Gesellschaft zusammentun, wird die Familie als Baustein des Reiches Gottes ihre ursprüngliche Bedeutung wiedererlangen.

B) Richtigstellung unberechtigter Vorwürfe gegenüber der Vereinigungskirche

Die Vereinigungskirche hat sich in den letzten 20 Jahren verändert und weiterentwickelt. Die Berichterstattung in den Medien hat leider kaum davon Kenntnis genommen und liefert der Öffentlichkeit ein seit den 70er Jahren übliches Zerrbild.

Durch ständiges Wiederholen von falschen Behauptungen wurden vermeintliche „Fakten" geschaffen, die niemand mehr in Frage zu stellen wagt. Geschieht dies aber doch, so werden die betreffenden Wissenschaftler oder Journalisten als „Sekten-Sympathisanten" diskreditiert. Ihre Chancen, veröffentlicht zu werden, tendieren gegen Null.

Die Demokratie – ein Geschenk Gottes

Ein immer wiederkehrender Vorwurf ist, daß Rev. Moon die Weltherrschaft anstrebe. Diese Unterstellung beruht auf Vermutungen und wird durch sinnentstellte Zitate untermauert, die der eigentlichen Lehre widersprechen.

Wie die katholische, lutherische und reformierte Kirche macht auch die Vereinigungskirche Aussagen zum Staatsverständnis, deren Ansätze in den Göttlichen Prinzipien deutlich werden. Diese Aussagen stellen den freiheitlich-demokratischen Rechtsstaat keineswegs in Frage, sondern sehen im Gegenteil in ihm das Muster für die ideale Welt: „Das politische System dieses Zeitalters wurde durch die Französische Revolution wiederum in drei Machtbereiche geteilt – Legislative, Exekutive und Judikative [...].“ Indem die politischen Parteien „das verfassungsmäßige politische System der Demokratie errichteten, konnten sie das Muster des Systems einer idealen Welt verwirklichen“. (Die Göttlichen Prinzipien, S. 507.) Und des weiteren: „[Die] Trennung der drei Machtbereiche [ist] die von der himmlischen Seite geplante ideale Gesellschaftsstruktur.“ (Die Göttlichen Prinzipien, S. 506.)

Rev. Moons Verständnis von Demokratie drückt sich auch in folgendem Zitat aus: „Was ist Demokratie? Ich möchte, daß ihr eines klar versteht, es ist ein Geschenk Gottes.“[4]

An anderen Stellen erläutern die Göttlichen Prinzipien, daß sich religiöse Wahrheitsansprüche und Ziele nicht ohne Mitwirkung jedes einzelnen Menschen oder sogar gegen ihn realisieren lassen. So wird betont, daß jeder Mensch für sich den Weg zur Wahrheitserkenntnis zurückzulegen hat. Erst danach treffen sich „alle Menschen als Brüder und Schwestern am gleichen Bestimmungsort“, und es entsteht eine Welt, „in der die gesamte Menschheit eine große Familie bildet mit Gott als Mittelpunkt“. (Die Göttlichen Prinzipien, S. 18 f.)

Es ist des weiteren die Tatsache anzuführen, daß Rev. Moon niemals ein politisches Amt angestrebt hat. Es gibt auch nicht das geringste Anzeichen dafür, daß er diesen Grundsatz in seinem hohen Alter aufgeben wird. Er hat keinerlei politische Programme entworfen.

Führungsstil und Hierarchien in der Vereinigungskirche

Eine weitere Unterstellung ist, daß die Kirche totalitär geführt werde und es keinen Freiraum für individuelle Entfaltung gäbe.

Rev. und Frau Moon werden in der Vereinigungskirche als Gründer und Oberhaupt sowie als die Begründer der „Wahren Elternschaft" respektiert. Ihre Autorität in Fragen der Lehre wird allgemein anerkannt. Diese Lehre beinhaltet, daß jeder einzelne Mensch mit Freiheit und Verantwortung ausgestattet ist und daß sich Gottes Ziele nur auf der Basis der freiwilligen Mitarbeit des Menschen realisieren lassen. Dieses Prinzip wird auch von Gott selbst nicht verletzt. Daher konnte Gott die Abkehr des Menschen, den Sündenfall, nicht verhindern. Ebenso kann das Böse in der Welt ohne die freiwillige Mitarbeit des Menschen nicht beendet werden: „Da Gott die Welt in Übereinstimmung mit seinen Prinzipien schuf und seine Vorsehung nach den gleichen Prinzipien durchführt, konnte er nicht in den Fall der unvollkommenen Menschen [...] eingreifen." (Göttliche Prinzipien, S. 123 f.) Würden Rev. Moon und seine Frau dieses göttliche Prinzip verletzen, würden sie sich in den Augen der Mitglieder disqualifizieren und ihre innere Autorität verlieren. Ihr Ansehen in der Vereinigungskirche beruht auf ihrer Integrität. Ihr Einsatz für Gott und ihre Mitmenschen gilt den Mitgliedern als Vorbild; ihre Lehre und ihre Ansprachen dienen als Quelle der Inspiration.

Entsprechend dem Gottes- und Menschenbild der Vereinigungskirche ist die letzte Instanz für jeden einzelnen das eigene Gewissen, nicht die Kirche oder Rev. Moon. Der Mensch ist ein mit freiem Willen ausgestattetes Wesen. Selbst Gott kann den Menschen nicht fremdbestimmen! Andernfalls gäbe es auch keine religiöse Vielfalt. Dieses Verständnis macht die Vereinigungskirche dialogfähig nach innen und nach außen.

Stellungnahmen zu einigen weiteren Vorwürfen

Mit dem Begriff „Wirtschaftsimperium" werden immer wieder Ängste geschürt. Es fällt auf, daß man zwar von einer Religion erwartet, daß sie sich sozialkaritativ und ideell engagiert, doch sobald sie sich um die erforderlichen finanziellen Mittel bemüht, wird diese Tätigkeit als rein wirtschaftliches Streben dargestellt.

Die Vereinigungskirche Deutschland verfolgt religiöse Ziele, aber keine politischen oder wirtschaftlichen. Dies bestätigt auch eine Reihe wissenschaftlicher Arbeiten.[5]

Kritiker der Vereinigungskirche unterscheiden oft nicht zwischen beruflichen Aktivitäten von Mitgliedern und Aktivitäten der Vereinigungskirche selbst. So werden beispielsweise private Geschäftstätigkeiten zur Bestreitung des Lebensunterhalts unzulässigerweise dem Besitzstand der Vereinigungskirche zugerechnet. Würde man in gleicher Weise die privaten Unternehmen aller Katholiken der katholischen Kirche oder gar dem Papst zuordnen, käme man auf eine astronomische Summe.

Unzutreffend ist des weiteren die immer wieder vorgebrachte Behauptung, daß sich die Vereinigungskirche allgemein und ausschließlich durch sogenanntes „Fundraising" finanziere. Hier in Deutschland z. B. finanziert sich die Vereinigungskirche durch Mitgliedsbeiträge und Spenden. In Amerika ist es allgemeine Praxis, daß Kirchen und andere gesellschaftliche Organisationen auf verschiedene Arten und Weisen „Fundraising" betreiben. Diese landesübliche Methode der Finanzierung wird auch von der amerikanischen Vereinigungskirche praktiziert.

Die daraus konstruierten Vorwürfe der „Ausbeutung" von Mitgliedern sind jedoch unhaltbar.

Die meisten dieser Vorwürfe beziehen sich zum großen Teil auf Berichte von wenigen ehemaligen Mitgliedern und deren Erfahrungen, die sie in den 70er Jahren in Amerika gemacht hatten. Zu diesen ehemaligen Mitgliedern läßt sich sagen, daß sie alle gewaltsam zur Aufgabe ihres Glaubens gebracht wurden. Diese gewaltsame Methode der Glaubensaustreibung wird als „Deprogramming" bezeichnet. Die damit einhergehende Freiheitsberaubung ist strafbar. Die einzige Möglichkeit der „Deprogrammer", straffrei zu bleiben, besteht darin, das Opfer zum „Komplizen“ zu machen, so daß es schließlich seine Peiniger als „Retter“ ansieht und nicht anzeigt. Die Glaubwürdigkeit solcher Erfahrungsberichte ist daher mehr als fraglich.

Summa summarum soll mit diesen Vorwürfen der Vereinigungskirche abgesprochen werden, eine echte Religion zu sein. Bei der Beschreibung der Vereinigungskirche wird oft ignoriert, daß sie eine Religion ist, die auf der Basis einer auf Gott ausgerichteten Lehre gegründet wurde.

Die bisher vorliegenden wissenschaftlichen Untersuchungen bestätigen die Vorwürfe nicht; insbesondere das Gottes- und Menschenbild der Vereinigungstheologie wird von ihnen positiv hervorgehoben.

In der „Encyclopedia of Religion“ heißt es über die Vereinigungstheologie: „Unification theology is one of the most comprehensive to be produced by a contemporary new religion.“[6]

Dr. Paul Schwarzenau, Prof. emer. für evangelische Theologie und Religionswissenschaft, meint zum Gottesbild der Vereinigungskirche: „Das ist ein Gottesbild, wie es der Würde des Menschen erst voll entspricht und dem modernen Menschen, der auf Partnerschaft und Demokratie angelegt ist, angemessen ist.“[7]

Die Vereinigungstheologie stimmt überein mit christlichen Vorstellungen vom Menschen als einem von Gott erschaffenen Wesen, das über Freiheit und Verantwortung verfügt.

Die Göttlichen Prinzipien gehen davon aus, „daß der Mensch nur Vollkommenheit erreichen kann, indem er aus freiem Willen heraus seinen Teil der Verantwortung erfüllt, wobei nicht einmal Gott eingreifen kann. Daher liegt das Streben nach Freiheit in der ursprünglichen Natur des Menschen. Die ursprüngliche Natur des Menschen strebt nach Unabhängigkeit seiner Persönlichkeit, da er geschaffen war, um als vollkommen unabhängige Persönlichkeit aus freiem Willen heraus seinen Teil der Verantwortung zu erfüllen, Vollkommenheit zu erreichen und eins zu werden mit Gott." (Die Göttlichen Prinzipien, S. 491.)

II. Verletzung der Grundrechte gegenüber der Vereinigungskirche und ihren Mitgliedern

Die Veröffentlichungen der Medien, der Politik und der Amtskirchen über die Vereinigungskirche beruhen in der Regel nicht auf sachlich-offener und objektiv-wissenschaftlicher Recherche. Viele Publikationen sind oberflächlich und reißerisch. Sie enthalten Un- und Halbwahrheiten und lassen bereits in ihrer Terminologie jede Achtung vor den religiösen Überzeugungen der Mitglieder der Vereinigungskirche vermissen. Häufig wird die Vereinigungskirche unzutreffenderweise mit einer Reihe ganz andersgearteter Gemeinschaften in einen Topf geworfen. Daraus resultieren völlig undifferenzierte Vorwürfe und unhaltbare Verurteilungen.

Die bestehenden Beziehungen zwischen Staat und Kirche, wie sie aus geschichtlichen Gründen hier in Deutschland vorhanden sind, veranlaßten den Staat auf Drängen von kirchlichen Kreisen und den „Anti-

Sekten-Vereinen", die übrigens über lange Zeit in rechtswidriger Weise finanzielle Unterstützung von staatlicher Seite erhielten, schon bald, sich in der Auseinandersetzung mit den Neuen Religiösen Bewegungen (NRB) helfend auf die Seite der etablierten Kirchen zu stellen.

Völlig unverständlich ist es, daß qualifizierte und wissenschaftlich fundierte Stellungnahmen sowie empirische Untersuchungen über die Vereinigungskirche, die zu anderen Ergebnissen als manche medienwirksame „Sektenexperten" gekommen sind, nur sehr selten berücksichtigt werden. Dazu gehören verschiedene sozial- und religionswissenschaftliche bzw. theologische Studien[8] sowie sogar von der Bundesregierung in Auftrag gegebene wissenschaftliche Untersuchungen.[9]

A) Entscheidungen und Handlungen staatlicher Einrichtungen, durch die die Mitglieder der Vereinigungskirche diskriminiert und in ihren Grundrechten verletzt wurden

Verweigerung der Einreise für Rev. Moon und seine Frau Hak Ja Han

Im November 1995 verbot die deutsche Regierung den Leitern der internationalen Vereinigungskirche, Rev. Sun Myung Moon und seiner Frau Hak Ja Han, die Einreise nach Deutschland und betrachtete sie u. a. als eine Bedrohung für die öffentliche Sicherheit und Ordnung. Rev. und Frau Moon hatten sich zuvor bereits mehrmals in Deutschland aufgehalten, ohne daß sich je Anhaltspunkte für derartige Befürchtungen ergeben hatten. Die Einreiseverweigerung entbehrt jeder sachlichen Grundlage.

Durch diese staatliche Maßnahme werden die Rechte des Ehepaares Moon aus Artikel 9, Abs. 1 EMRK mißachtet. Sie werden in ihrer Religions- und Bekenntnisfreiheit begrenzt, da sie durch das Einreiseverbot seitens der Bundesrepublik daran gehindert werden, sich als religiöse Oberhäupter an ihre Mitglieder zu wenden. Die Beschränkung der Religions- und Bekenntnisfreiheit ist nur dann zulässig, wenn die Beschränkungen zum einen in einem Gesetz vorgesehen sind und zum anderen in einer demokratischen Gesellschaft notwendige Maßnahmen im Interesse der öffentlichen Sicherheit, der öffentlichen Ordnung, Gesundheit und Moral oder für den Schutz der Rechte und Freiheiten anderer sind. All dies ist vorliegend nicht der Fall. Darüber hinaus veranlaßte das Bundesministerium des Innern die Ausschreibung der Eheleute Moon im SIS (Schengener Informationssystem), wodurch ihnen zudem die Einreise in die Mitgliedsstaaten des Schengener Abkommens verweigert wird.

Außerdem werden die Mitglieder der Vereinigungskirche in Deutschland in gravierender Weise in ihren Grundrechten (Art. 4 und Art. 2 GG) verletzt. Die grundrechtliche Freiheit auf ungestörte Religionsausübung ermöglicht nicht nur die Abhaltung von Gottesdiensten und Versammlungen. Vielmehr schützt Art. 4 GG auch das Recht einer Gemeinschaft, den Glauben ihrer Mitglieder zu pflegen und zu fördern. Dies geschieht in der Vereinigungskirche wie bei zahlreichen anderen Religionsgemeinschaften durch von einem religiösen Oberhaupt (Rev. Moon und seine Frau Hak Ja Han) vermittelte geistliche Betreuung und Führung der Kirchenmitglieder. Lokale Versammlungen mit dem geistigen Oberhaupt dienen damit der Verkündigung und Vertiefung des Glaubens der Mitglieder. Für die gläubigen Menschen ist deshalb das persönliche Treffen ihres geistlichen Oberhauptes – seine physische Präsenz vor Ort – von größter emotionaler und spiritueller Bedeutung. Dies machen beispielsweise die Bilder und Fernsehaufnahmen von zahlreichen weltweiten Reisen des Papstes immer wieder auf das eindringlichste deutlich. Indem die Bundesrepublik Deutschland den Eheleuten Moon die Einreise verweigerte, nahm sie den Mitgliedern der Vereinigungskirche die Möglichkeit, sich in ihrer Gemeinde mit ihrem religiösen Oberhaupt zu treffen und damit ein wichtiges Element ihres Glaubens zu praktizieren. Es wurde damit in rechtswidriger Weise in den Kernbestand der Religionsausübungsfreiheit der Vereinigungskirche eingegriffen.

Herausgabe einer Broschüre im Auftrag des BMFSFJ (Bundesministerium für Familie, Senioren, Frauen und Jugend), die die Vereinigungskirche in unzulässiger Weise diskreditiert

Viele politische Stellen lassen die verfassungsmäßig gebotene Neutralität und die notwendige Sachlichkeit vermissen. Vorläufiger Höhepunkt ist die im Auftrag des BMFSFJ im Dezember 1996 herausgegebene Broschüre „Die Mun-Bewegung". Sie enthält eine Vielzahl falscher Behauptungen, grober Unwahrheiten, verzerrter Darstellungen und unzulässiger Wertungen, von denen bereits zwei im Wege des einstweiligen Rechtsschutzes widerlegt wurden. Diese Broschüre diskreditiert die Vereinigungskirche und ihre Mitglieder in hohem Maße. Sie werden in der öffentlichen Meinung herabgewürdigt und verächtlich gemacht. Im übrigen sei darauf hingewiesen, daß die Broschüre des BMFSFJ in der vorliegenden Fassung gemäß zweier Entscheidungen des Verwaltungsgerichts Köln (AZ: 19 L 378/97, S. 6: „Durch diesen zweifellos diskriminierenden Vorwurf wird die Ehre des Antragstellers verletzt..." und AZ: 10 L 379/97) nicht weiterverbreitet werden darf, es sei denn, die entsprechenden Textstellen sind geschwärzt. Der Beschluß lautet: „Bis zur erstinstanzlichen Entscheidung des Klageverfahrens ist ihr deshalb vorläufig zu untersagen, eine solche Behauptung – in welcher Form auch immer – weiter selbst aufzustellen und öffentlich zu verbreiten oder solches durch Organe bzw. nachgeordnete Behörden geschehen zu lassen" (ebd., S. 8).

Um den gewaltigen Schaden, den die in einer Auflage von über 200 000 (zweihunderttausend) Exemplaren und mit dem Stempel der Bundesregierung verbreiteten Anschuldigungen angerichtet haben, wieder aus der Welt zu schaffen, fehlen den Mitgliedern der Vereinigungskirche die erforderlichen Mittel. Es ist unverantwortlich, daß die Bundesregierung loyale Staatsbürger in einer derartigen Weise stigmatisiert.

Die ausführliche Stellungnahme der Vereinigungskirche (Diskriminierung einer religiösen Minderheit) zu der oben genannten Broschüre ist der Petition beigefügt.

Verlust der Gemeinnützigkeit, unhaltbare Begründung durch das Gericht

Die Rechtsstreitigkeit um die Gemeinnützigkeit der Vereinigungskirche vermittelte den Eindruck, daß die involvierten staatlichen Stellen ihr ins Auge gefaßtes Ziel – hier die Aberkennung der Gemeinnützigkeit – unter allen Umständen erreichen wollten. Vorwürfe, die gegen die Vereinigungskirche zunächst vorgebracht und dann von der Vereinigungskirche widerlegt wurden, wurden solange durch neue ersetzt, bis das angestrebte Ergebnis erreicht wurde. Schließlich stützte das Hessische Finanzgericht sein Urteil (AZ: I B 16/91) auf eine völlig unhaltbare Fehlinterpretation der „Göttlichen Prinzipien" (Lehrbuch der Vereinigungskirche). Es erklärte sich einfach selbst zum Sachverständigen in theologischen Fragen und ignorierte völlig das Glaubensverständnis der Vereinigungskirchen-Mitglieder sowie Stellungnahmen von Religionswissenschaftlern. Auf diese Weise machte es unhaltbare Fehlinterpretationen von Glaubensinhalten zur Urteilsgrundlage. Der Bundesfinanzhof hat unverständlicherweise die Beschwerde gegen die Nichtzulassung der Revision abgelehnt, da er dem Fall keine grundsätzliche Bedeutung beimaß (AZ: I B 16/91).

Diskriminierende Informationen über die Vereinigungskirche in öffentlichen Schulen

Gemäß den Lehrplänen der Schulen werden einseitige Informationen über die Vereinigungskirche und andere religiöse Minderheiten verbreitet. Im verwendeten Lehrmaterial, wie die oben erwähnte Broschüre des BMFSFJ, wird das Selbstverständnis der Vereinigungskirche meist nicht berücksichtigt. Dabei stützen sich die Lehrkräfte u. a. auf Veröffentlichungen staatlicher Stellen. Kinder von Mitgliedern der Vereinigungskirche und auch anderer Neuer Religiöser Gruppen werden dabei hohem Druck ausgesetzt und in einen inneren Konflikt gestürzt, da der Glaube ihrer Eltern herabgewürdigt wird. Während die etablierten Kirchen ihre Vorstellungen den Schülern bis zu 13 Jahre lang im Religionsunterricht vermitteln dürfen, gibt es für die kleinen religiösen Gemeinschaften nichts Vergleichbares. Eine faire und ausgewogene Behandlung dieser Gruppen wäre deshalb das Mindeste, was in unserer pluralistischen Gesellschaft sichergestellt werden müßte.

Statt dessen gibt es auch heute noch Vorfälle wie den folgenden: Als im Februar 1997 Mitglieder der Vereinigungskirche ihr Kind in der Grundschule Berlin-Zehlendorf anmeldeten, verteilte die Schulleitung an alle Eltern ein Flugblatt, mit dem sie alte Vorurteile (verwendet wurde ein Flugblatt aus dem Jahre 1985) verbreitete und damit die Diskriminierung der Kinder vorprogrammierte.

Öffentliche Räume werden verweigert

Immer wieder kam und kommt es vor, daß die Anmietung von öffentlichen Räumen unter Hinweis auf die Verbindung zu Rev. Moon verweigert wurde/wird. Als Beispiel sei die Ablehnung der Nutzung der Räumlichkeiten des Zoo-Gesellschaftshauses in Frankfurt am Main im November 1995 erwähnt.

Kinder in Kindergärten und Schulen

Kindern wurde wegen der Mitgliedschaft ihrer Eltern in der Vereinigungskirche die Aufnahme in kirchliche Kindergärten verweigert, andere mußten den Kindergarten verlassen, nachdem die Mitgliedschaft in der Vereinigungskirche bekanntgeworden war. Auch bei weiterführenden, konfessionell gebundenen Schulen stellt die Mitgliedschaft der Eltern ein Hindernis für die Aufnahme der Kinder dar.

Aufenthaltsgenehmigung für ausländische Mitglieder verweigert

Im Dezember 1984 verschickte der bekannte Pfarrer Haack einen Brief mit folgendem Wortlaut an die Mitglieder der „Elterninitiative“:

„Liebe Mitglieder, wir brauchen Ihre Hilfe in Sachen Vereinigungskirche. Eine Stadt will den südländischen Munies die Aufenthaltserlaubnis entziehen ... schreiben Sie kurz und eindringlich, was Sie in folgenden Bereichen mit der Vereinigungskirche erlebt haben: Ausbildungsabbruch, psychische Störung bis hin zu Selbstmordversuchen und Selbstmord, Geldforderungen, Erbschaftsforderungen, gesundheitliche Schäden usw."

Diese Briefe sollten, so wurde im Schreiben erwähnt, an den 2. Vorsitzenden der „Elterninitiative" geschickt werden, der dann eine eidesstattliche Erklärung abgeben sollte, „daß solche Erlebnisse von den Eltern berichtet worden sind". Den Verfassern der Berichte wurde Anonymität zugesichert, sie brauchten demnach für die Richtigkeit ihrer Angaben nicht einzustehen. Herr Haack selbst gab die Schwerpunkte vor. Verzerrten Darstellungen, Übertreibungen und Phantasiegeschichten wurde durch solche Vorgehensweisen der Weg geebnet. Zahlreiche Petitionen und diskriminierende Maßnahmen auf Bundes-, Länder-, oder kommunaler Ebene gehen und gingen auf das Engagement solcher „Anti-Sekten"-Initiativen zurück.

Verweigerung der Unterstützung durch städtische Mittel für eine Krabbelstube in Gießen

Aufgrund der Schwierigkeiten, für ihre Kinder einen Krabbelstubenplatz zu finden, beschloß im Juli 1989 eine Gruppe von Müttern in Gießen (darunter auch

Mitglieder der Vereinigungskirche), eine Krabbelstube zu gründen. Im September 1992 wurde ein Trägerverein gegründet und alle erforderlichen Genehmigungsverfahren eingeleitet. Aufgrund der Mitarbeit von Mitgliedern der Vereinigungskirche im Verein wurde das Gerücht verbreitet, die Krabbelstube sei eine Einrichtung der „Moon-Sekte". Ohne sich direkt vor Ort oder bei den Eltern über den tatsächlichen Sachverhalt zu informieren, wurden Gerüchte zum allgemeinen Entscheidungskriterium der Behörden. Eine Kette behördlicher „Abwehrmaßnahmen" gegen dringend benötigte Krabbelstubenplätze gipfelte in dem am 10. 2. 1994 gefällten Beschluß des Gießener Jugendhilfeausschusses, dem oben erwähnten Verein die Anerkennung als „Träger der Freien Jugendhilfe" zu verweigern, was den Ausschluß von der Förderung durch kommunale Mittel bedeutete.

B) Gesellschaftliche Ausgrenzung und Diskriminierung

Verletzungen der Religionsfreiheit seitens des Staates, wie oben aufgezeigt, führen zu Diskriminierungen in anderen gesellschaftlichen Bereichen. Hier seien nur einige Beispiele angeführt:

Kreditvergabe verweigert

Beim Kauf eines Seminarzentrums z. B. wurde der Vereinigungskirche ohne Angabe von wirtschaftlichen und finanziellen Gründen ein Kredit von deutschen Banken verweigert. Letztlich mußte der Kauf über ein ausländisches Kreditinstitut abgewickelt werden.

Boykottaufruf

Geschäfte, die von Mitarbeitern der Vereinigungskirche geführt werden, müssen mit Behinderungen oder gar Boykottaufruf u. ä. rechnen, wie es z. B. im Falle eines Lebensmittelmarktes in Berlin geschehen ist.

Grundsätzliche Anmerkung

Grundsätzlich ist zu bemerken, daß Mitglieder der Vereinigungskirche aufgrund des falschen Bildes, das von ihrer Gemeinschaft in der Öffentlichkeit verbreitet wird, in allen Bereichen ihres gesellschaftlichen Engagements mit Ablehnung, Benachteiligungen oder gar Ausschluß rechnen müssen.

C) Die Rolle der Amtskirchen und der Medien bei der Diskriminierung religiöser Minderheiten

Amtskirchen

Die Großkirchen mußten in den letzten 30 bis 40 Jahren erleben, daß die Menschen stärker denn je neue Formen ihrer Religiosität suchen. Auf diesen Prozeß der Pluralisierung reagierten die Kirchen mit einer abwehrenden und abwertenden Haltung. Sie geißelten die angeblichen Irrlehren, anstatt den Dialog zu suchen, und taten alles, um ihre Mitglieder nicht an die Neuen Religiösen Bewegungen zu verlieren. Dies mußte auch die Vereinigungskirche erfahren, die in der Anfangsphase ihren Schwerpunkt auf ein intensives, missionarisches Engagement legte, um überhaupt Fuß fassen zu können. Als es zu ersten Auseinandersetzungen kam, mangelte es oft beiden Seiten an der Fähigkeit oder der Bereitschaft, aufeinander zuzugehen und einander zu verstehen.

Die Amtskirchen bestellten Beauftragte für Weltanschauungsfragen, von denen einige wenige, allerdings äußerst medienwirksam, zur Verschärfung der Diskussion und zur Verhärtung der Fronten massiv beitrugen. Diese sogenannten „Sektenexperten" formten unter dem Vorwand der Aufklärung ein undifferenziertes (Zerr-)Bild der neuen religiösen Gruppen.

Einen wesentlichen Einfluß auf diese Entwicklung hatten die sogenannten „Anti-Sekten-Vereine", die meist unter Mitwirkung von sogenannten „Sektenexperten" gegründet und von staatlicher Seite gesetzwidrig mit finanziellen Mitteln unterstützt wurden.

Erfreulicherweise gibt es jedoch auf evangelischer und katholischer Seite auch besonnenere Stimmen, die zu einer sachlichen und inhaltlichen Diskussion aufrufen. Zwei Beispiele seien erwähnt:

- Empfehlungen der Amsterdamer Konsultation über Neue Religiöse Bewegungen vom 7.–13. 9. 1986 an die Mitgliedskirchen des Lutherischen Weltbundes (LWB) und des Ökumenischen Rates der Kirchen (ÖRK), in: Materialdienst der Evangelischen Zentralstelle für Weltanschauungsfragen 2/87.
- Sekretariat für die Einheit der Christen, Sekretariat für die Nichtglaubenden, Sekretariat für die Nichtchristen, Päpstlicher Rat für die Kultur; z. B. in: Sekten und neue religiöse Bewegungen – Eine Herausforderung für die Seelsorge, Referat für Weltanschauungsfragen, Wien 1986.

Allerdings finden solche Stimmen in der Öffentlichkeit kaum Beachtung.

Medien

Lange Zeit wurden in den Medien alle neuen religiösen Bewegungen mehr oder weniger undifferenziert in einen Topf geworfen. Im Stile eines weitverbreiteten Sensationsjournalismus erfolgte selten eine inhaltliche Auseinandersetzung. Statt dessen wurden plakative Vorwürfe verbreitet. Während den Behauptungen einer nicht repräsentativen kleinen Gruppe ehemaliger Mitglieder und kirchlicher Kritiker fast unbesehen Glauben geschenkt wird – je absurder ihre Vorwürfe, desto größer die Publicity –, werden die Aussagen von Mitgliedern nicht ernst genommen, als unglaubwürdig abgetan oder entstellt wiedergegeben.

Tatsachen, welche die Vereinigungskirche in einem positiven Licht erscheinen lassen, werden verschwiegen oder völlig verdreht dargestellt. Bei verschiedenen Anlässen ist in der Vergangenheit der Eindruck entstanden, daß dies prinzipiell und systematisch geschieht, quasi nach dem Motto: „Bloß kein gutes Wort über Sekten."

Wenn es um NRB geht, werden anerkannte Standards von Objektivität und Sachlichkeit plötzlich – fast reflexhaft – fallengelassen. Klischeevorstellungen dominieren nach wie vor, während objektivere Darstellungen mit „Sektennähe" verunglimpft werden.[10] Wissenschaftler, die sich intensiver mit der Vereinigungskirche befassen (wollen), bekommen an Instituten und Universitäten erhebliche Probleme. In diesem Klima der Intoleranz wird jeder, der objektiv argumentiert, von den Medien als „Sympathisant" verunglimpft.

Autoren, die in schlimmer Weise über die Vereinigungskirche und andere herzogen, wurden in den Medien hofiert. Sie fanden problemlos einen Verleger und hatten finanziellen Erfolg mit ihren Publikationen. Sachliche Darstellungen wurden dagegen von zahlreichen Verlagen zurückgewiesen.

Bezeichnend ist auch, daß in all den Jahren die angeblichen „Sektenexperten" von den Medien kaum kritisch unter die Lupe genommen worden sind.

Bei der Beschreibung der Vereinigungskirche wird auch heute noch die Entwicklung der letzten 20 Jahre weitgehend ignoriert. Man stützt sich weiterhin auf veraltete Anschuldigungen und Informationen aus den 70er Jahren, die bereits damals nur ein Zerrbild der Realität vermittelten. Es ist zu hoffen, daß sich jüngere, begrüßenswerte Ansätze zu einer sachlichen Berichterstattung fortsetzen werden.

III. Konsequenzen – Umsetzung der Erkenntnisse der Enquete-Kommission in die politische Wirklichkeit

Die Enquete-Kommission war nach zweijährigen Untersuchungen unter Einschaltung wissenschaftlicher Sachverständiger zu dem Ergebnis gekommen:

Die neuen religiösen und weltanschaulichen Gemeinschaften und Psychogruppen stellen insgesamt keine Gefahr dar für Staat und Gesellschaft oder für gesellschaftlich relevante Bereiche.

Die Vereinigungskirche fordert jetzt den Bundestag und die Landesparlamente auf, diese Erkenntnisse in die politische Wirklichkeit zur Rehabilitierung ihrer Grund- und Menschenrechte umzusetzen.

Forderungen

- Jeder religiöse Glaube hat Anspruch auf den in den Grundrechten verankerten Schutz. Regierungssanktionen oder -aktionen dürfen zu keinen Hierarchiebildungen von Religionen führen.

- Die Verwendung des diffamierenden Begriffes „Kult“ oder „Sekte“ durch staatliche Organe ist zu unterlassen und durch die Begriffe „Religion“, „Kleine Religion“, „Minderheitenreligion“ oder „Neue Religion“ zu ersetzen.
- Verfassungswidrig und gegen die Menschenrechte ist die Einrichtung einer staatlichen Weltanschauungs- und Gesinnungskontrolle auf dem Gebiet der geistigen Entfaltung und der Sinnsuche, nämlich die Einrichtung einer Stiftung unter dem Deckmantel des Verbraucherschutzes, wie sie in den Handlungsempfehlungen der Enquete-Kommission enthalten ist. Sie ist somit entschieden abzulehnen.
- Vor dem Hintergrund des Grundrechtes auf ungestörte Religionsausübung ist die Handlungsempfehlung der Enquete-Kommission ebenso entschieden abzulehnen, wonach private Informationsstellen, sprich sogenannte „Anti-Sekten-Vereine“, staatliche Förderung erhalten sollen.
- Restriktionen von religiöser Freiheit aufgrund des Arguments, diese Religion sei eine Gefahr für die öffentliche Ordnung, darf nur bei klaren beweisbaren Fakten angewendet werden, d. h. nur dann, wenn der Staat wirklich einer Gefahr ausgesetzt ist. In diesem Zusammenhang wird des weiteren eine gleiche Behandlung aller Religionen gefordert.
- Sofortige Einstellung und Rücknahme der staatlichen Sektenberichte.
- Schaffung einer Kultur der Toleranz und der Menschenrechte besonders in den Schulen. Einstellung der „Sekten“-Filme und des „Sekten“-Unterrichts

in Schulen und Schulbüchern und Rücknahme bisher erstellter staatlicher und amtskirchlicher „Informationsschriften“ über die Vereinigungskirche.

- Jegliche Veröffentlichung über die Vereinigungskirche seitens staatlicher Stellen darf keine diskriminierenden und diffamierenden Inhalte haben, muß den Tatsachen entsprechen und das Selbstverständnis der Vereinigungskirche berücksichtigen.
- Rücknahme der Anweisungen an Finanzbehörden und Finanzämter, den betroffenen Gruppen „als Sekten“ die Gemeinnützigkeit und andere gesetzliche Steuervorteile zu versagen.
- Beendigung der Diskriminierung auf kommunaler Ebene durch Aussperrung aus öffentlichen Veranstaltungsräumen.

Schlußwort

Die Geschichte der Verfolgung religiöser Minderheiten ist so alt wie die Religion selbst. So wurde z. B. das Christentum von seinen ersten Anfängen an praktisch in allen Ländern, wo es sich ausbreitete, verfolgt. Die Argumente, mit denen neue religiöse Gemeinschaften diskriminiert wurden, haben sich in vielen Punkten bis heute kaum verändert. Durch die Stigmatisierung als „Sekte“ wurden und werden die Betroffenen ausgegrenzt, massiv benachteiligt oder gar an Leib und Leben bedroht.

Der Höhepunkt einer Verfolgung wird immer dann erreicht, wenn zwischen Staat und Kirche bzw.

Religion keine Trennung vorhanden ist, oder wenn der Staat einseitig Partei ergreift.

Es ist an der Zeit, daß der Staat seine Neutralitätspflicht ernst nimmt und Bestrebungen nach mehr Dialog und Verständigung unterstützt, statt weitere Konfrontationen zu schüren. Insbesondere vom Staat fordern wir, daß er aufhört, Bürger wegen ihres religiösen Bekenntnisses zu diskriminieren und ihre Grundrechte zu verletzen.

Petition der Glaubensgemeinschaft Universelles Leben zum Schutz vor religiöser Diskriminierung und gesellschaftlicher Ausgrenzung

24. August 1998

CHRISTIAN SAILER/GERT-JOACHIM HETZEL

Inhaltsübersicht

Namens und im Auftrag des Vereins Universelles Leben e. V., Haugerring 7, 97070 Würzburg, rufen wir hiermit den Deutschen Bundestag um Schutz vor religiöser Diskriminierung und gesellschaftlicher Ausgrenzung an.

I. Wer sind die *Urchristen im Universellen Leben?*

Das *Universelle Leben* ist eine Religionsgemeinschaft im Sinne der Verfassung.

– So die ständige Rechtsprechung der bayerischen Verwaltungsgerichtsbarkeit, vgl. zuletzt Beschluß des Bayer. Verwaltungsgerichtshofs vom 13. 10. 1994, NVwZ 1995, S. 502 ff. mit dem Leitsatz 1: „Beim *Universellen Leben e. V.* handelt es sich um eine Religionsgesellschaft i. S. v. Art. 140 GG i. V. m. Art. 137 WRV.“ –

Die Gemeinschaft knüpft an das Urchristentum an. Richtschnur ihres Denkens, Lebens und Handelns sind die Zehn Gebote Gottes und die Bergpredigt Jesu, die sie nicht für eine Utopie, sondern für ein praktisches Lebensrezept hält, das es im Alltag umzusetzen gilt.

Die *Urchristen im Universellen Leben* sind davon überzeugt, daß Gott in vielen Zeitepochen durch Prophetenmund sprach und daß dies heute wieder geschieht – durch Gabriele Wittek, die in dieser Gemeinschaft lebt. Die durch sie vermittelten Lehren knüpfen an die Worte Jesu an: „Ich habe euch noch vieles zu sagen; aber ihr könnt es jetzt nicht tragen.

Wenn aber jener, der Geist der Wahrheit, kommen wird, der wird euch in alle Wahrheit leiten. Denn er wird nicht aus sich selbst reden; sondern was er hören wird, das wird er reden, und was zukünftig ist, wird er euch verkünden." (Joh. 16, 12 ff.) Nach Überzeugung der *Urchristen im Universellen Leben* wurde diese Ankündigung nunmehr wahr und der Christus-Gottes-Geist offenbart sich durch das Prophetische Wort für die Jetztzeit und erneuert und vertieft die Lehren des Jesus von Nazareth. Diese Lehren beinhalten vor allem den Inneren Weg, auf dem der Mensch durch Selbsterkenntnis und Bereinigung seines Sündhaften zu Gott zurückkehren kann.

Die meisten Angehörigen der Gemeinschaft gehen diesen Weg in ihrem bisherigen Lebensumfeld und besuchen von dort aus die religiösen Veranstaltungen des *Universellen Lebens,* das in ca. 80 Städten Deutschlands, in den meisten größeren Städten Europas und in Übersee vertreten ist.

Etwa 700 Angehörige der Glaubensgemeinschaft haben sich in der *Bundgemeinde Neues Jerusalem im Universellen Leben* zusammengeschlossen. Sie leben in der Umgebung von Würzburg (auf zahlreiche Dörfer verstreut) und arbeiten in von ihnen gegründeten Betrieben zusammen, um die Bergpredigt auch im Arbeitsalltag zu verwirklichen und dabei gleichzeitig ihren Lebensunterhalt zu verdienen. So entstanden seit Mitte der 80er Jahre eine staatlich genehmigte Privatschule, eine Klinik, Altenheime, Kindergärten, eine Sozialstation, einige Handwerksbetriebe und ökologische Bauernhöfe.

Die Organisation der religiösen Veranstaltungen der Glaubensgemeinschaft erfolgt durch den Verein *Universelles Leben e. V.* in Würzburg, der – neben einem Verlag – auch das religiöse Schrifttum der Gemeinschaft vertreibt. Er besteht aus einigen hundert Mitgliedern. Außer in diesem Förder- und Trägerverein des *Universellen Lebens* gibt es keine juristischen Mitgliedschaften der Anhänger der Glaubensgemeinschaft. Die Aktivitäten, die der Trägerverein entfaltet, werden ausschließlich durch Spenden finanziert.

Die Glaubensgemeinschaft bekennt sich zur bayerischen Verfassung und zum Grundgesetz. An ihrer Verfassungstreue bestehen weder im Bayer. Innenministerium noch im Bayer. Kultusministerium Zweifel.

– Vgl. beispielsweise den Bericht des Bayerischen Kultusministers an den Bayer. Landtag vom 30. 1. 1995, erstellt im Einvernehmen mit sechs weiteren Ministerien, in dem es u. a. heißt: „Es bestehen derzeit keine Erkenntnisse darüber, daß aus der religiösen Grundeinstellung des *Universellen Lebens* heraus eine Bestrebung gegen die freiheitliche demokratische Grundordnung, insbesondere gegen die Menschenrechte verfolgt würde.“ Aus gegebenem Anlaß stellte das Kultusministerium lt. Meldung der Süddeutschen Zeitung vom 24. 11. 1997 später erneut fest, daß die Verfassungsmäßigkeit des *Universellen Lebens* bislang von keiner zuständigen Stelle in Zweifel gezogen worden sei. Ähnlich äußerte sich das Bayer. Innenministerium. –

II. Die Situation der Religionsfreiheit in Deutschland: Kirche und Staat bekämpfen neue religiöse Bewegungen

Um die Diskriminierungen, derentwegen sich das *Universelle Leben* an den Deutschen Bundestag wendet, beurteilen zu können, muß man die Gesamtsituation religiöser Minderheiten in Deutschland berücksichtigen:

Sie ist dadurch geprägt, daß die Großkirchen unter einer wachsenden Austrittswelle leiden, während neue religiöse Bewegungen erheblichen Zulauf haben. Die Amtskirchen reagierten hierauf u. a. mit Hilfe kirchlicher „Sektenbeauftragter", die durch öffentliche Vorträge, polemische Schriften, Zeitungsartikel und Interviews in den Medien regelrechte Kampagnen gegen „Sekten" führen, wozu sie praktisch jede religiöse Gruppierung rechnen, die nicht dem eigenen Lager angehört. Sie verdächtigen diese ausgerechnet jener Machenschaften, die man von den Kirchen vielfach gewohnt ist – Alleinseligmachungsansprüche, totalitäre Führung, Indoktrination Jugendlicher, Geldgier, psychischer Druck etc.

Die jahrelangen Verdächtigungen und Unterstellungen, die kirchliche Sektenbeauftragte in der Rolle von „Experten" und „Seelsorgern" gegen die von ihnen als „Sekten" stigmatisierten neuen religiösen Bewegungen ausstreuten, wiegelten die Öffentlichkeit auf und entfachten eine Art Hexenjagd, die inzwischen vom Staat übernommen wurde: Seit einiger Zeit gibt es nicht nur kirchliche, sondern auch staatliche „Sektenbeauftragte", um die Öffentlichkeit zu

„warnen und zu informieren", wie es amtlicherseits heißt. Dabei übernimmt der Staat die pauschalisierenden Verdächtigungen kirchlicher Sektenbeauftragter und verzichtet dabei ebenso wie diese auf Differenzierung. Gelegentliche Verirrungen und Mißbräuche einzelner Gruppen oder einzelner Mitglieder werden auch jeder anderen Gruppierung unterstellt, die man in den allgemeinen „Sektentopf" geworfen hat.

Die kirchliche Hetze und deren Übernahme durch den Staat steckten schließlich auch Presse und Fernsehen an. Kirchliche Verunglimpfungen werden als „das Urteil von Experten" weitergegeben und ministerielle Verlautbarungen als deren amtliche Bestätigung gewertet, obwohl es sich nur um deren Echo handelt. So entstand ein Klima öffentlicher Verfemung, das religiöse Minderheiten in einer Weise aus der Gesellschaft ausgrenzt, die an finstere Zeiten deutscher Geschichte erinnert.

Wer von kirchlichen Sektenbeauftragten oder ihren politischen Gefolgsleuten das Etikett „Sekte" angehängt bekommt, kann in Deutschland kaum noch einen Saal mieten und so gut wie keine Anzeigen mehr schalten; auch riskieren die Anhänger einer solchen Gemeinschaft täglich ihren Arbeitsplatz, wenn sie sich zu ihrem Glauben bekennen. Sie gelten unbesehen als „gefährlich", weil kirchliche Amtsträger solches verbreiten, auch wenn es erlogen ist.

In dieser Situation kam es zur Einsetzung der Enquete-Kommission „Sog. Sekten und Psychogruppen". Alles, was mit Religion und Weltanschauung zu tun hat, sollte untersucht werden, und zwar *ohne Rücksicht darauf, ob ein konkreter Gefahrenverdacht vorliegt.* Allein schon dieser umfassende Untersuchungsauftrag des Deutschen Bundestags, initiiert von Kirchenfunktionären, die zugleich Politiker sind, war ein Angriff auf die verfassungsrechtlich garantierte Religionsfreiheit und das Verfassungsgebot staatlicher Neutralität in Sachen Weltanschauung.

Welche Absichten diese Kommission verfolgen würde, war spätestens klar, als man ihrer personellen Zusammensetzung gewahr wurde. Zahlreiche Kirchenvertreter saßen neben Personen, die sich nicht durch besondere Vorbildung oder wissenschaftliche Qualifikation, sondern statt dessen durch lautstarke Polemik gegen „Sekten" profiliert hatten; ausgewiesene Sachverständige waren nur wenige auszumachen. Von den betroffenen religiösen Minderheiten war niemand dabei.

Entsprechend verlief dann auch das Verfahren. Trotz wiederholter Bitten bekamen die von der Untersuchung Betroffenen keine Gelegenheit, zu den hinter ihrem Rücken eingeholten „Gutachten" ihrer Verfolger Stellung zu nehmen. Es handelt sich um einen mehr als bedenklichen Vorgang: Ein parlamentarisches Gremium, das über religiöse Gruppierungen den Daumen hebt oder senkt, weigerte sich, den elementaren Rechtsgrundsatz „audiatur et altera pars", einen der Grundbestandteile europäischer Rechtskultur, auch für sich gelten zu lassen! Derartiges gab es nur bei der mittelalterlichen Inquisitionsbehörde, die an der Wahrheit nicht interessiert war, sondern in jedem Fall verurteilen wollte.

Dementsprechend sind die Ergebnisse: Der Bericht, der inzwischen vorliegt, läßt seinen ideologischen Vorurteilen gegen nicht kirchlich gebundene Lebenshilfe freien Lauf, spricht pauschal von „totalitären Machtverhältnissen" bei „einigen Gruppen", mit dem Effekt, daß jede Gruppe in gleicher Weise verdächtigt wird, referiert ungeprüfte Hinweise von „Aussteigern", kommt schließlich trotz allen gegenteiligen Bemühens doch zu dem Ergebnis, daß „keine Gefahr für Staat und Gesellschaft" gegeben sei, um dann in einer neuerlichen Kehrtwendung eine Institutionalisierung der Verfolgung religiöser Minderheiten zu fordern: Das Instrument dafür soll eine staatliche Informations- und Dokumentationsstelle werden. Sie soll Material „sammeln", „auswerten" und Behörden sowie öffentlich-rechtlichen Körperschaften, und damit auch den Kirchen(!), „Informationen" geben und die Öffentlichkeit über „die Gefahren im Bereich neuer religiöser und ideologischer Gemeinschaften und Psychogruppen aufklären".

III. Die Diskriminierung der *Urchristen im Universellen Leben* durch Staat und Gemeinden

In diesem Klima wachsender Intoleranz und pauschaler Verurteilung so gut wie jeder neuen religiösen Bewegung wurde das *Universelle Leben* zur bevorzugten Zielscheibe der von kirchlichen Sektenbeauftragten initiierten und vom Staat inzwischen übernommenen Hexenjagd. Einige Beispiele aus einer langen Reihe unzähliger Diskriminierungen werden nachfolgend dargestellt:

1. Verunglimpfung als „Staatsfeinde"

Einige *Urchristen im Universellen Leben* betreiben ökologischen Landbau. Diese Anbauweise wird in Bayern im Rahmen eines Kulturlandschaftsprogramms staatlich gefördert. Als auch die Landwirte, die sich dem *Universellen Leben* verbunden fühlen, um staatliche Zuschüsse baten, wurde dies abgelehnt, und zwar mit der Begründung, daß hinter ihren Bauernhöfen „letztlich die Weltanschauungsgemeinschaft *Universelles Leben*" stehe. Mit Rücksicht hierauf hätten die Landwirte im Gegensatz zu ihren Kollegen keinen Anspruch auf Förderung, denn der Gleichbehandlungsgrundsatz gebiete es nicht, den „Staat seinen Feinden auszuliefern". Zur Begründung dieser ungeheuerlichen Diskriminierung nimmt man auf Äußerungen eines kirchlichen Sektenbeauftragten Bezug, die der Bayerische Verwaltungsgerichtshof zugelassen hatte, weil er darin bloße „Meinungsäußerungen" sah. Nunmehr wurden sie von der Behörde kurzerhand zu Tatsachenbehauptungen umgemünzt. Ein weiterer Grund für die Annahme, die Landwirte seien staatsfeindlich, war der Umstand, daß das Oberverwaltungsgericht Münster eine staatliche Warnung gegenüber der Glaubensgemeinschaft erlaubt hatte, in erster Linie deshalb, weil in einem ihr zugerechneten Artikel Skepsis hinsichtlich des Einsatzes von zu viel Antibiotika und Impfungen geäußert worden war.

Die Bescheide, die im März 1998 ergingen und die Angehörige der Glaubensgemeinschaft zu Staatsfeinden erklärten, um ihnen öffentliche Fördermittel zu sperren, wurden von seiten der Behörden der Öffentlichkeit zugänglich gemacht, was die diskriminierende Wirkung erheblich verschärfte. Die Zeitungen berichteten, daß die Landwirtschaftsämter die Glaubensgemeinschaft *Universelles Leben* für „totalitär" hielten und die Ablehnung der Fördermittel mit dem „Grundsatz der wehrhaften Demokratie" begründeten. Der Gleichheitssatz gehe nicht so weit, daß der Staat „seine Feinde auch noch finanzieren" müsse.

All diese Aussagen erfolgten wider besseres Wissen, da die innerhalb der Bayer. Staatsregierung für den Verfassungsschutz zuständigen Behörden an der Verfassungsmäßigkeit der Glaubensgemeinschaft Universelles Leben nicht zweifeln, wie oben bereits dokumentiert wurde.

2. *Ausschluß von der Rundfunkwerbung*

Die Diskriminierung erfolgt nicht zuletzt auch durch öffentlich-rechtliche Rundfunkanstalten, insbesondere den Bayerischen Rundfunk.

Die ökologischen Produkte der erwähnten Bauernhöfe, zu denen neben Gemüse auch Brot gehört, werden an Marktständen in Süddeutschland verkauft. Zu diesem Zweck hatten einige *Urchristen* die Firma *Gut zum Leben* gegründet. Für diese Firma war im Jahr 1996 mit dem Bayerischen Rundfunk ein Vertrag über die Ausstrahlung von Werbespots im Hörfunk vereinbart worden. Geworben werden sollte für Brot, und zwar über mehrere Monate hinweg.

Wenige Tage nach der ersten Ausstrahlung der Werbespots stornierte der Bayerische Rundfunk den Vertrag. Er teilte mit, daß er erfahren habe, daß die Firma *Gut zum Leben* der „Sekte" *Universelles Leben* nahestehe. Wie sich herausstellte, hatte die Ev.-Lutherische Kirche in Bayern beim Rundfunk interveniert und verlangt, daß die Werbesendungen eingestellt werden. Im Laufe eines mehrjährigen Prozesses gelang es der Firma *Gut zum Leben* schließlich, die Einhaltung des ordnungsgemäß zustande gekommenen Werbevertrags gerichtlich zu erzwingen. Als der Bayerische Rundfunk die Werbesendungen wieder aufnehmen mußte, begleitete er dies in seinen Nachrichtensendungen mit der Mitteilung, daß er dies nur tue, weil er dazu gerichtlich gezwungen worden sei. Gleichzeitig teilte er mit, daß hinter der Firma *Gut zum Leben* „die Sekte *Universelles Leben*" stehe, „die nach Einschätzung des evangelischen Sektenbeauftragten hilfesuchende Menschen abhängig machen und ihnen die Freiheit zu Kritik- und Gewissensbildung nehmen will".

Inzwischen weigert sich der Bayerische Rundfunk, einen neuen Werbevertrag mit der Firma *Gut zum Leben* abzuschließen.

Vereinigungen, die ausschließlich religiöse Ziele verfolgen, werden normalerweise als gemeinnützig anerkannt und müssen dann Spenden, die sie erhalten, nicht versteuern. Da es sich beim *Universellen Leben* um eine Religionsgemeinschaft im Sinne der Verfassung handelt, wurde der Trägerverein der Gemeinschaft über viele Jahre als gemeinnützig behandelt.

Bis eines Tages das Bayerische Finanzministerium, das hierüber zu entscheiden hat, von einem Bürgermeister, der zugleich ein Funktionär der Katholischen Kirche ist, angerufen wurde. Der Bürgermeister behauptete, in seinem Dorf gäbe es Betriebe des *Universellen Lebens,* die keine Gewerbesteuern bezahlen würden. Daraufhin fand eine steuerliche Prüfung sowohl bei diesen Betrieben (die nicht dem *Universellen Leben* gehören) als auch beim Verein *Universelles Leben,* dem Trägerverein der Glaubensgemeinschaft, statt. Nach Abschluß der Prüfung vor Ort, die hinsichtlich der Betriebe keine Steuerwidrigkeiten feststellte, berichtete das Finanzamt Würzburg hinsichtlich des Vereins am 19. 11. 1992 an die übergeordnete Behörde wörtlich:

„Die vereinnahmten Erlöse und Spenden werden ausschließlich und unmittelbar für den satzungsmäßigen Zweck verwendet. Die für den Verein tätigen Mitglieder und nahestehende Personen erhalten Aufwandsersatz, der unter den steuerlich zulässigen Beträgen liegt."

Des weiteren heißt es in der Zusammenstellung der Ermittlungen durch das Finanzamt Würzburg wörtlich:

„Soweit der Verein *Universelles Leben e. V.* Aufträge an die *Christusbetriebe* vergibt (so heißen die von den Anhängern der Glaubensgemeinschaft gegründeten Betriebe, d. U.), werden diese wie bei fremden Kunden abgewickelt. Anhaltspunkte für mißbräuchlichen Einsatz von Spendengeldern in Gewerbebetrieben bzw. Begünstigung des Vereins durch die Betriebe wurden nicht festgestellt."

Und in einer Besprechungsnotiz des Finanzamts über ein Gespräch mit der Oberfinanzdirektion vom 26. 11. 1992 heißt es:

„Seitens des Finanzamts Würzburg wurde erläutert, warum keine Einwände gegen die Gemeinnützigkeit des UL e. V. bestehen."

Schließlich berichtet das Finanzamt Würzburg unter dem 19. 3. 1993 der Oberfinanzdirektion noch einmal schriftlich und stellt wörtlich fest:

„Die Prüfung bei dem Verein *Universelles Leben e. V.* (UL) hinsichtlich der tatsächlichen Geschäftsführung und der Mittelverwendung hat keine Feststellungen getroffen, die einen Widerruf der Gemeinnützigkeit rechtfertigen würden."

In krassem Gegensatz zu all diesen Feststellungen erteilte das Bayerische Finanzministerium am 3. 12. 1993 eine Weisung an das Finanzamt, an deren Ende folgendes zu lesen war:

„Der Verein *Universelles Leben e. V.* kann nicht als gemeinnützig anerkannt werden. Die unter dem Vorbehalt der Nachprüfung stehenden Veranlagungen der Jahre 1989 bis 1991 sind entsprechend zu berichtigen. Die vorläufige Anerkennung der Gemeinnützigkeit für die Jahre ab 1992 ist zu widerrufen."

Zur Begründung dieser Entscheidung wurde behauptet, der Trägerverein der Glaubensgemeinschaft fördere die Betriebe ihrer Anhänger und die Absicht einzelner Mitglieder, ihr persönliches Vermögen zu mehren – das genaue Gegenteil von dem, was die Steuerprüfung aufgrund wochenlanger Nachforschungen ausdrücklich verneint hatte. Es handelte sich im Grunde um Rechtsbeugung. Was dahinter steckte, ließ der letzte Satz dieses Schreibens erahnen:

„Eine höchstrichterliche Klärung der gemeinnützigkeitsrechtlichen Sekten-Problematik ist von grundsätzlicher Bedeutung. Für die Beurteilung künftiger Fälle besteht daher Interesse, die zu erwartenden Rechtsmittel durchzufechten."

4. *Durch staatliche „Warnungen" an den Pranger gestellt*

Die massivsten Diskriminierungen von staatlicher Seite erfolgen in der Weise, daß Regierungsstellen die Glaubensgemeinschaft durch öffentliche „Warnungen" vor ihr regelrecht an den Pranger stellen:

4.1. Die Bundesregierung fing damit im September 1993 an, als die parlamentarische Staatssekretärin des Bundesministeriums für Frauen und Jugend im Deutschen Bundestag erklärte, der Bundesregierung lägen „Erkenntnisse über die Organisation ‚*Universelles Leben – Heimholungswerk Jesu Christi*' vor, die auf mögliche Gefährdungen für die Persönlichkeitsentwicklung und die sozialen Bezüge junger Menschen hindeuten". Worin diese „Erkenntnisse" konkret bestehen, wurde nicht gesagt. Es wurde auch im Rahmen eines Gerichtsverfahrens nicht belegt, das die Urchristen gegen diese Äußerung der Staatssekretärin anstrengten. Dennoch wurde sie nicht untersagt; nicht weil das Gericht von ihrer Wahrheit ausgegangen wäre, sondern weil es annahm, daß die Staatssekretärin die Äußerung nicht wiederholen würde und daß die Äußerung nicht „besonders ehrverletzend"(!?) sei. (VG Köln v. 29. 3. 1995)

4.2. Ein weiteres Beispiel für die massive öffentliche Anprangerung der *Urchristen im Universellen Leben* durch staatliche Behörden ist der im Jahr 1995 von der Landesregierung von Schleswig-Holstein veröffentlichte Bericht über „Aktivitäten von Sekten in Schleswig-Holstein". In einer Vorbemerkung zu der Schrift wird der Eindruck vermittelt, daß alle in dem Bericht behandelten Gruppierungen mehr oder weniger gefährlich seien, wobei man ihnen Verhaltensweisen vorwirft, die bei den Großkirchen eine Selbstverständlichkeit sind oder mehr oder weniger unverhohlen praktiziert werden: strenge Hierarchie, Heilsrezepte, Anspruch auf den Besitz der alleinigen Wahrheit, Überwachung und ähnliches mehr. Mit Rücksicht hierauf handele es sich, so hieß es in dem Bericht, um „religiös-weltanschauliche Extremgruppen", vor denen man warnen müsse.

Diese Warnung wurde hier ebenso wie in allen anderen Fällen ohne jede Anhörung der hiervon betroffenen Gemeinschaften ausgesprochen.

4.3. Ähnlich diskriminierend ist der Sektenreport der Berliner Landesregierung des Jahres 1994, der den Titel trägt: „Informationen über neue religiöse und weltanschauliche Bewegungen und sogenannte Psychogruppen“. Auch hier wird im Vorwort unterschiedslos auf alle in dem Bericht behandelten Gruppen eingeschlagen: Es wird durch einen Vergleich suggeriert, daß es sich hierbei um „Ungeheuer“ handele und daß sie allesamt „antidemokratisch und sozial unverträglich“ seien. Der Senator, der für den Bericht die politische Verantwortung trägt, ist evangelischer Theologe. Das *Universelle Leben* wurde in diesen Bericht wiederum ohne vorherige Anhörung aufgenommen. Dabei konnte man keinerlei Gefahren für Recht und Verfassung darlegen. Man referierte einfach eine Reihe von Verdächtigungen, die von kirchlichen Sektenbeauftragten seit Jahren ausgestreut wurden. Als sich der Verein *Universelles Leben* bei Gericht durch eine einstweilige Anordnung gegen die Einreihung der Glaubensgemeinschaft in die Gesellschaft gefährlicher Antidemokraten zu wehren versuchte, wurde er damit beschieden, daß die Gemeinschaft „durch die Behandlung in der Informationsschrift“ der Berliner Regierung ja „nicht gehindert“ sei, „ihre Tätigkeit, so wie sie es nach ihrem Glauben für richtig“ hält, „fortzusetzen“ (Beschl. d. OVG Berlin v. 6. 2. 1995).

4.4. Dieselbe Rechtlosigkeit widerfuhr den *Urchristen im Universellen Leben* in Rheinland-Pfalz: Als dort eine Zunahme der Anhänger der Glaubensgemeinschaft zu verzeichnen war, schlugen die Sektenbeauftragten der beiden Großkirchen Alarm.

Nachdem hierüber ein Zeitungsbericht erschienen war, verlautbarte das Rheinland-Pfälzische Sozialministerium am 22. 3. 1994, daß es vor der Glaubensgemeinschaft *Universelles Leben* warne, daß diese Glaubensgemeinschaft durch ihren totalitären Anspruch auffalle und daß sie Parteien gründe, um politischen Einfluß zu gewinnen. (Es gibt in dem unterfränkischen Dorf Hettstadt eine[!] Gemeinderätin, die aufgrund einer örtlichen Wählerinitiative der dort lebenden *Urchristen* in den Gemeinderat gewählt wurde.)

Die Verlautbarung wurde sofort durch den Evangelischen Pressedienst weiter verbreitet und in zahlreichen Tageszeitungen veröffentlicht. Das Ministerium konnte keinerlei konkrete Vorfälle als Grund für diese massive öffentliche Warnung angeben, sondern hatte sich einfach die Verdächtigungen kirchlicher Sektenbeauftragter zu eigen gemacht, deren Suggestion sich sogar noch in dem ministeriellen Vorwurf widerspiegelt, das *Universelle Leben* sei in aggressiver Weise gegen die katholische und evangelische Kirche eingestellt.

Als die *Urchristen* gegen diese öffentliche Warnung gerichtliche Hilfe (in einem Eilverfahren) in Anspruch nehmen wollten, wurde dies vom Verwaltungsgericht mit der Begründung abgelehnt, das *Universelle Leben* habe nicht glaubhaft gemacht, daß das Ministerium seine Äußerung wiederholen würde, obwohl dieses noch im Prozeß erklärt hatte, es sei weiterhin notwendig, vor dem *Universellen Leben* zu warnen. (VG Mainz v. 8. 1. 1994) Auch die hiergegen eingelegte Beschwerde zum nächsthöheren

Gericht blieb erfolglos, weil dieses der Meinung war, dem Universellen Leben sei zuzumuten, ein über mehrere Jahre dauerndes Hauptsacheverfahren zu führen, so daß für eine Eilentscheidung kein Raum sei. (OVG Rhld.-Pfalz v. 8. 8. 1994)

4.5. Besonders üble Verunglimpfungen erfuhr die Glaubensgemeinschaft durch eine Broschüre der Bayerischen Landeszentrale für politische Bildungsarbeit:

In der seit 1994 in mehreren Auflagen verbreiteten und an Schulen und andere Bildungseinrichtungen versandten Schrift wird gegen so gut wie alle neuen religiösen Bewegungen polemisiert, und zwar in besonders abwertender und aggressiver Form. Das *Universelle Leben* wird darin als eine abstoßende Gemeinschaft geschildert und ihr religiöser Glaube als „Absurdität" abgewertet. Auf eine gerichtliche Anordnung hin mußten einige Passagen des Textes geschwärzt werden; aber Tausende von Exemplaren dieser staatlichen Kampfschrift waren bereits verteilt und werden noch heute von den Medien zitiert.

Auch in diesem Fall wurde die Glaubensgemeinschaft vor Erscheinen dieser außerordentlich diskriminierenden Broschüre nicht angehört.

4.6. Zum Teil versuchen die Regierungsbehörden die Gerichte sogar regelrecht auszutricksen: So veröffentlichte beispielsweise die Senatsverwaltung für Schule, Jugend und Sport der Berliner Landesregierung im Dezember 1997 erneut einen Sektenbericht mit der Überschrift „Sekten – Risiken und Nebenwirkungen". Die zuständige Senatorin informierte darüber die Öffentlichkeit auf einer Pressekonferenz, auf der sie gleichzeitig mitteilte, es seien bereits 5000 Exemplare an pädagogische Beratungsstellen, soziale Hilfsdienste und Schulen verschickt worden, um sich „vorsorglich gegen juristische Blockaden“ zu wappnen. Fazit: Eine Landesregierung mit einer rechtsstaatlichen Verfassung betrachtet gerichtlichen Rechtsschutz als „Blockade“, die man durch flinkes Handeln auszuschalten versucht! Diese Einstellung und Vorgehensweise ist um so befremdlicher, wenn man berücksichtigt, daß die Senatsverwaltung es auch in diesem Fall nicht für nötig hielt, die von ihrer Publikation betroffenen Gemeinschaften vorher anzuhören.

Es handelte sich auch in diesem Bericht wieder um staatliche Warnungen, in die auch das *Universelle Leben* einbezogen wurde. Anlaß hierfür waren nicht etwaige Verfassungswidrigkeiten der Glaubensgemeinschaft, sondern die Äußerungen von kirchlichen Interessenvertretern, die in dem Sektenreport der Berliner Regierung referiert wurden, um die angebliche Gefährlichkeit der Gemeinschaft darzutun.

Gerichtliche Hilfe wurde wiederum verweigert. Etwa ein Vierteljahr nach Einreichung eines Eilantrags erging ein Gerichtsbeschluß, der die betroffene Gemeinschaft u. a. damit beschied, sie könne ja der öffentlichen Warnung der Senatsverwaltung ihrerseits mit „abweichenden Darstellungen“ begegnen. (VG Berlin v. 8. 4. 1998) Das Gericht weiß natürlich, daß dies völlig unmöglich ist. Keine Berliner Zeitung würde Gegendarstellungen der Glaubensgemeinschaft *Universelles Leben* zu dem amtlichen Bericht der Senatsverwaltung abdrucken. Offenbar sollen die betroffenen Familien, die wegen der öffentlichen Warnung vor ihrer Glaubenszugehörigkeit von ihren Nachbarn geschnitten werden und für deren religiöse Veranstaltungen keine Zeitung mehr eine Anzeige aufnimmt, mit Handzetteln gegen ihre Diskriminierung ankämpfen? Man wird ihre Richtigstellung entweder gar nicht zur Kenntnis nehmen oder zurückweisen, weil das Gegenteil ja bereits „amtlich festgestellt" worden sei. Die gegen den Gerichtsbeschluß erhobene Beschwerde wurde vom Oberverwaltungsgericht nicht angenommen. In der Begründung wiederholte es seine ironischen Sentenzen aus dem Jahr 1994: Die Glaubensgemeinschaft und deren Mitglieder seien „durch die Behandlung in der Informationsschrift nicht gehindert, ihre Tätigkeit so, wie sie es nach ihrem Glauben für richtig hielten, fortzusetzen und könnten zudem durch eigene, von den Äußerungen des Antragsgegners abweichende Darstellungen deren etwaigen nachteiligen Folgen begegnen." (Beschl. v. 15. 7. 1998)

4.7. Um ähnliche Vorfälle wie in Berlin, Rheinland-Pfalz, Schleswig-Holstein und Bayern zu vermeiden, schrieb die Gemeinschaft der *Urchristen im Universellen Leben* alle 16 deutschen Bundesländer an und bat um die Zusicherung, daß sie künftig vor der Veröffentlichung irgendwelcher Sektenberichte angehört werden. Nur zwei Bundesländer haben geantwortet – nicht etwa mit der Zusicherung, daß man in Zukunft rechtliches Gehör gewähren würde, sondern mit dem Hinweis, daß gegenwärtig kein Sektenreport anstehe. Alle übrigen Bundesländer haben den Brief einfach ignoriert.

5. Städte und Gemeinden unterbinden religiöse Werbung der Urchristen

Während auf Regierungsebene die Religionsfreiheit der *Urchristen im Universellen Leben* durch „Berichte" und öffentliche „Warnungen" schwer beeinträchtigt wird, wird sie auf der Ebene der Städte und Gemeinden durch konkretes Verwaltungshandeln verletzt:

5.1. Beispielsweise in Karlsruhe, wo die Polizeibehörde die Genehmigung von Informationsständen über das Schrifttum der Glaubensgemeinschaft seit 1995 mit unterschiedlichen Begründungen blockiert: Einmal heißt es, die Erlaubnis könne nicht erteilt werden, weil es sich bei der Glaubensgemeinschaft um eine „äußerst umstrittene Organisation" handele (Schreiben der Stadt Karlsruhe vom 29. 3. 1995); ein andermal heißt es, die Erlaubnis könne nicht erteilt werden, weil es sich bei der Glaubensgemeinschaft um ein „Wirtschaftsunternehmen" handele (Schreiben der Stadt vom 5. 5. 1998). Nachdem der Stadt erneut nachgewiesen wurde, daß ihre Annahmen nicht zutreffen, wird die Genehmigung des Informationsstandes mit einem neuen Argument blockiert: Man müsse erst prüfen, „um was für eine Organisation" es sich handele; gleichzeitig wird erklärt, daß man der Auffassung sei, es gehe „um eine totalitäre Organisation" (Schreiben der Stadt vom 5. 6. 1998).

Am 25. 7. 1998 erfuhr die Glaubensgemeinschaft nunmehr aus der Presse, daß ihr die Stadt auf keinen Fall Informationsstände genehmigen würde: Der Chef der Polizeibehörde, der unter Einbeziehung seiner amtlichen Stellung laufend öffentliche „Sektenvorträge“ hält, erklärte dies in einem Zeitungsinterview, wobei er dem *Universellen Leben* absprach, daß es sich um eine Religion handele; die Gemeinschaft sei „in ihrem Charakter Scientology nicht unähnlich …“, ein Vergleich, der in der deutschen Öffentlichkeit gegenwärtig der schärfsten Verurteilung einer Gemeinschaft gleichkommt.

5.2. Die Freie und Hansestadt Hamburg lehnte die Aufstellung von Plakatständern für Veranstaltungen des *Universellen Lebens* mit der Begründung ab, daß die Plakatwerbung „nicht vorrangig einer Veranstaltung mit ausschließlich christlichem Charakter“ dienen solle (Bescheid vom 10. 2. 1998).

5.3. Die Stadt Obernburg am Main lehnte die Genehmigung eines Informationsstandes für religiöses Schrifttum der Glaubensgemeinschaft unter Hinweis auf die Äußerungen kirchlicher Sektenbeauftragter ab, wonach das *Universelle Leben* „eine totalitäre Struktur“ aufweise. Es sei bekannt, „daß im Rahmen von Ermittlungen gegen Sekten neben Scientology auch das *Universelle Leben* in das Blickfeld der Behörden geraten“ sei, weshalb man den Verkauf und die Werbung von Literatur und Cassetten, „die exakt in diese totalitäre Struktur hineinführen sollen, nicht erteilt werden kann“. (Schr. v. 14. 4. 1998)

5.4. Es handelt sich nur um einige wenige Beispiele einer endlosen Reihe ähnlicher Fälle. Die Gerichte sind zum Teil bereit, durch Einstweilige Anordnungen die Städte doch noch rechtzeitig zu dem vorgesehenen Informationstermin zur Genehmigung der Informationstische zu zwingen (so beispielsweise in

Obernburg); zum Teil lehnen sie es auch ab und verweisen die Gemeinschaft auf jahrelange Prozesse.

Die Gemeinden verweigern jedoch nicht nur Genehmigungen für Informationstische, sondern lehnen inzwischen auch die Vermietung öffentlicher Räumlichkeiten für Vorträge der Glaubensgemeinschaft ab.

6. *Aus religiösen Gründen entlassen*

Mitunter kommt es auch vor, daß jemand seine Stellung verliert, wenn man erfährt, daß er sich der Glaubensgemeinschaft der *Urchristen im Universellen Leben* verbunden fühlt. Ein Fall, der auch öffentliches Aufsehen erregte, ereignete sich vor einigen Jahren in Wertheim:

Eine Kindergärtnerin arbeitete 1½ Jahre lang als Leiterin eines städtischen Kindergartens zur vollen Zufriedenheit der Stadtverwaltung und der Eltern der von ihr betreuten Kinder. Als eines Tages dem Ortspfarrer zu Ohren kam, daß die Kindergärtnerin Veranstaltungen des *Universellen Lebens* besuche, führte er mit Hilfe eines weiteren Pfarrers eine „Informationsveranstaltung“ durch, bei der die Eltern derart aufgehetzt wurden, daß sie anschließend mehrheitlich von der Stadt verlangten, die Kindergärtnerin auszuwechseln. Der Oberbürgermeister der Stadt, der sich gerne öffentlich zum katholischen Glauben bekennt und das *Universelle Leben* bei jeder denkbaren Gelegenheit angreift, rührte keinen Finger, um die Wellen zu glätten, sondern kündigte der Kindergärtnerin. Im anschließenden Arbeitsgerichtsprozeß stellte das Gericht fest: „Dem Gericht ist nichts davon bekannt, und die Beklagte (= die Stadt) hat nichts dazu vorgetragen, daß die Klägerin einer Vereinigung verbunden ist oder angehört, die sich in rechtswidriger Weise betätigt oder rechtswidrige Ziele verfolgt ..." Das Gericht erklärte die Kündigung zwar für nichtig, mußte aber das Arbeitsverhältnis, das inzwischen völlig zerrüttet war, auf Antrag der Stadt dennoch (gegen eine Abfindung) auflösen.

7. *Die Verhinderung von Bauprojekten der Urchristen*

Massivem kirchlichen Druck fielen auch mehrere Bauprojekte der *Urchristen* zum Opfer:

7.1. Ein besonders krasser Fall spielte sich Ende der 80er/Anfang der 90er Jahre in der Gemeinde Hettstadt/Landkreis Würzburg ab: Ein Architekt hatte im Auftrag der *Urchristen* etwa 50 Grundstücke erworben, die in einem Bebauungsplan ausgewiesen waren. Als bekannt wurde, daß dort Angehörige des *Universellen Lebens* bauen wollten, stoppte die Gemeinde unverzüglich die Erschließung der Grundstücke. Der Bürgermeister lud einen Sektenbeauftragten zu einem öffentlichen Vortrag ein, der so aggressiv gegen die *Urchristen* hetzte, daß die Veranstaltung in ein Pogrom umzukippen drohte und Rufe laut wurden: „Hängt sie auf! Stellt sie an die Wand! Heil Hitler!" (4. 1. 1988)

Im Anschluß daran kam es zu einer jahrelangen gerichtlichen Auseinandersetzung um die Erschließung der Grundstücke. Die *Urchristen* obsiegten zwar in zwei Instanzen. Als die Gemeinde in der dritten Gerichtsinstanz erreichte, daß in der zweiten Instanz erneut verhandelt werden mußte, gaben die seit über acht Jahren geprellten Grundstückseigentümer jedoch auf und verkauften der Gemeinde ihre Grundstücke. Diese begann nunmehr sofort mit der Erschließung für ein Siedlungsprojekt eines katholischen Familienbundes.

7.2. Einige Jahre zuvor – Mitte der 80er Jahre – wollten die *Urchristen* noch in Würzburg siedeln und ein 40 000 qm großes Grundstück erwerben, auf dem Wohnungen und Handwerksbetriebe entstehen sollten. Die Stadt nahm davon interessiert Kenntnis. Wenig später begann auf Initiativen der Amtskirchen ein regelrechter Feldzug gegen das Projekt der *Urchristen,* die nunmehr von der CSU und den Amtskirchen in der Öffentlichkeit „als gefährliche Sekte" in Mißkredit gebracht wurden, der man nichts verkaufen dürfe. Der Bischof ließ im Dom von Würzburg Unterschriftenlisten gegen die Ansiedlung auslegen, und der Stadtrat kapitulierte und lehnte den Verkauf der Grundstücke an die *Urchristen* ab. (vgl. Süddeutsche Zeitung v. 21. 6. 1985 mit dem Bericht „Ratsherren der Bischofsstadt verbannen die Christusgemeinde")

7.3. Ähnliche Erfahrungen hatte ein aus Angehörigen des *Universellen Lebens* bestehendes deutsch-schweizerisches Ärzte-Team im nahe gelegenen Dettelbach, Landkreis Kitzingen, gemacht: Die Ärzte wollten Anfang der 80er Jahre das leerstehende Kreiskrankenhaus erwerben, um darin eine Klinik zu betreiben. Sie waren sich mit dem Landrat und dem Bürgermeister bereits handelseinig, als die Kirchen davon erfuhren. Sie liefen bei den verantwortlichen Politikern Sturm und verlangten, daß diese „alles in ihren Kräften Stehende unternehmen, den Verkauf wieder rückgängig zu machen“, weil es sich bei der Glaubensgemeinschaft des Ärzte-Teams um eine „Kunstreligion aus fernöstlichen und christlichen Gedanken“ handele und weil es „den Kindern und Jugendlichen auf die Dauer nicht zuzumuten“ sei, „ständig einer möglichen pseudoreligiösen-ideologischen Infiltrierung ausgesetzt zu sein“. (vgl. Main-Post v. 28. 9. 1984 mit dem Bericht „Kirchen bedrängen den Landrat“) Die Politiker gaben schließlich nach. Der bereits beurkundete Kaufvertrag wurde von der zuständigen Aufsichtsbehörde nicht genehmigt, und die *Urchristen,* die mit besten Absichten gekommen waren, mußten zuschauen, wie das Krankenhaus weiter leer stand und später mit einem riesigen Verlust verschleudert wurde. (vgl. z. B. Fränkisches Volksblatt v. 22. 7. 1988)

8. *Ein Feindbild wie in finsteren Zeiten deutscher Vergangenheit*

Die jahrelange Diskriminierung des *Universellen Lebens* durch Staat und Kirche blieb in der Öffentlichkeit nicht ohne Wirkung. Die Angehörigen der Glaubensgemeinschaft müssen erleben, daß ihnen viele ihrer Mitbürger feindselig begegnen. Es kommt zu Drohanrufen, zu Schmierereien mit Parolen wie beispielsweise „UL raus!"; es kommt zu Sachbeschädigungen – ein Steinkreuz wurde zerschlagen, und Fenster wurden eingeworfen; es wurde die Ernte auf einem Feld, das Angehörigen der Glaubensgemeinschaft gehört, angezündet; und auf den Veranstaltungsraum der Glaubensgemeinschaft in Würzburg wurde sogar schon einmal geschossen; Handwerker verlieren ihre Aufträge, wenn man erfährt, daß sie dem *Universellen Leben* nahestehen; Kinder von Angehörigen der Glaubensgemeinschaft werden beschimpft („Sektenschweine") oder gar verprügelt. Wenn irgendwo eine größere religiöse Veranstaltung der Glaubensgemeinschaft stattfindet oder auch nur ein kleiner Marktstand von Angehörigen der Gemeinschaft eröffnet wird, warnt die Lokalpresse unter Berufung auf staatliche und kirchliche Äußerungen vor der „gefährlichen Sekte", die nunmehr auch „in unserer Stadt Fuß fassen" wolle. In Darmstadt rief die Junge Union zum Boykott des Marktstandes auf, an dem *Urchristen* ökologische Produkte verkaufen. (vgl. Frankfurter Neue Presse v. 30. 10. 1997)

Man verweigert der Gemeinschaft nicht nur Säle für öffentliche Vorträge, Räume für Büros und Genehmigungen für Info-Stände, sondern der überwiegende Teil der Presse lehnt es inzwischen auch ab, Anzeigen für Bücher und Veranstaltungen der Glaubensgemeinschaft anzunehmen. Die Deutsche Städtereklame lehnt es rundweg ab, ihre Werbeflächen für Plakate für religiöse Veranstaltungen des *Universellen Lebens* zur Verfügung zu stellen.

Das schlimme Feindbild, das Staat und Kirchen von den Menschen im *Universellen Leben* zeichneten, veranlaßt immer häufiger Restaurants und Ladengeschäfte, durch Zeitungsinserate und Plakate in Schaufenstern darauf hinzuweisen, daß Sie mit dem *Universellen Leben* nichts zu tun haben. (Volksblatt v. 10. 9. 1994) Die öffentliche Diskriminierung und gesellschaftliche Ausgrenzung der Angehörigen dieser Gemeinschaft erinnert an finstere Zeiten deutscher Vergangenheit.

IV. Der Beitrag der Ev.-Lutherischen Kirche

1. Volksaufwiegelung durch Rufmord

Eingeleitet wurde dieser Rückfall in mittelalterliche Zustände durch die Amtskirchen. Dabei war es die Ev.-Lutherische Landeskirche in Bayern, die zu diesem Zweck Ende der 60er Jahre als erste eine Einrichtung schuf, durch die sie den Kampf gegen Andersgläubige professionell führen läßt: die Planstelle eines „Sektenbeauftragten". Mit welchen Mitteln hierbei gearbeitet wird und wie sehr hierbei die öffentlich-rechtliche Stellung der Amtskirchen mißbraucht wird, ist der Öffentlichkeit bisher viel zuwenig bewußt geworden und soll nachfolgend am Beispiel der Glaubensgemeinschaft *Universelles Leben* – andere Gemeinschaften könnten ähnliches berichten – stichwortartig geschildert werden (wobei die Überschriften das jeweilige Aktionsziel schlagwortartig zusammenfassen).

Der erste Inhaber dieses Amtes war der verstorbene Pfarrer Friedrich-Wilhelm Haack. Wie er sein Amt verstand, schrieb er in einem Brief vom 30. 4. 1986 ungeniert: „Wenn Sie bei mir auf Inquisition tippen, liegen sie natürlich richtig." Beruhigend fügte er hinzu, daß „auch die Inquisition moderner geworden" sei.

Was er darunter verstand, demonstrierte er beispielsweise in Hettstadt bei Würzburg, wo er Anfang Januar 1988 für den Fall einer Ansiedlung von Angehörigen des *Universellen Lebens* in einer Rede, die einem Josef Goebbels alle Ehre gemacht hätte, der Bevölkerung Angst und Schrecken einjagte: Es würden „regelrechte Kriegszustände" drohen; es komme eine „besondere Spezies von Menschen" auf das Dorf zu, die ein besonders „radikalisierbares Potential darstellen" und von „eher geringen moralischen Qualitäten" seien, die „in den Ort einbrechen", sich „einnisten" und „Gruppenterror" ausüben würden. Er kündigte der Gemeindebevölkerung „stellvertretendes Leid für unser ganzes Volk" an. (Zit. nach einem Mitschnitt.)

Bei seinem Schreckensszenario handelte es sich um eine Ansammlung von Suggestionen, die der Redner nicht einmal ansatzweise durch konkrete Verhaltensweisen von Angehörigen der Glaubensgemeinschaft zu legitimieren suchte. Aufgrund seines demagogischen Talents gelang es ihm, seine Zuhörer in die oben bereits geschilderte Aggression zu versetzen.

Der Sektenpfarrer Haack schmähte und hetzte jahrelang, wo und wie er nur konnte, selbstverständlich mit großer öffentlicher Resonanz, denn als einem Vertreter der Kirche glaubte man ihm, ohne Beweise zu fordern. Die Vorurteile gegen die Glaubensgemeinschaft verbreiteten sich wie ein Flächenbrand. Das war das Ziel, und das wurde auch vom damaligen Landesbischof Dr. Hanselmann gebilligt. Er ließ verlauten, daß man Pfarrer Haack für seine Arbeit dankbar sei. (Schrb. v. 2. 5. 1986.)

Sein Nachfolger, Dr. Wolfgang Behnk, der das Amt des „Inquisitionsbeauftragten“ seit 1991 innehat, gab bei der Auseinandersetzung mit der religiösen Konkurrenz inzwischen jegliche Hemmungen auf:

Sie sind selbstmordbereite Psychopathen

So streut er beispielsweise in regelmäßigen Abständen den ungeheuerlichen Verdacht aus, die Anhänger des *Universellen Lebens* könnten sich massenweise selbst umbringen. So absurd dieser Verdacht angesichts der Lehre und der Lebenspraxis der Anhänger der Glaubensgemeinschaft auch ist: Kein Gerücht ist zu verlogen, um nicht Abnehmer zu finden, wenn es nur sensationell genug ist. Zum ersten Mal geschah dies im Jahr 1993 anläßlich des spektakulären und nie restlos aufgeklärten Sterbens einer Gruppe im texanischen Waco. Als Behnk mit gespielter Besorgnis die Öffentlichkeit davor „warnte“, daß ein „Massenselbstmord“ eines Tages auch bei Anhängern des *Universellen Lebens* passieren könnte, machten sich ganze Heerscharen von Rundfunk- und Fernsehjournalisten zu Fuß, per Auto und per Hubschrauber zu deren Einrichtungen, insbesondere zu einem Bauernhof auf, um dort das „Waco in Unterfranken" zu suchen. Die Diskriminierungen der Angehörigen der Gemeinschaft steigerten sich ins Unerträgliche. Presse- und Fernsehberichte verdächtigten sie als gewissenlose und gemeingefährliche Zeitgenossen. Daß sie in ihrem täglichen Leben das Gegenteil bewiesen, was auch von den Behörden, die mit ihnen in Berührung kamen, bestätigt wurde, half nichts: Sie waren stigmatisiert.

Damit sich daran auch nichts ändert, wiederholte der Kirchenvertreter in einer öffentlichen Veranstaltung am 15. 12. 1994 seine Verdächtigung, indem er davon sprach, daß das *Universelle Leben* „möglicherweise für den nächsten Sektenmord verantwortlich" zeichne. Und als sich im März 1997 im kalifornischen San Diego 50 Menschen umbrachten, dauerte es nur wenige Tage, bis der kirchliche Beauftragte sein Lieblingsthema, daß im *Universellen Leben* möglicherweise ähnliches passieren könnte, in einem aufsehenerregenden *Stern*-Interview erneut aufwärmte. Der Ansturm der Journalisten auf die Einrichtungen der Glaubensgemeinschaft, um die „Selbstmordkandidaten" zu besichtigen, blieb dieses Mal aus – möglicherweise deshalb, weil frühere Besichtigungen enttäuschend normale Bauernhöfe, Handwerksbetriebe, Altenheime und medizinische Einrichtungen zutage gefördert hatten. Das allgemeine Publikum erschaudert dennoch, wenn es die verleumderischen Äußerungen aus dem Mund eines Sprechers der Ev.-Lutherischen Kirche liest. Die öffentliche Verachtung unbescholtener Zeitgenossen wurde wieder ein ganzes Stück vorangetrieben.

Schließt ihre Schule!

Einen massiven Angriff auf das Lebensrecht Andersdenkender führt die Ev.-Lutherische Kirche in Bayern auch mit ihrer Kampagne gegen die Private Grund- und Hauptschule, die in Esselbach/Lkr. Main-Spessart von Anhängern des *Universellen Lebens* betrieben wird. Obwohl die Schule nach gründlicher Prüfung ihrer Erziehungsziele durch das Bayerische Kultusministerium und den Bayerischen Verwaltungsgerichtshof staatlich genehmigt wurde, und obwohl sie von den Schulbehörden ständig überwacht wird und nach jeder – z. T. auch ohne vorherige Anmeldung – erfolgten Visitation positive Bewertungen erhielt, verlangt die Kirche die Schließung dieser Schule. Sie sei „grundgesetzwidrig"; in der Schule würden Kinder einem „Entpersönlichungs- und Entsozialisierungssystem" ausgeliefert. Die Verunglimpfungen wurden zwar längst durch die Fakten widerlegt; die Kirchenorganisation wiederholte sie dennoch immer wieder in den Medien, die sie meist bereitwillig kolportierten. Und mit Hilfe ihrer Stellung als Körperschaft des öffentlichen Rechts wurde sie beim Kultusminister vorstellig und verlangt immer wieder neue Visitationen, in der Hoffnung, daß man doch noch irgendeinen Anlaß für die von ihr permanent geforderte Zurücknahme der Schulgenehmigung findet. Wie sehr die bayerische Kultusverwaltung bedrängt wird, ergibt sich auch aus der Häufigkeit ihrer Stellungnahmen, zu denen sie sich in den letzten Jahren veranlaßt sah:

Auf eine Landtagsanfrage, die auf Veranlassung der Ev.-Lutherischen Kirche und unter weitgehend wörtlicher Übernahme kirchlicher Verunglimpfungen der Schule und der Glaubensgemeinschaft *Universelles Leben* von der CSU-Fraktion eingebracht worden war, stellte das Kultusministerium am 30. 1. 1995 unmißverständlich fest, daß sich bei der „staatlichen Schulaufsicht, die sehr sorgsam darüber wacht, daß der Unterricht den gesetzlichen Vorgaben entsprechend erteilt wird", keine „Auffälligkeiten ergeben" haben. Wie bereits erwähnt, heißt es in diesem Bericht auch, daß „keine Erkenntnisse darüber (bestehen), daß aus der religiösen Grundeinstellung des *Universellen Lebens* heraus eine Bestrebung gegen die freiheitlich-demokratische Grundordnung, insbesondere gegen die Menschenrechte, verfolgt würde".

Als kurze Zeit später die Kirche aus Enttäuschung über dieses Ergebnis behauptete, die Schulaufsicht werde zu lasch durchgeführt, kam es am 20. 7. 1995 zu einer außerordentlichen, besonders ausführlichen und nicht angekündigten Visitation, deren Ergebnisse wiederum eindeutig positiv waren: Insbesondere wurde die „Zwanglosigkeit", die „Sprachgewandtheit" und die „Reife" der Schüler registriert. Die Ev.-Lutherische Kirche beruhigte sich auch damit nicht, sondern setzte ihre Angriffe nunmehr mit Hilfe einiger CSU-Politiker fort. Die Schule lud daraufhin den Kultusminister zu einem persönlichen Besuch ein. Er ließ zurückschreiben: „Die Ergebnisse der Unterrichtsbesuche sind dem Staatsministerium bekannt und werden hier nicht bezweifelt. Das Ministerium hat deshalb keine Veranlassung, sich darüber hinaus ein persönliches Bild von der Schule in Esselbach zu verschaffen, sondern weiß die Ausübung bei der zuständigen Regierung von Unterfranken in den besten Händen."

Nachdem die Ev.-Lutherische Kirche beim Kultusministerium keinen Erfolg hatte, machte sie einen Vorstoß über das Innenministerium, was im Oktober 1996 dazu führte, daß sich der zuständige Abteilungsleiter der Regierung von Unterfranken persönlich in die Schule begab. Das schriftliche Ergebnis seiner Feststellungen lautet u. a.: „Die Schüler machen in allen Jahrgangsstufen einen fröhlichen, freundlichen und disziplinierten Eindruck. Die Information durch die Schulleitung erfolgte bereitwillig und ohne Vorbehalte."

Auch dies half nichts: Die Kirche hielt ihre Forderung, die Schule müsse geschlossen werden, weil sie verfassungswidrig sei, aufrecht. Das Urteil der Fachbehörden wurde ignoriert. Diese mußten erneut vor Ort auftreten – in einer Visitation vom 14. 1. 1997. Im schriftlichen Bericht findet sich u. a. der Satz: „In den Vorbereitungsunterlagen, den Schülerheften und im Unterricht konnten keine Hinweise darauf gefunden werden, daß verfassungsrechtlich bedenkliche Inhalte vermittelt werden."

Wer glaubte, daß nun Ruhe eintreten würde, hatte sich getäuscht: Die Kirche beruhigte sich auch weiterhin nicht, sondern versuchte nunmehr ihren politischen Einfluß noch nachhaltiger geltend zu machen: Sie erstellte für die CSU-Landtagsfraktion ein „Gutachten“, das sie auf einem öffentlichen Hearing vorstellte und das sodann der Staatskanzlei zugeleitet wurde. Die Vorstellung des Papiers erfolgte Anfang Juni 1997. Den Betroffenen (der Schule und dem *Universellen Leben)* blieb dessen Inhalt monatelang verborgen. Die Staatskanzlei lehnte die Herausgabe eines Abdrucks der kirchlichen Kampfschrift ab und teilte nur deren monströsen Titel mit: „Gutachten über die Verfassungswidrigkeit der Grund- und Hauptschule der Organisation ‚*Universelles Leben*‘ im Auftrag des jugendpolitischen Sprechers der CSU-Landtagsfraktion und Sprechers für pseudoreligiöse Bewegungen und sektenähnliche Psychokulte, Herrn Markus Sackmann, MdL, vorgelegt von Dr. Wolfgang Behnk, Beauftragter für Sekten- und Weltanschauungsfragen der Ev.-Lutherischen Kirche in Bayern, Marsstraße 19, 80335 München“. Das Kultusministerium beschied die Bitte der Schule, in das Gutachten Einsicht nehmen zu können, ebenfalls abschlägig. Das Kirchenpapier kursierte dann innerhalb der Staatsregierung, ohne daß die davon Betroffenen sich dazu äußern konnten.

Deutlicher ließe sich der Beweis kaum führen, daß die Ev.-Lutherische Kirche unter Ausnutzung ihrer öffentlich-rechtlichen Stellung die verfassungsmäßigen Rechte Andersgläubiger aggressiv bekämpft: Sie trommelt mit öffentlichen Verunglimpfungen gegen eine Einrichtung, deren Korrektheit von den Fachbehörden vielfach bestätigt wurde. Sie veranlaßt die

Behörden zu Überprüfungen, die in ihrer Häufigkeit und Intensität keiner anderen Schule in Bayern zugemutet werden. Sie bedrängt Minister und Beamte, die ermittelten Sachverhalte zu ignorieren und das Recht zu beugen, um religiöse Konkurrenten der kirchlichen Organisation auszuschalten. Dieser Eindruck entstand inzwischen auch beim Bayerischen Kultusminister, der sich deshalb zu der Bemerkung veranlaßt sah, daß man eine „Auseinandersetzung" mit dem *Universellen Leben* nicht „damit führen" könne, „daß man den Staat zum Büttel des Sektenbeauftragten macht".

Mißtraut ihrer Medizin!

Menschen, denen man die Privatschulfreiheit abschnüren will, muß man selbstverständlich auch einen Riegel vorschieben, wenn sie sich erlauben, als Ärzte eine Klinik zu gründen und zu betreiben, um dort Schulmedizin mit Naturheilkunde zu verbinden.

In kirchlichen Verlautbarungen ist dann beispielsweise von der Klinik einer „Psycho-Organisation" die Rede, die „im Bereich der Schulmedizin kräftig abkassiere"; gleichzeitig unterschiebt man ihr wider besseres Wissen haarsträubende Empfehlungen, um sie nachhaltig ins Zwielicht zu bringen, etwa indem man behauptet, Epileptikern und Krebspatienten würde empfohlen, sich „besser auf die geistige Programmierung im Sinne des UL sowie auf heilsame Odkräfte, Mondpartikelstrahlen und Schwingungen über Wasseradern und Ameisenbergen zu verlassen". Eine andere Variante der Rufschädigung besteht darin, daß der Beauftragte der Ev.-Lutherischen Kirche in öffentlichen Vorträgen behauptet, man ziehe die Anhörung von Cassetten einer fachgerechten ärztlichen Behandlung vor.

Die Bayerische Staatsregierung, die auf die oben bereits erwähnte Landtagsanfrage antworten mußte, widerlegte auch diese Art der Brunnenvergiftung der Ev.-Lutherischen Kirche: Sie bescheinigte der Klinik, daß sie ordnungsgemäß geführt wird. Von der örtlichen Gesundheitsbehörde wurde sie vor kurzem auch als Krankenhaus für „akutstationäre Behandlung" anerkannt.

Auch bezüglich des medizinischen Sektors der *Urchristen* benimmt sich die öffentlich-rechtliche Körperschaft namens Ev.-Lutherische Kirche wie ein aggressiver Kampfbund, den die Wahrheit nicht interessiert, sondern dem es ausschließlich um die Unterdrückung jeder Regung von Anhängern einer mißliebigen Glaubensgemeinschaft geht, die man kurzweg als „Psycho-Organisation" schmäht, obwohl ihr Charakter als Religionsgemeinschaft im Sinne der Verfassung von der bayerischen Verwaltungsgerichtsbarkeit schon wiederholte Male anerkannt wurde.

Die Vernichtung einer EDV-Firma

Mitunter nimmt sich der Beauftragte der Ev.-Lutherischen Kirche die regelrechte Zerstörung wirtschaftlicher Existenzen vor. So trieb er vergangenes Jahr durch eine gezielte Kampagne die Marktheidenfelder Firma *EDV für Sie* in den Ruin. Der von Privatleuten gegründete Kleinbetrieb vertrieb und betreute seit 10 Jahren bei der Ärzteschaft die Computersoftware des Hannoveraner Unternehmens *MediStar.* Zu ihrer Kundschaft gehörten über 400 Arztpraxen in Unterfranken, bei denen die EDV-Fachleute als kompetent und zuverlässig gelten.

Weil sich die meisten Mitarbeiter der Firma der Glaubensgemeinschaft *Universelles Leben* verbunden fühlen, wurde die Firma bereits in einem *Stern*-Artikel vom 10. 4. 1997 erwähnt, in dem der Kirchenbeauftragte erneut sein angsterregendes Bild von der Glaubensgemeinschaft (Selbstmordgefahr) zeichnete. Es wurde berichtet, daß die EDV-Firma allein in Unterfranken in 400 Arztpraxen die Patientendaten erfasse. Dies nahm die Wochenzeitung *Medical-Tribune* in ihrer Ausgabe vom 16. 5. 1997 zum Anlaß, unter der Überschrift „Können Psychosekten in der Praxis-EDV spionieren?" einen Beitrag zu bringen, der die EDV-Firma des Datenmißbrauchs verdächtigte, weil ihre Mitarbeiter einer „Sekte" angehören, die „Experten für ebenso gefährlich wie die berüchtigte Scientology halten". Weite Teile des Artikels trugen den Stempel des Kirchenbeauftragten, der auch ausdrücklich zitiert war, wobei eine seiner „Meinungsäußerungen" zu einer „Erkenntnis des Bayerischen Verwaltungsgerichtshofs" hochstilisiert war.

Obwohl der Kirchenrat Dr. Behnk es war, der diese üble Verdächtigung ursprünglich in die Welt gesetzt hatte (Main-Echo vom 17. 12. 1994), griff er nunmehr die Verdächtigung der EDV-Firma durch die Zeitschrift *Medical-Tribune* als scheinbare Nachricht von dritter Seite auf und gab am 18. 5. 1997 folgende Pressemitteilung heraus:

„Sicherheitslücke in ärztlicher Praxis-EDV
Patientendaten im Zugriff der Psychosekte
‚Universelles Leben'"

In der Pressemitteilung wiederholt er zunächst Teile des Artikels in *Medical-Tribune.* Sodann schreibt er:

„Der Bayerische Sektenbeauftragte der Evangelischen Kirche, Wolfgang Behnk, begrüßte die Aufklärungsarbeit von *Medical-Tribune.* Behnk betonte, daß die Vorgänge nicht nur die Medizinerschaft, sondern gerade auch die Patienten betreffe. Immerhin handele es sich um ihre Daten, die der denkbaren Gefahr des Mißbrauchs ausgesetzt seien. Und immerhin handele es sich beim UL um ‚Deutschlands gefährlichste Sekte' *(‚Stern'),* die aufgrund gerichtlicher Entscheidungen als eine ‚totalitäre' Organisation bezeichnet werden darf, durch die Hilfesuchende in geistige, psychische und materielle Abhängigkeit gebracht würden."

Sodann verbreitet er sich über angebliche Heilkundekonzepte der Glaubensgemeinschaft bzw. der von Anhängern der Gemeinschaft gegründeten und betriebenen Klinik, um seine „Pressemitteilung" wie folgt abzuschließen:

„Auf dem Hintergrund dieser obskuren Heils- und gefährlichen Heilungsideologie Gabriele Witteks, die im UL als ‚das absolute Gesetz selbst' gilt, betonte Behnk, müsse geprüft werden, inwieweit die ‚Abt. Arztprogramm MediStar' der UL-Firma *‚EDV für Sie'* als vertrauenswürdig angesehen werden kann, um von Ärzten an ihre Praxiscomputer mit den kaum gesicherten Patientendaten herangelassen zu werden. Nicht um die Qualität des ‚MediStar'-Produktes gehe es bei solcher Prüfung, sondern um die Frage des effektiven Patientenschutzes angesichts der Service-Aktivitäten des UL. Der von *Medical-Tribune* vorgetragenen Sorge wegen möglicher ‚EDV-Spionage' durch eine Psychosekte müsse, so der Sektenbeauftragte, durch geeignete Schutzmaßnahmen Rechnung getragen werden."

Auf der Grundlage dieser Pressemitteilung verbreitete die dpa am 19. 5. 1997 folgende Meldung:

„Sektenbeauftragter: Universelles Leben hat Zugang zu Patientendaten

München/Würzburg (dpa/lby) – Die in Würzburg ansässige Psychosekte *‚Universelles Leben'* (UL) hat offenbar seit Jahren Zugang zu Patientendaten, die in den EDV-Systemen nordbayerischer Ärztepraxen gespeichert werden. Nach einem entsprechenden Bericht in der Fachzeitschrift *‚Medical-Tribune'* hat der Sektenbeauftragte der Ev.-Lutherischen Kirche in Bayern, Wolfgang Behnk, vor einem möglichen Mißbrauch dieser sensiblen Daten gewarnt. Das UL-Unternehmen *‚EDV für Sie'*, bis 1994 in Nordbayern alleiniger Vertriebspartner des führenden Arzt-Software-Anbieters *‚MediStar'*, betreut nach Recherchen von *‚Medical-Tribune'* derzeit rund 430 Arztpraxen in Unterfranken. Da die Service-Techniker jederzeit Zugang zu den Patienten- und

Abrechnungsdaten hätten und diese bei der Wartung auch von der Festplatte kopieren könnten, sieht Behnk eine Sicherheitslücke. Es handle sich um Daten, ‚die der denkbaren Gefahr des Mißbrauchs ausgesetzt' seien. Nach Ansicht des Sektenbeauftragten muß geprüft werden, ob das EDV-Programm ‚als vertrauenswürdig angesehen werden kann'. Die kassenärztliche Vereinigung habe die Ärzte nicht auf die Verbindung der EDV-Firma zu UL aufmerksam gemacht, kritisierte Behnk ..."

In einem Rundfunkinterview mit Antenne Bayern vom 20. 5. 1997 führte der Kirchenvertreter seine Angriffe fort. Im einzelnen geschieht dies wie folgt:

In der Anmoderation heißt es:

„Die Sekte *Universelles Leben,* ansässig in Würzburg, soll seit Jahren Zugang zu Patientendaten in nordbayerischen Arztpraxen haben. Der Sektenbeauftragte der Ev.-Lutherischen Kirche in Bayern, Wolfgang Behnk, hat vor einem möglichen Mißbrauch gewarnt."

Moderator: „Grüß Gott, Herr Behnk: Wie kann die Sekte denn an diese Patientendaten herangekommen sein?"

Behnk: „Sie haben richtig gesagt, daß ich gewarnt habe vor einem möglichen Mißbrauch. Ich beziehe mich dabei auf den aktuellen Bericht der angesehenen medizinischen Fachzeitung ‚*Medical-Tribune*', die die Ärzteschaft gewarnt hat vor erstens einer generellen technischen Sicherheitslücke im Bereich der ärztlichen Praxis-EDV-Verwaltung und zweitens die Sorge zum Ausdruck gebracht hat, daß Deutschlands gefährlichste Sekte, das *Universelle Leben,* Zugang über seine Firma *EDV für Sie* im Rahmen des Services auf diese Daten hat. Und das ist eine Sorge. Es wird nicht unterstellt, weder von *Medical-Tribune* noch mir, daß das *Universelle Leben* tatsächlich bereits mißbräuchlich mit diesen Daten umgegangen ist.“

Des weiteren äußert sich der Kirchenrat in dem Interview wie folgt:

„Also ich habe mit einigen Ärzten gesprochen, zum Teil zu dem Zeitpunkt, als sie dieses System *MediStar* übernommen haben, haben sie nichts gewußt, zum Teil gab es nur spärliche Hinweise. Ein offenkundiger Informationsmangel besteht wohl darin, daß die Kassenärztliche Vereinigung Unterfranken nicht deutlich genug aufmerksam gemacht hat, wer hinter diesem *MediStar*-Service und Vertrieb steht, nämlich das *Universelle Leben.* Ich denke, im Sinne des Verbraucherschutzes, genauer gesagt des Patientenschutzes, hätte eine solche Warnung doch ergehen müssen.“

Und schließlich bemerkt er:

„Und ich denk’, eine so dubiose Organisation, die solche – und da sollte sich die Ärzteschaft überlegen, ob sie solche Organisationen an die intimen Patienten- und Abrechnungsdaten heranlassen will.“

Die Äußerungen des Kirchenvertreters führten zu einer Reihe von Presseberichten, in denen die Seriosität der EDV-Firma ins Zwielicht geriet. Der Öffentlichkeit wurde der Eindruck vermittelt, daß die Gefahr schwerwiegender Datenmißbräuche drohe, weshalb Geschäftsverbindungen zu dieser Firma riskant seien.

Mit Schreiben des Unterfertigten vom 20. 5. 1997 und 22. 5. 1997 bat die Firma die Zeitschrift *Medical-Tribune* um Korrektur ihrer Verdächtigungen, was von der Zeitschrift mit Schreiben vom 26. 5. 1997 abgelehnt wurde. Des weiteren wurde mit Schreiben vom 22. 5. 1997 der evangelische Landesbischof auf mögliche Schäden durch die Äußerungen seines Beauftragten hingewiesen und eine Korrektur anheimgestellt. Der Landesbischof ließ dieses Schreiben unbeantwortet.

Zwar hatte die Firma *EDV für Sie* im Laufe ihrer zehnjährigen Arbeit bewiesen, daß nicht der geringste Anlaß für solche Verdächtigungen bestand; gleichwohl führte die von der Ev.-Lutherischen Kirche ausgelöste Pressekampagne dazu, daß der Hauptgeschäftspartner der EDV-Leute, die Firma *Medi-Star,* sich derart unter Druck gesetzt fühlte, daß sie den Vertriebspartnervertrag mit der Firma *EDV für Sie* kündigte. Damit fiel das bisherige Hauptgeschäft der Firma, das ihr in den letzten sechs Jahren einen Gewinn von 1,8 Mio. gebracht hatte, in sich zusammen, und die Firma mußte zum Jahresende ihren Geschäftsbetrieb einstellen. 14 Mitarbeiter verloren dadurch ihre Arbeitsplätze.

Boykottiert sie in allen Bereichen!

Wenn die Glaubensgemeinschaft *Universelles Leben* in deutschen Städten und Gemeinden Säle für Vortragsveranstaltungen mietet, erleben Bürgermeister und Stadtverwaltungen, daß plötzlich der Sektenbeauftragte der Ev.-Lutherischen Kirche in Bayern am Telefon ist, und „verlangt“, daß der Vertrag storniert wird. Wenn sich der Bayerische Rundfunk entschließt, Werbespots für eine Firma auszustrahlen, deren Mitarbeiter sich zum *Universellen Leben* bekennen, interveniert er, wie bereits erwähnt, beim Intendanten mit nachweisbar unwahren Behauptungen so lange, bis die Werbung gestoppt wird und erst die Gerichte die Erfüllung des Werbevertrags erzwingen müssen. Und weil die Stadt Marktheidenfeld den Bauantrag von Anhängern der Gemeinschaft entsprechend dem geltenden Baurecht behandelte, wurde der Bürgermeister von dem Kirchenvertreter in einer öffentlichen Veranstaltung derart angegriffen, daß er eine Dienstaufsichtsbeschwerde an den Landesbischof ankündigte.

Und immer wieder: Verdächtigen, verdächtigen…

Als besonders diskriminierend erweist sich gegenwärtig in Deutschland die Behauptung, daß jemand mit der Scientology-Organisation zusammenarbeitet. Obwohl die Ev.-Lutherische Kirche weiß, daß dies für das *Universelle Leben* nicht zutrifft, erweckt sie in der Öffentlichkeit durch zweideutige Aussagen den gegenteiligen Eindruck – übrigens auch im Widerspruch zum Bayerischen Innenminister, der öffentlich erklärte, daß im Gegensatz zu der vorgenannten Gruppierung beim *Universellen Leben* keinerlei Veranlassung besteht, den Verfassungsschutz zu bemühen.

Um den dadurch gescheiterten Verdacht doch wieder ins Spiel zu bringen, versucht der Kirchenvertreter neuerdings, Rechtsanwalt Dr. Sailer in öffentlichen Vorträgen in Scientology-Nähe zu bringen: Dieser habe Anfang der 80er Jahre(!) als Münchener Anwalt diese Organisation vor Gericht vertreten und damit eine „einschlägige Vergangenheit".

Auch andere Verbindungen versucht der Kirchenbeauftragte unterschwellig zu suggerieren, wenn er seine Fernsehstatements über „Satanismus", „Psychokulte" und andere gefährliche Entwicklungen vor einem Plakat mit der Aufschrift „Stoppt das *Universelle Leben*" abgibt. Mit diesem Plakat scheint er sein Arbeitszimmer drapiert zu haben.

Es paßt gut zum sonstigen Stil des kirchlichen Agitators: Er gibt nicht nur die Stichworte für Flugblätter, die in demagogischer Weise Ängste unter der Bevölkerung schüren, sondern schleicht sogar spätabends um einen Bauernhof von Anhängern des *Universellen Lebens,* um ihnen mit einer Nachtbildvideokamera aufzulauern, die sein Begleiter mit sich führt. Sein verstorbener Vorgänger Haack brachte es sogar fertig, in den Mülltonnen vor dem Haus des *Universellen Lebens* in Würzburg nach „Belastungsmaterial" zu wühlen. Ob das die einer öffentlich-rechtlichen Körperschaft angemessene Arbeitsweise ist?

Höchst unangemessen ist es für eine kirchliche Körperschaft auch, wenn sie sich nicht nur als Datenschutzbeauftragte (wie im Fall der erwähnten EDV-Firma) und als Verfassungsschutzbehörde (wie im Fall der Schule) aufspielt, sondern sich auch als bundesweit operierender Prozeßbeistand gegen andere Glaubensgemeinschaften oder deren Anhänger ins Zeug legt: Gleich, ob sich das *Universelle Leben* vor dem Verwaltungsgericht Köln gegen einen Sektenreport wendet oder eine Firma, deren Mitarbeiter sich zu der Glaubensgemeinschaft bekennen, vor dem Landgericht München einen Werbevertrag mit dem Bayerischen Rundfunk einklagen muß oder vor dem Landgericht Aschaffenburg eine presserechtliche Gegendarstellung beantragt, oder ob vor dem Landgericht Hamburg gegen eine rufschädigende Buchveröffentlichung eine einstweilige Verfügung erwirkt wurde – immer tauchen in den Anwaltsschriftsätzen der Prozeßgegner des *Universellen Lebens* kirchliche Exposés auf, die Stimmung gegen die Glaubensgemeinschaft machen wollen. So ging es in dem simplen Zivilprozeß um die Rundfunkspots für Bauernbrot plötzlich um kirchliche Verdammungsurteile gegen die religiöse Einstellung der Bäcker dieses Brotes; und in einem Prozeß vor dem Finanzgericht Nürnberg um die Gemeinnützigkeit des Trägervereins des *Universellen Lebens* legte das Finanzamt pfundweise kirchliche „Gutachten" vor, um damit den auf ministerielle Weisung erfolgten Entzug der Gemeinnützigkeit zu rechtfertigen, für den die Behörden vor Ort auch nach einer ausführlichen Betriebsprüfung keine Veranlassung sahen.

Ihr Selbstverständnis als allgegenwärtiger Prozeßagent gegen „gefährliche Sekten" veranlaßte die kirchliche Körperschaft öffentlichen Rechts inzwischen auch, auf unzulässige Weise Gerichtsbeschlüsse aus nichtöffentlichen Verfahren zu sammeln, um sie öffentlich zu zitieren oder in anderen Gerichtsverfahren vorzulegen. Die kirchliche „Zentralkartei" scheint so gut bestückt, daß sie sogar ganze Schriftsätze enthält, die Rechtsanwalt Dr. Sailer vor 15 Jahren beim Verwaltungsgericht Köln einreichte (in dem bereits erwähnten Verfahren der Scientology-Organisation), und mit denen man ihn heute ins Zwielicht zu bringen versucht. Der Bundesnachrichtendienst könnte auf so viel Gründlichkeit stolz sein; für eine kirchliche Körperschaft öffentlichen Rechts zeigt diese Spitzeltätigkeit ein verfassungswidriges Selbstverständnis ihrer Rechtsstellung, ganz abgesehen von der Frage, wer ihr eigentlich staatlicherseits derlei Aktenmaterial zur Verfügung stellt.

2. *Das Gesamtergebnis: Verfassungsfeindliche Menschenverachtung*

Für die geschilderten Aktionen der Ev.-Lutherischen Landeskirche müßte sich im Grunde der Verfassungsschutz interessieren: Nach Art. 3 des Bayerischen Verfassungsschutzgesetzes hat er „die Aufgabe, Bestrebungen zu beobachten, die gegen die freiheitlich demokratische Grundordnung gerichtet sind". Zu den „grundlegenden Prinzipien dieser Ordnung" gehören gem. Art. 1 Abs. 2 des Verfassungsschutzgesetzes u. a. „die Achtung vor den im Grundgesetz konkretisierten Menschenrechten". Diese beinhalten die Menschenwürde (Art. 1 Abs. 1

GG), das Recht auf freie Entfaltung der Persönlichkeit (Art. 2 Abs. 1 GG), die Freiheit des Glaubens und das Recht auf ungestörte Religionsausübung (Art. 4 Abs. 1 u. 2 GG), das Recht „im ganzen Bundesgebiet" seinen Wohnsitz nehmen zu können (Art. 11 GG) und die Berufsfreiheit (Art. 12 GG). Gegen alle diese Grundrechte bzw. Grundwerte unserer Verfassung richteten sich die geschilderten Aktionen der Ev.-Lutherischen Kirche. Sie hatten ersichtlich das Ziel, die in den Menschenrechten geschützten Freiheiten der Anhänger des *Universellen Lebens* durch öffentlichen Druck einzuschränken. Und sie hatten durchschlagenden Erfolg: Sie führten zu rechtswidrigen Kündigungen (z. B. bei der Kindergärtnerin), zur rechtswidrigen Stornierung von Verträgen (z. B. beim Bayerischen Rundfunk und bei Stadtverwaltungen), zum Verlust wichtiger Geschäftsbeziehungen (z. B. bei der EDV-Firma), zu Bedrohungen, Beschimpfungen u. v. a. m. Es handelt sich somit um „Bestrebungen, die gegen die freiheitlich-demokratische Grundordnung gerichtet sind".

Daran ändert auch der Umstand nichts, daß die einzelnen Aktionen, die von seiten der kirchlichen Organisation gegen Andersgläubige gerichtet waren bzw. sind, als „Meinungsäußerungen" gerichtlich nicht unterbunden wurden. Verfassungswidrige „Bestrebungen" im Sinne des Verfassungsschutzgesetzes definieren sich nicht in erster Linie äußerungsrechtlich oder strafrechtlich,

– vgl. hierzu auch Badura, Die Legitimation des Verfassungsschutzes, in: Verfassungsschutz in der Demokratie, hrsg. v. Bundesamt für Verfassungsschutz, 1990, der hierzu bemerkt: „Der abzuwehrende Mißbrauch der Freiheit bedient sich gerade des Mediums, das den Lebensprozeß der Demokratie ausmacht: die freie individuelle und organisierte Bildung und Äußerung von Meinungen über öffentliche Angelegenheiten." (S. 39) –

sondern durch ihr verfassungswidriges Gesamtergebnis, das durch wiederkehrende und systematische Aktionen gegen die wirtschaftliche und weltanschauliche Existenz anderer erzielt wird und den Vorwurf prinzipieller verfassungsrechtlicher Unverträglichkeit rechtfertigt.

Wenn ein einflußreicher Meinungsmacher wie die Ev.-Lutherische Kirche jahrelang eine bestimmte Gemeinschaft massiv verunglimpft, bekommen die Anhänger dieser Gemeinschaft gesellschaftlich bald „keinen Fuß mehr auf den Boden". Sie werden durch lauter „zulässige Meinungsäußerungen" immer mehr ausgegrenzt, und die Grundrechte ihrer Anhänger laufen mehr und mehr leer. Die geschilderten Erfahrungen der Anhänger der Gemeinschaft der *Urchristen im Universellen Leben* beweisen, daß dieser Prozeß mitten in Gang ist: Es ist der Ev.-Lutherischen Kirche gelungen, in der Öffentlichkeit ein Klima der Feindseligkeit gegen sie zu schaffen, das das Lebensrecht dieser religiösen Minderheit bedroht.

Sie war und ist gegen diese Bedrohung praktisch machtlos. Versuchte sie sich zu wehren, schlug man nur noch mehr auf sie ein: Verteilte sie beispielsweise Handzettel, weil Zeitungen ihre Pressemitteilungen nicht abdruckten, empörte man sich über deren plakative Sprache (ohne die ein Flugblatt von vornherein wirkungslos wäre); ging sie zu Gericht, wurden aus rufschädigenden Behauptungen der kirchlichen Organisation „zulässige Wertungen“, die dann nach dem Gerichtsverfahren wieder als Tatsachenbehauptungen verkauft wurden und die geschilderten Wirkungen hatten. Auch wiederholte Angebote des *Universellen Lebens,* ein „Friedensgespräch“ zu führen, wurden von der Ev.-Lutherischen Kirche teils ignoriert, teils ausdrücklich abgelehnt. Man wollte die Feindseligkeit nicht einstellen und führt sie bis zum heutigen Tag in immer aggressiverer Form fort, um diese urchristliche Bewegung in einer Weise auszugrenzen, die ihre Existenz bedroht und die Grundrechte ihrer Anhänger in verfassungsfeindlicher Weise untergräbt.

Möglich war dieser Erfolg des kirchlichen Kampfes gegen Andersgläubige nur dank der Stellung der Ev.-Lutherischen Kirche als Körperschaft des öffentlichen Rechts, dank der damit verbundenen öffentlichen Reputation, dank des Einflusses bei den Medien und nicht zuletzt auch bei vielen Politikern, die sich der Kirche aus den verschiedensten Gründen verpflichtet fühlen. Die Ev.-Lutherische Kirche kann sich nicht einerseits als Körperschaft des öffentlichen Rechts Hoheitsbefugnisse übertragen lassen und im Senat, im Rundfunkrat und in anderen Gremien des Landes mitberaten und mitentscheiden, gleichzeitig aber die Äußerungsfreiheit nach Stammtischart in Anspruch nehmen und in öffentlichen Versammlungen das Volk aufhetzen.

V. Ergebnisse des Enquete-Berichts: Neue religiöse Bewegungen sind keine Gefahr für Staat und Gesellschaft

Die verfassungswidrige Zusammenarbeit von Kirche und Staat zum Zwecke der Diskriminierung religiöser Gemeinschaften, die von herkömmlichen Religionsvorstellungen abweichen, erreichte ihren Höhepunkt durch die Einsetzung der Enquete-Kommission „Sog. Sekten und Psychogruppen". Was sich hierbei an gebündelter Intoleranz zusammenbraute, machte der im Herbst vergangenen Jahres veröffentlichte Zwischenbericht der Kommission deutlich. Kein geringerer als der angesehene Staatsrechtslehrer Kriele bescheinigte dem Bericht: „Er zeigt Tendenzen zu einer Hysterie, wie sie für Epochen der Ketzerverfolgung, der Hexenjagd, des Antisemitismus oder des *McCarthyismus* typisch waren." (ZRP 1998, 231)

Doch diese Hysterie ließ sich nicht durchhalten: Der Abschlußbericht der Kommission mußte trotz seiner oben geschilderten ideologischen Schlagseite aufgrund wissenschaftlicher Gutachten, deren Veröffentlichung sich die Ausschußmehrheit bislang allerdings widersetzte, einräumen, daß von neuen religiösen Bewegungen keine Gefahren für Gesellschaft und Staat ausgehen. In der Pressemeldung des Deutschen Bundestags heißt es hierzu u. a.:

„Zum gegenwärtigen Zeitpunkt stellen die neuen religiösen und ideologischen Gemeinschaften und Psychogruppen keine Gefahr für Staat und Gesellschaft oder tragende gesellschaftliche Bereiche dar." (S. 5)

An anderer Stelle heißt es:

„Der in der öffentlichen Diskussion zu beobachtende Trend, diese Gemeinschaften unkritisch ‚in einen Topf zu werfen‘, alle Gruppierungen gleichermaßen für ‚gefährlich‘ zu erklären und mit dem negativ besetzten Begriff der ‚Sekte‘ zu bezeichnen, ist nicht haltbar. Die Enquete-Kommission hält den Sektenbegriff daher besonders im staatlichen Gebrauch wegen seiner stigmatisierenden Wirkung für ungeeignet und hat ihn in ihrem abschließenden Bericht nicht mehr verwendet. Weiterhin schädlich für eine angemessene und differenzierte Betrachtung ist, daß gerade in letzter Zeit häufig Rückschlüsse vom Gefahrenpotential der Scientology-Organisation auf andere Gemeinschaften gezogen werden.“ (S. 2)

Während die von der Kommissionsmehrheit getragene Pressemitteilung diese Erkenntnisse relativ zurückhaltend einräumt und als ein „Ja, aber ...“ präsentiert, wird das Sondervotum der Abgeordneten Dr. Angelika Köster-Loßack und des Religionswissenschaftlers Prof. Dr. Hubert Seiwert deutlicher:

„Bei der Bewertung der der Kommission vorliegenden Erkenntnisse über neue religiöse Bewegungen können wir uns dem Bericht der Kommissionsmehrheit nicht anschließen. Dies gilt insbesondere für die Bewertung der Ergebnisse der von der Kommission in Auftrag gegebenen Forschungen und Gutachten und den daraus zu ziehenden Folgerungen. Diese Forschungsergebnisse zeigen übereinstimmend, daß von neuen religiösen und weltanschaulichen Bewegungen in der Regel keine Gefahren ausgehen, die über das hinausgehen, was in vergleichbaren sozialen Kontexten zu beobachten ist. Angesichts in der Öffentlichkeit bestehender Befürchtungen halten wir dies für das wichtigste Ergebnis der Kommissionsarbeit.“ (S. 3)

Das Sondervotum referiert vor allem die in Auftrag gegebenen wissenschaftlichen Untersuchungen und konstatiert, daß all das, was in der Öffentlichkeit über sog. Sekten kolportiert wird, jeglicher Grundlage entbehrt, insbesondere die Thesen von „Gehirnwäsche“ und „Manipulation“. Zu einzelnen Vorwürfen nimmt das Sondervotum anhand der von der Kommmission in Auftrag gegebenen Gutachten u. a. wie folgt Stellung:

- „Vorwurf der Verfolgung verfassungswidriger Ziele: Es lagen der Kommission keine Informationen vor, die belegen würden, daß neue religiöse und weltanschauliche Bewegungen gesellschaftliche Veränderungen anstreben, die mit dem demokratischen Rechtsstaat nicht vereinbar sind ...“
- „Vorwurf totalitärer innerer Machtverhältnisse: Es lagen der Kommission keine Belege dafür vor, daß neue religiöse Bewegungen ‚die verfassungsmäßigen Rechte der Mitglieder einschränken oder beseitigen‘.“
- „Vorwurf, religiöse Ziele mit wirtschaftlicher Tätigkeit zu vermischen oder als Vorwand für wirtschaftliche und politische Ziele zu benutzen: Es lagen Hinweise vor, daß einige neue religiöse Bewegungen auch wirtschaftlich aktiv sind. Auch gewerbliche Anbieter von Kursen zur Persönlichkeitsentwicklung und Lebenshilfe sind wirtschaftlich tätig. Die Verfolgung wirtschaftlicher und

politischer Ziele bedarf in einer freiheitlichen Gesellschaft keines Vorwandes." (S. 58 ff.)

Bemerkenswert ist auch, was das Sondervotum zum Thema „Gesellschaftliche Konflikte", das von staatlichen Behörden so gern zur Legitimation staatlicher „Sektenberichte" ins Feld geführt wird, sagt: Die Ergebnisse der Untersuchungen der von der Kommission in Auftrag gegebenen empirischen Forschungen sind, daß „nicht erkennbar wurde, daß von neuen religiösen und weltanschaulichen Bewegungen Gefahren für die Mitglieder ausgehen". (S. 61) Im Resümee stellt das Sondervotum abschließend fest:

„Wir halten es auch für notwendig, festzustellen, daß die Problemdefinition, von der alle Fraktionen des Deutschen Bundestages (einschließlich derjenigen, die wir vertreten) bei der Einsetzung der Enquete-Kommission ausgegangen sind, in vielen Punkten nicht bestätigt werden konnte. Es konnte nicht bestätigt werden, daß die Entstehung und Ausbreitung neuer religiöser und weltanschaulicher Bewegungen ein ‚anwachsende(s) vielschichtige(s) Gefährdungs- und Konfliktpotential' bedeutet. *Es besteht deshalb auch keine Veranlassung, von seiten des Staates nach Möglichkeiten zu suchen, durch die verhindert werden soll, daß sich Menschen neuen religiösen und weltanschaulichen Bewegungen zuwenden; oder durch die gefördert werden soll, daß Menschen solche Gemeinschaften wieder verlassen. Der Staat muß sich darauf beschränken, in konkreten Fällen Menschen zu helfen, wenn Hilfe notwendig ist.* (Hervorhebung. d. d. U.)

Solange sich neue religiöse und weltanschauliche Bewegungen im Rahmen und unter Beachtung der Rechtsordnung entfalten, ist dies kein Problem der öffentlichen Ordnung. Religiöse und weltanschauliche Konflikte, die sich in diesem Zusammenhang entzünden, können und müssen im vorstaatlichen Raum ausgetragen werden. Der Staat kann seine Aufgabe, die Rechte aller Bürger zu schützen, nur erfüllen, wenn er sich in diesen Konflikten neutral verhält und die Beachtung der bestehenden Gesetze gewährleistet."

VI. Politische Konsequenzen

Diese Einsichten des Deutschen Bundestags und die im vorausgehenden geschilderten maßlosen Diskriminierungen religiöser Minderheiten durch Kirche und Staat können nicht ohne politische Konsequenzen bleiben:

1. *Einsetzung einer Enquete-Kommission zum Thema „Die Behandlung religiöser Minderheiten durch Kirche und Staat"*

Die Einsetzung der Enquete-Kommission „Sog. Sekten und Psychogruppen" erfolgte aufgrund einiger weniger Petitionen sogenannter Aussteiger aus neuen religiösen Bewegungen, deren angeblich schlimme Erfahrungen (die betroffenen Gemeinschaften wurden auch hier nicht gehört) vorschnell generalisiert wurden. Inzwischen hat sich herausgestellt, daß dies unzulässig war. In Wirklichkeit leiden weit mehr Menschen unter kirchlichen Absolutheitsansprüchen als unter Bedrängnissen durch neue religiöse Bewegungen. In den psychosomatischen Kliniken Deutschlands befinden sich nicht wenige Patienten mit ekklesiogenen Neurosen, die durch ein menschenfeindliches Gottesbild entstanden sind. Von den Seelsorgern selbst landen nicht wenige seelisch angeschlagen oder auch alkoholkrank in Spezialkliniken – von den sich häufenden Fällen sexuellen Kindsmißbrauchs durch katholische Priester ganz zu schweigen.

Vor allem aber ist die Situation der „Aussteiger“, die den 13. Deutschen Bundestag zur Einsetzung der Enquete-Kommission „Sog. Sekten und Psychogruppen“ veranlaßte, im Falle der Kirchen unvergleichlich schlimmer als bei den neuen religiösen Bewegungen. Es geht nicht um einige wenige Fälle frustrierter Apostaten, sondern um die gesellschaftliche und religiöse Existenz Zehntausender von Menschen, die sich von den Kirchen abgewandt und zu neuen religiösen Bewegungen zusammengeschlossen haben und nunmehr als gefährliche Ketzer verfolgt werden.

All dies wurde bei der großangelegten Enquete über „Sog. Sekten und Psychogruppen“ ausgeblendet, obwohl sich der Untersuchungs- und Handlungsbedarf in diese Richtung als weit größer erweist. Nicht die neuen religiösen Bewegungen sind ein politisches und gesellschaftliches Problem, sondern der Umgang von Kirche und Staat mit religiösen Minderheiten.

Wir regen deshalb an, daß der 14. Deutsche Bundestag eine Enquete-Kommission zum Thema „Die Behandlung religiöser Minderheiten durch Kirche und Staat“ einsetzt.

2. *Überprüfung der privilegierten Rechtsstellung der Kirchen*

Im Rahmen dieser Enquete wäre auch die Frage zu prüfen, inwieweit die privilegierte Stellung der Kirchen als Körperschaften des öffentlichen Rechts mit ihrem gegenwärtigen Verhalten gegenüber Andersgläubigen noch vereinbar ist.

Das Grundgesetz der Bundesrepublik Deutschland hat den Amtskirchen den Status von Körperschaften des öffentlichen Rechts belassen, den sie bereits unter der Weimarer Verfassung (1919) und dem Preußischen Allgemeinen Landrecht (1794) hatten. Man war davon ausgegangen, daß sie im Volk verwurzelt sind und zu einer höheren Ethik und Moral beitragen würden, daß sie ihren Mitgliedern „Ehrfurcht gegen die Gottheit, Gehorsam gegen die Gesetze, Treue gegen den Staat und sittlich gute Gesinnung“ einflößen sollen. – Vgl. Erich Foerster, Die Entstehung der Preußischen Landeskirche unter der Regierung König Friedrich Wilhelms des Dritten, Tübingen 1905, S. 24, zit. n. Kirchhoff, Die Kirchen als Körperschaften des öffentlichen Rechts, in: Handbuch des Staatskirchenrechts der Bundesrepublik Deutschland, Bd. I, 2. Aufl. 1994, S. 660, der diese verfassungspolitischen Motive und Grundlagen der rechtlichen Privilegierung der Kirchen als Körperschaften öffentlichen Rechts und ihre Fortgeltung bei der Entstehung des Grundgesetzes ausführlich beschreibt.

Hieran knüpften auch die Väter des Grundgesetzes an, als sie den Korporationsstatus übernahmen. „Kennzeichen einer Körperschaft öffentlichen Rechts ist die Pflege von Gemeinschaftsinteressen im Bereich des Öffentlichen. Die öffentliche Aufgabe legitimiert den öffentlich-rechtlichen Status der Religionsgemeinschaften; die Anerkennung als öffentliche Körperschaft gilt einer dem Staat parallel wirkenden, die Realität einer freiheitlichen Demokratie stützenden Ordnungsmacht."

– Friesenhahn, Die Kirchen und Religionsgemeinschaften als Körperschaften des öffentlichen Rechts, Handbuch des Staatskirchenrechts, 1. Aufl., Bd. I, S. 545. –

Mit der Anerkennung des Korporationsstatus bzw. dessen Verleihung für bislang privatrechtlich organisierte Religionsgemeinschaften (die das Grundgesetz ebenfalls vorsieht), geht die Einräumung zahlreicher öffentlich-rechtlicher Befugnisse bzw. Privilegien einher: das Recht, von den Mitgliedern Steuern zu erheben und diese vom Staat beitreiben zu lassen; der Vorzug, selbst keine Steuern an den Staat zahlen zu müssen; eine Vielzahl von Vergünstigungen und Befreiungen bei Kosten und Gebühren in Verwaltungsverfahren; die Mitwirkung an wichtigen Entscheidungsprozessen in staatlichen und halbstaatlichen Gremien; die Errichtung eigener theologischer Fakultäten auf Staatskosten; die Unterhaltung kirchlicher Seelsorge bei der Bundeswehr auf

Staatskosten und die milliardenschwere Subventionierung in vielen anderen kirchlichen Bereichen.

Diese besonderen Rechte und Begünstigungen führen auch zu besonderen Pflichten öffentlich-rechtlich organisierter Religionsgemeinschaften. Je größer die Macht einer Korporation ist, um so intensiver ist auch ihre Rechtsgebundenheit. Wie das Bundesverwaltungsgericht in seinem Urteil im Streit um den Korporationsstatus der *Zeugen Jehovas* feststellte, genügt hierfür nicht die allgemeine Rechts- und Verfassungstreue. Vielmehr werde von den öffentlich-rechtlich anerkannten Religionsgemeinschaften ein Maß an Rechtstreue verlangt, das darüber hinausgeht. Das Gericht spricht vom Erfordernis der „Gemeinwohldienlichkeit" einer Religionsgemeinschaft, die einen öffentlich-rechtlichen Status in Anspruch nehmen will, und verneint die Möglichkeit einer Verleihung der Körperschaftsrechte, wenn nicht sicher ist, daß eine verläßliche Loyalität zu den demokratischen Grundwerten gegeben ist. – Vgl. Urteil des Bundesverwaltungsgerichts v. 26. 6. 1997 – Az. 7 C 11.96 – S. 10 ff., 14 f.

Dies gilt nicht nur für künftige Verleihungen von Körperschaftsrechten an Religionsgemeinschaften, sondern auch für den Fortbestand der vom Grundgesetz übernommenen Korporationsrechte. Denn diese Übernahme erfolgte von Verfassungs wegen unter der Voraussetzung der Beachtung der oben geschilderten Gemeinwohl- und Verfassungsvorbehalte. Werden sie nicht mehr beachtet, fällt die verfassungsrechtliche Voraussetzung dieses besonderen Rechtsstatus weg.

Die Kirchen, die vom Staat jährlich Subventionen in Milliardenhöhe kassieren, sind in die öffentliche Friedenspflicht einzubinden. Deren permanente Verletzung durch sogenannte Sektenbeauftragte kann nicht länger ohne politische und rechtliche Konsequenzen bleiben.

3. Unterbindung religiöser Diskriminierung durch Staat und Gemeinden

Unabhängig davon, ob sich der Deutsche Bundestag zu einer neuerlichen parlamentarischen Untersuchung entschließt, ergibt sich jedoch bereits aus den bisherigen Untersuchungsergebnissen, daß die „Sektenberichte“ der Bundesländer, mit denen in regelmäßigen Abständen auf Kosten des Steuerzahlers Stimmung gegen religiöse bzw. weltanschauliche Minderheiten gemacht wird, sofort eingestellt und zurückgenommen werden müssen. Ebenso muß auf das Projekt eines Sektenreports der Bundesregierung (der im Entwurf vorliegt) endgültig verzichtet werden.

Eine weitere Konsequenz muß darin bestehen, daß die politisch Verantwortlichen in Bund und Ländern darauf hinwirken, daß die Diskriminierung religiöser Minderheiten auch auf Bezirks-, Kreis- und Gemeindeebene eingestellt wird. Konkret bedeutet dies insbesondere, daß die Gemeinden Infostände neuer religiöser Bewegungen nicht länger mit Hilfe mißbräuchlicher Anwendung straßenrechtlicher Vorschriften unterbinden, daß Beamte von Gemeinden und Landkreisen nicht länger unter Mißbrauch ihrer Amtsautorität Vorträge gegen neue religiöse Bewegungen halten und daß derartiges auch auf der Ebene der Volkshochschulen eingestellt wird.

Des weiteren wäre im Kultusbereich unverzüglich dafür zu sorgen, daß die „Sektenfilme“ aus dem Schulunterricht zurückgezogen werden und der Anti-„Sekten“-Unterricht eingestellt wird.

Zum Zwecke der Wiedergutmachung müßten sich schließlich Bund und Länder in einer gemeinsamen Erklärung von ihrem bisherigen Verhalten distanzieren und für den Schaden, den sie den vom Staat im Verbund mit den Kirchen diskriminierten religiösen Minderheiten zugefügt haben, entschuldigen. Nur auf diesem Weg ist eine nachhaltige Rehabilitierung dieser Minderheiten möglich.

Wir bitten den Petitionsausschuß höflich, diese Eingabe sorgfältig zu prüfen und den vorgetragenen Anliegen durch entsprechende Handlungsempfehlungen Rechnung zu tragen.

Die Beweise für die geschilderten Vorfälle liegen dem Unterfertigten vor und können auf Anforderung jederzeit vorgelegt werden.

Der Abschlußbericht der Enquete-Kommission „Sog. Sekten und Psychogruppen" des Deutschen Bundestages Eine Ergänzung zu: KRIELE, Sektenjagd

DOROTHEE OSTERHAGEN

Nach nur zweijähriger Arbeit der Enquete-Kommission, die der deutsche Staat vor der Parteinahme für die kirchlichen Sektenexperten hätte leisten müssen, wie dies gewissenhaftere Staaten (Israel, Holland und Schweden) getan haben, steht nunmehr auch für unser Land fest, daß es zu keiner Zeit weder quantitativ noch qualitativ ein pauschale staatliche Warnungen rechtfertigendes Problem gegeben hat:

Bereits der Zwischenbericht der Enquete-Kommission vom 7. 7. 1997, BT-DrS 13/8170 (dort S. 29) wiederholt zur Erkrankungsgefahr das Ergebnis der Beweisaufnahme vor dem OVG Münster im Prozeß der Transzendentalen Meditation (TM) gegen die Bundesregierung aus den Jahren 1980–1989:

„Die Sozialwissenschaftler hielten es nahezu übereinstimmend für ausgeschlossen, eindeutige Verursachungsketten zwischen angewandten Techniken und psychischen Störungen herzustellen."

Eine zur Quantifizierung des Problems von der Kommission in Auftrag gegebene demoskopische Erhebung kommt zu dem Ergebnis (aaO., S. 35):

– *Zahl der Mitglieder in sog. Sekten u. Psychogruppen bundesweit 340 000 = 0,5 % der Bevölkerung*

- *Zahl der Nahestehenden bundesweit 497 000*
- *Schwerpunkt des Rekrutierungspotentials: Personen zwischen 20 und 29 Jahren, Freiberufler/Selbständige, Alleinerziehende*

Mehr als 80 % dieser Nutzer alternativer Lebenshilfe sind mit ihrer Methode zufrieden, so das von der Kommission eingeholte Gutachten der Dipl.-Psych. G. Hellmeister und W. Fach (Anbieter und Verbraucher auf dem Psychomarkt, S. 3). Wie viele mit einer Methode unzufriedene Nutzer ernsthafte Probleme hatten, wurde leider nicht quantifiziert. Anders hielten es bereits vor mehr als 20 Jahren die Schweden. Die schwedische Regierung gab, von der Bundesregierung auf das Sektenproblem hingewiesen, im Frühjahr 1975 bei Prof. Ottoson (wissenschaftlicher Berater der schwedischen nationalen Gesundheitsbehörde) eine epidemiologische Studie[1] in Auftrag, die zu dem Ergebnis kam, daß psychische Erkrankungen in weltanschaulich alternativen Gruppen 150–200mal weniger vorkommen als im Bevölkerungsdurchschnitt. Damit war das Thema in Schweden vom Tisch. In gleicher Weise verfuhren 1980 die israelische[2] und 1983/84 die holländische[3] Regierung. Auch diese Regierungen ließen, auf das angebliche Sektenproblem aufmerksam gemacht, Gutachten erstellen, die einen Gefahrenverdacht verneinten, und enthielten sich danach bis heute regierungsamtlicher Warnungen. Die ausländischen Gutachten wurden der Bundesregierung unverzüglich zur Kenntnis gebracht. Gleichwohl war sie durch nichts zur Einholung einer eigenen epidemiologischen Studie zu bewegen, obwohl sie bereits Ende der 70er Jahre zur

Flankierung ihres Gerichtsverfahrens mit der TM-Gruppe ein Gutachten beim Lehrstuhl für Religionssoziologie und Sozialethik der Universität Tübingen (Prof. Kehrer) zur Sozialschädlichkeit der TM-Gruppe in Auftrag gegeben und diesen Auftrag wieder zurückgezogen hatte, als bereits die Vorstudie zu dem Ergebnis kam, daß es nicht gelungen sei, ein für eine wissenschaftliche Untersuchung erforderliches quantitatives Problemfeld zu ermitteln.

Zum qualitativen Aspekt des Sektenproblems, den behaupteten Gefahren, kommt der am 19. 6. 1998 vorgelegte Abschlußbericht der Enquete-Kommission (Kap. 3.7, S. 143 ff.) aufgrund des von ihr beauftragten wissenschaftlichen Gutachtens des Dipl.-Psych. Dr. Murken zu folgenden Feststellungen:

- *Rekruten (Anzuwerbende) sind keiner dominierenden Macht ausgesetzt*
- *vermehrter Anteil Prämorbider bei den Mitgliedern, die sich allerdings durch die Mitgliedschaft oft psychisch und sozial stabilisieren* (eine indirekte Bestätigung der schwedischen Ottoson-Studie)
- *einige Teile der verwendeten Literatur verweisen auf therapeutische Effekte durch die Mitgliedschaft* (siehe Ottoson)
- *in aller Regel freiwilliger Ausstieg ohne fremde Hilfe möglich*
- *keine generelle Schädlichkeit der Mitgliedschaft; Krisen bei Austritt weniger ein Ausdruck von „Destruktivität" der vorherigen Mitgliedschaft als vielmehr eine Begleiterscheinung, die mit jedem emotional bedeutsamen Rollenwechsel verbunden ist*

- *psychisches Empfinden der Mitglieder nach vorliegenden empirischen Studien im Normbereich, vergleichbar mit den Teilen der Bevölkerung, die nicht Mitglieder sind*

Weitere Erkenntnisse der Kommission (Kap. 6.1., S. 374 ff.):

- *Es gibt keine Sekten-Konversion durch Psychotechniken wie Gehirn-, Seelenwäsche oder Psychomutation*
- *Zum gegenwärtigen Zeitpunkt stellen die neuen religiösen und weltanschaulichen Gemeinschaften und Psychogruppen insgesamt keine Gefahr dar für Staat und Gesellschaft oder für gesellschaftlich relevante Bereiche, z. B. Wirtschaft*

Dies ist eine Entlastung auf allen Ebenen und eine Widerlegung früherer Rechtfertigung staatlicher Warnungen in allen Punkten! Wer nun aber meint, jetzt komme nur noch eine Empfehlung der Kommission an die Bundesregierung, vergangene Benachteiligungen (z. B. Verhetzung in Schulbüchern und Sektenberichten, Aberkennung der Gemeinnützigkeit, Benachteiligung in Beihilfe- und Steuerrichtlinien) rückgängig zu machen oder sich bei den betroffenen Gruppen zu entschuldigen, und damit sei der Spuk dann zu Ende, hat sich gründlich getäuscht und den Einfluß der beteiligten Sektenexperten auf die Kommission weit unterschätzt:

Die Inquisition soll mit einem juristisch (nach vergangenen Erfahrungen möchte man sagen „gottlob“) völlig unbrauchbaren sprachlichen „Breitbandantibioticum“, dem neuen Arbeits-(Diskriminierungs-)begriff „Konfliktträchtigkeit“ perpetuiert, perfektioniert, staatlich global finanziert und nun endlich auch – vorbei an Art. 3-5 GG – gesetzlich legitimiert werden! Das Ergebnis, eine Niederlage für den gesunden Menschenverstand, verblüfft nicht, waren doch in der Kommission die Kirchen, die konservative Ärzteschaft und politische Ideologen, sämtlich, wenn auch aus unterschiedlichen Motiven, Mitwettbewerber auf dem Gebiet der Sinnfindung und Lebenshilfe, reichlich vertreten oder als Sachverständige beteiligt, während die betroffenen Gruppen keine Vertreter entsenden, sich an einem Tag jeweils nur ca. eine Stunde persönlich vorstellen konnten und vom Belastungsmaterial keine Kenntnis und keine Gelegenheit zur Gegendarstellung erhielten.

Unangekränkelt von jeglicher staatsrechtlichen und soziologischen Reflektion, denn unser Demokratieverständnis setzt den Konflikt der gesellschaftlichen Kräfte als konstitutiv voraus, und hier auch ohne wissenschaftlich-sachverständigen Rat zu bemühen, wird eine neue Handlungs-Legitimation kreiert, die angebliche „Konfliktträchtigkeit" einiger Gruppen. Dies geschieht durch einen in seiner geistigen Schlichtheit verblüffenden Trick:

- Der Bürger wird ideologisch-weltanschaulich auf die „Moderne" verpflichtet;
- aus dem diese „Moderne" wesentlich auch charakterisierenden Element der weltanschaulichen (und kulturellen) Pluralität werden in schöner ideologischer Willkür bestimmte Spielarten möglicher Lebensgestaltung, z. B. eine traditionsorientierte, ausgeklammert;

- der dieser Spielart anhängenden Gruppe wird „Konfliktträchtigkeit“ attestiert, vor der der Bürger/Verbraucher geschützt werden muß;
- eine Ausnahme wird – wiederum willkürlich und unter Verstoß gegen die Neutralitätsverpflichtung des Staates – für die Traditionen der Amtskirchen gemacht.

Untersucht man den Begriff „Moderne“, so wie ihn die Berichtverfasser verstehen, und den o. g. Ausklammerungsprozeß zur „Konfliktträchtigkeit“ näher, so wird man schnell gewahr, daß sich die Konfliktträchtigkeit der alternativen Gruppen schlicht darin erschöpft, daß sie einem kirchlich definierten Christentum und einem marxistisch inspirierten Gesellschafts- und Menschenbild widersprechen.

Daß eine willkürlich in ihrem Wesensmerkmal Pluralität kastrierte Moderne in Wirklichkeit finsteres Mittelalter ist, bleibt den Konstrukteuren dieser neuen „Konfliktträchtigkeit“ verborgen. Auf die Idee, daß weltanschaulichen Konflikten nur das Toleranzgebot des Grundgesetzes Abhilfe schaffen kann, kommen die Berichtverfasser nicht. Statt dessen wird des Politikers liebstes Kind, der Verbraucherschutz, bemüht. Das hier transparent werdende Menschenbild eines weltanschaulich und bei der Sinnfindung staatlich konfliktgeschützten und dadurch in seiner Persönlichkeitsentwicklung degenerierenden Verbrauchers/Bürgers ist erschütternd. Anders als beim Warenumsatz führt staatlich gelenkter Verbraucherschutz, auf das Gebiet der Weltanschauung und Lebensbewältigung übertragen, zu Zensur und geistiger Verarmung, unter ungünstigen politischen Bedingungen sogar zur Versklavung! Hier wird die Presse künftig wachsam sein und die Rechtsprechung, auch die höchstrichterliche, ihr seltsam äquidistanzloses Verhältnis zu den betroffenen Gruppen revidieren müssen!

Als Staatskur wird den bezeichnenderweise (außer Scientology) nicht genannten – denn sonst hätte man konkrete Fakten nennen, zuordnen und beweisen müssen – „konfliktträchtigen“ Gruppen im Namen des Verbraucherschutzes dann verordnet:

Eine privatrechtliche Stiftung („Sektentest“, „Spiritueller Überwachungsverein“?) zur Aufklärung der Öffentlichkeit, ein Lebensbewältigungshilfegesetz zur Einengung ihres Handlungsspielraums, eine Überwachungs-, Koordinations- und Kooperationsabteilung (für und mit den Sektenexperten) beim Bundesverwaltungsamt, staatliche Finanzierung privater und kirchlicher Sektenberatungsstellen, Strafbarkeit juristischer Personen und Vereinigungen und andere Gesetzesänderungen mehr.

Außer zur Offenbarung eines bemerkenswert defizitären Menschen- und Rechtsverständnisses taugen diese Handlungsempfehlungen an den Staat zu nichts, mit Sicherheit nicht zur Konfliktbewältigung und Wiederherstellung des gesellschaftlichen Friedens, denn der Konflikt mit den Gruppen ist ja erst durch staatliche Einmischung entstanden. Sie werden, sollte das Parlament sich vom Wortgeklingel verwirren und blenden lassen, spätestens vor der Rechtslehre und Rechtsprechung, die pauschalen staatlichen Warnungen die enge Grenze des „begründeten Verdachts einer konkreten Gefahr" gezogen haben, nicht von Bestand sein können.

Das in der Pressekonferenz am 19. 6. 1998 von Mitgliedern der Enquete-Kommission bemühte Angebot, die betroffenen Gruppen in der Stiftung zu beteiligen, das im Bericht allerdings keinerlei Niederschlag gefunden hat, kann, wenn es ernst gemeint sein sollte, nur als unkeusch verstanden werden:

Die Stigmatisierung bleibt und wird dadurch institutionalisiert, denn die Konflikte der etablierten Religionsgemeinschaften sind vom Beratungsangebot der Stiftung und den fragwürdigen Segnungen der übrigen Handlungsempfehlungen wie selbstverständlich ausgenommen. Die Beteiligung aller Gruppen wird angesichts ihrer Vielzahl zudem unmöglich sein. Also läuft es auf einen oder allenfalls einige Repräsentanten hinaus, deren Einfluß bei dem obwaltenden Unverständnis der etablierten und ihrem eigenen bezüglich der Lehre anderer Gruppen gleich Null sein wird.

Verbraucherschutz, sprich Kontrolle, kann – anders als beim Umgang mit materiellen Gütern – auf dem Gebiet der geistigen Entfaltung und der Sinnsuche stets nur freiwillige Selbstkontrolle sein, was uns bei Wissenschaft, Literatur, Kunst und dem Gebiet der Gedanken- und Meinungsäußerung, den Medien, selbstverständlich ist. Sie kann vom Staat angeregt und gefördert, niemals aber über die Köpfe der Betroffenen hinweg und unter schwerpunktmäßiger Beteiligung der Konkurrenz aufoktroyiert werden. Solche Beratungsorgane sind, von der Kommission bisher unbeachtet, bei einigen der betroffenen Organisationen seit Jahren bereits institutionalisiert.

Die Medien, die nach den Feststellungen der Kommission in der Vergangenheit bei der Sektenberichterstattung tendenziös und überagiert (Abschlußbericht Kapitel 3. 1. 7, S. 57 ff.), sich aber bei genauerer Betrachtung nie geschlossen zum Sprachrohr dieser in der Geschichte der Bundesrepublik einmaligen weltanschaulichen Einflußnahme gemacht haben, sind bereits seit Vorliegen des Zwischenberichtes der Kommission vom Juli 1997 zu den pauschalen Verunglimpfungen der „Sektenexperten“ deutlich auf Distanz und nach eigenen unbeeinflußten Recherchen vor Ort bei den Betroffenen in weiten Bereichen sogar zu positiver Berichterstattung übergegangen. Nach einer so totalen Entwarnung in allen Punkten früherer Vorwürfe und nach Entlarvung der nun schon über zwei Jahrzehnte währenden Sektenkampagne als unlauterer Wettbewerb der Kirchen und in neuerer Zeit auch politischer Ideologen und der konservativen Ärzteschaft ist es an der Zeit, daß sich die Presse als Sprachorgan verweigert und wachsam darauf achtet, daß Weltanschauungsfreiheit und Pluralität der Lebensgestaltung in unserem Staat durch wirre Ideologen und radikale Wettbewerber keinen Schaden nehmen – nunmehr, nachdem die Beschwörung einer Gefahr für Staat und Gesellschaft ihrer Magie beraubt ist, unter dem Deckmantel eines Millionen kostenden Verbraucherschutzes, für den es weder quantitativ noch qualitativ Anlaß gibt. Dann werden alle Konflikte in Bälde behoben und der soziale Friede umgehend wiederhergestellt sein.

Unterstützung erwächst den betroffenen Gruppen aus dem Ausland. So hat das europäische Parlament unlängst beschlossen, der Sektenhysterie zu wehren und sich mit dem Thema nicht zu befassen. Noch engagierter sind die Reaktionen in den USA. 1996 wurde auf Wunsch von Präsident Clinton ein Beraterkomitee für Religionsfreiheit gegründet (Advisory Committee to the Secretary of State on Religious Freedom Abroad) unter Staatssekretär Christopher, das bereits zahlreiche Vertreter betroffener Gruppen angehört hat. Am 18. 9. 1997 veranstaltete die US-Helsinki-Kommission eine Anhörung im US-Repräsentantenhaus vor dem Senat und dem Parlament über „Religiöse Intoleranz im heutigen Europa". Vom 17. bis 27. September 1997 informierte sich der Sonderberichterstatter des US-Menschenrechtsausschusses (Commission on Human Rights) Abdelfattah Amor vor Ort in Deutschland über die Situation religiöser/weltanschaulicher Minderheiten. Am 24. 1. 1998 wurde der Zwischenbericht des Beraterkomitees für Religionsfreiheit veröffentlicht, der sich kritisch über die Bonner Enquete-Kommission äußerte. Am 26. 2. 1998 wurden die Helsinki Commitments veröffentlicht, eine kritische schriftliche Stellungnahme der US-Helsinki-Kommission mit nachdrücklichem Hinweis auf die international verbindlichen Verpflichtungen zum Schutz der Religions- und Weltanschauungsfreiheit, die Deutschland mit der Unterzeichnung des Helsinki-Abkommens eingegangen sei. Im Herbst diesen Jahres wird das Beraterkomitee für Religionsfreiheit weitere Anhörungen in Deutschland durchführen. Ziel all dieser Aktivitäten ist eine Resolution des US-Kongresses, in der Deutschland wegen Diskriminierung religiöser und weltanschaulicher Minderheiten verurteilt werden soll. Entgegen hiesigen Presseberichten ist die Resolution keineswegs ad acta gelegt, abgelehnt wurde am 11. 11. 1997 im US-Repräsentantenhaus lediglich ein Antrag, die Resolution als Dringlichkeitssache zu behandeln. Nach Information beteiligter US-Parlamentarier soll über die Resolution noch in diesem Jahr abgestimmt werden. Man ist sich sicher, daß sie eine Mehrheit finden wird.

Autorenverzeichnis Teil 2

Hans APEL, Jahrgang 1932, Dr. rer. pol., Bundesminister a. D., Honorarprofessor am Institut für Volkswirtschaftslehre der Universität Rostock.

Gerhard BESIER, Jahrgang 1947, Dr. theol., Dr. phil., Dipl.-Psych. Lehrstuhl für Historische Theologie und Konfessionskunde an der Universität Heidelberg. Seit September 1994 auch Gastprofessor am Department of History der Stanford University (California). 1997 Forschungspreis des Historischen Kollegs im Stifterverband für die Deutsche Wissenschaft (München).

Renate-Maria BESIER, Jahrgang 1959, Dipl.-Päd., Dipl.-Psych., freie Psychotherapeutin.

Niels BIRBAUMER, Jahrgang 1945, Dr. phil. 1975–1993 Professor an der Abteilung für Klinische und Physiologische Psychologie und seit 1993 Lehrstuhlinhaber für Medizinische Psychologie und Verhaltensneurobiologie an der Universität Tübingen. Seit 1989 auch als Professore Straniero an der Universität Padua tätig. 1995 Leibniz-Preisträger.

Gajus GLOCKENTIN, Jahrgang 1967, Betriebswirt (VWA).

Gert-Joachim HETZEL, Jahrgang 1947, Dr. jur., ehemals Vorsitzender Richter am Landgericht, Rechtsanwalt.

Martin KRIELE, Jahrgang 1931, Dr. jur., emeritierter Professor für Allgemeine Staatslehre und Öffentliches Recht, ehemaliger Richter am Verfassungsgerichtshof des Landes Nordrhein-Westfalen, Rechtsanwalt.

Hermann LÜBBE, Jahrgang 1926, Dr. jur. war 1963–69 Professor für Pholosophie an der Ruhr-Universität Bochum, 1966–1969 Staatssekretär im Kultusministerium von Nordrhein-Westfalen, 1969–1970 Staatssekretär beim Ministerpräsidenten von Nordrhein-

Westfalen. 1969–1973 Inhaber des Lehrstuhls für Sozialphilosophie an der Universität Bielefeld, 1971–1991 Professor für Philosophie und Politische Theorie an der Universität Zürich. Seit 1991 dort Honorarprofessor.

Dorothee OSTERHAGEN, Jahrgang 1944, Vorsitzende Richterin am LG Köln

Armin PIKL, Jahrgang 1959, Rechtsanwalt.

Rainer ROTHE, Jahrgang 1964, Rechtsanwalt.

Christian SAILER, Jahrgang 1935, Dr. jur., Rechtsanwalt.

Erwin K. SCHEUCH, Jahrgang 1928, Dr. rer. pol., em. Professor für Soziologie, Direktor des Instituts für angewandte Sozialforschung des Soziologischen Seminars der Universität Köln.

Anmerkungen

Einführung

[1] So H. Schmidt, Auf der Suche nach einer öffentlichen Moral. Deutschland vor dem neuen Jahrhundert, Stuttgart 1998, 253.

[2] Ebd. Die vollständige Erklärung aaO., 259–266.

[3] Zit. nach Endbericht der Enquete-Kommission „Sog. Sekten und Psychogruppen", Bundestags-Drucksache 13/10950, 58.

[4] EZW (Hg.), Liste der Landekirchlichen Beauftragten für apologetische Fragen, Stand: 18. 5. 1998 (Archiv Besier).

[5] Adressenliste der staatlichen, kirchlichen und privaten Informations- und Beratungsstellen im Bereich Sekten und Psychogruppen. Erstellt vom Büro Reanate Rennebach, MdB, Stand: 12. 3. 1996 (Archiv Besier).

[6] Zit. nach FAZ Nr. 161 vom 15. 7. 1998, 4. Siehe auch Der Spiegel vom 21. 9. 1998. Laut „Bericht der Bund-Länder-Arbeitsgruppe Scientology der Verfassungsschutzbehörden gemäß Beschluß der Konferenz der Innenminister und -senatoren der Länder vom 5./6. 6. 1997" vom 12. Oktober 1998 hat die Scientology-Organisation nur 5000–6000 Mitglieder in Deutschland (aaO., 92).

[7] Sondervotum der Arbeitsgruppe der Fraktion Bündnis 90/Die Grünen, in: Endbericht der Enquete-Kommission „Sog. Sekten und Psychogruppen", Drucksache 13/10950, 159–193, 176.

[8] AaO., 192.

[9] G. Hellmeister/W. Fach, Anbieter und Verbraucher auf dem Psychomarkt. Eine empirische Analyse im Auftrag der Enquete-Kommission „Sog. Sekten und Psychogruppen", Zusammenfassung, 3. Vgl. auch Endbericht, aaO., 49.

[10] Sondervotum der Arbeitsgruppe der Fraktion Bündnis 90/Die Grünen, aaO., 193.

[11] Sondervotum der Mitglieder der Arbeitsgruppe der SPD-Fraktion Caberta y Diaz, Hartenbach, Hemminger, Rennebach, Schröter, Steinmetz, Zinser zu Kapitel 6.1, in: Endbericht, aaO., 157 f., 157.

[12] Abgeordnetenhaus Berlin, 13. Wahlperiode, Drucksache 13/2272. Vgl. auch Senatsverwaltung für Jugend und Familie (Hg.), Informationen über neue religiöse und weltanschauliche Bewegungen und sogenannte Psychogruppen, Berlin 1994.

[13] Vgl. Presseinformation der Hessischen Landesregierung Nr. 128/1998 vom 7. 7. 1998; siehe auch Main-Echo vom 8. 7. 1998.

[14] Landtag von Baden-Württemberg, 12. Wahlperiode, Drucksache 12/3151 vom 5. 8. 1998. Vgl. auch Ministerium für Arbeit, Gesund-

heit und Sozialordnung (Hg.), Unseriöse Hilfen zur Lebensbewältigung. Sektierer und Heilsversprechen. Zugang – Soziale Gefährdung – Beratung. Dokumentation zum Informationstag am 8. 12. 1994 im Lindenmuseum Stuttgart, Stuttgart 1994.

15 SZ vom 13. 10. 1998; vgl. dpa vom 12. 10. 1998. Text des „International Religious Freedom Act" vom 27. 10. 1998: http://thomas.loc.gov/home/hot-week.html.

16 Vgl. M. Kriele, Ehrenschutz und Meinungsfreiheit, in: Wolfgang Fikentscher u. a., Wertewandel – Rechtswandel. Perspektiven auf die gefährdeten Voraussetzungen unserer Demokratie, München 1997, 67–92.

17 Elfi Abram, Kirchenamt der EKD, Hannover, 30. 5. 1996, Referat 123, Archiv Besier.

18 AaO., 2.

19 AaO., 8.

20 Ebd.

21 Dr. Michael Nüchtern an die Beauftragten für Weltanschauungsfragen vom 8. 12. 1997, Archiv Besier. (Hervorhebung nicht im Original.)

22 Die Stellungnahme bezieht sich auf den entsprechenden Antrag der Freien und Hansestadt Hamburg vom 13. 5. 1997, Bundesratsdrucksache 351/97.

23 Gemeinsame vorläufige Stellungnahme, Archiv Besier.

24 So Gandow in einem Brief an Bischof Wolfgang Huber vom 1. 2. 1997, Archiv Besier.

25 Schreiben Zinser an Gandow vom 30. 1. 1998, Archiv Besier. Zinser hatte auch Hans Gasper, ebenfalls Sachverständiger der Enquete-Kommission und im Hauptberuf Weltanschauungsbeauftragter bei der Zentralstelle Pastoral der Deutschen Bischofskonferenz, um Auskunft gebeten. Gasper antwortete unter dem 23. 1. 1998, er wolle „den Text der Stellungnahme vom Evangelischen und Katholischen Büro in Bonn doch nicht aus der Hand geben, ohne mit Frau Marks gesprochen zu haben, die ich [Gasper] aber bislang noch nicht erreicht habe". Archiv Besier. Stattdessen schrieb der vorsichtige Pfarrer für Zinser ein paar Passagen aus dem Text ab.

26 Gaertner an Schröter vom 26. 2. 1998, Archiv Besier.

27 AaO. Vgl. die Stellungnahme der Bundesregierung, Anlage 2 zum Gesetzentwurf des Bundesrates „Entwurf eines Gesetzes über Verträge auf dem Gebiet der gewerblichen Lebensbewältigungshilfe" vom 29. 1. 1998, Drucksache 13/9717.

28 Felix Flückiger, „Sekten"-Jagd. Die neue Intoleranz – Fakten, Hintergründe, Einwände, Zürich 1998, 11. Das Buch ist schon vergriffen, aber noch über den Autor zu beziehen (Bannholz, CH-3416 Affoltern).

[29] Vgl. z. B. Jürgen Keltsch, Der neue politische Extremismus mit therapeutischem Legitimationsanspruch, in: Politische Studien 47 (1996) Nr. 346, 26–50.
[30] Vgl. Der Glaube an die grüne Zwiebel. Interview mit Renate Rennebach. Von Wigbert Tocha, in: Publik-Forum Nr. 9 vom 10. 5. 1996, 16 f.
[31] So. M. Kriele, Sektenjagd, in: ZRP 31 (1998), 231–234, Zitat: 233; ebenfalls: Kriele, Der Fundamentalismus der Moderne, Teil I, S. 382 ff.
[32] Kriele, Sektenjagd, 233.
[33] Siehe dazu auch Scheuch, Teil I, S. 281 ff.
[34] Psychologie Heute, August 1998, 42 ff.
[35] Psychologie Heute, Oktober 1998, 6.
[36] Berliner Dialog 1/98, 27.
[37] Ernst Jünger, Siebzig verweht, IV, Stuttgart 1995, 319.

Gutachtliche Stellungnahme im Verfahren Verein zur Förderung der psychologischen Menschenkenntnis ./. die Bundesrepublik Deutschland

[1] Klaus Vogel/Wolfgang Martens (Hgg.), Gefahrenabwehr, Köln [9]1986.

Zeugen Jehovas/Wachtturm-Gesellschaft: Eine „vor-moderne" religiöse Gemeinschaft in der „modernen" Gesellschaft? Gutachtliche Stellungnahme

[1] Vgl. hierzu und zum Folgenden Norman Cohn, Die Erwartung der Endzeit – Vom Ursprung der Apokalypse, Frankfurt/M.–Leipzig 1997; englischsprachiges Original: Cosmos, Chaos, and the World to come. The Ancient Roots of Apocalyptic Faith, New Haven–London 1993.
[2] Cohn, Erwartung, 124.
[3] AaO., 190.
[4] AaO., 203 f.
[5] Vgl. Johannes C. de Moor, The Rise of Yahvism. The Roots of Israelite Monotheism (BETL 91), Leuven [2]1997, 310–369; bes. 323–335.
[6] Vgl. Bernhard Lang, Die Jahwe-allein-Bewegung, in: Ders. (Hg.), Der einzige Gott. Die Geburt des biblischen Monotheismus, München 1981, 47–83.

[7] Vgl. zu Mose Jan Assmann, Moses der Ägypter. Entzifferung einer Gedächtnisspur, München 1998.
[8] Vgl. Otto Kaiser, Grundriß der Einleitung in die kanonischen und deuterokanonischen Schriften des Alten Testaments, Bd. 1, Gütersloh 1992, 51–57.
[9] Vgl. Kaiser, Grundriß, 90–98.
[10] AaO., 85–90.
[11] Vgl. Otto Kaiser, Der Gott des Alten Testaments. Theologie des AT, Bd. 1, Göttingen 1993, 186–212.
[12] Vgl. ders., Der Gott des Alten Testaments: Wesen und Wirken. Theologie des AT, Bd. 2, Göttingen 1998, 161–181.
[13] Cohn, Erwartung, 291.
[14] AaO., 306.
[15] AaO., 308.
[16] AaO., 336.
[17] AaO., 340.
[18] Hugo Stamm, Im Bann der Apokalypse. Endzeitvorstellungen in Kirchen, Sekten und Kulten, Zürich-München 1998, 40.
[19] Vgl. D. H. Williams, The origins of the montanist movement. A sociological analysis, in: Religion 19 (1989), 331–351; Georg Schöllgen, Tempus in collecto est. Tertullian, der frühe Montanismus und die Naherwartung ihrer Zeit, in: Jahrbuch für Antike und Christentum 27/28 (1984/85), 74–96.
[20] Vgl. Marjorie Reeves, Joachim of Fiore and the prophetic future, New York 1977; Herbert Grundmann, Joachim von Fiore, Ges. Aufs., Bd. 2 (Schriften der Monumenta Germaniae Historica 25/2), Stuttgart 1977.
[21] Vgl. Hans Jürgen Goertz, Die Täufer. Geschichte und Deutung, München ²1988.
[22] Vgl. Otto Betz/Rainer Riesner, Jesus, Qumran und der Vatikan. Klarstellungen, Gießen und Freiburg 1993, 80 ff.
[23] Gerald Messadié, Die Geschichte Gottes. Über den Ursprung der Religionen. Aus dem Französischen von Kirsten Ruhland-Stephan und Ulrich Schweizer, Berlin 1998.
[24] AaO., 310 f.
[25] AaO., 326.
[26] Zur Unterscheidung von Johannes-Taufe sowie essenischer und frühchristlicher Taufe vgl. Hartmut Stegemann, Die Essener, Qumran, Johannes der Täufer und Jesus, Freiburg – Basel – Wien ²1993, 266; 306 ff.
[27] Vgl. Wilfried Westphal, Sturm über dem Nil. Der Mahdi-Aufstand. Aus den Anfängen des islamischen Fundamentalismus, Sigmaringen 1998.
[28] Messadié, Die Geschichte Gottes, 523.

[29] AaO., 608.
[30] AaO., 612.
[31] Endzeitfieber. Apokalyptiker, Untergangspropheten, Endzeitsekten. Freiburg im Breisgau 1997.
[32] Norman Cohn, The pursuit of the Millenium, London 1957 (dt.: Das Ringen um das Tausendjährige Reich, Bern 1961).
[33] Vgl. zur NS-Ideologie auch Frank-Lothar Kroll, Utopie als Ideologie. Geschichtsdenken und politisches Handeln im Dritten Reich, Paderborn–München–Wien–Zürich 1998.
[34] Stamm, Im Bann der Apokalypse, 325.
[35] AaO., 330.
[36] So Micha Brumlik, Die Gnostiker. Der Traum von der Selbsterlösung des Menschen, Frankfurt/M. 1992, 268. Siehe auch Karl Hartmann, Die Rechnung mit Gott. Gnostische Strömungen in Kirchengeschichte und Gegenwart, Stuttgart 1982, bes. 291 ff. (ZJ).
[37] Vgl. hierzu und zum Folgenden: Jehovas Zeugen – Verkündiger des Königreiches Gottes, Selters 1993; Jahrbuch der Zeugen Jehovas; Der Wachtturm; Ewiges Leben – in der Freiheit der Söhne Gottes.
[38] Zitate: WTG (Hg.), Jehovas Zeugen. Verkündiger des Königreiches Gottes, Selters 1993, 33; 37. Den ganzen Prozeß der Verkirchlichung als Abfall anzusehen ist kein Sonderpfündlein der ZJ, sondern eine geläufige Vorstellung im Christentum; vgl. Rudolf Sohm, Wesen und Ursprung des Katholizismus, Leipzig ²1912. Der Verfallsgedanke an sich ist vorchristlichen Ursprungs.
[39] Vgl. Brockhaus-Enzyklopädie, 19. Aufl., Bd. 9, 487; Ev. Lexikon f. Theologie und Gemeinde, 2. Aufl., Bd. 2, 849.
[40] Wachtturm vom 15. 6. 1980, 31.
[41] Siehe dazu die Ausführungen weiter unten im Abschnitt „Privilegierte Rechtsstellung der Kirchen ...“
[42] Vgl. Rodney Stark & Laurence R. Iannaccone, Why the Jehovah's Witnesses Grow so Rapidly: A Theoretical Application, in: Journal of Contemporary Religion, Vol 12, No 2, 1997, 136.
[43] Vgl. Walter Köbe, Geschichte und Gegenwart – Jehovas Zeugen in Deutschland, in: Hans Hesse (Hg.), „Am mutigsten waren immer wieder die Zeugen Jehovas“. Verfolgung und Widerstand der Zeugen Jehovas im Nationalsozialismus, Bremen 1998, 345–356.
[44] Vgl. Ernst Benz, Kirchengeschichte in ökumenischer Sicht, Leiden-Köln 1961, bes. 86.
[45] Vgl. Walter Nigg, Das Buch der Ketzer, Zürich-München ⁶1981.
[46] So Horst Reller u. a. (Hgg.), Handbuch Religiöse Gemeinschaften, Gütersloh ⁴1993, 284.
[47] So Oswald Eggenberger, Die Kirchen, Sondergruppen und religiösen Vereinigungen. Ein Handbuch, Zürich ⁶1994, 141; Gasper/Müller/

Valentin, Lexikon der Sekten, Sondergruppen und Weltanschauungen, Freiburg-Basel-Wien [4]1995, 1181 f.

48 Christian Weis, Zeugen Jehovas. Zeugen Gottes? Eine Hilfe zur kritischen Auseinandersetzung mit der Lehre der Wachtturm-Gesellschaft, Salzburg 1984, 13.

49 Ebd. Vgl. auch Alan Rogerson, Viele von uns werden niemals sterben. Geschichte der Zeugen Jehovas, Hamburg–Zürich 1971.

50 Carsten Peter Thiede, Bibelcode und Bibelwort. Die Suche nach verschlüsselten Botschaften in der Heiligen Schrift, Basel 1998, 12.

51 Vgl. z. B. Burkhard Müller, Schlußstrich. Kritik des Christentums, Lüneburg 1995.

52 Vgl. Tilman Moser, Gottesvergiftung, Frankfurt/M. [8]1995; Karlheinz Deschner/Horst Herrmann, Der Anti-Katechismus. 200 Gründe gegen die Kirchen und für die Welt, Hamburg 1991; Edgar Dahl (Hg.), Die Lehre des Unheils. Fundamentalkritik am Christentum, Hamburg 1995; Reimer Gronemeyer, Wozu noch Kirche?, Berlin 1995; Winfried Kuhn, Sind Sie reif für den Kirchenaustritt? Wie Sie sich mit gutem Gewissen von der Zwangsabgabe Kirchensteuer befreien. Mit Selbsteinschätzungstest, Frankfurt/M. 1997.

53 Vgl. z. B. die Diskussion um LER.

54 Vgl. dazu Massimo Introvigne, Religiöse Minderheiten und „moral panics“, in: Besier/Scheuch (Hgg.), Die neuen Inquisitoren, Teil I. Er weist darauf hin, daß weitaus die Mehrheit der „Aussteiger“ nichts gegen die alte Religionsgemeinschaft unternimmt. Die Sektenbeauftragten präsentierten in der Regel keine bloßen „Aussteiger“, sondern eine nicht repräsentative, handverlesene Auswahl aus den „Apostaten“.

55 Augsburg [13]1989.

56 Der Herder-Verlag mußte sich nach Erscheinen des „Lexikon der Sekten ...“ verpflichten, eine Liste mit zehn [!] Berichtigungen zu Falschaussagen über die ZJ als Korrigendazettel in das Buch einzulegen (Vereinbarung zwischen dem Herder-Verlag und der WTG vom 10. bzw. 19. 2. 1998, Archiv Besier).

57 Vgl. K.-D. Pape, Jehovas Zeugen und Gewissensfreiheit, Materialdienst der EZW 6/1998, 179–184. Siehe zum Pape-Clan auch die Ausführungen weiter unten.

58 Raymond Franz, Der Gewissenskonflikt. Menschen gehorchen oder Gott treu bleiben? Ein Zeuge Jehovas berichtet, München 1988.

59 Vgl. auch weitere Selbstzeugnisse: Josy Doyon, Ich war eine Zeugin Jehovas. Bericht über einen Irrweg, Zürich–Stuttgart 1966 (Hamburg [2]1975); Gerd Wunderlich, Jehovas Zeugen. Die Paradies-Verkäufer. Erfahrungen auf einem Irrweg, Aschaffenburg–München 1983; Hans-Jürgen Twisselmann, Vom „Zeugen Jehovas“ zum Zeugen Jesu Christi, Gießen–Basel [8]1987; ders., Der Wachtturm-Konzern der

Zeugen Jehovas. Anspruch und Wirklichkeit, Gießen–Basel 1998; Barbara Wass, Leben in der Wahrheit? 12 Jahre Zeugin Jehovas, Salzburg 1989; Monika Deppe, Die Zeugen Jehovas. Auch ich habe ihnen geglaubt. Sanfter Einstieg, harter Ausstieg. Ein Lebensbericht, Wiessen–Basel [3]1998.

60 Vgl. http://www.sewolf.com/infolink/docs/news/presse 009.htm oder short008.htm. Über Wolfs Infolinks werden auch die Informationen von Kids e. V. verbreitet, jener Organisation, die gegen den von den ZJ beantragten Körperschaftsstatus eine Unterschriftensammlung durchführte und das Ergebnis dem Bundestag einreichte (vgl. Bericht in der Rheinischen Post vom 17. 4. 1996).

61 Aslan Verlag, Grenzach-Wyhlen 1997 (ISBN 3-931880-20-6). Siehe auch Gerald Bergman, The Mental Health of Jehovah's Witnesses, Clayton 1987; ders., Jehovah's Witnesses and Kindred Spirits. A Historical Compendium and Bibliography, New York 1984. Jerry Bergman (geb. 30. 5. 1946) war von 1961 bis 1976/77 getaufter ZJ. Danach schloß er sich der „Witness, Inc." und anderen Gruppierungen an, die als klare Gegner der WTG hervortraten. In den 80er Jahren geriet er mehrfach mit dem Gesetz in Konflikt, weil er akademische Titel und Berufsbezeichnungen führte, die ihm nicht zustanden (U.S. District Court, Toledo, Ohio No. C 80-390, Dec. 5, 1985, p. 2, Findings of Fact 1; Dec. 6, 1985, p. 12, Findings of Fact 35). Außerdem behauptete er zu Unrecht, über 400 Artikel veröffentlicht zu haben (Memos Background Information and Discrepancies regarding Published Works, pp. 1 f. Archiv Besier), und bezeichnete sich fälschlicherweise als Autor von Büchern, die nie geschrieben wurden (Eidesstattliche Erklärung von Harriet P. Stockanes, University of Illinois Press, vom 20.12.1988, Archiv Besier).

62 So auch Barz, in: Psychologie heute, August 1998.

63 Vgl. Manfred Gebhard (Bearb.), Die Zeugen Jehovas. Eine Dokumentation über die Wachtturmgesellschaft, Leipzig – Jena – Berlin 1970.

64 Vgl. dazu Hans-Hermann Dirksen, Die Zeugen Jehovas in der DDR, in: Hans Hesse (Hg.), „Am mutigsten waren immer wieder die Zeugen Jehovas". Verfolgung und Widerstand der Zeugen Jehovas im Nationalsozialismus, Bremen 1998, 256–276; Gabriele Yonan, Verfolgung der Zeugen Jehovas in der früheren DDR 1949–1989 (Manuskript); Waldemar Hirch, Die Vorgehensweise des Ministeriums für Staatssicherheit gegen die Zeugen Jehovas in der ehemaligen DDR (Manuskript). Hirch (Darmstadt) und Dirksen (Greifswald) arbeiten an Dissertationen über die ZJ in der DDR.

65 Detlef Garbe, Zwischen Widerstand und Martyrium. Die Zeugen Jehovas im „Dritten Reich", München [3]1997; Widerstand aus christlicher Überzeugung: Jehovas Zeugen im Nationalsozialismus. Dokumentation einer wissenschaftlichen Tagung am 4. Oktober 1997 auf

der Wewelsburg, Essen 1998; Hans Hesse (Hg.), „Am mutigsten waren immer wieder die Zeugen Jehovas". Verfolgung und Widerstand der Zeugen Jehovas im Nationalsozialismus, Bremen 1998; Gabriele Yonan, Die neuen Inquisitoren, Teil I, S. 486 ff. Siehe jetzt auch Hubert Roser (Hg.), Widerstand und Bekenntnis. Die Zeugen Jehovas und das NS-Regime in Baden und Württemberg, Konstanz 1998.

66 Zeugen Jehovas. Vergessene Opfer des Nationalsozialismus? Referate und Berichte der vom Dokumentationsarchiv des österreichischen Widerstandes (DÖW) und dem Institut für Wissenschaft und Kunst (IWK) am 29. Jänner 1998 veranstalteten wissenschaftlichen Tagung, Wien 1998; Hans Hesse (Hg.), „Am mutigsten waren immer wieder die Zeugen Jehovas", aaO.

67 Vgl. z. B. Michael Kater, Die Ernsten Bibelforscher im 3. Reich, in: VZG 17 (1969), 181–218.

68 Vgl. Memorandum der Norddeutschen und Süddeutschen Bibelforschervereinigung vom 26.4.1933, zit. bei Garbe, in: Jehovas Zeugen im Nationalsozialismus. Dokumentation einer Tagung, aaO., 18.

69 Vgl. zum Beispiel die Anpassungsleistung am 25. 6. 1933, gegen „Handelsjuden des Britisch-Amerikanischen Weltreiches" bzw. gegen „Geschäftsjuden" zu polemisieren, ebd. Allerdings ist diese Polemik nicht unbedingt auf rassistische Motive zurückzuführen. Gegen das „Geldjudentum" machte schon der Zionist Max Nordau 1897 Front (vgl. Der Bund, Bern, vom 31.8./1. 9. 1997).

70 Garbe, aaO., 17.

71 Vgl. H. Iber, Die Apologetische Centrale und der Centralausschuß für die Innere Mission. Zur Geschichte der Apologetischen Centrale bis 1934, in: Theodor Strohm/Jörg Thierfelder (Hgg.), Diakonie im „Dritten Reich". Neuere Ergebnisse zeitgeschichtlicher Forschung, Heidelberg 1990, 108–124, hier: 122 f., Anm. 89.

72 Matthias Pöhlmann, Kampf der Geister. Die Publizistik der „Apologetischen Centrale" (1921–1937), Stuttgart 1998, 214 f.

73 Zit. nach aaO., 213, Anm. 122.

74 Siehe dazu die Ausführungen über das Verhalten einzelner Staaten gegenüber den ZJ weiter unten.

75 In der Zeitschrift „Lisa", Nr. 42/98 beispielsweise wird ein Sorgerechtsfall so dargestellt, als werde einem geschiedenen Vater sein Besuchsrecht für das gemeinsame Kind Thomas eingeschränkt, weil die Mutter inzwischen Mitglied in der Religionsgemeinschaft der ZJ geworden sei. In Wahrheit war das Gericht lt. Beschluß vom 29. 4. 1996 zu der Auffassung gelangt, daß es „dem Kindeswohl nicht förderlich ist", wenn Thomas beim Kindesvater verbleibe. Ein nervenfachärztliches Attest vom 2. 5. 1996 kam zu dem Ergebnis, daß „aus nervenärztlicher Sicht die absolute medizinische Notwendigkeit" bestünde, „das Besuchsrecht des leiblichen Vaters zunächst auf minde-

stens zwei Monate außer Kraft zu setzen, da andernfalls mit einer erheblichen, möglicherweise irreparablen psychischen Schädigung des Jungen zu rechnen ist" (Archiv Besier). Ein weiteres jugendpsychiatrisches Gutachten urteilt zwei Jahre später, daß „vorläufig auch die Ausübung des Besuchsrechts durch den Vater nicht empfehlenswert erscheint" und bemerkt, daß „die viel zitierte Zugehörigkeit der Mutter ... zu den Zeugen Jehovas seit 1990 ... erst seit dieser Zeit [scil. der Auseinandersetzung um das Kind seit 1996] eine Rolle [spielt], obwohl der Vater bis dahin durch das einvernehmlich ausgeübte Besuchsrecht durchaus auch die religiöse Situation des Jungen kannte" [Gutachten vom 23. 5. 1998, Archiv Besier]. Von all' dem ist in „Lisa" nichts zu lesen.

76 Ein solches Beispiel ist der Fernsehjournalist Rainer Fromm (u. a. Kennzeichen D, ZDF). Am 7. 11. 1997 mußte Fromms Anwalt Wenzel gegenüber den ZJ folgende Erklärung abgeben: „Herr Rainer Fromm verpflichtet sich ohne Anerkennung jedweder Rechtspflicht gegenüber Frau R[...], es bei Vermeidung einer für jeden Fall schuldhafter Zuwiderhandlung zu zahlenden Konventionalstrafe in Höhe von 1500 DM zu unterlassen, den Film ‚Die gar nicht harmlosen Traktat-Verteiler: Zeugen Jehovas' aus der Videoserie ‚Sekten – Unauffällig aber allgegenwärtig' zu verbreiten, sofern dieser die Szene enthält, in der Frau R[...] in Großaufnahme als Person erkennbar ist..." (Schreiben im Archiv Besier). Daß die gemeinnützige Matthias-Film GmbH, eine Firma mit engsten Kontakten zur ev. Kirche, den Film produzierte, dürfte kein Zufall sein. Die negativen Folgen solcher Unterlassungserklärungen zugunsten der Geschädigten konnte Fromm demonstrieren. Am 28. 10. 1997 strahlte die ZDF-Sendereihe Frontal einen weiteren Filmbeitrag Fromms aus: „Achtung Wachtturm – Zeugen Jehovas auf Seelenfang". Ein Überzeugungstäter am richtigen medialen Platz befindet sich allemal am längeren Hebel. Ein weiteres Beispiel für Fromms journalistisches Schaffen wird bei Erwin K. Scheuch, in: Die neuen Inquisitoren, Teil I, geschildert.

77 Schreiben im Archiv Besier.

78 Verpflichtungserklärung epd (Landesdienst Ost) vom 27. 8. 1998.

79 epd Dokumentation, 17/92, 3.

80 Stamm, Apokalypse, 190.

81 AaO., 191.

82 AaO., 304.

83 Hansjörg Hemminger, Was ist eine Sekte? Erkennen – Verstehen – Kritik, Mainz 1996, 63; 76 f.

84 Vgl. Christoph Türcke, in: FR vom 4. 3. 1997, 18. Siehe auch ders., Kassensturz. Zur Lage der Theologie, Frankfurt/M. 1992.

85 Hemminger, Was ist eine Sekte?, 77.

86 Ebd.

[87] Vgl. Die Welt vom 21. 9. 1998, 12.

[88] Vgl. Bibliotheca Sanctorum, hg. v. Istituto Giovanni XXIII, Bd. 6, Rom 1965, 135 ff.

[89] Jürgen Wandel, in DS Nr. 33 vom 14. 8. 1998, 21.

[90] Sektenjagd, in: ZRP 1998, 231–234, Zitat: 233.

[91] Zit. nach Pressemitteilung der Ökumenischen Centrale über „Die Christlichen Kirchen und die Sekten“ vom Juni 1998.

[92] Vgl. zuletzt summarisch Gerd Lüdemann, Im Würgegriff der Kirche. Für die Freiheit der theologischen Wissenschaft, Lüneburg 1998, 57 ff.

[93] Zit. nach Pressemitteilung der Ökumenischen Centrale über „Die Christlichen Kirchen und die Sekten“ vom Juni 1998, Hervorhebung im Original.

[94] Die Georgische Orthodoxe Kirche trat 1997 aus dem Ökumenischen Rat der Kirchen aus, die russisch-orthodoxe Kirche macht ihre weitere Mitgliedschaft im Weltkirchenrat von einer „völligen Neuordnung“ des ökumenischen Dachverbandes abhängig. Patriarch Alexej II., Oberhaupt der größten orthodoxen Mitgliedskirche, kritisiert den „extremen“ Liberalismus der protestantischen Kirchen. Wichtige theologische Prinzipien und moralische Folgerungen seien dabei aufgegeben worden. Einige orthodoxe Kirchen wollen bei der Vollversammlung zum 50jährigen Bestehen des Weltkirchenrates im Dezember 1998 in Harare nicht mit den anderen Kirchen Gottesdienst feiern (vgl. idea Spektrum 41/1998, 8).

[95] Vgl. Jörg Baur, Auf dem Weg zur „sichtbaren Einheit“?, Lahr 1996.

[96] ACK, Die Christlichen Kirchen und die Sekten. Eine Information der Ökumenischen Centrale (Frankfurt/Main), hg. in Verbindung mit der Vereinigung Evangelischer Freikirchen (VEF) und der Arbeitsgemeinschaft Christlicher Kirchen Baden-Württemberg, Frankfurt/M. 1998, 7.

[97] AaO.

[98] AaO., 6; 7.

[99] Ebd.

[100] Vgl. Roger Finke/Rodney Stark, The Churching Movement of America 1776–1990, New Jersey 1992. Siehe auch Donald E. Miller, Reinventing American Protestantism. Christianity in the New Millennium, Berkeley–Los Angeles–London 1997.

[101] Allensbacher Berichte 1997/10, 5.

[102] Vgl. Paul Zulehner/Rainer Volz, Männer im Aufbruch – Wie Deutschlands Männer sich selbst und wie Frauen sie sehen, Ostfildern 1998.

[103] AaO., 207.

[104] AaO., 208.

[105] Von den 27,7 Millionen Mitgliedern der evangelischen Kirche besu-

chen nur etwa 5 Prozent den Gottesdienst, vgl. idea spektrum 36/98. Vgl. auch Kirchenamt der EKD (Hg.), Das gottesdienstliche Leben in der evangelischen Kirche. Ein Blick in die Statistik der Gottesdienste an Sonn- und Feiertagen, Hannover 1998.

106 Vgl. Axel v. Campenhausen, Staatskirchenrecht, München [3]1996.

107 Vgl. dazu für das ehemals preußische Territorium zusammenfassend G. Besier/E. Lessing (Hgg.), Trennung von Staat und Kirche – Krise und Erneuerung kirchlicher Gemeinschaft (1918–1992), Leipzig 1999.

108 Vgl. dazu Josef Müller, Die Gesamtdeutsche Volkspartei. Entstehung und Poltik unter dem Primat nationaler Wiedervereinigung 1950–1957, Düsseldorf 1990.

109 Willy Brandt, Erinnerungen, Frankfurt/M. 1989, 342.

110 Zum verfolgten und dann marginalisierten Status der Freikirchen in Deutschland vgl. Erich Geldbach, Freikirchen – Erbe, Gestalt und Wirkung (Bensheimer Hefte, 70), Göttingen 1989.

111 Vgl. die Mitgliedschaftsstudien, beginnend mit Helmut Hild (Hg.), Wie stabil ist die Kirche? Bestand und Erneuerung. Ergebnisse einer Umfrage, Gelnhausen-Berlin 1974, und endend mit „Fremde Heimat Kirche", hg. von Klaus Engelhard u. a., Gütersloh 1997.

112 Vgl. dazu im Überblick Handbuch Religiöse Gemeinschaften, aaO., 617 ff.

113 Vgl. auch Klaus-Peter Jörns, Die neuen Gesichter Gottes, München 1997.

114 Vgl. G. Besier, Konzern Kirche. Das Evangelium und die Macht des Geldes, Neuhausen–Stuttgart 1997, 36.

115 Mit Bundesgesetz vom 20. 8. 1998 (BGBl. 1998, I, 1799 ff.) hat die Republik Österreich eine Bundesstelle für Sektenfragen als selbständige Anstalt des Öffentlichen Rechts eingerichtet. Es ist lt. Gesetzestext „deren Aufgabe …, Gefährdungen, die von Sekten oder von sektenähnlichen Aktivitäten ausgehen können, zu dokumentieren" (1). Im unmittelbar darauffolgenden Absatz 2 heißt es: „Auf gesetzlich anerkannte Kirchen und Religionsgesellschaften und ihre Einrichtungen findet dieses Bundesgesetz keine Anwendung."

116 Vgl. dazu Gerhard Robbers (Hg.), Staat und Kirche in der Europäischen Union, Baden-Baden 1995.

117 Mehr als jeder zweite Deutsche lehnt den staatlichen Kirchensteuereinzug ab (idea spektrum 3/96, 6).

118 Vgl. Silvio Ferrari, Staat und Kirche in Italien, in: Gerhard Robbers (Hg.), Staat und Kirche, aaO., 185–209.

119 Sophie C. van Bijsterveld, Staat und Kirche in den Niederlanden, in: G. Robbers (Hg.), Staat und Kirche, aaO., 229–250; vgl. ZevKR 40 (1995), 48 ff.

120 Vgl. A. v. Campenhausen, Staatskirchenrecht, aaO., 393.

[121] Siehe hierzu Christian Modehn, Religion in Frankreich. Darstellung und Daten zu Geschichte und Gegenwart, Gütersloh 1993.

[122] Vgl. Gerd Krumeich, Jeanne d'Arc-Kult und politische Religiosität in Frankreich nach 1870, in: Wolfgang Schieder (Hg.), Religion und Gesellschaft im 19. Jahrhundert, Stuttgart 1993, 318–331.

[123] Vgl. Michel Rouche, Clovis, Paris 1996. Ende September 1996 begingen die französische Nation und die katholische Kirche den 1500. Jahrestag der Taufe des salischen Franken Chlodwig I. – freilich nicht gemeinsam. Die Absicht Papst Johannes Paul II., zu den Festivitäten anzureisen, spaltete die laizistische Republik wieder in Kirchenkritiker und Konservative, die sich eine engere, den deutschen Verhältnissen ähnliche Verbindung von Staat und Kirche wünschen. Unter der Schirmherrschaft Jacques Chiracs berief die französische Regierung ein gemischt besetztes Chlodwig-Komitee ein und ließ eine 100-Francs-Münze mit einem Chlodwig-Abbild prägen. Die Bischofs-Stadt Reims bemühte sich um eine kulturell-touristische Vermarktung des Ereignisses. Siehe zu dem Streit, wem Chlodwig gehört, dem Staat oder der Kirche, die 96er Sommer-Artikel im konservativen Figaro auf der einen und in der linken Libération auf der anderen Seite. Vgl. auch DER SPIEGEL Nr. 28 vom 8. 7. 1996, 126 f.; Karl Ferdinand Werner, Europas erster katholischer König, in: FAZ Nr. 215 vom 14. 9. 1996 (Glanzbeilage) und Nr. 220 vom 20. 9. 1996, 41.

[124] Vgl. auch Lucien Febre, Honneur et Patrie. Texte établi, présenté et annoté par Thérèse Charmasson et Brigitte Mazon. Préface de Charles Morazé, Paris 1996.

[125] 30. 6. 1998, 10.

[126] Vgl. Massimo Introvigne, Schluß mit den Sekten! Die Kontroverse über „Sekten" und neue religiöse Bewegungen in Europa. Hg. und eingeleitet von Hubert Seiwert, Marburg 1998.

[127] Vgl. dazu Frankreich: Regierung will Kampf gegen Sekten verstärken: KNA vom 7. 10. 1998.

[128] Human Rights Without Frontiers, Section „Religious Intolerance and Discrimination, Press Release: France, 4 Jan 1999.

[129] Vgl. écoute 10/1998, 20-25.

[130] Vgl. James A. Beckford, Cult Controversies. The Societal Response to the New Religious Movements, London–New York 1985, 218 ff. Siehe auch ders., The Trumpet of Prophecy. A Sociological Study of Jehovah's Witnesses, Oxford 1975.

[131] So im Endbericht der Enquete-Kommission zu „Sog. Sekten und Psychogruppen", Drucksache 13/10950, 58.

[132] Vgl. Martin E. Marty, Pilgrims in Their Own Land. 500 Years of Religion in America, New York 1984; Roger Finke/Rodney Stark, The Churching Movement of America 1776–1990, New Jersey 1992. Siehe auch Donald E. Miller, Reinventing American Protestantism.

Christianity in the New Millennium, Berkeley–Los Angeles–London 1997.

[133] Vgl. Promises to Keep, in: Time No. 15, Vol. 150, vom 13. 10. 1997.

[134] Vgl. Michael Quaas, Staatliche Hilfe an Kirchen und kirchliche Institutionen in den Vereinigten Staaten von Amerika. Ein Beitrag zur historischen Entwicklung und Gegenwartsproblematik des Verhältnisses von Staat und Kirche in den USA (Staatskirchenrechtliche Abhandlungen, Bd. 6), Berlin 1977, 32 ff.; 44 ff.

[135] Vgl. dazu A. v. Campenhausen, Staatskirchenrecht, aaO., 398 ff.

[136] Vgl. dazu Hermann Lübbe, Religion nach der Aufklärung, Graz–Wien–Köln 1986, 323 ff.

[137] Vgl. Quaas, Staatliche Hilfen, aaO., 116 ff.

[138] Vgl. hierzu und zum Folgenden Rodney Stark & Laurence R. Iannaccone, Why the Jehovah's Witnesses Grow so Rapidly: A Theoretical Application, in: Journal of Contemporary Religion, Vol 12, No 2, 1997, 133–157.

[139] Vgl. William Kaplan, The Jehovah's Witnesses and Their Fight for Civil Rights, Toronto–Buffalo–London 1989, 7 ff.

[140] Vgl. M. J. Penton, Apocalypse Delayed: The Story of Jehovah's Witnesses, Toronto 1985, bes. 41.

[141] Stark/Iannaccone, Why the Jehovah's Witnesses Grow so Rapidly, aaO., 144.

[142] AaO., 145.

[143] AaO., 145 f.

[144] AaO., 152.

[145] Ebd.

[146] Ebd.

[147] AaO., 153.

[148] AaO., 146.

[149] Ebd.

[150] AaO., 147.

[151] AaO., 150.

[152] AaO., 151.

[153] AaO., 152.

[154] AaO., 148.

[155] Ebd.

[156] AaO., 149.

[157] Die faktisch auch in Deutschland bestehende Hierarchisierung der Religionen wurde im russischen Religionsgesetz festgeschrieben: Es unterscheidet zwischen den traditionellen „religiösen Organisationen" und „religiösen Gruppen". Erst nach 15 Jahren ihres Bestehens im Land können sich „religiöse Gruppen" darum bewerben, als „religiöse Organisationen" registriert zu werden. Vgl. dazu FAZ Nr. 219 vom 20. 9. 1997, 8. Siehe auch Gerd Stricker, In der Schwebe. Der

Streit um das russische Religionsgesetz, in: Herder Korrespondenz 51 (1997), 446–451.

158 Vgl. New York Times vom 20. 9.1997, 1: „Russians Pass Bill Sharply Favoring Orthodox Church – Other Christians Hurt – Western Critics and Activists for Human Rights See Curb on Religious Freedom".

159 Vgl. Human Rights Without Frontiers, Section „Religious Intolerance and Discrimination", Brussels, August 11 and September 15, 1998.

160 Press Release, September 30, 1998. Vgl. auch The Moscow Times vom 1. 10. 1998.

161 ZJ-Pressemitteilung Nr. 31–98 vom 19. 11. 1998.

162 epd vom 18. 11. 1998.

163 KNA vom 16. 11. 1998.

164 Vgl. Washington Post vom 30. 9. 1998.

165 Vgl. Tilman Berger, „Politische" Gefangene aus Glaubensgründen. Daten und Erkenntnisse aus der Sowjetunion, in: Norbert Sommer (Hg.), Glasnost, Christen und Genossen, Berlin (West) 1988, 63–67; vgl. auch Walter Kolarz, Die Religionen in der Sowjetunion, Freiburg–Basel–Wien 1963, 335 ff.

166 Martin Kriele, Der Fundamentalismus der Moderne, in: Besier/Scheuch (Hgg.), Die neuen Inquisitoren, Teil I, 386; vgl. auch Moskauer Prozeß – Sieg für die Meinungsfreiheit, in: Berliner Dialog, 1997, Heft 2, 11 f.

167 KNA vom 19. 11. 1998.

168 Vgl. Zeugen Jehovas: Sieg für Menschenrechte in Osteuropa, dpa vom 9. 10. 1998.

169 So z. B. Handbuch Religiöse Gemeinschaften. Hg. vom VELKD-Arbeitskreis Religiöse Gemeinschaften, Gütersloh [4]1993.

170 So H. Schmoll in der FAZ vom 16. 8. 1997, 8; vgl. auch Chr. Link, Für verständige Zusammenarbeit geschaffen. Das Verhältnis von Staat und Kirche in Deutschland beruht auf der Neutralität des Staates und dem Prinzip der Religionsfreiheit, in: FAZ Nr. 180 vom 6. 8. 1998, 8.

171 Vgl. dazu Martin Baumann, ‚Merkwürdige Bundesgenossen' und ‚neue Sympathisanten'. Die Ausgrenzung der Religionswissenschaft aus der bundesdeutschen Kontroverse um neue Religionen, in: ZfR 3 (1995), 111–136.

172 Vgl. hierzu und zum Folgenden Gerhard Robbers, Europa und die Kirchen. Die Kirchenerklärung von Amsterdam, in: Stimmen der Zeit 123 (1998), 147–157; Erklärung zum Status der Kirchen und weltanschaulichen Gemeinschaften, in: Vertrag von Amsterdam. Text und konsolidierte Fassung des EU- und EG-Vertrags, mit einer Einführung von Angela Bardenhewer, Baden-Baden 1997.

[173] Vertrag von Amsterdam zur Änderung des Vertrags über die Europäische Union, Luxemburg 1997, 133.

[174] Ebd.

[175] Vgl. Rik Torfs, Staat und Kirche in Belgien, in: Gerhard Robbers (Hg.), Staat und Kirche in der Europäischen Union, 32. Seit 1992 erhalten die belgischen Gemeindepfarrer 496 925 bfr. brutto, das sind aufgerundet etwa 24 000 DM im Jahr, also rund 2000 DM brutto im Monat.

[176] Zit. nach Robbers, aaO., 32.

[177] Vgl. hierzu und zum Folgenden: Bryan R. Wilson, The Social Dimensions of Sectarianism. Sects and New Religious Movements in Contemporary Society, Oxford 1990, 149–175.

[178] AaO., 158.

[179] AaO., 170.

[180] AaO., 171.

[181] AaO., 173.

[182] AaO., 174.

[183] Vgl. Yearbook of Jehovah's Witnesses, 1984, 110.

[184] KNA vom 11. 12. 1998.

[185] Bryan R. Wilson, The Social Dimensions of Sectarianism. Sects and New Religious Movements in Contemporary Society, 175.

[186] Zit. nach Allan R. Brockway/J. Paul Rajashekar (Hgg.), New Religious Movements and the Churches. Report and Papers of a Consultation sponsored by the Lutheran World Federation and the World Council of Churches, Geneva 1987, 123.

[187] AaO., 129.

[188] AaO., 131 f.

[189] AaO., 132.

[190] Tobias W. Witteveen (Niederlande), Der kleine Spielraum für die Sektenpolitik, zu Händen der zuständigen Enquete-Kommission des Deutschen Bundestags, Archiv Besier.

[191] Vgl. G. Besier, Konzern Kirche, 159.

[192] Vgl. WTG (Hg.), Anerkennungsverfahren der Religionsgemeinschaft der Zeugen Jehovas in Deutschland 1990–1997, Selters 1997.

[193] Vgl. Die WELT vom 16. 5. 1997, 2.

[194] Zur Behandlung der ZJ unter der SED-Diktatur siehe die weiter oben gegebenen Literaturhinweise (Anm. 64).

[195] Vgl. FAZ Nr. 188 vom 15. 8. 1997, 4.

[196] Die Gutachtl. Stellungnahme zur Frage der Verleihung der Rechte der Körperschaft des öffentlichen Rechts an die Religionsgesellschaft der Zeugen Jehovas vom 16. 2. 1993 von Axel von Campenhausen ist nicht veröffentlicht, wurde aber von Hermann Weber und Christoph Link benutzt.

[197] Hermann Weber, Körperschaftsstatus für die Religionsgemeinschaft der Zeugen Jehovas in Deutschland?, in: ZevKR 41 (1996), 172 ff.

[198] Chr. Link, Zeugen Jehovas und Körperschaftsstatus, in: ZevKR 43 (1998), 1–54, hier: 3.

[199] Vgl. zu diesem Problem schon Peter L. Berger, Zur Dialektik von Religion und Gesellschaft. Elemente einer soziologischen Theorie, Frankfurt/M. 1973, 132 ff.

[200] Link, Zeugen Jehovas und Körperschaftsstatus, aaO., 3.

[201] Warum es oft sinnlos ist, gegen als Meinungsäußerungen verpackte Schmähungen zu klagen, erläutert Martin Kriele, Ehrenschutz und Meinungsfreiheit, in: Wolfgang Fickentscher u. a., Wertewandel – Rechtswandel. Perspektiven auf die gefährdeten Voraussetzungen unserer Demokratie, Gräfelfing 1997, 67–92.

[202] Link, Zeugen Jehovas und Körperschaftsstatus, 4.

[203] Vgl. z. B. die Rezension des Buches von Kurt-Helmuth Eimuth, Die Sekten-Kinder (Freiburg 1996) durch Richard Singelenberg in: Trouw vom 2. 7. 1996, 10, und Journal of Contemporary Religion, Vol. 13, No. 1, 1998, 110 f. Eimuth gehört zu den Referenz-Autoren von Link. Er wurde auch als „Experte“ von der Enquete-Kommission „Sog. Sekten und Psychogruppen“ eingeladen; sein Buch diente als Grundlage für die Einschätzung der ZJ durch die Kommission (vgl. dazu W. Slupina, in: H. Hesse [Hg.], „Am mutigsten waren die Zeugen Jehovas“, aaO., 323 f.). Das Buch des Sektenbeauftragten in der hannoverschen Landeskirche Ingolf Christiansen „Die Bedeutung und Brisanz von Sekten, Destruktiv-Kulten und Weltanschauungen für Jugendliche in unserer Gesellschaft“ (Göttingen 1996), im Auftrag des thüringischen Kultusministeriums herausgebracht vom Institut für berufliche Bildung und Weiterbildung e. V., mußte aufgrund gravierender Mängel eingezogen werden (Mitteilung des Thüringischen Kultusministeriums an die WTG vom 30. 4. 1998, AZ Z 8/51452). Christiansen war für die PDS Sachverständiger der Enquete-Kommission des Deutschen Bundestages zu Sog. Sekten und Psychogruppen.

[204] Vgl. z. B. das Urteil des OLG Köln im Rechtsstreit des Vereins zur Förderung der Psychologischen Menschenkenntnis (VPM) gegen den Sektenbeauftragten Hansjörg Hemminger vom 21. 11. 1995 (15 U 23/95; 18 O 168/93 LG Bonn). Danach darf u. a. gesagt werden, daß Hemminger den VPM „in bewußt und gezielt verleumderischer Weise“ diffamiert. Eine seiner Veröffentlichungen darf als „Hetzschrift“ bezeichnet werden usw.

[205] Vgl. Frank Usarski, Die Stigmatisierung neuer spiritueller Bewegungen in der Bundesrepublik Deutschland (Kölner Veröffentlichungen zur Religionsgeschichte, Bd. 15), Köln–Wien 1988, bes. 83 ff.

206 AaO., 218.

207 AaO., 220 f. Vgl. auch Albert Cornelius Scheffler, „Jugendsekten in Deutschland". Öffentliche Meinung und Wirklichkeit. Eine religionswissenschaftliche Untersuchung, Frankfurt/M.–Bern–New York–Paris 1989.

208 K.-D. Pape, Die Angstmacher: Wer (ver)führt die Zeugen Jehovas?, Leipzig 1998.

209 AaO., 238, Anm. 2.

210 AZ 4 O 456/94.

211 Am 7. Januar 1957 wurde Pape von dem Schöffengericht Waldshut zu neun Monaten Haft auf Bewährung verurteilt. Er hatte ohne alles Kapital eine Zeitschrift „Deutsche Wiedervereinigung" gegründet, Büroräume angemietet, Mobiliar gekauft und drei Angestellte beschäftigt (vgl. Alb-Bote, Waldhut vom 9. 1. 1957). Als ihm seine Religionsgemeinschaft wegen des kaufmännischen Abenteuers Vorhaltungen machte, zeigte sich der verhinderte Zeitungsverleger wenig einsichtig. Daraufhin wurde er am 16. 6. 1957 ausgeschlossen. Dieser Vorgang inspirierte ihn zu eigener schriftstellerischer Tätigkeit. Er verfaßte sein scharfes Anklage-Buch „Ich war Zeuge Jehovas". Das Buch erschien 1961 und erlebte bis 1993 15 Auflagen. In Papes Kurzbiographie heißt es lakonisch: „Bruch mit den Zeugen Jehovas 1956/57." Im Text spricht Pape einmal dunkel von „innerer Not", „äußerem Versagen" und Anklagen durch die ZJ. Die Zeitschriftengründung und den Prozeß sparte er in seiner Anklageschrift aus (vgl. Ich war Zeuge Jehovas, aaO., 89 f.). Ostern 1963 konvertierte er zur römisch-katholischen Kirche. Nach dem Bericht des Stasi-Leutnants Teichmann vom 10. April 1962 soll Dieter Pape gegenüber IM „Rolf" erklärt haben, sein Bruder Günther habe das Buch „Ich war Zeuge Jehovas" ohne finanzielle Hilfe nie schreiben können. „Die Finanzierung übernahm die kathl. Kirche..." (BStU MfS ASt Gera V/4 269/70, Bd. 4, Bl. 51 ff.)

212 Eine überprüfende Recherche in der Gauck-Behörde bestätigte, daß Dieter Pape (geb. 4. 12. 1928) als IME „Wilhelm" geführt wurde: BStU MfS AIM 3292/91; außerdem Teilablage 185/85.

213 Die DDR-Fassung erschien im VEB Deutscher Zentralverlag Berlin (Ost), 1961. Der vollständige Titel der Schrift lautet: „Ich war Zeuge Jehovas. Enthüllungen eines ehemaligen Mitarbeiters und Missionars der Watch Tower Bible and Tract Society, Brooklyn/New York. Bearbeitet und gestaltet von Dieter Pape".

214 AaO., 81.

215 Werner Struck (geb. am 26. 5. 1924) wurde als IME „Rolf" geführt (BStU, Ast. Gera, Abt. XX/235/67). Als Herausgeber der CV war er hauptamtlicher inoffizieller Mitarbeiter (HIM) des MfS mit einer monatlichen Vergütung von 1250 M. In einem Auszeichnungsvorschlag

vom 5. 5. 1984 heißt es u. a.: „Seit 1979 ist er hauptamtlich als Herausgeber der gegen die ‚Zeugen Jehovas' gerichteten zersetzenden Zeitschrift ‚Christliche Verantwortung' tätig. Im Verlauf seiner bisherigen Tätigkeit gelang es dem IME ‚Rolf', die Zeitschrift ‚CV' in ihrem geistigen und stilistischen Niveau so zu verbessern, daß ihre Wirksamkeit stark erhöht wurde ... Durch den intensiven Ausbau von Kontakten im Bereich der ZJ bzw. ehemaliger ZJ trug der IME wesentlich zur Entwicklung eines arbeits- und leistungsfähigen Arbeitskreises ‚CV' bei. Im Rahmen seiner Reisetätigkeit in das OG [„Operationsgebiet", d. h. die Bundesrepublik Deutschland] und durch die Verbindungen zu operativ interessanten Personen hat der IM einen nicht geringen Anteil an der Sicherung des Informationsbedarfs unserer DE [„Diensteinheit"]", aaO., Bl. 17.

216 Zeugenaussage Struck in der Öffentlichen Verhandlung des Amtsgerichts Gera vom 19. 9. 1995 in dem Rechtsstreit G. Pape gegen die WTG (Geschäftsnummer 1 AR 45/95). Vgl. auch die Beiträge von A. Fincke, K.-D. Pape und F. Schilling im Materialdienst der EZW 1994, 217–227; 1995, 18–23; 1995, 121–123. Am 12. 2. 1997 trat Dieter Pape aus dem Verein „Christliche Dienste e. V." aus. Llt. Recherche-Bericht der VB Tübingen wurde 1996 das Erscheinen der Zeitschrift „Aus Christlicher Verantwortung" eingestellt.

217 Vgl. Der Wachtturm vom 1. 7. 1957, 413 f.

218 AaO., 413.

219 Vgl. z. B. „Erwachet" vom 8.10.1987, 19 f.; Der Wachtturm vom 15. 8. 1991, 22 f. In dem letztgenannten Artikel heißt es: „Jehova verabscheut Lügen. Zu den ‚sieben Dingen', die er haßt, zählen ‚eine falsche Zunge' und ein ‚falscher Zeuge, der Lügen vorbringt' (Sprüche 6, 16-19). ‚Alle Lügner' werden unter die Feiglinge, Mörder und Hurer eingereiht, die in Gottes neuer Welt keinen Platz haben (Offenbarung 21,18). Außerdem lautet ein Spruch: ‚Wer in seiner Geradheit wandelt, fürchtet Jehova, aber der in seinen Wegen Verkehrte verachtet Ihn' (Sprüche 14,2). Ein Lügner geht krumme Wege und läßt so erkennen, daß er Jehova verachtet. Wie verwerflich! Reden wir stets die Wahrheit, selbst wenn es dazu führt, daß wir in Zucht genommen werden oder einen finanziellen Verlust erleiden (Sprüche 16,6; Epheser 4,25). Wer die Wahrheit redet, ahmt Jehova, den ‚Gott der Wahrheit', nach (Psalm 31,5)." Die „Apostaten" Bergman/Aslan behaupten dagegen, daß die ZJ im Rahmen der „Theokratischen Kriegführung" (Grenzach–Wyhlen 1997) ein ganzes Lügennetz über sich selbst und ihre Außenwelt gespannt hätten. Die Frage, ob ZJ öfter und systematischer lügen als Mitglieder anderer Religionsgemeinschaften, kann nur durch empirische Forschung geklärt werden.

220 Link, Zeugen Jehovas und Körperschaftsstatus, 15.

221 SZ Nr. 96 vom 26./27.4. 1997, 111.

[222] Link, Zeugen Jehovas und Körperschaftsstatus, 14.
[223] AaO., 15.
[224] Ebd.
[225] AaO., 16.
[226] Erklärung der Religionsgemeinschaft der Zeugen Jehovas in Deutschland vom 5. August 1997, Archiv Besier. Vgl. auch WTG (Hg.), Anerkennungsverfahren der Religionsgemeinschaft der Zeugen Jehovas in Deutschland 1990–1997, Selters 1997, 113 ff. Siehe auch Gutachten Weber, in: ZevKR 1996, 130.
[227] Vgl. dazu die Entscheidung des Bundesverfassungsgerichts zu den Baha'i, NJW 1991, Heft 41, Sp. 2623 ff.
[228] Vgl. Eva-Maria Kaiser/Ulrich Rausch, Die Zeugen Jehovas – Ein Sektenreport, Augsburg 1996, 206 ff.
[229] Die Kirchen und Religionsgemeinschaften als Körperschaften des öffentlichen Rechts, in: HSKR, Bd. 1, 21994, 684.
[230] Link, Zeugen Jehovas und Körperschaftsstatus, 22.
[231] Vgl. aber Der Spiegel vom 21. 9. 1998.
[232] Vgl. FAZ Nr. 161 vom 15. 7. 1998, 4.
[233] Der Verfassungsschutzbericht hat sich einen ganz ähnlichen Fauxpas geleistet. Dort heißt es, Scientology arbeite „mit verschiedenen religiösen Gruppen, wie z. B. den Zeugen Jehova's [sic!] oder islamistischen Gruppen" zusammen („Bericht der Bund-Länder-Arbeitsgruppe Scientology der Verfassungsschutzbehörden gemäß Beschluß der Konferenz der Innenminister und -senatoren der Länder vom 5./6. 6. 1997" vom 12. 10. 1998, 100). In Wahrheit haben die ZJ nie mit Scientology zusammengearbeitet, und der Verfassungsschutz war auch nicht in der Lage, seine Behauptung zu belegen. Doch allein diese unrichtige Erwähnung im Verfassungsschutzbericht, durch gezielte Indiskretion an die Presse gegeben, schadete der Glaubensgemeinschaft schwer. Der eingetretene Schaden läßt sich auch durch eine (bisher nicht erfolgte) öffentliche Korrektur kaum mehr beheben. Die Vermutung liegt nahe, daß genau dieser Zweck, die Glaubensgemeinschaft irreparabel in der Öffentlichkeit zu diskreditieren, erreicht werden sollte.
[234] Vgl. z. B. Reller, Handbuch religiöse Gemeinschaften, aaO. oder Eggenberger, Kirchen, aaO.
[235] Link, Zeugen Jehovas und Körperschaftsstatus, 23.
[236] Ebd.
[237] Ebd.
[238] Ebd.
[239] Die Zeugen Jehovas – eine psychologische Analyse, München 21990, 95 f. Siehe auch Jerry Bergman, Jehovas Zeugen und das Problem der seelischen Gesundheit, dt. München 1992, 63 ff.

[240] Stark/Iannaccone, Why the Jehovah's Witnesses Grow so Rapidly. A Theoretical Application, in: Journal of Contemporary Religion 112 (1997), 136. Siehe oben die ausführliche Darstellung der genannten Untersuchung von Stark/Iannaccone.

[241] Vgl. dazu G. Besier, Konzern Kirche, aaO., 150.

[242] Vgl. dazu seinen Artikel in der FAZ vom 6. 8. 1998.

[243] Vgl. Otto Kallscheuer, Wer glaubt, wird vernünftig. Die neue päpstliche Enzyklika hofft auf Metaphysik und verdrängt Gedankenfreiheit, in: Die Zeit Nr. 44 vom 22. 10. 1998.

[244] Vgl. dazu Hans-Thilo Brecht, Kriegsdienstverweigerung und Zivildienst. Kriegsdienstverweigerungs-Neuordnungsgesetz, Zivildienstgesetz, Zivildienstvertrauensmann-Gesetz, München ³1992.

[245] Vgl. WTG-Statement zum Thema „Zivile Dienste" in Verbindung mit der Wachtturm-Ausgabe vom 1. 5. 1996, Archiv Besier.

[246] Vgl. Materialdienst der EZW 3/1998.

[247] Link, Zeugen Jehovas und Körperschaftsstatus, 31.

[248] MD 3/97, 88. Wie vorurteilsbehaftet diese Einlassung ist, geht daraus hervor, daß der staatliche Kirchensteuereinzug, der mit den „Fleischtöpfen" nur gemeint sein kann, im Falle der Verleihung des Körperschaftsstatus' nicht in Anspruch genommen werden würde, da er nicht zum theologischen Verständnis der ZJ paßt (vgl. Schreiben Rechtsanwaltsbüro Heym/Rüth/Windischmann an den 7. Senat des Bundesverwaltungsgerichts in Berlin vom 28. 4. 1997, Archiv Besier).

[249] Vgl. SPIRITA 2/97, 50.

[250] Ebd.

[251] München–Zürich 1998.

[252] Zur Position der ZJ vgl. die Broschüre der WTG aus dem Jahr 1990: „Wie kann Blut Dein Leben retten?"

[253] Link, Zeugen Jehovas und Körperschaftsstatus, 33. Vgl. dagegen H. Weber, Körperschaftsstatus, aaO., 204 ff.

[254] Bloodless Surgery. Surgical and Anaesthetic Aspects, Legal and Ethical Issues, Paris 1997.

[255] Informationsbroschüre Städtisches Klinikum Braunschweig, Februar 1996; vgl. auch den Jahresbericht 1996 der Cardioklinik Frankfurt.

[256] Vgl. Link, Zeugen Jehovas und Körperschaftsstatus, 35.

[257] Vgl. Konrad Drebinger/Hans Hüther, Behandlungsalternativen zu Bluttransfusionen bei Kindern von Zeugen Jehovas, in: Sozialpädiatrie und Kinderärztliche Praxis 17, Nr. 12, 1995, 710–712.

[258] Vgl. C. S. Kitchens, Are Transfusions Overrated? Surgical Outcome of Jehovah's Witnesses. The American Journal of Medicine 94 (1993), 117–119. Siehe auch Julius Hackethal, Der Meineid des Hippokrates. Von der Verschwörung der Ärzte zur Selbstbestimmung des Pa-

tienten, Bergisch-Gladbach 1992, 218. Hier heißt es: „Die einzigen, welche die ungeheure Gefahr [scil. der Übertragung von Infektionskrankheiten durch Bluttransfusionen] schon immer richtig gesehen haben, sind die Zeugen Jehovas, die gerade deshalb auch viel verspottete Religionsgemeinschaft. Man muß die Weitsicht ihrer Gründer bewundern. Geradezu grotesk ist es, daß es Gerichtsurteile gab, nach denen eine Verweigerung von Butübertragungen aus Glaubensgründen ein strafwürdiges Vergehen ist." Vgl. auch ders., Auf Messers Schneide. Kunst und Fehler der Chirurgen, München 1995, 251.

259 Für diese wenigen Fälle müßten die ZJ – bei grundsätzlichem Festhalten an ihren religiösen Überzeugungen – Lösungsmöglichkeiten, etwa in Gestalt eines Dispenses, schaffen.

260 Vgl. Vogt, Müller u. a., Einsparungen von Fremdblutgaben bei schwerbrandverletzten Zeugen Jehovas, in: Der Chirurg 65 (1994), 1066–1068; Knörig, Mohn u. a., Herz-Lungen-Maschinen – Operationen bei Säuglingen ohne Blut und Blutbestandteile, in: Monatsschrift Kinderheilkunde 142 (1994), 814–818; V. Schlosser, Herzchirurgie ohne Fremdbluttransfusion, in: MMW Orginalia 135 (1993), 90–94; Kirchgesser/Dittmer, Zum Behandlungsproblem Polytrauma bei Zeugen Jehovas, in: Der Chirurg 63 (1992), 523–535.

261 Time Magazine, Fall 1997, 74.

262 AaO., 76.

263 Vgl. dazu Roland Bell/Frieder Skibitzki, Kirchenasyl – Affront gegen den Rechtsstaat?, Berlin 1998.

264 Link, Zeugen Jehovas und Körperschaftsstatus, 41.

265 Richtig dagegen H. Weber, Körperschaftsstatus, aaO., 209 ff.

266 K.-D. Pape, Die Angstmacher, 244 f. Nur *Neuankömmlingen,* die kurz „nach ... [ihrer] Ankunft" im Bethel erkranken, und die zum Zeitpunkt ihrer Bewerbung um den Betheldienst versichert hatten, gesund zu sein, wird im Krankheitsfall empfohlen, besser nach Hause zurückzukehren.

267 AaO., 243 ff.

268 AaO., 244. Das in eckige Klammern Gesetzte hat Pape weggelassen, obwohl es im Original „müßtet" heißt.

269 Link, Zeugen Jehovas und Körperschaftsstatus, 48 f.

270 In welchem Ausmaß überdies religiöse Volksbräuche vom „christlichen" Verständnis abweichen, zeigt am Beispiel von Todesanzeigen Michael N. Ebertz, Synkretismus im (popularen) Christentum. Soziologische Aspekte der Hybridisierung von Todesvorstellungen, in: Volker Drehsen/Walter Sparn (Hgg.), Im Schmelztiegel der Religionen. Konturen des modernen Synkretismus, Gütersloh 1996, 285–312; siehe jetzt auch Kodo Matsunami, International Handbook of Funeral Customs, Westport (Con.) 1998.

271 So Gabriele Lademann-Priemer, Warum faszinieren Sekten? Psy-

chologische Aspekte des Religionsmißbrauchs, München 1998, 91.

272 Psychologische Gutachten im Zusammenhang mit Familienrechtsfällen, die den Verf. vorliegen, widersprechen der „Isolations"-Mär deutlich.

273 Er tut dies, obwohl ihm bekannt sein muß, daß auch der Berliner Senat hinsichtlich der Erziehungsprinzipien der ZJ einräumen mußte, daß Jugendämter und Vormundschaftsgerichte keine Kenntnis von Mißhandlungen oder Vernachlässigungen von Kindern der ZJ hätten. Dies wurde in der mündlichen Verhandlung vor dem Bundesverwaltungsgericht so festgestellt und im Schriftsatz an das Bundesverfassungsgericht wiederholt.

274 Als Ausnahme gilt lediglich der rituelle Mißbrauch von Kindern in gewalttätigen Kultgruppen. Vgl. dazu Margaret Smith, Gewalt und sexueller Mißbrauch in Sekten. Wo es geschieht, wie es geschieht und wie man Opfern helfen kann, Stuttgart 1994.

275 LG Leipzig – AZ.: 10 O 1110/95.

276 Vgl. zum Problemkomplex Sorgerechtsverfahren und Zugehörigkeit zur Glaubensgemeinschaft der ZJ FamRZ 1996, Heft 11, 684 f.

277 Bericht des Falles bei Ralf B. Abel, Die aktuelle Entwicklung der Rechtsprechung zu neueren Glaubensgemeinschaften, in: NJW 1997, 427–432, hier: 428.

278 AaO.

279 Gerhard Hessler, Die Berücksichtigung der Zugehörigkeit eines Elternteils zu den Zeugen Jehovas im Sorgerechtsverfahren, in: NJW 1997, 2931 f.

280 Dieses wiederum ist die deutsche Gruppierung von Dialog Center International, einer Organisation, die – etwa in Rußland – beratend an dem dortigen Religionsgesetz mitwirkte.

281 Berliner Dialog, Ostern 1997, 29.

282 Gerhard Hessler, Die Berücksichtigung der Zugehörigkeit eines Elternteils zu den Zeugen Jehovas im Sorgerechtsverfahren, in: NJW 1997, 2931 f.

283 Loseblattsammlung „Schutz der Familie". Wiederabdruck aus Der Wachtturm vom 1. 4. 1988.

284 WTG (Hg.), Das Familienleben glücklich gestalten, Selters 1978, 144.

285 Siehe zuletzt für die USA Stark/Iannaccone, aaO., 136.

286 Siehe für Belgien die Untersuchung von Brian Wilson, die weiter oben referiert wurde. Siehe auch die oben nach Stark/Iannacone wiedergegebene Bildungs-Situation der ZJ in den USA. K.-E. Eimuth hat in einem Schreiben an die WTG vom 20. 1. 1997 zahlreiche Aussagen in seinem Buch über „Die Sekten-Kinder" relativiert und sich verpflichtet, bestimmte Behauptungen in künftigen Auflagen nicht zu wiederholen (Schreiben in Archiv Besier). So interpretiert Eimuth im nachhinein seinen Satz, den Kindern werde „Bildung vorenthalten",

mit den Sätzen: „,Vorenthalten' bedeutet, daß Kinder nicht optimal gefördert wurden. Wer dieses tat und warum, ist hier nicht weiter ausgeführt. Es bedeutet also keineswegs, daß Ihre Mandantschaft den Kindern Bildung vorenthielt", aaO.

287 Vgl. Thomas Nipperdey, Religion im Umbruch. Deutschland 1870–1918, München 1988, 40 f.

288 AG Landau – AZ.: 1 X 107/97.

289 Unterlagen im Archiv Besier.

290 Schreiben des Amtes für Soziale Dienste (Abteilung Ost) der Freien Hansestadt Bremen vom 4. 6. 1998, Archiv Besier.

291 Schreiben der Stadt Bergheim vom 11. 9. 1998, Archiv Besier.

292 AaO.

293 AG Bergheim – AZ.: 78 X 266/97.

294 Schriftsatz des Verfahrenspflegers vom 14. 10. 1998, Archiv Besier.

295 Schreiben im Archiv Besier. Vgl. zu dieser und anderen Benachteiligungen bzw. Diskriminierungen Wolfram Slupina, Verfolgt und fast vergessen, in: H. Hesse (Hg.), „Am mutigsten waren immer wieder die Zeugen Jehovas", aaO., 318–343, bes. 326–328.

296 Chr. Link, Zeugen Jehovas und Körperschaftsstatus, aaO., 27.

297 Besonders bekannt ist der mit dem Bundesverdienstkreuz 1. Klasse ausgezeichnete Bergwachtführer Wiggerl Gramminger (Mitteilungsblatt des Bayerischen Roten Kreuzes 21 (1971), Nr. 5). Andere Geehrte, wie Regina Dohrn, erregen kaum öffentliches Aufsehen. Die Norddeutsche erhielt die Bundesverdienstmedaille des Bundesverdienstordens der Bundesrepublik Deutschland, weil sie sich als ehrenamtliche Vertreterin der Sportjugend besonders engagiert hatte und auch als ehrenamtliche Richterin am Bundeswehrersatzamt tätig war (Brunsbütteler Zeitung vom 11. 7. 1998). „Wenn man seine staatsbürgerlichen Pflichten ernst nimmt," sagte die bekennende Zeugin Jehovas, „gehört es dazu, sich für andere einzusetzen" (ebd.).

298 Solinger Tageblatt vom 21. 12. 1994.

299 Solinger Tageblatt vom 22. 12. 1994.

300 Armin Pikl/Gajus Glockentin (Hgg.), Jehovas Zeugen als Körperschaft des öffentlichen Rechts, Selters, den 1. 9. 1998, abgedruckt unten, S. 211 ff.

301 AaO., 3.

302 Vgl. z. B. Stark/Iannaccone, Why the Jehovah's Witnesses Grow so Rapidly: A Theoretical Application, in: Journal of Contemporary Religion 112 (1997), 133 ff.

303 Dieses Vorgehen Links machte unsererseits die breite Ausleuchtung der religiösen Subkultur, ihrer Geschichte und ihrer internationalen Bezüge im Vergleich mit den Großkirchen nötig.

304 So die Aussage der ZJ in Selters anläßlich eines Gespräches mit den Verf. am 5. 10. 1998.

[305] Bericht über den Besuch in Selters am 3. 7. 1998, in: Materialdienst der EZW 10/98, 314. Fincke urteilt: „Das Gespräch fand in einer aufgeschlossenen und ungewöhnlich dialogbereiten Atmosphäre statt, wenngleich die unterschiedlichen Standpunkte jederzeit deutlich blieben."

[306] Vgl. Roger Finke and Rodney Stark, The Churching of America 1776–1990, New Brunswick, 1992; Thomas C. Reeves, The Empty Church. The Suicide of Liberal Christianity, New York–London 1996; Donald E. Miller, Reinventing American Protestantism. Christianity in the New Millennium, Berkeley–Los Angeles–London 1997.

[307] Bundestagsdrucksache 13/8170.

[308] Vgl. WamS Nr. 272 vom 21. 11. 1996, 5. Vgl. auch den Bericht in DIE WELT vom 15. 11. 1996, 12, wonach eine Scientology-Gruppe versuchte, die Gemeinde der deutschen Sankt-Petri-Kirche in Kopenhagen zu „unterwandern". Zum Bericht der Leiterin der Arbeitsgruppe Scientology beim Hamburger Innensenat, Ursula Caberta, vgl. FAZ Nr. 256 vom 2. 11. 1996, 3.

[309] Zwischenbericht der Enquete-Kommission „Sog. Sekten und Psychogruppen", Bundestags-Drucksache 13/8170, 39.

[310] Ebd. Hervorhebung im Original.

[311] AaO., 40.

[312] AaO., 41.

[313] Bundestags-Drucksache 13/8035 vom 24. 6. 1997. Das Psychotherapiegesetz ist inzwischen verabschiedet und am 1. 1. 1999 in Kraft getreten.

[314] Bundesrats-Drucksache 13/9717 vom 29. 1. 1998.

[315] Vgl. Hans-Martin Schönherr-Mann, Postmoderne Perspektiven des Ethischen. Politische Streitkultur, Gelassenheit, Existenzialismus, München 1997.

[316] Stellungnahme der Zeugen Jehovas zum Zwischenbericht der Enquete-Kommission des Deutschen Bundestages vom 27. 6. 1997, 3.

[317] Vgl. Martin Kriele, Die rechtspolitischen Empfehlungen der Sektenkommission, in: ZRP 31 (1998), 349–355.

[318] Der Fragebogen ging an Jutta Birlenberg (Leverkusen) von der Anti-Sekten Initiative „Kids [Kinder in destruktiven Sekten] e. V." Schreiben Yonan an Besier vom 2. 6. 1998, Archiv Besier. Da die Zustellung der Fragebögen an Kids e. V. per Fax erfolgte und die Kennleiste bei der Weitergabe nicht getilgt wurde, war ersichtlich, von welcher Seite der Vertrauensbruch erfolgte. Dieser Stelle mußte bekannt sein, daß Kids e. V. eine gegen die ZJ gerichtete Unterschriftensammlung durchgeführt und das Ergebnis dem Bundestag eingereicht hatte (vgl. Bericht in der Rheinischen Post vom 17. 4. 1996). Kids e. V. ging dabei so vor, daß in Geschäften, an Kiosken und z. T. sogar in Schu-

len Unterschriftenblätter ausgelegt wurden. Jeder, der „dagegen" war, daß den ZJ der Status einer Körperschaft des öffentlichen Rechts verliehen würde, konnte sich mit Namen und Adresse eintragen. Weitere Informationen bzw. Fragestellungen enthielt das Unterschriftenblatt nicht. Frau Jutta Birlenberg verfolgt seit geraumer Zeit mit verworrenen, im Kern ungeheuren Behauptungen, die ZJ. Nachdem „Tele-West. Rheinisch-Westfälische Fernsehgesellschaft" die Behauptungen von Frau Birlenberg verbreitet hatte, mußte sie in einer Verpflichtungserklärung vom 20. 2. 1998 versichern, „bei Vermeidung einer Konventionalstrafe in Höhe bis zu 10 100 DM für jeden Fall der Zuwiderhandlung" eine Wiederholung zu unterlassen, und für die entstandenen Rechtsanwaltskosten aufkommen (Archiv Besier). Nichtsdestoweniger wiederholte sie ihre Aussagen, nun allerdings in Form einer Meinungsäußerung, in der Fernsehsendung „Brisant" (ARD) vom 11. 11. 1998 („Schmutzige Tricks im Streit ums Sorgerecht"). Vor 7 Jahren trat die Tochter der heute 64jährigen Jutta Birlenberg mit ihrem Mann und den drei Enkelkindern den ZJ bei. Als Frau Birlenberg mit allen Mitteln versuchte, ihre Verwandten zum Austritt zu bewegen, brachen diese den Kontakt zu ihr ab. Frau Birlenberg stellte beim zuständigen Vormundschaftsgericht den Antrag, daß das Sorgerecht für die Enkelkindern den Eltern entzogen und auf sie übertragen werden sollte. Als Begründung führte sie an, daß ihre Tochter und deren Ehemann nicht in der Lage seien, ihre Kinder zu erziehen, da sie den ZJ angehörten. Eine Begutachtung der Kinder ergab, daß sie altersgerecht entwickelt und auch in der Schule gut in den Klassenverband integriert waren (Beschluß der AG Leverkusen vom 13. 8. 1991, AZ: 14 X 79/9; LG Köln vom 17. 1. 1992 AZ.: 1 T 305/91). Ihr Antrag wurde als unbegründet abgelehnt. Seit diesen persönlichen Erlebnissen verfolgt sie die „Sekten" mittels KIDS e. V., Fernsehauftritten etc. (vgl. z. B. RTL vom 13. 7. 1993: „Grünwalder und Birlenberg").

319 Endbericht der Enquete-Kommission „Sogenannte Sekten und Psychogruppen", Bundestags-Drucksache 13/10950, 176.

320 AaO., 192.

321 AaO., 49. Vgl. auch G. Hellmeister/W. Fach, Anbieter und Verbraucher auf dem Psychomarkt. Eine empirische Analyse im Auftrag der Enquete-Kommission „Sog. Sekten und Psychogruppen", Zusammenfassung, in: Deutscher Bundestag Enquete-Kommission „Sogenannte Sekten und Psychogruppen" (Hg.), Neue religiöse und ideologische Gemeinschaften und Psychogruppen. Forschungsprojekte und Gutachten der Enquete-Kommission „Sogenannte Sekten und Psychogruppen", Hamm 1998, 356.

322 Endbericht, aaO., 193.

323 Deutscher Bundestag Enquete-Kommission „Sogenannte Sekten

und Psychogruppen" (Hg.), Neue religiöse und ideologische Gemeinschaften und Psychogruppen. Forschungsprojekte und Gutachten der Enquete-Kommission „Sogenannte Sekten und Psychogruppen", Hoheneck-Verlag Hamm 1998.

[324] Vgl. betr. Einsicht in Akten einer Enquete-Kommission OVG, Beschl. v. 9. 6. 1998 – 5 B 1634/97 (NJW 1998, Heft 49, 3659 f.).

[325] Unterschrift: Hardo Müggenburg

[326] Endbericht, aaO., 157.

[327] Vgl. Beschlußempfehlung und Bericht, Deutscher Bundestag, 13. Wahlperiode, Drucksache 13/4477 vom 26. 4. 1996.

[328] Informationsdienst der Zeugen Jehovas Nr. 16/98 vom 1. 7. 1998, 5.

[329] Märkische Oderzeitung vom 11. 9. 1997.

Jehovas Zeugen als Körperschaft des öffentlichen Rechts

* Die Abhandlung ist im wesentlichen eine Stellungnahme zu *Jehovas Zeugen und Körperschaftsstatus* von *Ch. Link* (ZevKR 43 [1998], S. 1 ff.) und damit zu dem im Auftrag der beklagten Berliner Senatsverwaltung für Wissenschaft, Forschung und Kultur zur Vorlage beim Bundesverwaltungsgericht (vgl. u. I) am 12. 4. 1997 erstatteten Rechtsgutachten. Der Zeitschrift für evangelisches Kirchenrecht wurde der Abdruck einer Stellungnahme wie hier vorliegend angeboten. Dies lehnte die Zeitschrift mit dem Hinweis ab, sie pflege „Gegenmeinungen ... nicht zum Abdruck zu bringen."

[1] Az.: BVerwG 7 C 11.96; auf dem Klageweg hatte die Religionsgemeinschaft der Zeugen Jehovas in Deutschland versucht, den Berliner Senat zu verpflichten, ihr die Rechte einer Körperschaft des öffentlichen Rechts zu verleihen. In erster und zweiter Instanz war sie mit ihrem Begehren durchgedrungen. Nach dem ablehnenden Urteil des BVerwG wurde am 13. 8. 1997 Verfassungsbeschwerde beim BVerfG erhoben. Vgl. die umfangreiche Dokumentation „Anerkennungsverfahren der Religionsgemeinschaft der Zeugen Jehovas in Deutschland 1990–1997", hg. von der Religionsgemeinschaft.

[2] Und damit die Grundlage für die hier besprochene Abhandlung.

[3] Ohne Berücksichtigung der im Verfahren vorgelegten Beweise und Richtigstellungen – auch nicht unter Berücksichtigung der Anmerkungen und kritischen Würdigung einiger Überlegungen durch das BVerwG (dazu später). Insofern stellt sich die Frage, ob der in der einleitenden Fußnote gemachte sachlich richtige Hinweis, das zugrundeliegende Gutachten beruhe auf dem Stand vor der Entscheidung des BVerwG, so weit relativiert, daß Schaden in der gutgläubigen Öffentlichkeit vermieden wird, weil auf diese Weise unausgesprochen der

falsche Eindruck erweckt werden mag, das Gutachten sei unwiderlegt geblieben.

4 Vgl. nur Nürnberger Zeitung vom 14. 5. 1997, S. 5: „Erlanger Kirchenrechtler erstellte Gutachten über die Zeugen Jehovas: Abtrünnige werden stark unter Druck gesetzt"; *H. Schmoll*, FAZ vom 16. 8. 1997, S. 8: „Kirchen und andere".

5 Vgl. *G. Thüsing*, Kirchenautonomie und Staatsloyalität, DÖV Januar 1998, S. 25 ff.; *Abel*, Zeugen Jehovas keine Körperschaft des öffentlichen Rechts, NJW 1997, 2370 ff.; *H.-G. Kluge*, NEUE JUSTIZ 12/1997, S. 658; *J. Müller-Volbehr*, Rechtstreue und Staatsloyalität: Voraussetzungen für die Verleihung des Körperschaftsstatus an Religions- und Weltanschauungsgemeinschaften NJW 1997, 3358; *S. Huster*, Körperschaftsstatus unter Loyalitätsvorbehalt? – BVerwG, NJW 1997, 2396, JuS 1998, S. 117; *M. Sachs*, Anerkennung einer Religionsgemeinschaft als Körperschaft des öffentlichen Rechts (hier: Zeugen Jehovas), JuS 1998, S. 452 ff.; *M. Winkler*, Anerkennung einer Religionsgemeinschaft als Körperschaft des öffentlichen Rechts, JA 1998, S. 367 ff.

6 Antwort des Berliner Senats vom 10. 2. 1998 auf die Kleine Anfrage des Abgeordneten von Bündnis 90/Die Grünen *Dietmar Volk* „Wer kommt in den Sektenbericht?"; Zwischenbericht der Enquete-Kommission „Sogenannte Sekten und Psychogruppen", Bundestagsdrucksache 13/8170 vom 7. 7. 1997, S. 16.

7 Des Berliner Senats, d. h. der Berliner Senatsverwaltung für Wissenschaft, Forschung und Kultur als Beklagter.

8 Bei allem Respekt für die wertvollen Beiträge von *Link* auf dem Gebiet des Staatskirchenrechts.

9 *Link* verletzt damit die Verpflichtung zur Unparteilichkeit, nach bestem Wissen und Gewissen zu handeln, sowie die Sorgfaltspflicht – Pflichten, denen nicht nur vom Gericht bestellte Gutachter unterliegen.

10 *Christoph Link*, Jehovas Zeugen, aaO., S. 3 f. II.

11 *Der Wachtturm* wird in deutscher Sprache seit mehr als 100 Jahren regelmäßig veröffentlicht und ist mit einer Gesamtauflage von weltweit z. Zt. 22 103 000 in 128 Sprachen die auflagenstärkste religiöse Zeitschrift der Welt.

12 Z. B. Dienstanweisungen in staatlichen und kirchlichen Behörden etc.

13 Vgl. Zwischenbericht der Enquete-Kommission „Sogenannte Sekten und Psychogruppen", aaO., S. 26.

14 Professor of Sociology and Comparative Religion at the University of Washington.

15 Professor of Economics at Santa Clara University.

16 *Stark* und *Iannaccone*, Why the Jehovah's Witnesses Grow so Ra-

pidly: A Theoretical Application, in: Journal of Contemporary Religion, Vol. 112 (1997), S. 133 ff.

17 American National Survey of Religious Identification (1990).

18 Daß auch privatrechtlich organisierte Religionsgemeinschaften ein auf ihrem Selbstverständnis beruhendes Recht auf Selbstbestimmung haben, ist unbestritten. Dazu allg. mit Nachw. *J. Jurina,* in HdbStKirchR I ([2]1994), S. 696 ff.

19 So legt z. B. das OVG Münster der Beurteilung des Selbstverständnisses der Bhagwan-Religion die Schriften ihres Gründers Rajhneesh zu Grunde (NVwZ 1991, 176 [178], bestätigt durch BVerwG, NJW 1992, 2497).

20 *A. Isak,* Das Selbstverständnis der Kirchen und Religionsgemeinschaften, Berlin 1994, S. 149.

21 Was so auch später vom BVerwG im angesprochenen Verfahren gesehen wurde: BVerwG Urteil vom 26. 6. 1997 – BVerwG 7 C 11.96 – Urteilsumdruck S. 13 = NJW 1997, S. 2396 (2398) = ZevKR 43 (1998), S. 105 (111).

22 *Hans W. Alberts,* Das Verbot von Weltanschauungs- und Religionsgemeinschaften ZRP 1996, S. 60 ff. (63).

23 Vgl. Äußerungen von Repräsentanten religiöser Minderheiten gegenüber *A. Amor* (Bericht des Sonderberichterstatters der Menschenrechtskommission der UN, *Abdelfattah Amor,* E/CN.4/1998/6/Add.2).

24 *Link* beruft sich an 69 Stellen auf 5 Aussteiger und 11 Sektenbeauftragte (Konkurrenten), ohne neutrale religionswissenschaftliche Arbeiten heranzuziehen.

25 Allein der allg. und in Verkennung der Hintergründe zur Stützung seiner These gemachte Hinweis auf die von einem Moderator gemachten Aussagen in einer Unterhaltungssendung, die gerade nicht für Seriosität bekannt ist, läßt die Qualität der allgemeinen Beweisführung erahnen.

26 Obwohl dies selbstverständliches Recht aller in einem Rechtsstaat lebender Personen ist und bleiben muß (vgl. *A. Amor,* aaO., unter 101).

27 BayVGH NVwZ 94, 787.

28 Vgl. *K. Hutten,* Seher, Grübler, Enthusiasten, Stuttgart [14]1989, S. 127: „Man kann den Zeugen Jehovas eine gewisse Bewunderung nicht versagen. Sie führen im allgemeinen ein untadeliges bürgerliches Leben. In der Berufsarbeit sind sie fleißig und pflichtbewußt. Sie sind ruhige Staatsbürger und ehrliche Steuerzahler".

29 Der *Wachtturm* vom 1. 7. 1957, S. 413 f., „Wende theokratische Kriegslist an".

30 Jehovas Zeugen waren 1950 verboten worden. Das Verbot dauerte bis zu ihrer Anerkennung mit Anerkennungsurkunde vom Ministerrat der DDR am 14. 3. 1990 an.

[31] Der Artikel geht von folgender Situation aus: „Eine Zeugin Jehovas ging in Ostdeutschland von Haus zu Haus und stieß auf einen heftigen Gegner. Da sie sogleich wußte, was nun zu erwarten war, zog sie im nächsten Hausflur ihre rote Bluse aus und legte dafür eine grüne an. Kaum auf die Straße getreten, fragte ein kommunistischer Beamter, ob sie nicht eine Frau in einer roten Bluse gesehen habe. „Nein" erwiderte sie und zog ihres Weges. War dies eine Lüge? Nein, sie log nicht; sie war keine Lügnerin. Vielmehr wandte sie theokratische Kriegslist an, indem sie die Wahrheit um des Predigtdienstes willen durch Wort und Tat verbarg." (aaO., S. 413).

[32] AaO., S. 413: „Vielleicht fragt sich jemand, wo denn die Grenze zwischen theokratischer Kriegslist, durch die ein Tatbestand verborgen gehalten wird, und dem Aussprechen von Lügen gezogen werden soll. Vor allem beachte man, daß jemand, der einen Eid geleistet hat, die Wahrheit zu sagen, verpflichtet ist, dies auch zu tun. Jeder Christ, der sich hingegeben hat, um Gottes Willen zu tun, hat ein Gelübde getan, diesen Willen zu tun und Gott treu zu sein. Diesen Eid muß er sicherlich treu halten. Desgleichen ist ein Christ, der in den Zeugenstand treten muß, verpflichtet, die Wahrheit zu sagen, wenn er überhaupt Aussagen macht. Bisweilen mag er es vorziehen, die Aussage zu verweigern und lieber die Konsequenzen zu tragen als seine Brüder oder die Interessen des Werkes Gottes zu verraten. Natürlich liegt kein Anlaß vor, im Umgang mit unseren christlichen Brüdern Kriegslist anzuwenden. Im Verkehr mit ihnen sagen wir die Wahrheit oder erinnern sie taktvoll daran, daß das, was sie zu erfahren suchen, nicht ihre Sache ist."

[33] AaO., S. 413: „Die Zeugen führen selbst in Ländern, wo ihre Tätigkeit verboten ist, ein großes Werk durch. Die einzige Möglichkeit, das Gebot, die gute Botschaft des Königreiches Gottes zu predigen, zu erfüllen, ist für sie die Anwendung theokratischer Kriegslist, Strategie. Auf verborgenen Wegen wird die Literatur in das Land gebracht und verbreitet. Hätte es einen Sinn, diese Literatur durch die Tat zu verbergen und, wenn darüber befragt, durch Worte ihre Bezugsquelle zu enthüllen? Natürlich nicht!"

[34] Als Beispiel für ein „gefärbtes" Zitat kann auch Fn. 153 dienen, mit der *Link* behauptet, daß die „zugeteilte Haushaltschwester oder befugte Bethelmitarbeiter" ein jederzeitiges Zutrittsrecht ohne anzuklopfen hätten, womit er die Rechts- und Pflichtengleichheit in Frage stellen will. Um diesen Eindruck zu erwecken, läßt *Link* bewußt einen Satz aus, der einen völlig anderen Sinnzusammenhang herstellt.

[35] Völlig unberücksichtigt bleibt auch die Frage nach der Aktualität des Selbstverständnisses. *A. Isak,* aaO., S. 160: „im Gegensatz zu den Sätzen des Kirchenrechts kann man bei anderen Dokumenten nicht ohne weiteres davon ausgehen, daß sie geändert bzw. aufgehoben werden,

wenn sie nicht mehr mit der aktuellen Überzeugung der jeweiligen Gemeinschaft übereinstimmen."

36 Vgl. *Link,* aaO., S. 15: „Taufe und Abendmahl haben sich zu eigenen Ritualen entwickelt, die mit der christlichen Ausdeutung nichts mehr gemein haben." Diese Aussage würde zum einen ein genaueres Verständnis über die genannten Feiern bei Zeugen Jehovas voraussetzen. Zum anderen erfordert eine solche Beurteilung eine umfassende theologische Diskussion, die im Gutachten nicht einmal ansatzweise enthalten ist. Es ist bekannt, daß die katholische, die lutherische und die reformierte Kirche drei widersprüchliche Auffassungen über die Bedeutung von Brot und Wein bei der Abendmahlsfeier vertreten.

37 *Link,* aaO., S. 19 f.

38 BayVGH NVwZ 94, 787.

39 Ebd.

40 *Link,* aaO., S. 42.

41 AaO., Fn. 158.

42 „ERRATA auf den Seiten 68, 70, 74, 76, 82, 83, 89, 90, 108, 175, 179, 215, 257 dieses Buches vertraten wir bisher die Auffassung, die Wachtturm Bibel- und Traktat-Gesellschaft, Deutscher Zweig, e. V. würde sich u. a. durch Einnahmen aus dem Verkauf von Literatur und Zeitschriften finanzieren und mit dem ‚Vertrieb' ihrer Publikationen Gewinne erzielen, die einzelnen Mitglieder müßten als Gegenleistung für den Erhalt der Veröffentlichungen ‚Spenden' in entsprechender Höhe leisten, dies würde von der Religionsgemeinschaft kontrolliert. Die Wachtturm Bibel- und Traktat-Gesellschaft stellt uns gegenüber fest, daß sämtliche Veröffentlichungen seit September 1991 kostenfrei an ihre Mitglieder und jede andere interessierte Person abgegeben würden und dafür keinerlei Gegenleistung, auch nicht in Form einer Spende, verlangt oder erwartet würde. Es gäbe ferner keine ‚inoffiziellen Preislisten', auch würden keine Preise anderer Länder für die Publikationen genannt. Spenden erfolgten nach dem Selbstverständnis der Religionsgemeinschaft ausschließlich auf freiwilliger Basis und aus freien Stücken. Wir halten daher unsere Behauptungen nicht mehr aufrecht. Weiterhin halten wir die Äußerungen auf S. 47, ‚ein Austritt' aus der Religionsgemeinschaft wäre nach dem Selbstverständnis der Zeugen Jehovas nicht möglich, nicht mehr aufrecht. Dies gilt auch für die Äußerungen auf S. 76, vorletzter Absatz, erster Satz (‚Mit der Taufe ...'), letzter Absatz (‚Die Dauer, wieviel Stunden ...') bis zum Ende des ersten Absatzes auf S. 77 (‚... ca. DM 220 pro Monat'), mit denen wir u. a. behauptet hatten, jeder Zeuge verpflichte sich mit der Taufe dazu, eine bestimmte Anzahl von Stunden für die Organisation zu arbeiten, und es sei genau vorgeschrieben und würde kontrolliert, wieviel Stunden jeder Verkündiger pro Monat predigen müsse. Die Religionsgemeinschaft der Zeugen Jehovas in Deutschland nimmt na-

turgemäß eine andere Bewertung der dargestellten Glaubenslehren und der Glaubenspraxis vor als wir. Die Autoren".

43 *Link,* aaO., S. 18.

44 Ergebnis einer 1994 durchgeführten freiwilligen Umfrage, an der über 140000 Zeugen Jehovas in Deutschland teilnahmen (unveröffentlicht).

45 *Link,* aaO., S. 26 f.

46 Aus noch vorhandenen Bildern ist ersichtlich, daß der Kongreßsaal in Berlin-Wilmersdorf keine Ausschmückung mit Hakenkreuzfahnen hatte. Das Lied, das die Teilnehmer sangen, war nicht die deutsche Nationalhymne, sondern das Lied 64 aus dem deutschen Liederbuch der Religionsgemeinschaft von 1928, „Zions herrliche Hoffnung". Der Text war von Bibelforschern verfaßt worden, doch die Melodie stammte aus dem Jahr 1797 von *Joseph Haydn.* Das Lied befand sich mindestens seit 1905 in den Liederbüchern der Bibelforscher. Erst im Jahre 1922 wurde diese Melodie *Haydns* mit dem Text des „Liedes der Deutschen" von *August Heinrich Hoffmann von Fallersleben* aus dem Jahr 1841 verbunden und zur deutschen Nationalhymne erwählt. Die Bibelforscher sangen weiterhin mit der gleichen Melodie ihr religiöses Lied „Zions herrliche Hoffnung" in ihren gottesdienstlichen Zusammenkünften, so auch auf ihrem Kongreß im Juni 1933 in Berlin-Wilmersdorf. Zu der Zeit war die bisherige deutsche Nationalhymne mit dem „Horst-Wessel-Lied" der Nazis verbunden und beide Lieder zusammen zur deutschen Nationalhymne erklärt worden. Sie wurden nacheinander gesungen. Die Bibelforscher sangen auf ihrem Berliner Kongreß weder das Deutschlandlied noch das „Horst-Wessel-Lied". Vgl. hierzu auch *D. Garbe,* Zwischen Widerstand und Martyrium, München [3]1997, S. 102 ff. (552, 553).

47 Sollte *Link* jedoch allein die – vielfach von einander abweichenden – Interpretationen der Großkirchen als „richtig" ansehen wollen, übersieht er, daß nach der Rechtsprechung des Bundesverfassungsgerichts als spezifischer Ausdruck der in Art. 1 Abs. 1 GG garantierten Menschenwürde Art. 4 Abs. 1 GG gerade auch solche Glaubensüberzeugungen stützt, die von den Lehren der Kirchen und anderen Religionsgesellschaften abweichen (Entscheidung vom 11. 4. 1972 – 2 BvR 75/71; NJW 1972, S. 1183, 1184).

48 AaO.: „dem Staat ist es verwehrt, derartige Glaubensüberzeugungen seiner Bürger zu bewerten oder gar als ‚richtig' oder ‚falsch' zu bezeichnen".

49 Vgl. *J. Jurina,* Der Rechtsstatus der Kirchen und Religionsgemeinschaften im Bereich ihrer eigenen Angelegenheiten (Schriften zum Öffentlichen Recht, Band 180), Berlin (West) 1972: „2. Für das Lehramt beruft sich die katholische Kirche auf die Anordnung Christi, das Evangelium allen Völkern zu verkünden. Dazu nimmt sie Unabhän-

gigkeit von jeder weltlichen Gewalt in Anspruch. Kraft göttlichen Rechts sind eigenberechtigte Träger der Lehrgewalt der Papst und die Bischöfe. An der Wahrnehmung der Lehraufgabe beteiligt sind die Pfarrer und Kapläne sowie gegebenenfalls auch Laien. Kraft dieser Lehrgewalt nimmt die katholische Kirche gegenüber ihren Kirchengliedern für die vom kirchlichen Lehramt als verbindlich festgelegten Glaubenslehren (Dogmen) rechtliche Verbindlichkeit in Anspruch. Diese Dogmen können durch feierliche Glaubensentscheidungen eines Konzils oder des Papstes in einer ex-cathedra-Entscheidung, ansonsten durch die vom Papst und den Bischöfen in der ständigen Lehrverkündigung einstimmig und autoritativ vorgetragenen Wahrheiten begründet werden. Aber auch für die übrigen, nicht unfehlbaren Lehrentscheidungen besteht eine Gehorsamspflicht. Die Kirchenglieder trifft ferner eine kirchenrechtliche Verpflichtung zum Bekenntnis des Glaubens, wenn das Schweigen einer Glaubensverleugnung, einer Verachtung der Religion oder einer Beleidigung Gottes gleichkäme oder anderen zum Ärgernis gereichen würde."

50 *Stark* und *Iannaccone*, aaO., S. 147 (Übersetzung durch d. Verf.).

51 Vgl. Fußnote 21.

52 Vgl. dazu nur die Darstellungen bei *H. Weber*, Die Verleihung der Körperschaftsrechte an Religionsgemeinschaften. Grundsätzliche und aktuelle Probleme, in: ZevKR 34 (1989), 337, (356); ders. Körperschaftsstatus für die Zeugen Jehovas in Deutschland?, in: ZevKR 41 (1996), 172, (200 ff.), jeweils mit zahlreichen Nachweisen; vgl. seither noch *St. Muckel*, Muslimische Gemeinschaften als Körperschaften des öffentlichen Rechts, DÖV 1995, 331, (316 f.); *D. Reupke*, Religionskörperschaften des öffentlichen Rechts in der Wertordnung des Grundgesetzes, Kirche und Recht, Heft 2/1997, 91, (95) = 210, 7, (11); *C. Pagels*, Die Zuerkennung der Rechte einer öffentlichen Körperschaft an eine Religionsgemeinschaft – OVG Berlin, NVwZ 1996, 478, Jus 1996, 790, (792); *J. Müller-Volbehr*, Rechtstreue und Staatsloyalität: Voraussetzungen für die Verleihung des Körperschaftsstatus an Religions- und Weltanschauungsgemeinschaften NJW 1997, 3358, (3358); *S. Huster*, Körperschaftsstatus unter Loyalitätsvorbehalt? – BVerwG, NJW 1997, 2396, JuS 1998, S. 117, (117).

53 *v. Campenhausen*, ZevKR 25 (1980), S. 169 f.

54 *P. Kirchhof*, Die Kirchen als Körperschaften des öffentlichen Rechts, in: HdbStKirchR, Band II, ²1994, S. 651, (683).

55 Urteil vom 25. Oktober 1993, Urteilsumdruck Seite 11 = NVwZ 1994, S. 609.

56 Urteil vom 14. Dezember 1995, Urteilsumdruck Seite 22 = NVwZ 1996, S. 478.

57 Vgl. *S. Huster*, Körperschaftsstatus unter Loyalitätsvorbehalt? – BVerwG, NJW 1997, 2396, JuS 1998, S. 117, (117).

[58] Vgl. auch *H. Weber*, ZevKR 41 (1996), S. 202.

[59] BVerwG 6 C 115.83, Urteilsumdruck S. 23 f.: „Maßgeblich und für die Annahme einer eigenen Gewissensentscheidung des Wehrpflichtigen gegen den Kriegsdienst mit der Waffe ausreichend ist demnach bei einem Mitglied einer Glaubensgemeinschaft, deren Lehre wie die der ‚Zeugen Jehovas' ein für alle denkbaren Situationen geltendes absolutes Tötungsverbot einschließt, schon die Feststellung, daß es sich im Zeitpunkt der Entscheidung über sein Anerkennungsbegehren vorbehaltlos zu der Glaubenslehre seiner Glaubensgemeinschaft einschließlich des für alle denkbaren Situationen geltenden absoluten Tötungsverbots bekennt und daß es insoweit glaubwürdig ist. Die in der Rechtsprechung des Bundesverwaltungsgerichts grundsätzlich geforderte geistige Auseinandersetzung mit der speziellen Problematik der Landesverteidigung und der Kriegsdienstverweigerung einschließlich des eigenverantwortlichen Abwägens und Entscheidens in zugespitzten Konfliktsituationen ist hier vorverlagert in die bereits vorangegangene grundlegende Entscheidung des Wehrpflichtigen, sich – nach entsprechender Überlegung und Prüfung – zu der betroffenen Glaubenslehre und ihren konkreten Inhalten, Geboten und Verboten mit den entsprechenden Konsequenzen für sein zukünftiges Verhalten in der Gemeinschaft, und zwar auch in zugespitzten Konflikt- und Kriegssituationen, zu bekennen."

[60] „Du sollst nicht töten." (2. Mose Kapitel 20 Vers 13); „Wer das Schwert nimmt, soll durchs Schwert umkommen" (Matthäusevangelium Kapitel 26 Vers 52).

[61] Vgl. *Herdegen*, Kriegsdienstverweigerung aus Gewissensgründen, in: HdbStKirchR, Band 1, ²1994, S. 505.

[62] *Stark* und *Iannaccone* aaO, S. 136: „denjenigen, die nicht den Erfordernissen entsprechen, kann die Gemeinschaft entzogen werden, aber üblicherweise verlassen sie die Gemeinschaft aus eigenem Antrieb." (Übersetzung durch d. Verf.).

[63] S. 27 ff. Dort neben umfangreichen Literaturhinweisen folgende Schriftstellenverweise: Galater 6:1: „... im Geist der Milde wieder zurechtzubringen, ..." Jakobus 5:14, 15: „... Und wenn er Sünden begangen hat, wird ihm vergeben werden." 1. Korinther 5:11–13: „...‚Entfernt den bösen Menschen aus eurer Mitte.'" Josua 7:19: „Dann sprach Josua zu Achan: ‚Mein Sohn, gib bitte Jehova, dem Gott Israels, die Ehre, und leg ihm ein Bekenntnis ab, und teil mir bitte mit: Was hast du getan? Verhehle es mir nicht!'" Johannes 8:17: „Auch in eurem eigenen GESETZ steht geschrieben: ‚Das Zeugnis zweier Menschen ist wahr.'"

[64] S. 35. Dort neben umfangreichen Literaturhinweisen folgende Schriftstellenverweise: 1. Johannes 2:19: „Sie sind von uns ausgegangen, aber sie sind nicht von unserer Art gewesen; denn wenn sie von unserer

Art gewesen wären, so wären sie bei uns geblieben. Aber sie sind weggegangen, damit offenbar gemacht werde, daß nicht alle von unserer Art sind." Johannes 15:17–19: „Diese Dinge gebiete ich euch, daß ihr einander liebt. Wenn die Welt euch haßt, wißt ihr, daß sie mich gehaßt hat, bevor sie euch haßte. Wenn ihr ein Teil der Welt wärt, so wäre der Welt das Ihrige lieb. Weil ihr nun kein Teil der Welt seid, sondern ich euch aus der Welt auserwählt habe, deswegen haßt euch die Welt." Johannes 17:14–16: „Ich habe ihnen dein Wort gegeben, doch die Welt hat sie gehaßt, weil sie kein Teil der Welt sind, so wie ich kein Teil der Welt bin. Ich bitte dich nicht, sie aus der Welt wegzunehmen, sondern um dessentwillen, der böse ist, über sie zu wachen. Sie sind kein Teil der Welt, so wie ich kein Teil der Welt bin."

65 *Stark* und *Iannaccone* aaO., S. 146: „sie [Jehovas Zeugen] verbieten nicht Sportereignisse zu besuchen, ins Kino oder Theater zu gehen oder fernzusehen – wenngleich viele Gläubige dies als Verschwendung ihrer kostbaren Zeit betrachten, die besser dem Missionswerk gewidmet werden sollte." (Übersetzung durch den Verfasser).

66 Im übrigen äußern viele nach einiger Zeit den Wunsch zurückzukehren, so daß ein Viertel bis ein Drittel der Personen, denen die Gemeinschaft entzogen wurde oder die die Gemeinschaft verließen, durch Wiederaufnahme in die Gemeinschaft der Zeugen Jehovas zurückkehrt.

67 Vgl. o. S. 214 f.

68 Nichtamtliche Übersetzung: „... Die Beweismittel, die der Berufungsbeklagte anbot, um nachzuweisen, daß diese Praktiken Bobby schaden würden, bestanden aus zwei sachverständigen Zeugen. *Dr. Bergman* bezeugte auf der Grundlage einer Dissertation, die er geschrieben hatte, daß Geisteskrankheiten unter Jehovas Zeugen häufiger vorkommen als in der Bevölkerung im allgemeinen. Diese Zeugenaussage war ein offenkundiger Versuch, eine ganze Religion in ein Klischee zu pressen. Ungeachtet des Anteils an Geisteskrankheiten in einer gesamten Gruppe, weist diese Beweisführung nicht nach, daß die zur Diskussion stehende Religion sich negativ auf eine bestimmte Einzelperson auswirken wird. Darüber hinaus ist dieser eine Teil einer statistischen Beweisführung bedeutungslos. Um dieser Beweisführung bis zu ihrem ‚logischen' Schluß zu folgen, müßte ein Gericht diesen Anteil mit den gleichen Anteilen aller Religionen sowie der Menschen vergleichen, die nicht mit irgendeiner bestimmten Religion verbunden sind. Sollte die letztere Gruppe anteilig die wenigsten Fälle von Geisteskrankheiten aufweisen, müßten wir entsprechend dieser Überlegung allen Eltern verbieten, ihre Kinder ihren religiösen Anschauungen auszusetzen. *Dr. Denber* bezeugte, daß im allgemeinen außerlehrplanmäßige Aktivitäten für die soziale Entwicklung des

Kindes nützlich sind. Weder *Dr. Denber* noch *Dr. Bergman* hatten mit Bobby ein Gespräch geführt. Es wurde kein Beweis dafür angeboten, daß speziell dieses Kind an irgendwelchen nachteiligen Auswirkungen litt oder leiden würde, weil es den religiösen Praktiken seiner Mutter ausgesetzt wäre. Wenn es keine beweiserheblichen Beweise dafür gibt, daß ein Kind von den religiösen Praktiken eines Elternteils in bezug auf seine sozialen Betätigungen geschädigt wird, darf das Gericht diese Glaubensanschauungen nicht benutzen, um den Elternteil als Sorgeberechtigten für ungeeignet zu erklären. ..."

69 *Gebt acht auf euch selbst* ..., S. 94.

70 So z. B. in Can. 1364 „Codex Iuris Canonici": „§ 1 Wer vom Glauben abfällt, der Häretiker oder der Schismatiker zieht sich die Exkommunikation als Tatstrafe zu ..." Auch die evangelisch-lutherische Kirche kennt die Vorkehrung, Personen auszuschließen, die abtrünnig sind: „Aktive Teilnahme am Gedächtnismahl der ZJ läßt sich nicht mit der Mitgliedschaft in der evangelisch-lutherischen Kirche vereinbaren und zieht – sofern sie nach einem seelsorgerischen Gespräch fortgesetzt wird – den Verlust der kirchlichen Rechte nach sich." (Handbuch religiöse Gemeinschaften, S. 297, Ziffer 2).

71 *Ch. Link,* aaO, S. 25.

72 *Ch. Link,* aaO, Fn. 79.

73 *Gebt acht auf Euch selbst* ..., S. 100.

74 Vgl. hierzu oben S. 230 ff.

75 *Unterredungen anhand der Schriften,* S. 315 mit weiteren Nachweisen für das in politischen Angelegenheiten neutrale Verhalten von Christen der ersten Jahrhunderte.

76 Kurzdarstellung Teil I, S. 4 f. mit weiteren Verweisen: Titus 3:1, 2: „Erinnere sie weiterhin daran, Regierungen und Gewalten als Herrschern untertan und gehorsam zu sein, bereit zu sein für jedes gute Werk, von niemandem nachteilig zu reden, nicht streitsüchtig zu sein, sondern vernünftig, indem sie allen Menschen gegenüber alle Milde an den Tag legen." *Der Wachtturm,* 1. 7. 1993, S. 14, Abs. 7, 8; *Der Wachtturm,* 1. 7. 1993, S. 20, Abs. 10.

77 AaO., m. w. N.: Johannes 17:17–18, 20–23, 26: „... Ich bitte nicht nur in bezug auf diese, sondern auch in bezug auf diejenigen, die durch ihr Wort an mich glauben, damit sie alle eins seien, so wie du, Vater, in Gemeinschaft bist mit mir und ich in Gemeinschaft bin mit dir, daß auch sie in Gemeinschaft mit uns seien, damit die Welt glaube, daß du mich ausgesandt hast. ..."; 1. Korinther 1:10: „... Nun ermahne ich euch, Brüder, durch den Namen unseres Herrn Jesus Christus, daß ihr alle übereinstimmend redet und daß keine Spaltungen unter euch seien, sondern daß ihr in demselben Sinn und in demselben Gedankengang fest vereint sein mögt ..."; *Erwachet!,* 22. 5. 1979, S. 13 ff.; *Der Wachtturm,* 15. 6. 1984, S. 12, Abs. 18.

78 Die *Link* unzutreffend sogar als mit dem „Gemeinschaftsentzug" sanktioniert beschreibt.

79 *Erwachet!*, 8. 3. 1979, S. 27 „Darf ein Christ Geschworener oder Schöffe sein?"

80 Am „Wahlverhalten" läßt das BVerwG (Urteil vom 26. 6. 1997 [NJW 1997, 2396 = ZevKR 43 (1998), S. 105 ff.]) das Erfüllen des neu geschaffenen Verleihungskriteriums „Staatsloyalität" scheitern.

81 So die Selbstdarstellung der Religionsgemeinschaft der Zeugen Jehovas in Deutschland in: Religionsgemeinschaft der Zeugen Jehovas in Deutschland [Hrsg.], Kurzdarstellung ihrer inneren Ordnung und ihrer Wirkungsweise, 1994, S. 44 ff.

82 Vgl. die Kurzdarstellung „Jehovas Zeugen und ihr Verhalten in Verbindung mit politischen Wahlen" vom 5. 8. 1997.

83 BVerfGE 42, S. 312 ff.

84 Bundestagsdrucksache 13/10950 vom 9. 6. 1998, S. 60.

85 U. a. BVerwG 6 C 115.83, S. 23 f.

86 Vgl. hierzu die zutreffende Beschreibung bei *H. Weber*, Körperschaftsstatus für die Zeugen Jehovas?, in: ZevKR 41 (1996), S. 130, (204 ff.) sowie weitere Nachweise: *Der Wachtturm* 1. 8. 1992, S. 4, Abs. 3; *Der Wachtturm* 15. 1. 1995, S. 6, Abs. 2; vgl. allgemein hierzu *Der Wachtturm* 1. 6. 1992, S. 6, Abs. 2; *Der Wachtturm* 15. 12. 1994, S. 19, Kasten; *Lepsien* et al., Beurteilung des Operationsrisikos in der Allgemeinchirurgie bei Beschränkung der Handlungsfreiheit durch den Patienten, in: Risiko in der Chirurgie, Hrsg.: *R. Häring*, 1988, S. 19–27: (Allgemeinchirurgie) S. 20; *Gombotz* et al., 10 Jahre Herzoperationen bei Zeugen Jehovas, in: Anästhesist 38 (1989), Heft 8, S. 385–390: (Herzchirurgie) S. 386; *Mempel*, Im Brennpunkt: Bluttransfusion – Risiken und Probleme bei der Blutübertragung, in: Zentralblatt für Chirurgie 118 (1993), S. 563–566; *Kitchens*, Are Transfusions Overrated? Surgical Outcome of Jehovah's Witnesses, in: The American Journal of Medicine 94 (1994), pp. 117–119, Vol. 94, S. 117; *Bünte* und *Ludwig*, Rationale Substitution mit Blut- und Blutbestandteilkonserven, in: Deutsche medizinsche Wochenschrift 119 (1994), S. 1555–1561, Vol. 119, S. 1555.

87 Vgl. zum Selbstbestimmungsrecht des Patienten BGHSt 11, 114; BGH NJW 1980, 1333 f.; BGH NJW 1989, 1533 ff.

88 *Erwachet!* 8. 11. 1984, S. 5; *Der Wachtturm* 15. 6. 1991, S. 15.

89 *Maunz-Dürig*, Kommentar zum Grundgesetz, Artikel 6, Rz. 26 c: „Die Erziehung des Kindes ist damit primär in die Verantwortung der Eltern gelegt, wobei dieses ‚natürliche Recht' den Eltern nicht vom Staate verliehen worden ist, sondern von diesem als vorgegebenes Recht anerkannt wird. Die Eltern können grundsätzlich frei von staatlichen Einflüssen und Eingriffen nach eigenen Vorstellungen darüber entscheiden, wie sie die Pflege und Erziehung ihrer Kinder gestalten

und damit ihrer Elternverantwortung gerecht werden wollen" (BVerfG FamRZ 1989, 145, 146).

[90] Vgl. u. a. *Soergel,* Kommentar zum BGB, Band 8, § 1631, Rz. 3; *Staudinger,* Kommentar zum BGB, 12. Auflage, § 1666, Rz. 7; BGHZ 105, 45, 48.

[91] Prof. Dr. med. *V. Schlosser* (Universitätsklinik Freiburg), Herzchirurgie ohne Fremdbluttransfusionen, MMW Originalia, München, 1993, 91/33: „Die Wertigkeit der Fremdbluttransfusion ist heute mehr und mehr in Frage gestellt. Neben den möglichen Krankheitsübertragungen von Hepatitis- oder HI-Viren werden auch andere negative Einflüsse der Fremdbluttransfusion diskutiert. Immunologische Fragen spielen hier ebenso wie Resistenzfragen eine bedeutsame Rolle. Somit ist auch aus medizinisch-klinischer Sicht der Verzicht auf die Verwendung von Fremdblut, wenn immer möglich, wohlbegründet."; Prof. Dr. med. h. c. *W. Weißauer* stellte fest (in: Anästesiologie und Intensivmedizin, 01/92, S. 15): „Nach wie vor beruht ein erheblicher Teil der Transfusionsschäden auf schicksalshaften Risiken. Allein die Übertragung der Hepatitis non A non B, die sich bei der homologen Bluttransfusion nicht ausschließen läßt, soll bei einer Komplikationsdichte von 0,5 bis 2 % liegen und selbst bei den schweren und schwersten Verlaufsformen noch bei einer Relation von etwa 1:500. Allein dieses *eine* Risiko der homologen Transfusion wiegt, wenn ich recht sehe, nach Zahl und Schwere beim einzelnen Patienten dessen *gesamtes* Narkoserisiko bei weitem auf."; Vgl. auch die umfangreiche Rechtsprechung: BGH, NJW 1953, 417; OLG Hamburg, NJW 1990, 2322; BGH, NJW 1991, 1948; BGH, NJW 1992, 743, 744.

[92] Subsidiaritätsklausel in § 1666 Absatz 1 Satz 1; vgl. *Staudinger* BGB-Kommentar § 1666 Rz. 8, Münchner Kommentar zum BGB § 1666, Rz. 46; BVerfGE 10, 59, 83: „... man sich zu dem Grundsatz der ‚Subsidarität' in dem Sinne bekennt, daß in erster Linie die kleinere Gemeinschaft wirken soll und mit staatlichen Mitteln erst einzugreifen ist, wenn es unausweichlich wird, und wenn man weiter annimmt, daß dieses Prinzip in Artikel 6 Absatz 2 GG (‚zuvörderst') Ausdruck gefunden hat. Zum Inhalt des Artikel 6 Absatz 1 und 2 GG als Freiheitsgarantie für Ehe und Familien gehört es allerdings, diese prinzipiell in erster Linie wirken und den Staat nur insoweit eingreifen zu lassen, als sie nicht ausreichen (vergl. BVerfGE 7, 320 [323]). Dem Staat ist hiernach allgemein Zurückhaltung geboten."

[93] Vgl. Dokument zur ärztlichen Versorgung (abgedruckt in: Schutz der Familie und medizinische Behandlung von Zeugen Jehovas, herausgegeben von der Wachtturm-Gesellschaft, Notfall, S. 2 f.); Patientenverfügung und Vollmacht; Zusatz zum Behandlungsvertrag.

[94] Abgedruckt bei *H. Weber,* in: ZevKR 41 (1996), S. 172, (207 f.).

[95] AaO., S. 172, (207).

[96] Vgl. nur *Erwachet!* 22. 11. 1993, S. 24, Abs. 2, 6; S. 25, Abs. 1; S. 27, Abs. 3.

[97] Dr. jur. *E. Biermann*, in: Anästhesist 1993, S. 199: „Um den Mitgliedern ihrer Glaubensgemeinschaft eine Behandlung nach ihren Glaubensgeboten zu ermöglichen, haben die Zeugen Jehovas einen Tag und Nacht erreichbaren Krankenhausinformationsdienst eingerichtet, der behandelnden Ärzten und Patienten Krankenhausabteilungen nachweist, in denen Zeugen Jehovas ... unter Beachtung ihrer Glaubensgebote behandelt werden können." *Dr. Mark E. Boyd,* in: Journal SOGC, Juli/August 1992, S. 8: „Jehovas Zeugen haben ein Netz von medizinischen Verbindungskomitees, die 24 Stunden ... zu erreichen sind. Die Mitglieder der Komitees sind sehr hilfsbereit und arbeiten gut mit, wenn es darum geht, bei ersten Anzeichen von Schwierigkeiten eine rasche Verlegung von Patienten in die Wege zu leiten."; Nach eigenen Angaben gibt es zur Zeit ca. 3700 Ärzte in Deutschland, die mit Jehovas Zeugen in der Frage der medizinischen Behandlung ohne Blut besonders eng zusammenarbeiten und diese ohne Blut behandeln.

[98] Dreher/Tröndle StGB, 46. Auflage 1993, Rz. 31 zu § 203.

[99] Vgl. DER SPIEGEL Nr. 42/1995, S. 71–74; bes. S. 74.

[100] So später auch das BVerwG, Urteilsumdruck S. 12.

[101] Vgl. *v. Campenhausen,* Staatskirchenrecht, München [3]1994, S. 344, der die Anwendung von der Voraussetzung einer „geschäftsmäßigen" bzw. „beruflichen" Dokumentierung abhängig macht. Jedoch billigt er auch den privatrechtlich organisierten Religionsgemeinschaften unter der Voraussetzung der Garantie des „verfassungsrechtlich unverzichtbaren Datenschutzes" ein Antragsrecht auf Freistellung zu.

[102] Im Hinblick auf diesen Punkt spricht das BVerwG von „punktuellen Meinungsverschiedenheiten", die nicht ausreichen, „um die Rechtstreue einer Religionsgemeinschaft generell zu verneinen" (S. 12 f. des Urteilsumdrucks).

[103] Zwar hat die Religionsgemeinschaft der Zeugen Jehovas in Deutschland, Berlin, zur Zeit keine ordensähnliche Gemeinschaft, die Ausführungen betreffen jedoch die einzige ordensähnliche Gemeinschaft der Sondervollzeitdiener der Zeugen Jehovas in Deutschland, die von der Wachtturm-Gesellschaft getragen wird.

[104] Insofern geht auch *Links* Behauptung fehl, die Kosten für die Heilbehandlung nach einem „Arbeitsunfall" müßten von dem Betroffenen zurückerstattet werden. Vielmehr werden die Kosten voll von der Wachtturm-Gesellschaft getragen, ohne diese von dem Betroffenen zurückzufordern.

[105] *Jehovas Zeugen weltweit vereint,* S. 20 f. Abs. 1–9; S. 22 f. Abs. 2, 4–6, 8; S. 24 f. Abs. 1, 6-8; *Unser Königreichsdienst*, Ausgabe Februar 1975,

S. 3 Abs. 6; *Unser Königreichsdienst*, Ausgabe Okt. 1976, S. 4 Abs.10.

106 Auch der von *Link* in Fn. 142 genannte Betrag für persönliche Ausgaben wird – im Gegensatz zu seiner Behauptung – ohne Vorlage entsprechender Belege ausgezahlt.

107 Bereits durch das Urteil des Sozialgerichts Wiesbaden vom 20. 3. 1961 Az: S 4/Kr.-38/59 war bestätigt worden, daß die Glieder der ordensähnlichen Gemeinschaft der Zeugen Jehovas versicherungsfrei in der Rentenversicherung sind.

108 Bescheid vom 16. September 1992.

109 Schreiben vom 3. Mai 1990.

110 Schreiben vom 12. November 1992.

111 Vgl. *H. Weber*, in: ZevKR 41 (1996), S. 208 ff.

112 „Mit der Gestaltung des Rechtsverhältnisses der Sondervollzeitdiener der Zeugen Jehovas zur Religionsgemeinschaft der Zeugen Jehovas als eines *Rechtsverhältnisses sui generis des eigenständigen religionsgemeinschaftlichen Rechts* – ähnlich dem Verhältnis der Ordensangehörigen der Katholischen Kirche zu ihren Orden – hat die Religionsgemeinschaft daher in gleicher Weise von den Möglichkeiten des ihr verfassungsrechtlich eingeräumten religionsgemeinschaftlichen Selbstbestimmungsrechts Gebrauch gemacht wie mit der Gestaltung ihrer sonstigen, in Teilzeittätigkeit ausgeübten Dienste als Ehrenamt (ähnlich dem Ehrenamt des Presbyters, des Kirchenvorstehers oder des Mitglieds des Pfarrgemeinderats bei der Evangelischen bzw. Katholischen Kirche). Mit diesen Gestaltungen wird – wie mit den genannten Gestaltungen im Bereich der Evangelischen und Katholischen Kirche – und wiederum Kraft des auch der Religionsgemeinschaft der Zeugen Jehovas verfassungskräftig verbürgten religionsgemeinschaftlichen Selbstbestimmungsrechts – die Anwendung des staatlichen Arbeitsrechts ausgeschlossen." AaO., S. 211.

113 Bescheid der Bundesversicherungsanstalt für Angestellte vom 12. 11. 1992.

114 Gewährleistungsbescheid des Hessischen Kultusministeriums vom 16. September 1992 Az.: VI A 6.1 – 875/5/4-88-. In der Zeit davor bestand die Versicherungsfreiheit aufgrund der Reichsversicherungsordnung bzw. später des Sozialgesetzbuches ohne die Notwendigkeit eines solchen Bescheides.

115 Das BVerwG beurteilt diesen Bereich später wie das Thema Datenschutz, vgl. Fn. 100.

116 Vgl. o. S. 223 f. mit den Hinweisen darauf, daß die Annahme, es würden aus der Abgabe der Literatur beträchtliche Überschüsse erzielt und davon Lizenzgebühren gezahlt, falsch ist. Deshalb gehen seine Überlegungen bezüglich der Gemeinnützigkeit fehl.

117 In dem Verfahren vor dem BVerwG konnten die Argumente von *Link* nicht bestehen. Weder *Link* noch der Berliner Senat konnten

substantiierte Vorwürfe vortragen. Vielmehr wird auf die Jugendbehörden als verläßliche Quellen verwiesen (Urteilsumdruck S. 13).

118 BVerfGE 24, 236, 246 zu dem Bereich der religiösen Kindererziehung und der Kindertaufe; vgl. BVerfGE 30, 415, 424.

119 *Stark* und *Iannaccone*, aaO., S. 140: „Relativ wenige Zeugen unter 16 Jahren qualifizieren sich als Verkündiger." (Übersetzung durch den Verfasser). Der Stand als Verkündiger geht der eigentlichen Taufe voraus.

120 Vgl. *Jehovas Zeugen – Menschen aus der Nachbarschaft. Wer sind sie?* S. 7, 14.

121 Vgl. *Erwachet!* 8. 8. 1997, S. 8–11.

122 Vgl. *Erwachet!* 22. 10. 1988, S. 12.

123 Es ist heute allgemein anerkannt, daß diese Feier- und Gedenktage nicht-christlichen Ursprungs sind und erst ab dem 4. Jahrhundert u. Z. oder noch später Bestandteil der Praxis der Kirchen und ihrer Mitglieder und damit der Allgemeinheit geworden sind. Hinsichtlich von Weihnachten ist dies auch die Auffassung von Papst Johannes Paul II., die er im Dezember 1993 in Rom öffentlich bekanntgab. Die Berliner Zeitung *BZ* berichtete in ihrer Ausgabe vom 24. 12. 1993 darüber unter der Überschrift: „Der Papst sagt: Weihnachten gibt's gar nicht"; vgl. auch Pfarrer *Albert Lüscher*, Babylon, Weihnachten und Ostern. Ritual des Wiegenfestes sollte Dämonen vertreiben, in: *Der Tagesspiegel*, Ausgabe vom 24. April 1981. Bescheid des US Justizministeriums – Weihnachten als säkularer Feiertag, KNA, Okt. 98.

124 Z. B. Drogenabhängigkeit, Alkoholmißbrauch, Kriminalität usw.

125 OLG Düsseldorf, Beschluß vom 1. 2. 1995 Az.: 3 UF 1/95, siehe FamRZ 42/1995, Heft 20 II.

126 Vgl. die Nachweise in *G. Hessler* „Die Berücksichtigung der Zugehörigkeit eines Elternteils zu den Zeugen Jehovas im Sorgerechtsverfahren", NJW 1997, S. 2931, Fn. 2.

127 *Hessler*, aaO., S. 2932.

128 *Erwachet!* 8. 8. 1997, S. 8–11.

129 In *Frankfurter Rundschau*, Nr. 98, 28. 4. 1998, S. 18, Forum Humanwissenschaften.

130 *Josef Höfer*, *Karl Rahner*, Lexikon für Theologie und Kirche, Band IV, Freiburg, 1959, S. 849.

131 S. 63.

132 „Auf Liebe gegründete Zucht kann durch Unterredungen erteilt werden. Deshalb heißt es: ‚Hört auf Zucht' (Sprüche 8:33). Auf welche Art sollte Zucht erteilt werden? Manche Eltern denken, zu den erzieherischen Maßnahmen gehöre nur, mit den Kindern in drohendem Ton zu sprechen, sie zu schelten oder zu kränken. Zu dem gleichen Thema sagt Paulus jedoch warnend: ‚Ihr Väter, reizt eure Kinder nicht zum Zorn' (Epheser 6:4). Allen Christen wird dringend ge-

raten, ‚gegen alle sanft zu sein, mit Milde die ungünstig Gesinnten zu unterweisen' (2. Timotheus 2:24, 25). Christliche Eltern erkennen zwar, daß sie eine feste Haltung einnehmen müssen, aber sie versuchen, an diese Worte zu denken, wenn sie ihre Kinder in Zucht nehmen. Gelegentlich ist es jedoch mit einer Unterredung nicht getan und irgendeine Strafe ist unvermeidlich (Sprüche 22:15)." (S. 60).

133 *Der Wachtturm* 1. 4. 1998, S. 18.

134 Allgemein hat sich in den Verfahren der Vorwurf nicht bestätigt, die Angst vor der Vernichtung in Har-Magedon sei bei den Kindern allgegenwärtig und werde von den Eltern als wirkungsvolles Druckmittel eingesetzt. Unrichtig ist auch die Behauptung, daß Eltern von der Religionsgemeinschaft „beschworen" würden, dies ihren Kindern „einzuimpfen".

135 Da es keine Kindertaufe gibt.

136 Zum „Gemeinschaftsentzug" vgl. o. S. 234 ff.

137 *Erwachet!* 8. 12. 1997, S. 11 f.

138 Die religiöse Erziehung der Mormonen basiert auf der Überlegung, die Heranwachsenden für den Missionardienst vorzubereiten, um so in der Lage zu sein, 40 000 Männer und Frauen jedes Jahr als Vollzeitmissionare auszusenden (auf ihre eigenen Kosten). Niemand würde den Mormonen wegen dieser Verhaltensweise die Rechtstreue absprechen.

139 AaO., S. 148.

Petition der Vereine zur Förderung der Psychologischen Menschenkenntnis e. V.

1 Das Verfahren wurde am 22. 12. 1998 durch Vergleich beendet.

2 Das VG Hamburg hat in 1. Instanz die Entlassung aus dem Beamtenverhältnis am 19. 11. 1998 in beiden Fällen aufgehoben (nicht rechtskräftig).

3 S. o. Anmerkung 2.

4 Durch Vergleich am 22. 12. 1998 erledigt.

Petition der Vereinigungskirche Deutschland e. V. zur Beendigung der Diskriminierung einer religiösen Minderheit

1 Massimo Introvigne, Schluß mit den Sekten!, hrsg. von Hubert Seiwert, Marburg 1998, S. 30.

2 World Scripture. A Comparative Anthology of Sacred Textes, New York 1991.

3 Sun Myung Moon, in: Zeitenwechsel, Vereinigungskirche e. V., Frankfurt 1995, S. 42.

[4] Sun Myung Moon, Parents Day 1974, USA, Ansprache vom 24.3.1974.

[5] Wissenschaftliche Studien, die von der Bundesregierung in Auftrag gegeben wurden:

a) Wissenschaftliche Vorstudie im Bereich der „Neuen Jugendreligionen", durchgeführt im Auftrag des Bundesministeriums für Jugend, Familie und Gesundheit, vom 1. Juli bis 15. November 1978 (unter der Federführung des Tübinger Religionssoziologen Prof. Dr. Günter Kehrer).

b) Herbert Berger/Peter C. Hexel, Ursachen und Wirkungen gesellschaftlicher Verweigerung junger Menschen unter besonderer Berücksichtigung der „Jugendreligionen". Eine Grundlagenstudie aus der Sicht der betroffenen jugendlichen Mitglieder, deren Eltern und Freunde sowie ehemaliger Mitglieder. Untersucht bei Ananda Marga, Divine Mission, Scientology, Vereinigungskirche, Wien 1981, durchgeführt vom European Centre for Social Welfare and Research, Vienna, Austria.

Weitere sozialwissenschaftliche Studien:

a) Wolfgang Kuner, Soziogenese der Mitglieder in drei Neuen Religiösen Bewegungen, Frankfurt/M. 1983.

b) Ders., „Ein Sammelbecken für Verrückte?", in: *Psychologie heute, September 1979.*

c) Marianne Scheel/Peter Röllgen, „Jugendsekten" – eine Antwort auf die Suche nach Identität? Diplomarbeit im FB Sozialpädagogik, Fachhochschule Köln, 1984.

Religionswissenschaftliche und theologische Studien:

a) Karl-Wilhelm Schneider, Jenseits von Kirche und Konvention – Eine Untersuchung neuer spiritueller Bewegungen, Hannover 1981.

b) Albert Cornelius Scheffler, „Jugendsekten" in Deutschland. Öffentliche Meinung und Wirklichkeit. Eine religionswissenschaftliche Untersuchung, Frankfurt/M. 1989.

c) Frank Usarki, Die Stigmatisierung Neuer Spiritueller Bewegungen in der Bundesrepublik Deutschland (Kölner Veröffentlichungen zur Religionsgeschichte), Köln 1988.

d) Niels-Peter Moritzen, Sun Myung Muns Vereinigungskirche, Erlangen 1981.

e) Paul Schwarzenau, Die Göttlichen Prinzipien – Anmerkung zum grundlegenden Buch der Vereinigungskirche, in: *Religio – Das ökumenische Magazin für Unterricht in Schule und Kirche, Weinheim, März 1992.*

Internationale Studien:

a) David G. Bromley/Anson D. Shupe Jr., Strange Gods, Boston 1981.

b) Eileen Barker, The Making of a Moonie, Oxford 1984.

c) George D. Chryssidis, The Advent of Sun Myung Moon, London 1991.

d) John Lofland, Doomsday Cult, New York 1977.
Weitere Untersuchungen:
a) Konrad Löw, Von „Hexen“ und Hexenjägern, Baierbrunn 1994.
b) Norbert Thiel, Der Kampf gegen Neue Religiöse Bewegungen, Mörfelden-Walldorf 1986.
c) Carlton Sherwood, Inquisition, Washington 1991.

6 The Encyclopedia of Religion, Vol. 15, Mircea Eliade (Editior-in-Chief), New York-London, S. 142.

7 Paul Schwarzenau, Die Göttlichen Prinzipien – Anmerkungen zum grundlegenden Buch der Vereinigungskirche, Mörfelden-Walldorf 1992, S. 11.

8 Literaturliste in: Staatliche Diskriminierung einer religiösen Minderheit, hrsg. v. Vereinigungskirche e. V., 1997, S. 34 f.

9 (a) Wissenschaftliche Vorstudie im Bereich der „Neuen Jugendreligionen“, durchgeführt im Auftrag des Bundesministeriums für Jugend, Familie und Gesundheit, vom 1. Juli bis zum 15. November 1978 (unter der Federführung des Tübinger Religionssoziologen Prof. Dr. Günter Kehrer).
(b) Herbert Berger/Peter C. Hexel, Ursachen und Wirkungen gesellschaftlicher Verweigerung junger Menschen unter besonderer Berücksichtigung der ‚Jugendreligionen‘, Wien 1981, durchgeführt vom European Center for Social Welfare and Research, Vienna, Austria.

10 Einige Beispiele bietet Martin Baumann, „Merkwürdige Bundesgenossen“ und „naive Sympathisanten“ – Die Ausgrenzung der Religionswissenschaft aus der bundesdeutschen Kontroverse um neue Religionen, in: Zeitschrift für Religionswissenschaft 3 (1995), S. 111–136.

Der Abschlußbericht der Enquete-Kommission „Sog. Sekten und Psychogruppen“ des Deutschen Bundestages Eine Ergänzung zu: *Kriele*, Sektenjagd

1 Orsaksamband mellan vissa aktiviteter och psykisk sjukdom – redovisning av en rundfraja jämte vissa rekomendationer, 1975 09 09, Socialstyrelsen byrä, SN 3 D:nr SN 3-9-204.

2 Bescheinigung des israelischen Gesundheitsministeriums vom 24. 11. 1980 über das Forschungsergebnis eines vom Gesundheitsministerium ernannten Sonderkomitees (liegt Verf. vor).

3 Witteveen, Overheid en nieuwe religieuze bewegingen, Proefschrift, in Auftrag gegeben durch die holländische Regierung, Tweede Kamer der Staten-Generaal, Vergaderjaar 1983–1984, 16 635, nr. 4.

TEXTE + THESEN

AUSWAHL LIEFERBARER TITEL

Politik/Zeitgeschehen

Arnim, Hans Herbert von
Macht macht erfinderisch
Der Diätenfall: ein politisches Lehrstück
ISBN 3-7201-5214-6
DM 14,-/öS 102,-/sFr 14,-

Behrens, M./Rimscha, R. von
Gute Hoffnung am Kap?
Das neue Südafrika
ISBN 3-7201-5258-8
DM 22,-/öS 161,-/sFr 22,-

Erffa, Wolfgang von
Das unbeugsame Tibet
Tradition · Religion · Politik
ISBN 3-7201-5245-6
DM 14,-/öS 102,-/sFr 14,-

Heck, Bruno
Vaterland Bundesrepublik?
ISBN 3-7201-5174-3
DM 14,-/öS 102,-/sFr 14,-

Hellmer, Joachim
Anpassung oder Widerstand?
Der Bürger als Souverän –
Grenzen staatlicher Disziplinierung
ISBN 3-7201-5201-4
DM 14,-/öS 102,-/sFr 14,-

Hunziker, Ernst
Das Weltliche im Islam
Die Macht des Fundamentalismus
ISBN 3-7201-5264-2
DM 32,-/öS 234,-/sFr 32,-

Hunziker, Ernst
Zwischen Allah und Arafat
Palästinenser und die Versöhnung
ISBN 3-7201-5268-5
DM 29,-/öS 212,-/sFr 29,-

Jäger, Wolfgang
Wer regiert die Deutschen?
Innenansichten der Parteiendemokratie
ISBN 3-7201-5251-0
DM 22,-/öS 161,-/sFr 22,-

Kane-Berman, John
Südafrikas verschwiegener Wandel
ISBN 3-7201-5240-5
DM 22,-/öS 161,-/sFr 22,-

Kirsch, Botho
Das verlorene Sowjetparadies
Rußland zwischen Frust und Aufbruch
ISBN 3-7201-5259-6
DM 22,-/öS 161,-/sFr 22,-

Kromka, F./Kreul, W.
Unternehmen Entwicklungshilfe
Samariterdienst oder die Verwaltung des Elends?
ISBN 3-7201-5235-9
DM 14,-/öS 102,-/sFr 14,-

Kühnhardt, L./Pöttering, H.-G.
Europas vereinigte Staaten
Annäherungen an Werte und Ziele
ISBN 3-7201-5237-5
DM 14,-/öS 102,-/sFr 14,-

Kühnhardt L./Pöttering, H.-G.
Weltpartner Europäische Union
ISBN 3-7201-5252-9
DM 22,-/öS 161,-/sFr 22,-

Kühnhardt L./Pöttering, H.-G.
Kontinent Europa
Kern, Übergänge, Grenzen
ISBN 3-7201-5276-6
DM 29,-/öS 212,-/sFr 29,-

Langguth, Gerd
Der grüne Faktor
Von der Bewegung zur Partei?
ISBN 3-7201-5169-7
DM 14,-/öS 102,-/sFr 14,-

Laufer, Heinz
Bürokratisierte Demokratie
ISBN 3-7201-5157-3
DM 14,-/öS 102,-/sFr 14,-

Lendvai, Paul
Das einsame Albanien
Reportage aus dem Land der Skipetaren
ISBN 3-7201-5177-8
DM 14,-/öS 102,-/sFr 14,-

Lendvai, Paul
Das eigenwillige Ungarn
Von Kádár zu Grósz
ISBN 3-7201-5195-6
DM 14,-/öS 102,-/sFr 14,-

Löw, Konrad
Im heiligen Jahr der Vergebung
Wider Tabu und Verteufelung der Juden
ISBN 3-7201-5241-3
DM 14,-/öS 102,-/sFr 14,-

Lübbe, Hermann
Freiheit statt Emanzipationszwang
Die liberalen Traditionen und das Ende der marxistischen Illusionen
ISBN 3-7201-5233-2
DM 14,-/öS 102,-/sFr 14,-

Lübbe, Hermann
Hintergrundphilosophie
Über deutsche Denk- und Merkwürdigkeiten
ISBN 3-7201-5273-1
DM 22,-/öS 161,-/sFr 22,-

Mensing, Wilhelm
Nehmen oder Annehmen
Die verbotene KPD auf der Suche nach politischer Teilhabe (Bd. 1)
ISBN 3-7201-5220-0
DM 14,-/öS 102,-/sFr 14,-

Mensing, Wilhelm
Wir wollen unsere Kommunisten wieder haben ...
Demokratische Starthilfen für die Gründung der DKP (Bd. 2)
ISBN 3-7201-5221-9
DM 14,-/öS 102,-/sFr 14,-

Müller, Christian
Europa von der Befreiung zur Freiheit
Der Epochenwechsel aus Schweizer Sicht
ISBN 3-7201-5248-0
DM 14,-/öS 102,-/sFr 14,-

Nenning, Günther
Die Nation kommt wieder
Würde, Schrecken und Geltung eines europäischen Begriffs
ISBN 3-7201-5231-6
DM 14,-/öS 102,-/sFr 14,-

Oberreuter, Heinrich
Parteien – zwischen Nestwärme und Funktionskälte
ISBN 3-7201-5165-4
DM 14,-/öS 102,-/sFr 14,-

Oberreuter, Heinrich
Stimmungsdemokratie
Strömungen im politischen Bewußtsein
ISBN 3-7201-5205-7
DM 14,-/öS 102,-/sFr 14,-

Opitz, Peter J.
Gezeitenwechsel in China
Die Modernisierung der chinesischen Außenpolitik
ISBN 3-7201-5238-3
DM 14,-/öS 102,-/sFr 14,-

Partsch, Karl Josef
Hoffen auf Menschenrechte
Rückbesinnung auf eine internationale Entwicklung
ISBN 3-7201-5253-7
DM 22,-/öS 161,-/sFr 22,-

Rother, Werner
Die Seele und der Staat
ISBN 3-7201-5218-9
DM 14,-/öS 102,-/sFr 14,-

Scheuch, Ute und Erwin K.
China und Indien
Eine soziologische Landvermessung
ISBN 3-7201-5196-4
DM 14,-/öS 102,-/sFr 14,-

Schlosser, Günter
Briefe vom Kap
Ein Deutscher über seine Wahlheimat Südafrika
ISBN 3-7201-5193-X
DM 14,-/öS 102,-/sFr 14,-

Schroeder, Peter W.
Europa ohne Amerika?
ISBN 3-7201-5230-8
DM 14,-/öS 102,-/sFr 14,-

Ströbinger, Rudolf
Poker um Prag
Die frühen Folgen von Jalta
ISBN 3-7201-5181-6
DM 14,-/öS 102,-/sFr 14,-

Weidenfeld, Werner
Ratlose Normalität
Die Deutschen auf der Suche nach sich selbst
ISBN 3-7201-5172-7
DM 14,-/öS 102,-/sFr 14,-

Wirtschaft/Soziales

Büscher, R./Homann, J.
Wandert die deutsche Wirtschaft aus?
Standortfrage Bundesrepublik Deutschland
ISBN 3-7201-5215-4
DM 14,-/öS 102,-/sFr 14,-

Büscher, R./Homann, J.
Supermarkt Europa
ISBN 3-7201-5225-1
DM 14,-/öS 102,-/sFr 14,-

Büscher, R./Homann, J.
Japan und Deutschland
Die späten Sieger?
ISBN 3-7201-5229-4
DM 14,-/öS 102,-/sFr 14,-

Fürstenberg, Friedrich
Wirtschaftsbürger in der Berufsgesellschaft?
ISBN 3-7201-5271-5
DM 22,-/öS 161,-/sFr 22,-

Hölder, Egon
Durchblick ohne Einblick
Die amtliche Statistik zwischen Datennot und Datenschutz
ISBN 3-7201-5179-4
DM 14,-/öS 102,-/sFr 14,-

Klauder, Wolfgang
Trotz Fleiß kein Preis?
Wege zu mehr Beschäftigung
ISBN 3-7201-5272-3
DM 22,-/öS 161,-/sFr 22,-

Kromka, Franz
Vitalreserven der Marktwirtschaft
ISBN 3-7201-5265-0
DM 22,-/öS 161,-/sFr 22,-

Rüthers, Bernd
Die offene ArbeitsGesellschaft
Regeln für soziale Beweglichkeit
ISBN 3-7201-5186-7
DM 14,-/öS 102,-/sFr 14,-

Rüthers, Bernd
Grauzone Arbeitsrechtspolitik
ISBN 3-7201-5190-5
DM 14,-/öS 102,-/sFr 14,-

Rüthers, Bernd
Wir denken die Rechtsbegriffe um...
Weltanschauung als Auslegungsprinzip
ISBN 3-7201-5199-9
DM 14,-/öS 102,-/sFr 14,-

Rüthers, Bernd
Das Ungerechte an der Gerechtigkeit
Defizite eines Begriffs
ISBN 3-7201-5239-1
DM 14,-/öS 102,-/sFr 14,-

Theobald, Adolf
Das Ökosozialprodukt
Lebensqualität als Volkseinkommen
ISBN 3-7201-5185-9
DM 14,-/öS 102,-/sFr 14,-

Gesellschaft/Leben

Baier, Horst
Ehrlichkeit im Sozialstaat
Gesundheit zwischen Medizin und Manipulation
ISBN 3-7201-5207-3
DM 14,-/öS 102,-/sFr 14,-

Baier, Horst
Gesundheit als Lebensqualität
Folgen für Staat, Markt und Medizin
ISBN 3-7201-5270-7
DM 22,-/öS 161,-/sFr 22,-

Baier, Horst
Europa der Bürger
Vom Nationalstaat zur Wohlfahrtsgesellschaft
ISBN 3-7201-5275-8
DM 22,-/öS 161,-/sFr 22,-

Besier, G./Scheuch, E.-K. (Hrsg.)
Die neuen Inquisitoren
Teil I
Aufsätze, Essays und Polemiken
ISBN 3-7201-5277-4
DM 36,-/öS 263,-/sFr 36,-

Besier, G./Scheuch, E.-K. (Hrsg.)
Die neuen Inquisitoren
Teil II
Dokumentation
ISBN 3-7201-5278-2
DM 36,-/öS 263,-/sFr 36,-

Brinkhoff, K.-P./Ferchhoff, W.
Jugend und Sport
Eine offene Zweierbeziehung
ISBN 3-7201-5226-X
DM 14,-/öS 102,-/sFr 14,-

Burens, Peter-Claus
Stifter als Anstifter
Vom Nutzen privater Initiativen
ISBN 3-7201-5200-6
DM 14,-/öS 102,-/sFr 14,-

Grupe, Ommo
Sport als Kultur
ISBN 3-7201-5198-0
DM 14,-/öS 102,-/sFr 14,-

Haag, Herbert
Bewegungskultur und Freizeit
Vom Grundbedürfnis nach Sport und Spiel
ISBN 3-7201-5188-3
DM 14,-/öS 102,-/sFr 14,-

Hammer, Felix
Antike Lebensregeln – neu bedacht
ISBN 3-7201-5224-3
DM 14,-/öS 102,-/sFr 14,-

Hammer, Felix
Lebensregeln der Renaissance neu bedacht
ISBN 3-7201-5267-7
DM 22,-/öS 161,-/sFr 22,-

Hofstätter, Peter R.
Bedingungen der Zufriedenheit
ISBN 3-7201-5192-1
DM 14,-/öS 102,-/sFr 14,-

Illies, Joachim
Theologie der Sexualität
Die zweifache Herkunft der Liebe
ISBN 3-7201-5135-2
DM 14,-/öS 102,-/sFr 14,-

Klages, Helmut
Wertedynamik
Über die Wandelbarkeit des Selbstverständlichen
ISBN 3-7201-5212-X
DM 14,-/öS 102,-/sFr 14,-

Klages, Helmut
Häutungen der Demokratie
ISBN 3-7201-5246-4
DM 22,-/öS 161,-/sFr 22,-

Lenk, Hans
Eigenleistung
Plädoyer für eine positive Leistungskultur
ISBN 3-7201-5164-6
DM 14,-/öS 102,-/sFr 14,-

Lenk, Hans
Die achte Kunst
Leistungssport – Breitensport
ISBN 3-7201-5176-X
DM 14,-/öS 102,-/sFr 14,-

Lenk, H./Pilz, G.
Das Prinzip Fairneß
ISBN 3-7201-5222-7
DM 14,-/öS 102,-/sFr 14,-

Meves, Christa
Werden wir ein Volk von Neurotikern?
Antrieb – Charakter – Erziehung
ISBN 3-7201-5081-X
DM 14,-/öS 102,-/sFr 14,-

Noelle-Neumann, Elisabeth
Werden wir alle Proletarier?
Wertewandel in unserer Gesellschaft
ISBN 3-7201-5102-6
DM 12,-/öS 88,-/sFr 12,-

Noelle-Neumann, Elisabeth
Eine demoskopische Deutschstunde
ISBN 3-7201-5155-7
DM 14,-/öS 102,-/sFr 14,-

Noelle-Neumann, Elisabeth
Demoskopische Geschichtsstunde
Vom Wartesaal der Geschichte
zur Deutschen Einheit
ISBN 3-7201-5242-1
DM 22,-/öS 161,-/sFr 22,-

Noelle-Neumann, Elisabeth/
Maier-Leibnitz, Heinz
Zweifel am Verstand
Das Irrationale als die neue Moral
ISBN 3-7201-5202-2
DM 14,-/öS 102,-/sFr 14,-

Piel, Edgar
Im Geflecht der kleinen Netze
Vom deutschen Rückzug ins Private
ISBN 3-7201-5197-2
DM 14,-/öS 102,-/sFr 14,-

Rauschenbach, Brigitte
Deutsche Zusammenhänge
Zeitdiagnose als politische Psychologie
ISBN 3-7201-5266-9
DM 22,-/öS 161,-/sFr 22,-

Roegele, Otto B.
Neugier als Laster und Tugend
ISBN 3-7201-5142-5
DM 14,-/öS 102,-/sFr 14,-

Siemes, Wolfgang
Zeit im Kommen
Methoden und Risiken der magischen
und rationalen Zukunftsschau
ISBN 3-7201-5228-6
DM 14,-/öS 102,-/sFr 14,-

Silbermann, Alphons
Der ungeliebte Jude
Zur Soziologie des Antisemitismus
ISBN 3-7201-5134-4
DM 12,-/öS 88,-/sFr 12,-

Silbermann, Alphons
Was ist jüdischer Geist?
Zur Identität der Juden
ISBN 3-7201-5167-0
DM 14,-/öS 102,-/sFr 14,-

Stalder, Heinz
Europa – ein Hemingwaygefühl
Abenteuernischen für Individualisten
ISBN 3-7201-5261-8
DM 22,-/öS 161,-/sFr 22,-

TEXTE + THESEN + VISIONEN
Experten im Dialog mit der Gegenwart
ISBN 3-7201-5250-2
DM 22,-/öS 161,-/sFr 22,-

Wulffen, Barbara von
Zwischen Glück und Getto
Familie im Widerspruch
zum Zeitgeist?
ISBN 3-7201-5128-X
DM 14,-/öS 102,-/sFr 14,-

Wingen, Max
Kinder in der Industriegesellschaft – wozu?
Analysen – Perspektiven –
Kurskorrekturen
ISBN 3-7201-5146-8
DM 14,-/öS 102,-/sFr 14,-

Wingen, Max
Nichteheliche Lebensgemeinschaften
Formen – Motive – Folgen
ISBN 3-7201-5171-9
DM 14,-/öS 102,-/sFr 14,-

Wissen/Kultur

Beinke, Lothar
Was macht die Schule falsch?
Positionen – Pädagogen – Bildungsziele
ISBN 3-7201-5236-7
DM 14,-/öS 102,-/sFr 14,-

Claus, Jürgen
Das elektronische Bauhaus
Gestaltung mit Umwelt
ISBN 3-7201-5204-9
DM 14,-/öS 102,-/sFr 14,-

Geus, Theodor, Hrsg.
So weit Europa reicht
Beziehungen und Begegnungen
ISBN 3-7201-5254-5
DM 22,-/öS 161,-/sFr 22,-

Hügler, Elmar
Anstiftung zur Vorspiegelung wahrer Tatsachen
ISBN 3-7201-5256-1
DM 22,-/öS 161,-/sFr 22,-

Huter, Alois
Zur Ausbreitung von Vergnügung und Belehrung...
Fernsehen als Kulturwirklichkeit
ISBN 3-7201-5211-1
DM 14,-/öS 102,-/sFr 14,-

Kepplinger, Hans Mathias
Ereignismanagement
Wirklichkeit und Massenmedien
ISBN 3-7201-5247-2
DM 22,-/öS 161,-/sFr 22,-

Lübbe, Hermann
Zwischen Trend und Tradition
Überfordert uns die Gegenwart?
ISBN 3-7201-5136-0
DM 14,-/öS 102,-/sFr 14,-

Oberreuter, Heinrich
Übermacht der Medien
Erstickt die demokratische Kommunikation?
ISBN 3-7201-5144-1
DM 14,-/öS 102,-/sFr 14,-

Piel, Edgar
Wenn Dichter lügen...
Literatur als Menschenforschung
ISBN 3-7201-5208-1
DM 14,-/öS 102,-/sFr 14,-

Reuhl, Günter
Kulturgemeinschaften
Vom Kräfteverhältnis zwischen Ideen und Institutionen
ISBN 3-7201-5217-0
DM 14,-/öS 102,-/sFr 14,-

Reumann, Kurt
Lesefreuden und Lebenswelten
ISBN 3-7201-5244-8
DM 22,-/öS 161,-/sFr 22,-

Rüegg, Walter, Hrsg.
Konkurrenz der Kopfarbeiter
Universitäten können besser sein: Ein internationaler Vergleich
ISBN 3-7201-5182-4
DM 14,-/öS 102,-/sFr 14,-

Ruß-Mohl, Stephan
Der I-Faktor
Qualitätssicherung im amerikanischen Journalismus – Modell für Europa?
ISBN 3-7201-5260-X
DM 32,-/öS 234,-/sFr 32,-

Seel, Wolfgang
Bildungs-Egoismus
Alle wollen mehr
ISBN 3-7201-5180-8
DM 14,-/öS 102,-/sFr 14,-

Zec, Peter
Informationsdesign
Die organisierte Kommunikation
ISBN 3-7201-5210-3
DM 14,-/öS 102,-/sFr 14,-

Natur/Umwelt

Claus, Jürgen
Kulturelement Sonne
Das solare Zeitalter
ISBN 3-7201-5274-X
DM 22,-/öS 161,-/sFr 22,-

Eberlein, Gerald L.
Maximierung der Erkenntnisse ohne sozialen Sinn?
Für eine wertbewußte Wissenschaft
ISBN 3-7201-5206-5
DM 14,-/öS 102,-/sFr 14,-

Hammer, Felix
Selbstzensur für Forscher?
Schwerpunkte einer Wissenschaftsethik
ISBN 3-7201-5162-X
DM 14,-/öS 102,-/sFr 14,-

Kienle, Paul
Forschung im Focus
Experimentalphysik zwischen
Abenteuer und Anwendung
ISBN 3-7201-5249-9
DM 22,-/öS 161,-/sFr 22,-

Kienle, Paul, Hrsg.
Wie kommt man auf einfaches Neues?
Der Forscher, Lehrer, Wissenschafts-
politiker und Hobbykoch
Heinz Maier-Leibnitz
ISBN 3-7201-5232-4
DM 22,-/öS 161,-/sFr 22,-

Kreul, W./Weber, M.
Welthunger und Naturbewußtsein
ISBN 3-7201-5263-4
DM 22,-/öS 161,-/sFr 22,-

Kreul, Walter
Die Ernte der Agronomen
Landwirtschaft und Bauernstand
ISBN 3-7201-5269-3
DM 22,-/öS 161,-/sFr 22,-

Lindner, Roland, Hrsg.
Verspielen wir die Zukunft?
Gespräche über Technik und Glück
ISBN 3-7201-5150-6
DM 14,-/öS 102,-/sFr 14,-

Lindner, Roland, Hrsg.
Einfallsreiche Vernunft
Kreativ durch Wissen oder Gefühl?
ISBN 3-7201-5223-5
DM 14,-/öS 102,-/sFr 14,-

Lindner, Roland
Technik zweite Natur des Menschen?
ISBN 3-7201-5234-0
DM 14,-/öS 102,-/sFr 14,-

Maier-Leibnitz, Heinz
Der geteilte Plato
Ein Atomphysiker zum Streit
um den Fortschritt
ISBN 3-7201-5138-7
DM 14,-/öS 102,-/sFr 14,-

Maier-Leibnitz, Heinz
Lernschock Tschernobyl
ISBN 3-7201-5191-3
DM 14,-/öS 102,-/sFr 14,-

Markl, Hubert
Die Fortschrittsdroge
ISBN 3-7201-5243-X
DM 14,-/öS 102,-/sFr 14,-

Mayer-Tasch, Peter C.
Schon wieder
mischen sie Beton ...
Lebensräume zwischen Architektur
und Politik
ISBN 3-7201-5257-X
DM 22,-/öS 161,-/sFr 22,-

Rühl, Walter
Energiefaktor Erdöl
In 250 Millionen Jahren
entstanden – nach 250 Jahren
verbraucht?
ISBN 3-7201-5216-2
DM 14,-/öS 102,-/sFr 14,-

Schmied, Gerhard
Religion – eine List der Gene?
Soziobiologie contra Schöpfung
ISBN 3-7201-5219-7
DM 14,-/öS 102,-/sFr 14,-

Wulffen, Barbara von
Lichtwende
Vorsorglicher Nachruf
auf die Natur
ISBN 3-7201-5178-6
DM 14,-/öS 102,-/sFr 14,-

Die Reihe wird fortgesetzt. Fordern Sie Informationsmaterial an.

Verlag A. Fromm, Postfach 1948, D–49009 Osnabrück
Edition Interfrom, Postfach 5005, CH–8022 Zürich